Außerdem von Thomas Käsbohrer lieferbar:

Die vergessenen Inseln. Eine Reise durch die Geschichte der Welt und zu mir selbst

Besuchen Sie uns auf www.penguin-verlag.de und Facebook.

Thomas Käsbohrer

Auf dem Meer zu Hause

Was mir mein Segeltörn entlang
Europas Küsten über das Leben erzählte

Sollte diese Publikation Links auf Webseiten Dritter enthalten, so übernehmen wir für deren Inhalte keine Haftung, da wir uns diese nicht zu eigen machen, sondern lediglich auf deren Stand zum Zeitpunkt der Erstveröffentlichung verweisen

Penguin Random House Verlagsgruppe FSC® N001967

2. Auflage
Copyright © 2020 by Penguin Verlag
in der Penguin Random House Verlagsgruppe GmbH,
Neumarkter Straße 28, 81673 München
Umschlag: Favoritbüro, München
Umschlagmotiv: Thomas Käsbohrer (Boot); Käsbohrer/Millemari
(Autorenporträt);
Ruben Earth / Getty Images
Redaktion: Regina Carstensen
Satz: Buch-Werkstatt GmbH, Bad Aibling
Druck und Bindung: CPI books GmbH, Pößneck
Printed in Germany
ISBN 978-3-328-10475-9
www.penguin-verlag.de

Inhalt

Prolog 13

Kapitel 1
Der Ruf der Inseln.
Sizilien. Mallorca. Menorca. Ibiza. 15

Montag, 21. Mai
Eine Nacht auf dem Meer. Erster Teil 17

Freitag, 4. Mai
Sciacca, Sizilien. Spaghetti Frutti di Mare.
Vereinsabend auf Sizilianisch. 23

Montag, 7. Mai
Sciacca, Sizilien.
Der Mann mit den 3000 Gesichtern. 30

Donnerstag, 17. Mai
Sizilien. Der Schneider von Sciacca. 38

Montag, 21. Mai
Eine Nacht auf dem Meer. Zweiter Teil 44

Donnerstag, 23. Mai
Mallorca. Am Leuchtturm von Formentor. 50

Sonntag, 26. Mai
Mallorca, Cala Bóquer. Ankern im Gebirge. 54

Montag, 28. Mai
Ostwärts nach Menorca. 61

Donnerstag, 31. Mai
Menorca, Cala Fornells.
Von großen und kleinen Vorbildern. 69

Mittwoch, 6. Juni
Entlang Mallorcas wildem Norden. 74

Samstag, 9. Juni
Von Mallorca nach Ibiza.
Ein ganz normaler Tag auf dem Meer. 78

Sonntag, 10. Juni
Segeln um Ibiza.
Von der stillen und der lauten Insel. 86

Mittwoch, 13. Juni
Von Ibiza zum Festland.
Ein unvergesslicher Morgen. 92

Kapitel 2
Vom Meer zum Ozean.
Vom Mittelmeer in den Atlantik. 99

Donnerstag, 14. Juni
Calp, Spanien. Eine Bergtour am Meer. 101

Freitag, 15. Juni
Benidorm, Spanien.
Ankern zwischen Hochhäusern.
Wie wollen wir leben? 108

Samstag, 16. Juni
Cabo de Palos, Spanien. Misserfolge. 113

Sonntag, 17. Juni
Nach Cartagena. Über Begegnungen
auf See und das Alleinreisen. 119

Dienstag, 19. Juni
Cabo de Gata, Spanien.
Ein Boot hat keine Bremsen. 124

Donnerstag, 21. Juni
Granada. In den Gärten des Generalife.
Die Suche nach dem, was wir nie verloren hatten. 132

Samstag, 23. Juni
Fuengirola, Spanien.
Das Schiff des Mannes, der Indien suchte
und Amerika fand. 139

Sonntag, 24. Juni
Durch die Straße von Gibraltar.
Einhand gegen Wind und Strom. 146

Montag, 25. Juni
Tarifa, Straße von Gibraltar. Die Flüchtlinge. 155

Dienstag, 26. Juni
Cádiz, spanische Atlantikküste. Zum Bäcker um die Ecke.
Heute. Und vor 2800 Jahren. 161

Mittwoch, 27. Juni
Von Cádiz nach Faro. Von Spanien nach Portugal. 168

Kapitel 3
Auf dem Atlantik nach Norden.
Portugal. ... 177

Donnerstag, 28. Juni
Portimão, Portugal. Ein Fluss. Ein Storch.
Eine Entschuldigung. Und Sardinen in der Dose. ... 179

Freitag, 29. Juni
Sagres, Portugal. Wo Europa endet.
Die verflixte Tide. ... 186

Samstag, 30. Juni, morgens
Cabo de São Vicente. Das Licht am Ende Europas. ... 194

Samstag, 30. Juni, abends
In den Straßen von Sines.
Die Geschichte eines Entdeckers.
Und die eines Restaurantbesitzers. ... 197

Sonntag, 1. Juli
Lissabon. Der widerspenstige Fluss. ... 202

Montag, 2. Juli
Lissabon. Die Stadt und ihre Musik. ... 207

Mittwoch, 4. Juli
Der Himmel über Peniche. ... 210

Donnerstag, 5. Juli
Peniche. Jäger und Gejagte.
Bei den Sardinenfischern. ... 214

Freitag, 6. Juli
Am Kap de Peniche. Gilles' Geschichte. ... 219

Montag, 9. Juli
Durch den Nebel. Die Lagunen von Aveiro. ... 225

Kapitel 4
Über die raue Biskaya.
Nordspanien: Galicien. Asturien. 237

Samstag, 14. Juli
An der Grenze. Von Portugal nach Nordspanien. 239

Sonntag, 15. Juli
An Galiciens stürmischen Küsten.
Zum ältesten Leuchtturm der Welt. 241

Dienstag, 17. Juli
A Coruña, Spanien. Der Strand.
Der Doktor. Die Austern. 247

Donnerstag, 19. Juli
A Coruña, Spanien. Zwei Türme. 254

Sonntag, 22. Juli
Santiago de Compostela. Über Wege und Ziele. 261

Sonntag, 29. Juli
Nordspaniens wogenreiche Küsten.
Unter Segeln von A Coruña ostwärts. 269

Mittwoch, 1. August
Altamira. Was braucht man, um ein Maler zu sein? 277

Freitag, 3. August
San Vicente de la Barquera.
Ein Morgen in Frieden. Eine Nacht in den Rías. 282

Donnerstag, 2. August
Las Médulas, Nordspanien. Für alles Gold der Welt. 286

Dienstag, 7. August, Mittwoch, 8. August
Über die Biskaya. Von Santoña nach Bordeaux. 291

Kapitel 5
Entlang an Frankreichs Küsten.
Von der Gironde in die Bretagne. 299

Mittwoch, 8. August
Royan, Frankreich. Gewitter über der Gironde. 301

Sonntag, 12. August
La Rochelle. Mal wieder im Schlamassel. 309

Dienstag, 14. August
Französische Atlantikinseln. Entlang der Île de Ré. 317

Mittwoch, 15. August
Französische Atlantikinseln. Auf der Dolmen-Insel. 322

Freitag, 17. August
Port-Joinville, Île d'Yeu. Der Gott des Chaos. 328

Samstag, 18. August
An den Ufern der Loire. Atlantiksegeln. 332

Sonntag, 19. August
Saint-Nazaire. Im Bunker. 337

Dienstag, 21. August
Quiberon. Wann ist ein Leben gescheitert? 343

Mittwoch, 22. August
Île de Groix. Ein Fahrradverleiher.
Und das Grab des Wikingers. 350

Freitag, 24. August, vormittags
Durch die Meerenge zwischen Pointe du Raz
und Île de Sein. Der Hexentanz. 356

Freitag, 24. August, später Nachmittag
Ankommen in Brest. Eine ungewöhnliche Marina. 363

Samstag, 25. August
Brest. La Pérouses Reise bis ans bittere Ende. 367

Montag, 27. August
Von Brest nach L'Aber Wrac'h. Hohe Wellen. 373

Dienstag, 28. August
Durch die Enge des L'Aber Wrac'h.
Die Einsamkeit des Skippers. 382

Kapitel 6
Und noch einmal Inseln.
Guernsey. Alderney. England. 387

Mittwoch, 29. August
Von der Bretagne nach Guernsey.
Dinge, die nicht funktionieren. 389

Donnerstag, 30. August
Guernsey, britische Kanalinseln.
Meine deutsche Geschichte. 396

Samstag, 1. September
Alderney, britische Kanalinseln.
Die drei Festungen. 408

Sonntag, 2. September
Von Alderney nach England. Über den Ärmelkanal. 417

Dienstag, 4. September
Von Poole zur Isle of Wight.
Und weiter nach Portsmouth. 428

Samstag, 8. September
Portsmouth. Im Hornet Sailing Club. 432

Samstag, 8. September
Wiedersehen mit Mrs Craig.   436

Donnerstag, 13. September
Ankommen auf Hayling Island. Abschied von Levje.   442

Epilog.   448

Anhang

Glossar nautischer Begriffe   454

Meine Bücher auf Levje, es sind stets zu viele   458

Prolog

Ich träume eigentlich nie. Doch in dieser Nacht, Monate nach dem Ende meiner Reise entlang der Küste Europas, träume ich. Ich rudere in einem vollgepackten gelben Schlauchboot weit vor der Küste auf dem Meer. Die See ist spiegelglatt, der Himmel über mir klar und blau. Nur weit im Westen ist er von unguter Farbe, blaubleigrau ist der Horizont eingefärbt. Es sieht aus, als könnte es Regen geben. Ich erkenne die Bretagne, ihre wilde Küste, die Côte Sauvage.

Doch plötzlich rollt von dort, wo der Himmel jenes düstere Blaubleigrau zeigt, eine große Welle auf mich zu. Sie scheint zu leben, wie sie da langsam auf dem unbewegten Meer wie eine Hügelkette auf mich zukommt. Wo sie läuft, ist das Meer aufgewühlt. Gischt weht ab vom Gipfel der Hügelkette, sie sieht bedrohlich aus vor dem dunklen Himmel, wie sie auf mich zuwalzt. Sie kommt näher. Ich weiß plötzlich, ich kann ihr nicht ausweichen. Nichts und niemand wird sie aufhalten. Näher kommt sie, und näher. Als die Welle über mir bricht, wache ich auf mit einem Schrei.

Kapitel 1

Der Ruf der Inseln.

Sizilien.
Mallorca.
Menorca.
Ibiza.

Montag, 21. Mai

Eine Nacht auf dem Meer. Erster Teil

Es ist ein ganz normaler Montag, weit nach Mitternacht, irgendwo auf dem Meer auf halbem Weg zwischen den Inseln Sardinien und Menorca. Die Navigation auf dem Tablet im Cockpit vor mir sagt, nach Mallorca sind es noch 107 Seemeilen. 200 Kilometer. Oder ein voller Tag und neun Stunden.

Es ist windstill. Vor mehr als drei Tagen bin ich aufgebrochen in Sciacca im Südwesten Siziliens. Ich bin etwa zehn Stunden vom nächsten Land entfernt, von Menorca, die Insel müsste irgendwo in der Finsternis nordwestlich vor mir liegen. Über mir ist nur Himmel. Um mich nur Schwärze und das monotone Brummen von *Levjes* Motor. Unter mir nichts weiter als Wasser. Wie tief es ist, kann ich nicht sagen. Der Tiefenmesser, der bis hundert Meter zuverlässig misst, zeigt unverändert 183 Meter an. Dabei ist der Meeresboden unter mir eine abwechslungsreiche Landschaft aus Hügeln und Klüften, sanft abfallenden Hängen und steilen Felsen. Doch bei 183 Meter erahnte der Tiefenmesser vor drei Tagen zum letzten Mal Grund. Seitdem schickt der sinnreiche kleine Apparat immer noch mehrmals sekündlich einen akustischen Strahl in die Tiefe, der eigentlich vom Meeresgrund zum Sensor zurückgeworfen werden sollte. Doch er versickert seit drei Tagen grundlos unter mir. Das Meer ist hier über 2000 Meter tief. Nichts mehr, was mein Tiefenmesser erfassen könnte. Aber auch nichts, was mich erschauern lassen könnte.

Hinter einer Wolkenbank im Westen erleuchtet der Mond seit einer Viertelstunde wie eine Fackel den Himmel darüber. Das ist erstaunlich. Denn jetzt, Mitte Mai, ist der Mond, wo ich ihn hinter seinem Versteck weit im Westen erahnen kann, nichts mehr als eine hauchdünne liegende Schale am Firmament. Neumond.

Ich blicke kurz nach vorn. In der Dunkelheit voraus, etwas rechts hinter der Kimm ein schwindender roter Schein. Offensichtlich so ein kleines Schiff wie meines. Freude erfasst mich, noch jemanden zu treffen hier draußen, der es nicht aushält daheim, den es hinauszieht wie mich. Das Schiff muss klein sein. So klein, dass selbst mein Radar, das zur Sicherheit nachts immer mitläuft und von meinem Mast aus wie ein Matrose Ausguck hält in der Dunkelheit nach Dingen, mit denen ich in der tiefen Schwärze kollidieren könnte, es bislang nicht erfasst hat. Einen Moment lang sehe ich den roten Schemen. Was tut der Skipper um diese Tageszeit hier? Wohin fährt er? Was bewegt ihn? Hat er um diese Nachtzeit ähnliche Gedanken wie ich? Dann wird das Licht dünner und dünner, bis die Schwärze es verschluckt und mich wieder allein zurücklässt.

Müdigkeit überfällt mich, plötzlich wie aus einem Eimer über mich gekippt. Meine Lider brennen. Meinen Arm zu heben oder die Pupillen so scharf zu stellen, dass sie in der Finsternis auch nur das Wasser um uns sehen können, kostet Kraft und Überwindung. Ich muss wach bleiben. Auch wenn *Levje* sich selbst auf dem eingegebenen Kurs hält, kann ich es mir hier so wenig wie am Steuer eines Autos leisten, dem Wunsch nach Schlaf nachzugeben, einfach einzunicken. Der Wunsch, mit dem Brummen des Motors nach unten zu gehen, das zugige Cockpit gegen die Wärme meines Bettes einzutauschen und meinen Platz vor den grün leuchtenden Instrumenten zu verlassen, ist übermächtig.

Ich denke an mein früheres Leben zurück. Vor ein paar Jahren noch wäre ich wenige Stunden später an einem Montag wie diesem ins Büro gegangen. Ganz normal. Hätte mit Mitarbeitern im Verlag über neue Buchprojekte, Lieferschwierigkeiten, Umsätze gesprochen. Ich war Geschäftsführer eines Computerbuch-Verlags, zweiundzwanzig Jahre. Ich liebte, was ich tat, mit verrückten Techies und Programmierern zu arbeiten, die Dinge am Horizont sahen, von denen ich noch nicht die leiseste Ahnung hatte. Es war wie ein Rausch und ging bis zum Tag meines Rauswurfs. Er kam nicht überraschend. Kein Gewitter taucht aus heiterem Himmel auf, man sieht es kommen. Ich hatte es zweiundzwanzig Jahre kommen sehen. Dann ein Sieben-Minuten-Gespräch, am Ende eines Montags wie diesem stand ich abends im Hausflur, mit zwei Plastiktüten in der Hand, in die ich gestopft hatte, was aus zwei Jahrzehnten Büro geblieben war. »Was wirst du tun?«, fragte Katrin, meine Frau. Sie wusste, was ich antworten würde, sie hat mich immer stark gemacht.

»Vielleicht ist es eine Chance. Vielleicht ist es Zeit, jetzt das zu tun, wovon ich achtzehn Jahre lang geträumt habe. Einfach auf einem Boot hinauszufahren. Aufs Meer.«

Zwei Monate später fuhr ich los. Dem einen Sommer auf dem Wasser folgten fünf weitere. Wenn man zwei Jahrzehnte denselben Traum hat, dann trügt er einen nicht. Ich segle, weil ich die Welt, die ich auf dem Meer finde, immer wieder von Neuem so anders, so faszinierend finde. Eine Welt, die unbekannt und vollkommen fremd neben unserer realen Welt existiert. Und nicht das Geringste mit ihr zu tun hat.

Ein Windhauch holt mich zurück, aus meinem früheren Leben an Deck meines Schiffs. Ein Uhr. Es ist Zeit, meine Position zu bestimmen. Mit einem raschen Blick auf die Instrumente prüfe ich, ob *Levje* noch den eingegebenen Kurs steuert. Dann gehe ich kurz unter Deck, meinen Logbucheintrag zu machen. Ein Logbuch ist das Tagebuch meines Schiffs, in dem ich die Routine meines Lebens an Bord festhalte. Jede Stunde gehe ich nach unten zum Kartentisch und trage mit Bleistift meinen Standort in Zahlen ein. Und dann markiere ich diesen Ort auf der Seekarte, die auf meinem Kartentisch liegt, mit einem X. Auf längeren Überfahrten ist das immer ein kleines Highlight, wenn auch manchmal ein zäh errungenes. Auf langen Strecken ergeben die Bleistiftkreuze eine Linie, die von irgendeiner Küste in den unbeschriebenen leeren Teil der elektronischen Seekarte vordringen, wo nur noch die Zahlen mit den Tiefenangaben stehen. Ich bin irgendwo, wo ich noch nie zuvor war. Das Malen dieses X aufs Papier nährt die Illusion, ich wäre ein Entdecker, was ich in gewisser Weise, nämlich in meinen eigenen Dingen, ja auch bin.

Dann ein kurzer Blick auf die Instrumente vor mir. Und auf den schwarzen Bildschirm des Radars, der meine ganze Existenz auf einen kleinen gelben Punkt in der Bildschirmmitte reduziert. Der gelbe Punkt darauf bin ich. Und rund um den kleinen gelben Punkt nichts anderes als 20 Kilometer gähnende Schwärze. Nichts und niemand. Kein Mensch, kein Schiff. Wie weit, wohin müsste ich gehen in dem Land, das ich meine Heimat nenne, um das zu finden: in einem Kreis von 20 Kilometern Durchmesser keine Menschenseele, niemand anderes, nur mich?

Alleinreisen ist beschwerlich. Die Mühsal und die Schönheit des Alleinreisens füllt Bände, nicht nur an Segelliteratur. Es ist weniger die Sorge, sich zu verletzen oder krank zu werden, die quält. Wenn Alleinreisende ehrlich sind, schreiben sie darüber, wie schmerzhaft es ist, das Alleinreisen überhaupt zu erlernen, zu lernen, mit sich allein zurechtzukommen an guten wie an schlechten Tagen. Doch der gelegentlichen Trübsal, es mit sich selbst aushalten zu müssen, steht ein enormer Gewinn gegenüber. In meinem früheren Leben fühlte ich mich oft als wuselnde Ameise unter Millionen anderer Ameisen. Hier draußen fühle ich mich mittendrin und als Teil des Ganzen, fühle mich eingebettet und geborgen in der ungeheuren Weite. Das klingt merkwürdig, doch es ist so. Nirgendwo bin ich einsamer als im quirligen Leben des Münchner Marienplatzes, unter Tausenden Menschen in der Stadt, in der ich geboren bin. Und nirgendwo begreife ich meinen Platz in der Welt besser als eben in diesem Moment hier draußen, nachts allein auf dem Meer unter den Sternen, so wie jetzt, neun Stunden südöstlich von Menorca.

Um meine Müdigkeit zu vertreiben, erhebe ich mich kurz von meinem harten Holzsitz und werfe einen Blick nach vorne über das Stoffdach in die Schwärze. Kalter Fahrtwind streicht mir über die Wangen. Obwohl es auf Juni zugeht, ist es nicht warm im Mittelmeer. Der Nordwind bringt kalte, trockene Luft; es gibt keine Hauswand, die die Kühle von mir abhalten könnte. Ich sehe vor mir das grüne Licht der Positionslaterne am Bug, die anderen Schiffen anzeigt, welchen Kurs wir steuern. Wo der schwache grüne Lichtschein in den Wellen zehn Meter weiter voraus verglimmt, endet meine Welt. Jedenfalls die, die ich wahrnehmen, erkennen kann.

Aus tiefer Schwärze kommend, gleitet *Levje* hinein in die Schwärze, die mich umfängt. Anders als in einem Auto ist meine Welt scheinwerferlos, ich sehe gar nichts. Nicht mal die 25 Meter voraus, durch die wir in diesem Augenblick gleiten. Ich muss darauf vertrauen, dass uns nichts in die Quere kommt. Kein Schiff, das plötzlich auf Kollisionskurs ist, weil keiner Wache hält. Kein treibender Baumstamm wie in manchen Dezembernächten, in denen ich auf der nördlichen Adria Richtung Venedig unterwegs war. Kein driftender Stahlcontainer, der scharfkantig unter der Meeresoberfläche lauert, der Albtraum jedes Seglers bei Nacht. Ich schaue eine Weile in die Dunkelheit, doch als der kalte Fahrtwind meinen Nacken auskühlt, ziehe ich mich wieder unter das schützende Stoffdach zurück. Ich muss vertrauen, nicht nur meinem Schiff. Auch das lehrt das Reisen auf einem Boot.

Während die Schläfrigkeit mich immer mehr übermannt, denke ich zurück an die Tage vor meiner Abreise. An Franco, an Baldo und die anderen. Ich denke zurück an meine Erlebnisse auf Sizilien, das ich vermissen werde.

Freitag, 4. Mai

Sciacca, Sizilien. Spaghetti Frutti di Mare.
Vereinsabend auf Sizilianisch.

Ein paar Wochen vor meiner Abreise nach Mallorca. Es war Franco, der vorgeschlagen hatte, doch am Abend zu Maurizio ins Arcobaleno zu gehen. Franco, den alle nur »Preeeeesidente« rufen, weil er der Klubpräsident ist. Weil doch eigentlich Freitagabend ist, Klubabend im Circolo Nautico, einem der beiden Segelklubs in Sciacca, einem 40 000-Einwohner-Städtchen an der Südküste Siziliens.

Es ist Anfang Mai. Wir fahren ein paar Kilometer hinauf in die Hügel oberhalb Sciaccas, wo zwischen staubigen Feldern die Trattoria von Maurizio einsam liegt und wohin sich weder TripAdvisor noch Reisende je verirren. Sciacca für Einheimische. Sciacca, das die Einheimischen liebevoll nur »Schack:h« aussprechen, mit einem stimmlos hallenden h am Ende.

Auf der Terrasse wird Hochzeit gefeiert, fünfzig Kehlen skandieren »*Viva, Viva i sposi* – Hoch die Brautleute« in die laue Nacht. Bei den Segelleuten geht es zunächst bescheiden und beschaulich zu. Zwei Flaschen Bier auf dem Tisch, den acht Kerle sich in ihre schnapsglasgroßen Weingläser füllen, als wäre es der letzte Schrei, Bier aus Portweingläsern zu nippen. Nur mir, dem Gast aus dem fernen Deutschland, gestehen sie Weißwein zu. Ein Viertel bestelle ich, worauf die Kellnerin, ich weiß gar nicht, wie, einen Liter vor mir auf den Tisch knallt. »Lass mich nur machen«, tätschelt mir Baldo verständnisinnig den Arm, der als Capo Tavolo am Tischende den Vorsitz führt, während er mir randvoll einschenkt.

Es konnte nicht anders kommen. Wo das Schicksal mich doch an diesem Abend am Tisch neben Baldo setzt. Baldo ist einundsiebzig. Er hat sein Hemd fast bis zum Bauchnabel geöffnet. Dafür setzt er seine Sonnenbrille nicht ab. Wenn er spricht, verstehe ich ihn nicht. Tiefster kehliger Sciacca-Dialekt, von dem bei mir nur gelegentlich ein *uzutlù*, ein *ullulu*, ein *che minché* ankommt. Baldo spricht Worte nicht, sie kullern, sie kollern, sie gurgeln. Als ich ihn gestern kennenlernte und nach seinem Namen fragte, streifte er bloß wortlos den Ärmel seines Hemdes nach oben bis zum Tattoo. Ein Anker, verziert mit dem Wort »Baldo«. Mein rasches Verstehen belohnte er dann auch gleich mit einem Kuss aus fast zahnlosem Mund. Das lernt »Mann« auf Sizilien: Wer als Mann eines sizilianischen Mannes Freund ist, muss geküsst werden. Nein, nicht auf den Mund, sondern den doppelten Wangenkuss unter Männern. Er ist Ehre und Auszeichnung. Zumal für mich, den *crucco*, das deutsche Greenhorn, das sie so bereitwillig vor einem Jahr bei sich im Circolo Nautico aufnahmen. *Crucco*: Das italienische Schimpfwort für alles und jeden, was vom Standort des Betrachters aus gesehen von Norden kommt. *Crucco* kann ein Norditaliener sein oder ein Toskaner, aber auch ein Österreicher und Deutscher. Wie bin ich nur hierhergeraten?

Baldo ist der Zeremonienmeister des Abends. Als Starter hat er einige Teller *patatine* bestellt, einfache Pommes, die sich die Männer zum Bier wie Kartoffelchips in den Mund schieben. Ich habe Hunger, doch nicht auf Pommes. Dafür kenne ich die sizilianische Küche zu gut, ich weiß, zu welchen Höhenflügen sie fähig ist. Ich warte. Meine Geduld wird belohnt, als die Kellnerin die ersten Teller mit Antipasti vor uns scheppernd auf den Tisch knallt. Eingelegte rohe Scampi aus der Gegend, in Limetten und unter Öl. Berge von Heuschreckenkrebsen, die auf dem Grill lagen, bis ihr Fleisch zu einem Gedicht von Brühe wurde, die man aus dem weichen Gehäuse schlürft.

Baldo tätschelt meinen Arm. Irgendein *Ullullu*-Laut, zu dem er die andere Hand im Halbkreis um den an die Wange gelegten Zeigefinger dreht. Die Geste unter Italienern für »hervorragendes Essen«. Aber so genau weiß man das nie. Es kann in ein und demselben Moment auch ein bewunderndes »Was für eine Frau!« bedeuten. Baldo lässt mich im Unklaren, weil seine Hände sich mit den Heuschreckenkrebsen und seine Augen mit der jungen Kellnerin beschäftigen, während ich mit allen zehn Fingern mit dem Schlürfen der feinen Heuschreckenkrebs-Brühe beschäftigt bin.

Aber das ist nur der Anfang. Baldos Anfang, wie er ihn fürs Abendessen geplant hatte. Die Kellnerin knallt weitere Teller auf den Tisch. Voll mit Sarde a beccafico, halbierten Sardinen, knusprig paniert und gerollt, mit eingelegten Sardinen in süßen Zwiebeln und feinem Essig. Stundenlang in Tomatensud geschmorten und von ihm vollgesogenen Auberginen. Platten mit in Weinsud gekochten Vongole. Weitere Teller mit gegrillten Heuschreckenkrebsen.

Wieder einmal denke ich, dass Italiener eine grundsätzlich andere Einstellung zu den Dingen des täglichen Lebens haben. Zum Auto. Zum Essen. Aber vor allem zum Lärm. Lärm ist für sie Leben. Lärm ist Daseinsbekundung, Zeugnis von erfülltem Leben und Ausdruck von Wohlgefühl, das man im Arcobaleno gefälligst auch zu äußern hat. Und so umwabert Maurizios Trattoria ganz ungeniert ein akustisches Gesamtkunstwerk aus Kindern, die lustvoll schreiend um die Tafeln Fangen spielen, einer sechzigköpfigen Hochzeitsgesellschaft, die zum siebzehnten Mal »*Viva i sposi*« über die Tische brüllt, einer Kellnerin, die Teller mit weiteren Antipasti auf die Tische knallt, während Baldo seinen Nebenmann, den Klub-Vizepräsidenten Carmelo, wortreich darüber aufklärt, dass er für mich, den Gast aus Deutschland, extra noch einen Fisch bestellt hätte. Ein Dorädchen. Schön von beiden Seiten gegrillt. Wobei er genießerisch seine rechte Hand hin und her wendet, als ginge es gerade nicht um das beidseitige Grillen eines Fisches, sondern um das, wovon Frauen denken, es sei das Einzige, was Männer mit ihnen im Sinn hätten.

Doch weil es noch nicht genug ist mit Lärm und Gelage, kommen aus der Hand der Kellnerin drei Minuten später weitere Teller auf den Tisch angescheppert: Couscous mit Fisch und Rosinen. Teller mit Fritto misto, gebackene Sardinen und Rotbarben. »*Ullullu*«, sagt Baldo, und deutet auf das Fritto misto. »Die schwammen heute Nachmittag noch im Meer. Ich hab gesehen, dass Maurizios Boot erst nachmittags um vier reinkam in den Hafen.« Und weil ich ihn nach dem vierten Glas Wein wortlos verstehe, weiß ich, dass ich ihm jetzt den Teller mit den Vongole reichen soll. Die sind schlicht und ergreifend göttlich. Nein, es sind nicht die kleinen verschrumpelten Dinger, die mageren Sommer-Vongole des heißen Augusts. Sondern: Einfach. Fette. Muscheln. Wie im Winter. Der Himmel weiß, wo Maurizio die jetzt im Frühsommer herbekommt. Wie so oft bin ich erstaunt über die Qualität des Essens. Andächtig essen die Männer, kleine Schlucke Bier aus Weingläsern trinkend, während Angelo zu meiner Rechten mich mit mahlenden Kiefern aufklärt, dass die im Circolo Nautico untergekommenen Angler gleich mit drei Sparten vertreten seien:

Den Anglern, die den Fischen vom Strand aus nachstellen.

Denen, die vom Boot aus angeln.

Und denen, die ihre Angel von der Mole aus werfen.

»*Uzutlù*«, meint Bardo zu meiner Linken, eine Muschel schlürfend, was Angelo mir übersetzt mit »… und wieder anders macht es Baldo: Der fischt mit Langleinen von seinem Boot aus meist allein draußen auf dem Meer«.

Die geschmorten Auberginen habe ich unterschätzt, wie häufig. Geschmacksexplosion im Mund, der ich mich hingebe, während Baldo der Kellnerin etwas hinterherruft. Es war nichts, was dem Pfarrer gefiele, selbst Carmelo, der Vizepräsident, schüttelt streng den Kopf. »Sag doch bitte nicht ›Amore‹ zur Kellnerin, Baldo. Sondern ›Signora‹. Wie sich das gehört.« Was Baldo veranlasst, weiter etwas hinter der Kellnerin herzurufen, die vor ihm nun einen zweiten Teller mit Muscheln auf den Tisch knallt. Was diesen wiederum zu einem Kommentar über das unerschöpfliche Thema »Muscheln und Manneskraft« hinreißt, der die Kellnerin erröten lässt. Und die Diskussion über den weiteren kulinarischen Verlauf des Klubabends erst so richtig in Schwung bringt. Auch da ist Baldo in seinem Element: »Also: Es gibt zwei Sorten Primi: erstens Pasta mit Auberginen und Schwertfisch. Zweitens Muschelspaghetti. Und für Thomas hab ich noch einen Fisch bestellt. Ein Dorädchen. Schön von beiden Seiten gegrillt.« Wieder wedelt Baldos Rechte schwelgend hin und her, als wäre sie nicht hier, sondern woanders.

Zustimmung am Tisch. Zu den Primi jedenfalls. Doch die währt nicht lang. Denn auf dem Tisch landen mit vernehmbaren Rums nacheinander vier große Platten. Zwei mit roter Pasta. Zwei mit weißer Pasta und mit unzähligen Muscheln obendrauf. Acht Männer stieren ungläubig auf die riesigen Platten. Gebrüll. »*Baldo, sei scomposto*«, sagt Angelo und starrt auf die vier Platten. Das Wort habe ich noch nicht in meinem Wortschatz, beschließe aber, gelegentlich nachzusehen, was es wohl heißen mag. »Er ist verrückt.« – »Wer soll denn das essen?« – »Viel zu viel.« – »Baldo, du hast einen Knall.« Nur Franco, der gewichtige Presidente, ist stumm, er kennt schließlich seinen Freund Baldo besser als jeder andere.

Während er dick geriebenen Parmesan über der roten Pasta

verstreut, ullullut Baldo voller Unschuld: »Ich weiß gar nicht, wo die Pasta mit dem Schwertfisch bleibt. Die hatte ich doch auch bestellt ...« Er blickt sinnend der Kellnerin hinterher, was ihm aber noch nicht ausreichend scheint, er röhrt noch ein »Amore« hinterher, was den schönen Carmelo erneut zu einer vorwurfsvollen Äußerung veranlasst.

Die Männer machen sich an die Arbeit. Was so aussieht, dass sie Schultern und Köpfe über ihre Teller beugen, während die Gabeln tief in ihren Pranken verschwinden, bis sie nicht mehr Werkzeug, sondern fester Körperteil sind.

»Weißt du eigentlich, dass Baldo reich geworden ist, weil er Särge gebaut hat, mit seinen Brüdern?«, erzählt Carmelo, während er zum vierten Mal die Gabel mit den hausgemachten Spaghetti in den Mund schiebt. Nein, wusste ich nicht. Aber neben mir könnte gerade Antonio Vivaldi sitzen, und es wäre mir schnuppe, weil die Pasta mit Melanzane und dem Schwertfisch so großartig ist.

»Wo bloß die Pasta mit dem Schwertfisch bleibt?«, murmelt Baldo, während Angelo aufsteht, ihm mit vollen Backen seinen Teller vorsetzt und mit der Gabel vorwurfsvoll unter seine Pasta deutet: »Und was ist das hier, Baldo? Was? Schwertfisch! Der Schwertfisch ist unter den Auberginen! Siehst du? Siehst du das, Baldo?«

So richtig überzeugt das Baldo aber immer noch nicht, während er mit vollem Mund kaut und mir stattdessen mit der Hand den Arm tätschelt. »Du musst unbedingt mit deiner Frau kommen. Dann gehen wir hier zu viert essen, meine Frau und deine Frau, ja?« Ich kaue angestrengt, während mir Angelo von den Muschelspaghetti auflädt. »Und vergiss nicht«, sagt Baldo, »du kriegst noch einen Fisch. Schön gegrillt, von beiden Seiten ...«

»*Un sorbetto. Un sorbetto al limone*«, schlägt Angelo vor, während die anderen ächzend ihre Gabeln beiseitelegen. »Ein Sorbet aus Limonen, das wäre jetzt das Richtige!« Ich verdrehe die Augen. Wie komme ich aus dieser Nummer bloß raus? Wo ich doch ahne, dass mich die zwei Kugeln Limetteneis heute Nacht mit Magenschmerzen senkrecht in *Levjes* Koje stehen lassen. Ich lehne ab. Und winde mich geschickt raus mit dem Hinweis auf den Fisch, von dem ich hoffe, dass er nie kommen möge und alles nur ein schlechter Witz von Baldo sei.

Um das Limettensorbet komme ich herum. Um den Fisch natürlich nicht. Die Dorade ist klein. Sie ist frisch. Sie ist formidabel.

Und während sich der Abend langsam seinem unvermeidlichen Ende entgegenneigt, während auch ich ächzend Messer und Gabel beiseitelege und Baldo mit Maurizio darüber streitet, ob wir nun zu acht oder neunt um den Tisch saßen, und Baldo mindestens drei Zählversuche unternimmt, bis als Ergebnis die Zahl Acht zweifelsfrei feststeht. Während Maurizio auf einem Zettel »8 x 17 Euro« malt und Baldo kollernd und gurgelnd von jedem 17 Euro einsammelt, während ich all dies wahrnehme, kann ich nicht anders als einfach nur staunen. Über die Männergesellschaft Siziliens. Über den ungeheuren Reichtum der Insel. Auf der alles, was man in die Erde steckt, wächst. Ich kann nur staunen über dieses Sizilien, von dem wir einzig hören, dass es pausenlos in wirtschaftlichen und politischen Krisen und Korruption und Mafia steckt, und nicht anders denken können, als dass es niemals, niemals auf die Füße zu kommen scheint. Wo keiner in diesem Städtchen an der Südküste Siziliens kaum mehr als sein verbeultes Auto und ein kleines Haus sein Eigen nennt und doch jeder reich ist wie ein König, weil er jeden Tag mit dem Boot hinausfahren kann, wann immer es ihm gefällt.

Ich beginne zu verstehen, warum Italiener ihr Land lieben und kaum ein Sizilianer seine Insel, die ihn gelegentlich zur Verzweiflung treibt, eintauschen möchte gegen irgendetwas anderes. Und die, die es tun und ihr Glück in der Ferne suchen, nie ganz weg sind und ihre Insel niemals vergessen.

Montag, 7. Mai

Sciacca, Sizilien.
Der Mann mit den 3000 Gesichtern.

Wieder einmal verzögert sich meine Abfahrt von Sizilien nach Mallorca. Ich komme und komme nicht los. Eigentlich hatte ich längst fort sein wollen aus Sizilien. Ich hatte geplant, Anfang April von Sizilien nach Westen loszufahren, auf direktem Weg Richtung Sardinien und Balearen. Doch es war wie häufig in den letzten Jahren: Was Stürme angeht, ist der Winter auf Sizilien fast eine freundliche Jahreszeit. Kaum hat der März begonnen und mit ihm die Zeit des Übergangs, fegen die Frühjahrsstürme los. Äquinoktialstürme nannte man sie früher einmal, doch das Wort ist nicht mehr en vogue. Stürme, die aufkommen, wenn im Kalender Tage und Nächte gleich lang sind. Entweder ist es der Mistral, dieser derbe Gruß aus dem Atlantik, dessen Kaltluftmassen ein Tief durch den engen Spalt zwischen Alpen und Pyrenäen presst. Erst im Rhônetal gewinnen sie an Kraft und entladen sich als Sturm anfangs hinaus in den Löwengolf, dann von Südfrankreich über die Balearen, Korsika, Sardinien, und am Ende pfeifen sie entlang der Südküste Siziliens. Oder es weht der Scirocco vom Süden, der einmal die Woche roten Regen voller Saharastaub stürmisch über Sciacca auskippt. Oder sein gewalttätiger Bruder, der Libeccio, der selten, doch wenn, dann hart weht und hohe Wellen aus Südwest in den ungeschützt daliegenden Hafen von Sciacca jagt.

Sosehr ich auch jeden Tag die Wetterkarten studiere, um beständigeres Wetter für die Überfahrt von Sizilien nach Mallorca zu finden: So instabil ist das Wetter, es ändert sich alle zwei Tage, die Tage sind so strahlend, wie der Wind übellaunig ist.

Ich warte auf *Levje*, sie liegt im alten Bahnhof von Sciacca oben auf dem Hügel über dem Meer, wo der jugendliche Haudegen Egidio sich zwei alte Kräne gekauft und einen Werftbetrieb eingerichtet hat, um Schiffen ein Lager für den Winter anzubieten. Genau da, wo die Gleise der alten Schmalspurbahn enden. Manchmal kommt Franco zu mir am Nachmittag auf den Hügel herauf. Wie viele der männlichen Einwohner Sciaccas ist auch er ein *uomo di mare*, einer, der vom und mit dem Meer lebt, 150 Kilo Körpergewicht hin oder her. Er fährt auf seinem winzigen knallroten Boot aufs Meer hinaus, dessen Motoren den Rumpf weit überragen und das er nicht ohne Hintersinn *The Queen* getauft hatte. Auf diesem Boot stellt er den Thunfischen nach, zusammen mit Baldo, der ihn gelegentlich begleitet, oder dem Schwertfisch oder den Goldmakrelen.

»Fahr nicht raus«, sagt mir Franco, wenn ich wie so oft seit Anfang April wieder einmal missmutig die Schlechtwetterfronten im Internet verfolge, die alle drei Tage abwechselnd von Osten oder Westen über Siziliens Südküste ziehen. »Fahr nicht raus jetzt. Du weißt nicht, wie es draußen aussieht. Frag Carlo. Der ist Fischer und war im Frühjahr oft draußen. Nein. Mir wäre wohler, wenn du nicht losführest. Warte noch vier Wochen, bis der Mai fast vorbei ist.«

Oft wache ich am Morgen auf, weil das Boot in seinem Stahlgestell, in dem es ruht, vom Wind vibriert. Ein Tak-Tak-Tak von an den Mast schlagenden Leinen, rhythmisch wie ein Maschinengewehr, das Unruhe in meinen Halbschlaf jagt und sich nicht damit begnügt, nur mein Trommelfell zum Schwingen zu bringen, sondern gleich das ganze Schiff. Während ich die Augen im Halbdunkel öffne, denke ich darüber nach, was mein siebeneinhalb Tonnen schweres Schiff in seinem zwei Meter hohen Stahlgerüst derart in Schwingung versetzt. Ein schlagendes Fall kann es nicht sein. Die Antwort kennt nur der Wind.

Als ich aufstehe, ist es warm, 18 Grad zeigt das Thermometer am Morgen, wo es noch vor vierundzwanzig Stunden kaum acht Grad waren. Angenehm, zumindest das. Ich schaue hinaus. Keine hundert Meter weiter vorne, den Hügel am alten Bahnhof hinunter, sehe ich das Meer. Statt spiegelglatt kommen Roller auf Roller auf die Küste zu. Lange Reihen. Sie verraten, dass es jetzt mit mehr als sechs Windstärken weht. Libeccio. Wind aus Südwesten, Wind aus der Sahara. Das erklärt die 18 Grad beim Aufstehen. Ich höre das gewaltige Rauschen der Brecher bis in *Levjes* Kombüse, der Küche, aus der ich hinunterschaue. Während ich mir Tee koche, gerät das Boot mit jeder Böe erneut in Schwingung. Es sind Böen, die vom Meer heranrollen wie Brecher und *Levje* breitseits treffen. Vermutlich sind sie so stark, dass der Mast für sie ein Hindernis ist, ihn in Schwingung versetzen, als wäre er ein zwischen die Finger gespannter Grashalm, den man kraftvoll anpustet. Nur dass er seine Schwingung über die Wanten auf die Seitenwände des aufgebockten Boots überträgt. *Levje*, meine Landbehausung in diesen Wochen, sie ist jetzt im Libeccio an Land ein großer Resonanzkasten, der in der Teetasse auf meinem Salontisch kleine Wellen erzeugt.

Am Nachmittag klettere ich vom Hügel hinunter, um mir aus der Nähe anzusehen, was der Sturm mit dem Meer vor der Hafeneinfahrt macht. Ich beobachte die brechenden Grundseen. Für eine Segelyacht wäre es ein gefährliches Unterfangen, bei diesen Bedingungen einzulaufen, wenn nicht gar unmöglich. Ein Boot, das in die brechenden Seen vor dem Hafen geriete, könnte darin querschlagen, die Wellen würden es einfach mit sich reißen. Es würde den Mast verlieren. Ich versuche mir diesen Anblick für alle Zeit einzubläuen, für den Fall der Fälle. Ich stelle mir vor, wie groß die Not auf einem Boot sein muss, das Tage draußen war und sich nichts sehnlicher wünscht, als endlich in den Hafen zu kommen. Stelle mir das verzweifelte Verlangen des Skippers und der Crew vor, endlich, endlich in einen sicheren Hafen zu kommen. Wie hart es einen Skipper unter solchen Umständen träfe, nicht in den Hafen zu können, weil es klüger wäre, draußen zu bleiben, als mit dem Boot in eine dieser brechenden Seen in der Hafeneinfahrt zu geraten.

Einen Moment sehe ich fasziniert den Vögeln zu, die im Starkwind segeln, einfach mit ausgebreiteten Flügeln vor sich hin schweben. Wo Sturm ist, kreist meist ein Vogelschwarm. Wo unsereins bei solchen Bedingungen die feste, schützende Hülle sucht, tun Seevögel das Gegenteil, sie suchen Sicherheit im unsicheren Element, stürzen sich in die Lüfte. Gerade dort, im scheinbar Unwirtlichen, finden sie mehr Schutz als in jeder Mauernische, die für sie zur Falle werden kann.

Die Wellen rollen weiterhin ungehindert vom Südwesten an, sie schwappen in den Hafen, wo gleich hinter der Hafeneinfahrt die Schwimmstege der beiden Segelklubs liegen. Ich treffe Carlo, der jetzt im Circolo Nautico den Winter über als Marinero arbeitet. Er schaut sorgenvoll. »Sieh dir bloß an, wie sich der hundert Meter lange Schwimmsteg wie eine Seeschlange in der einlaufenden Dünung windet.« Ich beobachte einen Augenblick, wie seine Schlangenbewegung die daran vertäuten Boote mitreißt wie Nussschalen in der glucksenden Dünung. »Siehst du vorne den zweiten Steg? Die Verbindung ist heute Nacht gebrochen, wenn das so weitergeht, wird der Steg auseinanderbrechen. Die beiden Yachten am Außensteg sind zu schwer.« Carlo hat alle Hände voll zu tun. Er wacht über die vertäuten Boote, die im unentwegten Ziehen und Zerren des Schwimmstegs drohen vom um sich hauenden Steg zerschlagen zu werden. Immer wieder spurtet er über den schwankenden Steg nach vorn, springt in eins der Boote und vertäut es neu, sobald es droht den scharfen Kanten des stählernen Stegs zu nah zu kommen.

»Am schlimmsten sind die Stürme hier, wenn die Jahreszeiten wechseln«, sagt Carlo in einer Pause. »Das war nicht immer so. Als ich ein Kind war, waren es eher die Winterstürme, die uns beeindruckten. Seit ein paar Jahren ist das anders. Das Wetter wird dann schlecht, wenn es sich nach dem Winter eigentlich bessern müsste – wenn das Frühjahr kommt, im April.« Carlo fuhr früher raus als Fischer, bevor er sich, um seiner Frau und seinen beiden Jungs näher zu sein, für das ruhigere Leben an Land als Marinero entschied.

Vom Klub wandere ich hinaus vor die Stadt, zum Sandstrand vor der alten Tonnara, der einstigen Thunfisch-Konservenfabrik. Franco erzählte mir, wie er in seiner Kindheit hier in Mengen die Leiber der erbeuteten Thunfische liegen sah, Tierkörper an Tierkörper. Ich mag es hier. Ein weiter Sandstrand zu Füßen eines einsamen Kaminschlots, den man als letzte Erinnerung an die einstige Fabrik stehen ließ. Der Schlot, über den der Qualm der großen Feuer und der Dampf abzogen, wenn das Fleisch der zerstückelten Thunfische in Kupferkesseln zum Sieden kam. Vor zwei Tagen bin ich zwischen den beiden großen Steinmolen noch nach draußen geschwommen. Jetzt ist daran kein Denken mehr, derart aufgewühlt toben die Elemente. So wird es für zwei weitere Tage bleiben. Mindestens. Es ist verflixt. Ich komme einfach nicht los, das Land hält mich fest.

Statt loszufahren, unternehme ich Wanderungen. Auf den Monte Kronio, das Felsmassiv, das Sciacca überragt, wo neben dem Kloster Schwefeldämpfe aus unterirdischen Grotten wabern. Hinüber zu der alten Tafel, die einen Reisenden namens Goethe erwähnt, der durchgekommen war durch Sciacca, auf seiner italienischen Reise, die als Flucht begonnen hatte vor einem Leben im Job, das ihn zu ersticken drohte. Streife hinaus vor die Stadt, in den Osten, ins Castello Incantato, das »verzauberte Schloss«, das nichts weniger als ein Schloss war, doch ein verzauberter Garten allemal. Einer der zahllosen Auswanderer aus Sizilien war nach langer Bettlägerigkeit aufgrund einer Kopfverletzung 1919 aus Amerika in seine Heimat Sciacca zurückgekehrt. Nach einem Schlag war er nicht mehr ganz richtig im Kopf. Zur Verwunderung aller hatte er sich vor der Stadt auf einem wertlosen Feld voll kohlgroßer Steinbrocken über dem Meer niedergelassen, um dort zu leben.

Man erzählte sich, dass Filippo Bentivegna, der unglückliche Heimkehrer, in seinem Garten über dem Meer Gesichter in die Steine meißle. Erst einzelne Gesichter, frontal und überlebensgroß. Dann andere im Profil. Er wurde nicht müde, Tag für Tag Gesichter in den scharfkantigen Kalkstein zu schlagen, als wollte er all die Menschen abbilden, die ihm auf seiner Reise jenseits des Atlantiks begegnet waren.

Irgendwann waren es zehn Köpfe. Dann dreißig. Als es hundert waren, hörte Filippo immer noch nicht auf, Köpfe aus den Steinen zu meißeln. Antlitze zu befreien, die in den grobschlächtigen Steinen verborgen schlummerten. Jetzt ging's erst richtig los. Weil ihm in seinem kargen Olivenhain die Steine ausgingen, hackte er sich in den Fels etwas oberhalb. Grub mannshohe Kammern, Höhlen und Schächte ins Gestein. Die Nachbarn schüttelten die Köpfe. Tuschelten. Den Verrückten von Sciacca nannten sie ihn nun. Doch selbst wenn er es hörte, er nahm es nicht wahr. Nur die Gesichter zählten. Er ließ sich gelegentlich mit *Eccellenza* anreden von den Dörflern, ein König war er. König in einem verzauberten Schloss, auch wenn er nur in dem einen Raum seiner steinernen Hütte lebte. Manchmal tauschte er einen der Köpfe ein gegen etwas Essen, Werkzeug.

Ich wandere im Garten den Hang hinauf. Ob Filippo die

Köpfe zählte? Ob er sich ein Glas Rotwein gönnte, wenn wieder fünf oder zehn fertiggestellt waren? Ob er mit seinem Hund redete? Ich weiß es nicht. Filippo meißelte jedenfalls weiter. Unentwegt, besessen. Ich sehe in ihm einen, den das Leben aus der Bahn geworfen hat. Doch statt klein beizugeben, meißelt er fußballgroße Köpfe aus dem harten Kalkgestein. Gesichter, wie sie nur die Romanik kennt, einfach und voller Kraft. Andere nur flüchtig geritzt, wie skizziert. Wieder andere wie Dämonen, geschaffen, um das Böse abzuhalten wie Sphinxe oder Medusen. Filippos riesiger Garten unter den Oliven, durch den ich wandere, ist voll mit Gesichtern.

Ein zweiter schrecklicher Weltkrieg war übers Land hereingebrochen, ich weiß nicht, ob Filippo davon überhaupt Notiz nahm. Er war nun einundfünfzig. Ein paar Jahre später kam ein schwedischer Maler in seinen Garten, redete mit ihm, staunend ob der schieren Menge an Gesichtern, die der Sizilianer in seinem Olivengarten erschaffen hatte. Er sei auf der Suche nach der großen Mutter, antwortete Filippo bloß, als mehr und mehr kamen, Künstler, Journalisten, Professoren, Schriftsteller, um ihn bei seiner täglichen Arbeit zu beobachten. Er nahm sie wahr, sprach freundlich mit ihnen, geduldig, wie man mit Kindern spricht. Waren sie fort, meißelte er weiter Gesichter in den gnadenlos harten Kalkstein.

Neunundsiebzig Jahre, nachdem er als Sohn eines einfachen Fischers geboren worden war, fast fünfzig Jahre nach jenem verhängnisvollen Schlag auf seinen Kopf in Amerika, starb Don Filippo Bentivegna, »Filippo mit den Gesichtern«. Sein Garten lag verwaist, niemand kümmerte sich um die Köpfe, die achtlos herumlagen, Witterung und Verfall preisgegeben. Es war ein französischer Art-brut-Künstler, ein Künstler der »rohen Kunst«, der Außenseiter und psychisch Erkrankten, der in Don Filippos Garten rettete, was noch zu retten war.

Es waren über 3000 Gesichter.

Nicht nur einmal besuche ich Filippos Castello Incantato und wandere zwischen den Gesichtern herum, schaue hinaus aufs Meer, das nicht zur Ruhe kommen will. Kein Zweifel, Filippo Bentivegna war ein Getriebener. Doch mir gefällt der Gedanke, dass er, in dem die Dörfler anfangs nur den Dorftrottel sahen, versuchte, etwas zu bewahren. Nämlich um auszuloten und festzuhalten, in wie viele Gesichter ein Mensch im Laufe seines Lebens blickt. In wie viele Augen er sieht, und sei es nur für die Flüchtigkeit eines Augenblicks. Mir scheint, als würde er jedem Gesicht, in das er geblickt hatte, ein steinernes Abbild schenken, um die Myriaden von Spuren festzuhalten, die Myriaden flüchtiger Begegnungen in seiner Seele hinterlassen hatten. Ein Chronist der Gesichter, die ihm auf seiner großen Reise von der Alten in die Neue Welt begegnet waren.

Ich komme und komme nicht los von Sizilien, sosehr mich auch die fernen Inseln im Westen, die Balearen, locken. Nicht ich, kein ominöser Chef, sondern das Meer gibt den Takt vor, wann es Zeit ist, etwas Neues zu beginnen. Das ist gut so. Dinge, die nicht nach dem eigenen Kopf laufen, sind stets eine Chance. Hier auf Sizilien ist es die Chance, nicht nur ein Durchreisender zu sein, sondern mich an einem Ort wirklich daheim zu fühlen, selbst wenn ich immer ein Fremder bleiben werde.

Donnerstag, 17. Mai

Sizilien. Der Schneider von Sciacca.

Die einen sagen, Heimat sei ein Ort. Wieder andere meinen, Heimat sei kein Ort, sondern ein Gefühl. Mir geht es so, dass Heimat etwas ist, was mit den Menschen an einem Ort zu tun hat. Heimat entsteht, wo es mir gelingt, positive Beziehungen zu Menschen aufzubauen. Oft reichen schon kleine Gesten oder ein Wort.

Ob es ein Ort ist oder ein Gefühl, Heimat kommt aus etwas, was in der Vergangenheit erwachsen ist. Heimat mag in der Gegenwart entstehen, doch es hängt immer mit etwas Vergangenem zusammen. »Dort ist meine Heimat«, sagen wir. Doch niemals: »Dort wird meine Heimat sein.« Heimat entzieht sich der Zukunft, neue Heimat ist uns suspekt. Heimat ist zerbrechlich wie Vertrauen, wie Liebe. Entweder es gehört zu meiner Gegenwart oder nicht.

Als ich eines Abends von meinen Wanderungen um Sciacca zu *Levje* zurückkehre, hat der wütende Südwest die Persenning, die ich über das Deck gespannt habe, zerfetzt. Ich betrachte missmutig die Reste. Der Stoff ist mürbe – nichts mehr zu retten. Ich mache mich auf die Suche nach einem Segelmacher. Wo es zwei Marinas gibt, sollte auch einer sein, der Segelstoff und Persenning nähen kann. Aber in Sciacca ist das nicht unbedingt so. Ratloses Achselzucken bei den Mitgliedern im Circolo Nautico. Ein hilfloses »*Mi dispiace*« (»Tut mir leid«) in den Eisenwarenläden rund um den alten, winkeligen Fischereihafen. Bis im dritten Laden jemand den Namen Pietro Tulone erwähnt, oben in der Via Tommaso Campanella gleich neben der Bäckerei La Spiga d'Oro. Ich werde neugierig. Nicht auf den Schneider. Sondern zunächst auf den Bäcker. Was für ein verheißungsvoller Name für eine Bäckerei. Was für ein Land, in dem selbst eine einfache Wegbeschreibung um Essen kreist.

Sciacca ist steil. Die Stadt steigt von der Häuserzeile um den Fischerhafen stetig an, verwinkelte Stiegen und verstopfte Straßen führen nach oben ins Stadtzentrum. Da ist die »Ähre aus Gold«, eine kleine, bescheidene Bäckerei. Und rechts daneben nicht mehr als eine zur Front verglaste Garage. Zwei Männer sitzen darin vor dem Fenster, einer im grauen Arbeitskittel hinter einer Nähmaschine mit einem ehrlichen Gesicht, das mich anrührt. Und einer davor, der ihm schweigend bei der Arbeit zusieht.

Beim Eintreten nehme ich Dinge wahr: das verstaubte Moped, das seit Jahren an der Rückwand lehnt. Gewebe und Stoffe, die sich im Hintergrund zu einem Berg aus Schaum türmen, ein Materiallager, das ich insgeheim »Monte Schiuma« taufe, den Berg aus Schaum. Die abgegriffene Arbeitslampe, übrig geblieben von einem Hausaufgabenschreibtisch der Siebziger, deren Metallschirm über der Nähmaschine an einfachem Klingeldraht baumelt. Zwei Garne, rot und weiß. Der Mann im grauen Kittel erhebt sich. Ja, er sei Pietro Tulone. Ich zeige ihm die alte Persenning, er schüttelt traurig den Kopf. Nein, das würde nichts mehr. Zu mürbe der Stoff. Aber wenn ich unten am Hafen nach Tancredi frage, der habe Persenningstoff in seinem Laden. Ich solle dort welchen kaufen. Den Rest würde er, Pietro Tulone, erledigen.

Ich mache mich wieder auf den Weg den Hügel hinunter.

Nicht ohne an den bescheidenen Mann mit dem ehrlichen Gesicht zu denken. Bei Tancredi unten am Hafen finde ich, wonach ich suche, eine leuchtend weiße Persenningbahn, 18 Quadratmeter. Tancredi grinst zustimmend, als ich sage, ich würde den Stoff zu Pietro Tulone bringen.

Am Tag darauf stapfe ich mit meinem schweren Packen wieder hügelan. Der Schneider sitzt hinter seiner Nähmaschine, umgeben diesmal von drei älteren Männern, die ihm schweigend bei der Arbeit zusehen. Lächelnd nicken, weiter schweigen, nur hin und wieder fällt ein kurzes Wort. Pietro sieht von seiner Arbeit unter dem Lampenschirm auf. Befühlt meinen Stoff. Nickt. Besieht sich die Skizze und meint, ich solle doch am Ostersamstag wiederkommen. Da wäre alles fertig. Wo er denn die sperrige Lkw-Persenning auslegen und schneiden wolle, frage ich neugierig. Die Männer grinsen. »Draußen, hier vor der Tür, auf der Straße. Da ist genug Platz.« Ich schaue etwas ratlos auf die zugeparkte Straße, klappe meinen offen stehenden Mund zu und überlasse Pietro den Bergen auseinanderfallender Persennings, die seinen Nähtisch mitsamt der zerbeulten Nähmaschine unter sich begraben.

Ich ertappe mich dabei, dass ich, wieder zurück auf *Levje*, an den Schneider denke. Er strahlt etwas aus, was heute selten geworden ist. Milde. Güte. Angestaubte, aus der Welt gefallene Worte, so wie auch die Werkstatt des Alten aus der Welt gefallen war. Wie er im sauber geplätteten Arbeitskittel an seiner einfachen Nähmaschine hantierte, bei dieser Vorstellung breitet sich in mir ein wohliges Gefühl aus. Doch Pietro Tulones Besucher, deren stilles, schweigend entspanntes Zuhausesein in der Gegenwart des Schneiders, die verstehe ich noch nicht.

Karsamstag. Sciacca brummt, Sciacca summt in vorösterlicher Betriebsamkeit, während ich am Vormittag wieder hügelan steige. Wie üblich arbeitet Pietro hinter seiner Nähmaschine, während im Laden drei Männer sitzen, die ich noch nicht kenne und die ihm bei der Arbeit zusehen. Drei weitere stehen schweigend vor dem Laden. Einer von ihnen öffnet mir schwungvoll die Tür. Da liegt meine 18 Quadratmeter große neue Persenning neben Pietro Tulone auf einem Hocker. Einen Tisch gibt es nicht bei ihm, doch die Persenning, deren Fläche die der Werkstatt deutlich übersteigt, ist makellos gefaltet, vernäht, mit Ösen beschlagen. Die Männer sehen mich grinsend an.

Pietro erhebt sich, wendet sich dem Packen zu und überreicht ihn mir. Ein Mann tritt ein, nähert sich dem Schneider, drückt ihm kurz und respektvoll die Hand mit den Worten »*Buona Pasqua. Augurone* – Frohe Ostern. Alles Gute«. Und verschwindet, wie er gekommen war. »Ja, also«, sagte Pietro, »50 Euro, wie ausgemacht.« Als ich ihm etwas mehr geben will, sträubt er sich. Erst als ich ihm erkläre, die zehn Euro seien nicht für ihn, sondern für seine Enkel, denen er an Ostern ein Eis kaufen solle, strahlt er und erzählt, er hätte fünf. Die Männer nicken anerkennend, als ich meinen Packen nehme. Und vom Hügel wieder zu *Levje* hinuntersteige.

Die Persenning passt. Ich ertappe mich abends dabei, während ich auf dem Boot meine Pasta zubereite, wie ich meinen Blick durch *Levjes* Inneres schweifen lasse, was es denn noch zu nähen gäbe, nur damit ich einen Grund hätte, mich wieder bei Pietro Tulone einzufinden. Ja, richtig. Die gestreiften Kissen aus der Türkei hatten keinen Reißverschluss, um die Bezüge waschen zu können. Und die Vorhänge bräuchten neue Druckknöpfe, die alten waren korrodiert.

Dienstag, am späten Nachmittag, mache ich mich wieder auf den Weg, den Hügel hinauf. Pietro sitzt an seiner Nähmaschine. Zwei Männer, wieder mir fremd, sitzen davor und schauen ihm bei der Arbeit zu. Ja, das könne er erledigen, meint er. Doch nicht heute. Er deutet auf die Wand mit den verblichenen Fotos und dem vergilbten schwarz-roten Wimpel. Heute

Abend würden die Rossoneri, die Rot-Schwarzen spielen. AC Mailand, das wäre sein Klub, das dürfe er nicht verpassen im Fernsehen, ich solle nur nicht böse sein.

Die Männer um Pietro lächeln wissend. Und in stiller Kumpanei. So wäre er nun mal, da könne man nichts machen, ein Sizilianer, der einen Club aus dem fernen Norden verehrt.

Als ich wieder auf meinem Boot bin, fallen mir weitere Dinge ein, die ich noch zu Pietro Tulone bringen könnte. Die frisch gereinigten Teppiche vorne aus Katrins Koje, ihrem »Cinema Paradiso«, das wir so nennen, weil sie dort noch besser träumt als zu Hause. Der alte Bettbezug, der könnte doch auch einen neuen Reißverschluss verkraften?

Ich denke über Pietro Tulone nach. Was hat der einfache Schneider, dass sich die Männer seines Viertels immer wieder bei ihm einfinden? Nicht Geld. Er hat kein Vermögen. Er ist nur ein Schneider. Und doch bringen ihm die Männer des Viertels Achtung entgegen wie einem Rabbiner. Er ist jemand, zu dem die Männer gehen. Bei dem sie sich treffen. Und immer neue. Ich frage Carlo, den Marinero, er kennt jeden in Sciacca. Carlo lächelt nur. »Hab schon gehört, dass du bei Pietro warst.« Ja, Pietro Tulone kennen viele. Und in seinem Viertel ist der Schneider ein überaus geachteter Mann.

Vielleicht werde ich sein Rätsel nie ganz verstehen. Was mich bewegt, ist, dass ich hier etwas erhalten habe, was früher einmal da und dann aus meinem Leben verschwunden war. Nicht was sich einer an Geld, Wohlstand oder Besitz erworben hat, erst recht nicht Image zeichnet einen Menschen vor anderen aus. Sondern wie er sich an seinem Platz, an den das Leben ihn stellte, geschlagen hat.

Als ich mir nach meiner Kündigung meinen Traum verwirklichte und zum ersten Mal lossegelte, wusste ich nicht, wo mich meine Reise hinbringen würde. Doch ein Gedanke begleitete mich segelnd in all den Jahren: ob es irgendwo einen Ort in

Europa geben könnte, auf einer der vielen Inseln im Mittelmeer oder anderswo, der mir mehr sein könnte als eine Station auf der Reise.

Ein Fremder bleibt man immer, selbst in seiner Heimat. Aber wenn es für mich irgendwo in der Fremde eine Heimat gäbe, könnte dies in Sciacca sein. Und wenn dem so wäre: Dann hat es auf alle Fälle mit den Menschen dort zu tun. Und der Art, wie sie leben.

Es ist ein regnerischer Abend, der Himmel wolkenschwer, als ich endlich alle Dinge beieinander, alle Einkäufe erledigt und auf *Levje* verstaut habe für die vier Tage dauernde Überfahrt nach Westen, Richtung Mallorca. Ich habe nichts mehr auf *Levje*, was ich noch zu Pietro Tulone bringen könnte, und nichts mehr, was ich zu Franco, zu Carlo, zu Baldo und den anderen noch sagen könnte außer »Habt Dank, dass ihr mich aufgenommen habt. Und aufgepasst habt auf *Levje* über den Winter«. Es gibt Menschen, denen schuldet man mehr, als man mit Geld begleichen könnte.

Der Wetterbericht hat für fünf Tage leichten Wind aus nördlichen bis nordöstlichen Richtungen vorhergesagt. Er wird Regen bringen. Aber mir wird der Nordost zum ersten Mal seit Wochen ein Wetterfenster öffnen, um die rund tausend Kilometer lange Strecke zu den Balearen zurückzulegen. Es ist Zeit aufzubrechen.

Montag, 21. Mai

Eine Nacht auf dem Meer. Zweiter Teil

Der Abschied von Sizilien fiel mir nicht leicht, doch nun bin ich hier, unterwegs von Sizilien nach Mallorca, nachts draußen auf dem Meer und klappernd vor Müdigkeit. Ich gehe nach unten, setze Wasser für einen Kaffee auf und krame mir im Küchenschapp ein Stück Schokolade heraus.

Immer wieder erstaunt es mich, wie weit die Wegstrecken in diesem Europa sind. Tausend Kilometer wenigstens liegen zwischen Sizilien und Spanien. Und doch war Sizilien, das hinter mir liegt, für ein halbes Jahrtausend spanischer Boden unter spanischen Herren. Das Rezept für die Rohrzuckerschokolade, die ich mir im sizilischen Modica gekauft hatte, war irgendwann vor ein paar Hundert Jahren auf genau dem tausend Kilometer langen Weg übers Meer von Spanien nach Sizilien gereist, den ich nun auf *Levje* in entgegengesetzter Richtung nehme. Rohrzucker kam erst nach Europa, als ein Italiener in spanischen Diensten mit Namen Cristoforo Colombo gedacht hatte, er habe nun den Seeweg nach Indien gefunden. Als Beweis hatte er Kaffee und Kartoffeln, Tabak und auch zum ersten Mal Kakao und Zucker mit nach Europa gebracht. Für die Menschen seiner Zeit waren das so fremdartige Dinge, als würde uns heute jemand geröstete Regenwürmer anbieten. Doch die Dinge, die er mitgebracht hatte, bewiesen, was seine

Theorie mit Indien anging, tatsächlich gar nichts – außer dass er eben neben anderem die Grundsubstanzen für die Schokolade erstmals mit nach Europa gebracht hatte. Und dass wir es seiner Reise verdanken, wenn wir morgens eine Tasse Kaffee trinken und eine Zigarette dazu rauchen.

Ich denke an Sciacca und die, die ich dort kennengelernt habe, von denen ich mich an dem regnerischen Spätnachmittag vor vier Tagen verabschiedet habe. An Franco, an Baldo. Baldo, der jeden Winter in die tiefsten Abgründe einer Depression versinkt, auf nichts reagiert, nicht auf seine Frau, nicht auf seinen besten Freund Franco. Der sein Bett für Monate nicht mehr verlässt und erst daraus hervorkriecht, wenn die Frühlingssonne es schafft, ihre ersten Strahlen in das selbst gewählte Verlies seines verdunkelten Zimmers zu schicken. Ich denke an Pietro Tulone. Ich bin ein Einhandsegler. Einer der allein unterwegs ist. Einer, der weiß, dass er die Menschen mehr braucht, viel mehr als jeder andere. Vielleicht, weil Menschen mir Antworten geben, selbst wenn ich sie nicht frage. Weil ich endlich Zeit habe, die Antworten zu hören, und nicht etwas anderem nachjage.

Wieder kommt die schmale Sichel des Mondes hinter einer Wolkenbank hervor. Sie steht nun weit im Westen, dort, wo ich hinwill. Der Mond oder die Venus am Morgen, nirgendwo erlebe ich den Himmel so intensiv wie in einer Nacht auf dem Meer. Sinn für derlei Schönheit hatte ich auch in meinem früheren Leben. Da hatte alles seinen Platz, ich war im Auto oder im Haus, der Mond war draußen. Ich steckte in irgendeiner dieser vermeintlich sicheren Hüllen, durch deren Scheiben ich den aufgehenden Vollmond einer Februarnacht sah. Ich war im Kokon. Er war dort. Hier draußen lerne ich nicht nur, die Natur zu beobachten, auf das zu achten, was sie von sich preisgibt. Jetzt bin ich mittendrin und Teil des Ganzen, fühle mich eingebettet und geborgen in der ungeheuren Weite. Ich bin ein

Teil des Ganzen, so allein ich in dieser Nacht hier draußen auch immer bin.

Vielleicht kommt es daher, weil sich mein Leben auf dem Boot auf das reduziert, was die Menschen die meiste Zeit in ihrer Entwicklung taten: die Natur nicht durch Scheiben zu betrachten, nicht durch Fenster oder über Bildschirme, sondern direkt. Weil ich sie ganz unmittelbar rings um mich habe. So wie gestern, als ich lang am Vorstag stand und den regenschweren Himmel voraus betrachtete und die gestreckte, oben bösartig gezackte Wolke entdeckte, die sich wie eine liegende Zigarre über den Horizont zog. Es gibt Wolken, die sind auffälliger als andere, ich prägte sie mir ein, während *Levje* an den Meeresschildkröten vorbeipflügte, die sich hier fernab jeder Zivilisation an der Meeresoberfläche tummelten. Es war die Spitze einer Front, die Regen und guten Wind mit sich brachte. Jetzt ist der Mond hinter seiner Wolkenbank, der mich in tiefer Schwärze zurücklässt. Alles, was ich gerade wissen muss, erfahre ich in diesem Augenblick aus der Weite, die mich umfängt.

Plötzlich unterbricht ein durchdringender Piepton das monotone Brummen des Motors und das gleichmäßige Rauschen entlang der Bordwand. Ein nerviges Piep-Piep-Piep, das durch die Nacht schrillt und nicht enden will. Eine Warnung, dass der Motor gleich aussetzt? Nein. Es scheint alles in Ordnung. Eine Warnung vom Radar? Tatsächlich. Von Nordwesten hat sich ein winziger Lichtpunkt angeschlichen, der unvermindert auf den gelben Punkt in der Mitte des Bildschirms zustrebt, der mich und *Levje* darstellt. Ich lösche den nervigen Piepton. Danach spähe ich in die Dunkelheit. Tatsächlich. Halb links erkenne ich ein schwaches rotes Licht. Und darüber ein weißes. Offensichtlich ein Segler auf Gegenkurs. Er ist noch ein Stück entfernt. Auf dem Radar habe ich einen Kreis von sechs Seemeilen Durchmesser, also elf Kilometer, gezogen.

Wenn irgendetwas in diesen Kreis eindringt, das sich auch nur ein klein wenig über die Wasseroberfläche erhebt, und sei es auch nur eine Möwe 500 Meter voraus, ertönt jener nervige Piepton. Das ist eine sinnvolle Einrichtung. Die Route, auf der ich unterwegs bin, ist zwar kein viel befahrener Dampfertrack. Aber jeder Segler, jede Motoryacht, die von Menorca nach Sizilien will, wird mehr oder weniger auf dieser schmalen Kurslinie unterwegs sein, auf der auch ich unterwegs bin. Ich beobachte den näher kommenden Segler. Es muss ein kleines Segelschiff sein, eifrig nickt sein Mastlicht in der Welle. Ich sehe darunter nur das schwach beschienene Boot, als es uns in etwa 50 Metern Abstand passiert.

Während der Segler vorbeigleitet, entdecke ich, dass die Wolkendecke aufreißt und die Sterne sich zeigen. Mag sein, dass ich hier unten unterwegs Richtung Mallorca bin, doch richte ich meinen Blick für Minuten nach oben, dort durchquere ich gerade auch die Milchstraße mit ihren unzähligen Sternen. Wenn wir uns von A nach B bewegen, denken wir nur daran, eben von A nach B zu kommen. Und vergessen, dass jede Fahrt, selbst fünf Minuten Fußweg zu einem Bäcker, zugleich eine Reise durch ein anderes, ungeahntes Universum sein könnte. Wir könnten es sehen, hätten wir nur Augen, genau das zu erkennen. Auch ich hatte früher keine Augen dafür. Erledigte noch schnell dies, Termindruck hier, Meeting da, Verpflichtung dort. Doch jetzt, wo ich draußen bin nicht nur auf dem Meer, sondern draußen aus dem, was mein früheres Leben war, ist meine Wahrnehmung für das, was ich gerade tue, eine andere geworden.

Eineinhalb Stunden später. Die Zeiger meiner Armbanduhr stehen auf halb vier. Plötzlich ist es vorbei mit der Windstille, eine kühle Brise kommt genau von vorn, und sie nimmt zu. Leichter Regen setzt ein. Mein übermüdetes Gehirn mahlt Gedanken: Du kannst nicht gegen den Wind von vorn segeln. Soll ich weiter unter Motor gegen den Wind und die Wellen, die er aufwirft, anboxen? Noch geht das. Noch weht der Wind leicht, etwa zehn Knoten, aber er nimmt zu. Ich spüre, wie wir Fahrt verlieren, nicht viel, doch merklich. Was wäre die Alternative: Segel setzen? In mühsamem Zickzack gegen den Wind Richtung Menorca aufzukreuzen, um an das entferntere Mallorca heranzukommen? Das alles in erschöpftem Zustand. Nein. Nur jetzt nicht bewegen.

Nordwestlich ist für einen kurzen Augenblick ein heller Schein am Horizont zu sehen. Ob das der Leuchtturm auf der Illa de l'Aire ist, der Insel, die Menorca vorgelagert ist? Alle fünf Sekunden ein heller Blitz. Das muss er sein. Ich stelle mir den markanten Turm in seinem schwarz-weißen Ringelkleid auf der unbewohnten flachen Felsinsel vor. Leuchttürme haben für einen, der in einer Nacht wie dieser draußen ist, etwas Tröstliches. Sie sind wie ein Schulterklopfen, die Wärme eines aufmunternden Wortes, das einem Vertrauen gibt. Das Gefühl, dass da noch jemand ist, der aus freien Stücken die Einsamkeit erwählt und Schönheit und Zweifel des Alleinseins in diesem Moment mit mir teilt, dieses Gefühl besteht fort, auch wenn in den meisten Leuchttürmen und vermutlich auch auf der Illa de l'Aire schon lang keiner mehr ist, der nachts ein Feuer entzündet.

Plötzlich wird der Regen stärker und verschluckt das blinkende Licht am Horizont. Was nicht weiter schlimm ist. Sicht nach vorn ins Dunkel hatte ich ohnehin keine. Doch das Stoffdach, unter dem ich sitze, die Sprayhood, ist nicht dicht. Regen prasselt drauf, tropft von dort aufs Radargerät, tropft mir langsam in den nassen Kragen, sosehr ich mich auch anstrenge, mich zentimetergenau zwischen die fallenden Tropfen zu kauern. Der Wind nimmt weiter zu, in Spitzen über 15 Knoten, die See wird hackiger, die Geschwindigkeit sinkt.

Ich muss was tun. Segel setzen? Aufkreuzen? Noch zögere

ich. Wenn der Wind in den nächsten zehn Minuten zunimmt, habe ich keine andere Wahl. Also warte ich. Plötzlich erlischt der Bildschirm im Cockpit. Bis auf die sinnlos blinkende Tiefenanzeige, bis auf Windmesser und die Geschwindigkeitsanzeige ist es jetzt völlig dunkel um mich. Die elektronische Seekarte ist weg. Was ist los? Muss das jetzt auch noch sein? Es wird eine Entscheidung von mir verlangt, weil ich sonst auf der Stelle trete.

Stell dich nicht so an, ermahne ich mich. Mit nasskalten Fingern greife ich in meine Jackentasche und hole mein Smartphone heraus. Sicherheitshalber habe ich dort die Seekarte samt meinem Kurs gespeichert. Kein Problem also. Und zur Not wären ja auch noch Kompass und Papierkarte da. Nur am prasselnden Regen und am ungemütlichen Anbolzen gegen Wind und Welle ändert das gerade nichts.

Nach einer Weile lässt jedoch das Geprassel nach. Der Wind beruhigt sich. *Levje* schnürt wieder dahin, als wäre nichts gewesen. Als es dämmert, sehe ich vor mir das lange Band winzig kleiner Wolkenbänke, wie ein feines blaugraues Wollgewebe ziehen sie sich über die ganze Länge des Horizonts. Und darunter, als schartiger Strich mit schwarzem Marker, die Südostküste Mallorcas. Noch sechs Stunden und ich habe Cap Formentor vor mir. Und mit ihm den gleichnamigen Leuchtturm 200 Meter oben auf dem letzten Ausläufer der Serra de Tramuntana. Dann bin ich in Mallorca. Und dann: erst mal schlafen.

Donnerstag, 23. Mai

Mallorca. Am Leuchtturm von Formentor.

Zwei Tage nach meiner Ankunft in Port de Pollença stehe ich am Leuchtturm vom Cap Formentor, den ich vom Meer aus gesehen hatte. Nicht zum ersten Mal. Bei meinen Reisen kehre ich oft an dieselben Orte zurück. Ich kenne Pollença und den gleichnamigen Hafen von einer Segelreise und mochte den Ort von Anfang an. Drei Jahre zuvor hatte ich den Auftrag einer Segelzeitschrift angenommen und war, um mir etwas Geld zu verdienen, für eine Reportage nach Mallorca gereist. Ich war die Küste der Insel abgefahren, nur um festzustellen, dass mir jener Teil, der mir längst vertraut war, jene Ecke um Pollença, am besten gefällt. Ganz im Osten, wo die flachen Brackwassermarschen von S'Albufera, Meer und Gebirge aufeinandertreffen, abseits vom Trubel.

Ich mag die Einwohner Pollenças, die Alten, die Handwerker mit ihren Frauen, die sich abends im Club Social de Pollença auf der Plaça Major treffen, um auf der Terrasse ein Glas Wein zu trinken. Die alten Männer, die sich schon am Nachmittag schweigend um den runden Tisch vor der Theke der Bar versammeln, um sich wortlos durch Stapel von Zeitungen zu lesen. Die alte Lehrerin, deren Alter ich nicht schätzen kann, die jeden Nachmittag in der Steppjacke an der Hauswand sitzt und sich mit jungen Reisenden unterhält. Wo jeden

Donnerstag Kinofilme gezeigt werden, vorher Tapas-Abend ist und der Club brechend voll ist mit jungen Familien mit Kindern und alten Paaren, die sich in langer Schlange palavernd zum Tresen anstellen, um sich danach in kleinen Grüppchen über eine Tortilla, ein Schälchen eingelegte Sardinen oder ein Boccadillo, ein Sandwich mit Thunfisch und Tomate, zu beugen. Wo jeden Sonntag Marktsonntag ist und Jung und Alt mit Körben unterwegs sind, um sich mit Obst und Gemüse einzudecken.

Ich schätze den Club auch, weil er mit dürren Worten daran erinnert, dass es nicht immer so war, und das Grauen wachruft, als genau diese mallorquinische Gesellschaft ab 1930 in den Strudel eines furchtbaren Bürgerkriegs geschlittert war. Es ist dieser eine Satz, der alles sagt, wenn ich die abgegriffene Speisekarte des Clubrestaurants in die Hand nehme: »Der Club Pollença entstand im Jahr 1910 als Radfahrer-Club von Pollença, durch Antoni Cabanellas von Can Vich. Von allen Vereinen, die in unserem Dorf vor dem Bürgerkrieg existierten, ist dieser Club der einzig überlebende.«

Nicht nur der Club, vielleicht ist auch Pollença in seinem Zusammenhalt etwas, das übrig geblieben ist vom alten Spanien vor dem Bürgerkrieg und vor dem großen Tourismusboom.

In Port de Pollença leihe ich mir ein Fahrrad und radle hinauf in die Berge, die Serpentinen bergauf und bergab, vorbei am Hotel Formentor, das ein argentinischer Geschäftsmann in den Dreißigerjahren für Künstler erbauen ließ und dessen Erlöse Künstler finanzieren sollten. Doch der mondäne Treffpunkt war zu abgelegen, so lobenswert die Absicht war, so abgelegen und unerreichbar lag das Hotel vor dem Sandstrand. Es dauerte keine drei Jahre, dann war der Erbauer pleite.

Formentor ist eigentlich ein Ort in der Wildnis, auch wenn dort heute – quer durchs Gebirge, über Macchie, durch Kiefernwälder und Schafweiden – eine gut ausgebaute Straße hinführt, auf der sich Tag für Tag Leihwagen und Rennräder drängeln. Der Leuchtturm liegt da, wo die Welt endet: auf einer Klippe vor anderen Klippen, dem letzten Felsen vor der Unendlichkeit. Ich sehe noch ein Ziegeldach über einem weißen Gemäuer – und dann kommt nichts mehr, aber auch gar nichts mehr als nur noch Blau und duftige Wolken. Am Leuchtturm von Formentor zu sein, ist, wie die Nase auf dem Bug meines Schiffs in voller Fahrt in den Wind zu halten. Vielleicht bin ich deshalb so gerne hier oben.

Vielleicht auch, weil die Geschichte Formentors die typische eines Leuchtturms ist. Leuchttürme entstanden manchmal aus rein praktischen Erwägungen, häufig aber waren es schlimme Unglücke, die zum Bau führten. Leuchttürme wurden errichtet, wo Schiffe gestrandet und mit Mann und Maus gesunken waren, als die industrielle Schifffahrt eingesetzt hatte und das Mittelmeer einen neuen Aufschwung nahm. Formentor macht da keine Ausnahme. 1857 begann man mit der Schinderei, allein zweieinhalb Jahre kratzten, wühlten, hämmerten, sprengten sich 200 Arbeiter durch Felsen und Pinienwälder, über Schrofen und Steilhänge durch das unwegsame Ostende Mallorcas, um überhaupt erst mal die Straße über die Klippen und entlang der Abgründe zu bahnen, damit man einen Leuchtturm an dieser entlegenen Stelle 200 Meter über dem Meer bauen konnte. Die Steine schaffte man mit Booten aus einem Steinbruch auf der gegenüberliegenden Seite des Golfs herüber, wenn das Wetter es zuließ. Um sie dann, weiß Gott wie, auf die hohe Klippe hinaufzuzerren. Wie viele gequetschte Finger, gebrochene Gliedmaßen, wie viele Menschenleben es kostete, Baumaterial bis zu diesem Vorposten in der Wildnis herzuschaffen, darüber erzählt keine Statistik etwas. Nur darüber, dass der Bischof auch mit Sonntagsarbeit einverstanden war, sofern die Arbeiter vorher die Messe hörten.

Selbst als der Leuchtturm fertig war, waren die Probleme

nicht vorüber. Sein Licht brannte zuerst mit Olivenöl; Strom kam erst 1962 auf die Insel. Ich stelle mir die blakende, rußende Flamme vor den großen Glaslinsen vor, wenn der Sturm oben am Kap die Glasscheiben klirren ließ. Nach dem Olivenöl folgte Paraffin, doch richtig an Kraft gewann das Licht von Formentor erst, als mit der Verbreitung des Autos um 1920 Benzin allerorts verfügbar war.

Aber richtig gesichert war die Versorgung des Leuchtturms und seines Wärters da oben nie, auch wenn die ersten Arbeiter den kilometerlangen Saumpfad von der Bucht Cala Murta heraufgelegt hatten. War das Wetter gut, was es in dieser sturmreichen Ecke nicht immer ist, konnte man unten, im nahe gelegenen Moll de Patronet, anlegen, nicht mehr als einer Spalte zwischen den Klippen, von der die Arbeiter 272 Stufen herauf in den harten Fels geschlagen hatten. Einen Leuchtturm in der Wildnis zu bauen, kostete Kraft. Sein Licht am Leuchten zu erhalten, mindestens ebenso.

Formentor ist kein Ort, wo man gern wäre im Sturm – weder droben im Leuchtturm noch drunten auf dem Meer zwischen Barcelona und Mallorca. Wie oft haben wohl Segler und Seeleute den Felsen zum Leuchtfeuer hinaufgeblickt mit der inbrünstigen Bitte: »Lass mich jetzt nur schnell herumkommen um diesen Landvorsprung auf die andere, die windgeschützte Seite, wo ruhiges Wasser und Frieden sind.«

Leuchttürme entstehen aus Katastrophen. Wie Formentor sind sie immer auch ein Zeichen, wie Menschen sich gegen die Katastrophen in ihrem Leben stemmen. Das sollte ich noch häufiger auf meinem Weg entlang der europäischen Küste erfahren.

Sonntag, 26. Mai

Mallorca, Cala Bóquer. Ankern im Gebirge.

Auf der Suche nach einem Klotz seefesten Teakholzes, um ein loses Bodenbrett auszubessern, lande ich im Handwerkerviertel von Pollença nahe der Pont Roma, der alten römischen Brücke, in der Schreinerei von Miguel. Als ich die Werkstatt durch das schwere Holztor betrete, habe ich im Halbdämmer zwei Männer vor mir, die, über einen Plan gebeugt, aufblicken. Miguel ist Ende dreißig und ein Kumpeltyp, nichts in seinem Gesicht kann das halbe Jahrtausend der maurischen Bewohner auf Mallorca verbergen. Er ist von dunkler Hautfarbe, seine stechenden Augen blitzen gutmütig, als läge stets ein Witz in der Luft. Andrés, Miguels Geselle, ist der Ältere, doch es ist nicht nur die Brille, sondern es ist auch der Rauch der Zigarette in seinem Mundwinkel, die er inmitten eines Meeres von Sägespänen pafft, die seine Gesichtszüge verbergen.

Ich krame all mein fehlerhaftes, mit allerlei italienischen Wortbrocken garniertes Spanisch hervor. Es scheint mir in Mallorca höflicher, meine Bitte eher in schlechtem Spanisch vorzutragen, als die beiden auf Englisch oder gar Deutsch anzusprechen. Doch Miguel und Andrés verstehen sofort, wonach ich für mein Boot suche. Andrés schafft es noch, den glimmenden Ascherest seiner Zigarette vom Mundwinkel auf die einzigen drei Quadratzentimeter am Boden segeln zu lassen, die nicht von brennbarem Holzstaub bedeckt sind. Eine Kunstfertigkeit, hinter der jahrelange Übung steckt. Rauchen scheint in Spanien eine Art Bekenntnis zu sein, denke ich, während Andrés sich auf die Suche nach einem Trumm Teakholz macht. Doch ich, der Deutsche, komme noch nicht dahinter, welcher Art dieses Bekenntnis ist.

Bei Miguel entschuldige ich mich für mein fehlerhaftes Spanisch. »Das macht nichts. Wenn du länger auf der Insel bist, solltest du eh gleich Mallorquinisch lernen. Castellano sprechen zwar alle, aber das ist nicht wirklich unsere Muttersprache. Also mach dir keine Sorgen über dein Spanisch.« Danach erklärt mir Miguel, dass in Spanien nach dem Bürgerkrieg, in der Zeit der Diktatur, die verschiedenen Dialekte verboten waren. Wie allen anderen hatte Diktator Franco auch den Mallorquinern bis in die Achtzigerjahre als offizielle Sprache Kastilisch verordnet, die Muttersprache Mallorquinisch sprach man nur zu Hause in den sicheren vier Wänden. Jetzt haben sich die Verhältnisse umgekehrt: Die 850 000 Mallorquiner sprechen untereinander Mallorquinisch als Hauptsprache, in Pollença klingt es so gar nicht wie edles Altfranzösisch, sondern wie die harten, durch den Kehlkopf gequetschten Laute einer Pinguin-Kolonie, die sich lauthals unterhält. Castellano, das Standard-Spanisch, empfänden Mallorquiner fast schon als fremde Sprache, fast wie Englisch, meint auch Andrés, der einen passenden Rest Teakholz aus einem Stapel in der Ecke gezogen hat und ihn in eine Maschine schiebt, um ihn auf das korrekte Maß zu hobeln. Als er zurückkommt, hat er gleich zwei Teakklötze dabei, Andrés scheint zu wissen, dass man auf einem Boot derlei Dinge immer gebrauchen kann. Ich bedanke mich bei den beiden, erst recht, als sie sich anfangs weigern, für ihre Mühe etwas von mir anzunehmen.

Dass Spanien anders ist als der übrige Rest Europas, was seine Regionen angeht, merke ich wenig später am Bankautomaten, als ich an der Plaça Major Geld abheben will. Kaum habe ich die Karte eingeschoben, erscheint auf dem Bildschirm die Sprachenauswahl. Statt eines Buttons für Deutsch oder Englisch finde ich auf der ersten Seite nur:

Castellano.

Català.

Gallego.

Valencià.

Euskera.

Portugues.

Kastilisch. Katalanisch. Galicisch. Valencianisch. Baskisch. Portugiesisch. Mehr als jedes andere Land Europas ist Spanien das Land der Regionen geblieben, und die Regionen pochen ebenso unbändig wie unablässig auf ihre Selbstständigkeiten. Vielleicht ist dies aber auch ein Spiegelbild en miniature des gesamten Europas, das in vielen Ländern gekennzeichnet ist vom Ringen der Regionen mit dem großen Ganzen.

Miguel und Andrés scheinen sich wie Pollenças Bewohner weder mit den Fremden noch mit diesem Europa schwerzutun. Sie sind ausgesprochen freundliche Menschen, die, was die Autonomie ihrer Insel angeht, die Welt recht gelassen betrachten, im Gegensatz zu den Bewohnern des gegenüberliegenden Festlands in Barcelona. Wie mit Mallorquinern kann man auch mit Katalanen über alles und jedes reden, nur über dieses eine Thema nicht, bei dem selbst der aufgeklärteste Stadtbewohner Barcelonas nur noch Feinde in der Welt zu kennen scheint, wenn das Thema Unabhängigkeit Kataloniens auf den Tisch kommt.

Trotz aller Erfahrungen, die ich nicht zum ersten Mal mit diesem Spanien mache, hält es mich nach ein paar Tagen nicht mehr im Hafen. Das Wetter Ende Mai ist immer noch durchwachsen, der Mai war auch auf den heimischen Seen der Monat, dem ich meine übelsten Erfahrungen beim Segeln verdankte. Es war auf einem ersten Segeltörn auf dem Starnberger See gewesen, an dem in einer Gewitterböe der Flying Dutchman meiner damaligen Freundin gekentert war und wir treibend im Gewitter von einem Rettungsboot aufgesammelt und wie Schiffbrüchige am Ufer ausgespuckt wurden. Auf dem See hatte ich nach dem Ende dieser langjährigen Beziehung meine ersten Segelschläge einhand unternommen. Es war im Mai gewesen, als ich bei rauschendem Ostwind die 15 Kilometer bis ans nördliche Ende des Sees hinaufgesegelt war, wo in einer Böe der Mast des kleinen Boots fiel und mit einem Krachen keinen Meter rechts von mir aufs Deck geknallt war. Ich hatte mich benommen umgesehen, hatte die um mich im Wasser treibenden Segel, Drähte und Leinen aufgesammelt. Hatte alles irgendwie befestigt und war demütig in den Hafen im Süden des Sees zurückgeschlichen.

Es sind nicht nur Erfahrungen wie diese, die die Entscheidung rauszugehen oft schwer machen. Der Tag war grau. Die Wolken schwer. Das Meer unbewegt. Die Wetterberichte sagten mal so, mal so. Gehe ich bei durchwachsenem Wetter raus und es kommt schlimm, schelte ich mich einen Toren, der im Leben nichts dazugelernt hat. Verharre ich im Hafen und bleibt das Wetter gut, halte ich mich für ein Hasenherz.

Doch an diesem Tag zieht es mich hinaus aus dem Hafen von Pollença, durchwachsenes Wetter hin oder her. Also raus. Mein Ziel ist die kleine unbewohnte Bucht im Gebirge, gleich hinter dem Leuchtturm von Formentor, die Cala Bóquer, in die sich nur im Sommer eine Handvoll Wanderer verirren.

Cala: Das Wort gibt es nur im westlichen Mittelmeer. Es bedeutet »in den Fels einer Steilküste geschnittene Sandbucht«. Aber das wäre für die Cala Bóquer untertrieben. Als ich um den langen Gebirgszug und endlich um die Klippen von Formentor herum bin und die Einfahrt in die Cala im regenverhangenen Grau vor mir auftaucht, ist der Anblick atemberaubend.

Links der Gebirgszug. In der Mitte ein Tal mit der tief eingeschnittenen Bucht. Und rechts ein Felsrücken mit der gewaltigen Höhle, der aussieht wie ein Walhai. Ein Urzeitwesen aus dem Meer, das mit sperrangelweit geöffnetem Maul kurz aus dem Wasser auftaucht und nach Beute schnappt. Seeleute sind abergläubisch, das Meer nährt ihre Fantasie; da bin ich nicht der Erste. Als ich weiter in die Cala einlaufe, finde ich, anders als erwartet, nicht Felsgrund, sondern reinen Sand zum Ankern. Also runter mit dem Anker. Ich habe Zeit, an Deck zu sitzen und die Landschaft auf mich wirken zu lassen.

Es ist ein einsames Ankern in der rauen Bergeinsamkeit. Die Bucht liegt verlassen. Falken rufen aus der steilen Wand. Ein Zicklein schreit in der einsetzenden Dämmerung aus der Steilwand nach seiner Mutter. Und sonst? Nur Vogelgezwitscher. Und das leise Gluckern und Prusten des Meerwassers, das träge in die Hohlräume der Felsen am Ufer strömt. Kleine Feuerquallen ziehen majestätisch an der Bordwand entlang.

Ich sitze im Cockpit und kann mich nicht sattsehen an den Farben und Formen, die mich in dieser grandiosen Landschaft umgeben. Hinter mir ein massiver Fels, den irgendwelche Erdkräfte nach oben getrieben haben, sodass er aussieht, als hätte ein Bäcker einen Laib Brot durch seine Brotschneidemaschine gejagt und in gleichmäßige Scheiben zerteilt. Am anderen Ufer eine Felstafel, die sich steil aus dem Meer erhebt, über und über gegerbt wie graubraune Lederhaut mit vertikalen Riefen und Runen, die nur darauf warten, endlich entziffert zu werden.

Die beiden Steinreihen am Ufer, die aus dem Wasser aufragen wie der Kamm einer schwimmenden Riesenechse. Mallorca, das ich so gut zu kennen glaubte, besitzt eine wilde Küste.

All das, die Welt in ihrer Wildheit und Unbändigkeit zu erleben, hatte ich all die Jahre am Schreibtisch vermisst. Ich war glücklich gewesen in meinem Beruf, ich tat die Arbeit, die ich tun wollte, ich machte Bücher. Doch in stillen Momenten am

Schreibtisch tauchte die Erinnerung an Inseln und Orte am Meer wie ein Lockruf auf. Wie ein Sirenengesang, doch ich hatte mich an den Schreibtisch gefesselt wie Odysseus an seinen Mast, weil ich nie den Mut gefunden hätte, der Lockung nachzugeben. Ich hatte auch Angst, meinen Job hinzuwerfen. Wie würde es sich anfühlen, ohne festes Gehalt am Monatsende auszukommen? Angst, ein Leben loszulassen, das mir doch tief vertraut war, wo ich meinen Halt scheinbar gefunden hatte. Angst, ob ich nicht schrullig werden würde, ein wunderlicher Kauz mit wirrem Haar und falsch zugeknöpftem Hemd.

Und jetzt, so ganz allein hier draußen in der Bergeinsamkeit? Hatte ich hier keine Angst? Zugegeben: Die Cala Bóquer ist ein unwirtlicher Platz. Doch merkwürdigerweise begreife ich an Orten wie diesen viel über mich. Woher ich komme. Wohin ich gehe, wenn ich auf die Runen in der Felswand der Bucht schaue. Alles und jedes ist hier so alt, so mächtig, die Felsblöcke so riesenhaft, dass ich mich ganz klein fühle. Winzig. Verloren. Und doch eingebettet als mikroskopisch kleines Teilchen eines mächtigen großen Ganzen.

Jeder von uns hat seinen Ort, an dem er sich zugehörig fühlt zur Welt, an dem er sich empfindet als Teil dieser Welt. Für mich ist es ein Ort wie die Cala Bóquer. Wild. Einsam. Unbeugsam. Unendlich überlegen. Gleichgültig gegenüber mir Winzling und all dem, was mich umtreibt.

Wie gleichgültig, das beweist die Bucht nachts um zwei. Da zeigt sie ihre Krallen. Im Schlaf spüre ich, wie die Kraft des Windes mein Schiff erfasst, wie es hart in die Ankerkette einruckt, an ihr reißt. Ich höre im Schlaf den Wind, der in den Wanten pfeift, die den Mast halten. »Wach endlich auf. Geh nachsehen. Vielleicht drückt der Wind *Levje* ans Ufer«, torkeln die Gedanken durch meinen Kopf und bringen mich auf die Beine. Benommen tappe ich durchs Boot und klettere die Treppe hinauf ins Cockpit. Fallböen aus Westen, von dort, wo die Berge sind. Sie kommen durch die Schluchten und pfeifen über den Sattel erst mit 20, dann mit 25 Knoten aus der Dunkelheit heran.

Levje schwingt und ruckt mächtig an der langen Ankerkette. Ich muss wieder einmal Ankerwache gehen, statt zu schlafen, passe ich auf, ob der Anker auch hält. Am Nachmittag bin ich noch zwischen den kleinen Feuerquallen, die mit fließenden Bewegungen durchs Wasser ziehen, zum Anker geschnorchelt, um nachzusehen, ob er sich wirklich gut in den Sandgrund eingegraben hat. Ich bin froh darüber, denn seinen Anker bei Tag sauber einzufahren und zu kontrollieren, ist allemal besser, als nachts ins Grübeln zu geraten, ob er nun hält oder nicht. Würde er jetzt nicht halten, würden das Boot und ich langsam auf die Felsen in der Bucht getrieben.

Also bleibe ich wach und beobachte, was geschieht. Zeigt der Tiefenmesser in den harten Böen konstante Tiefe, liegen wir stabil, und der Anker hält. Nimmt die angezeigte Tiefe ab, rutschen wir langsam aufs Ufer zu. Ich müsste dann die Bucht verlassen.

Die Wolken jagen vor dem Vollmond vorbei, schließlich hat ihn das große Grau verschluckt, als die nächsten Böen heranpfeifen. Ich sorge mich um mein Schiff, beobachte zwei Stunden im Cockpit, wie die Böen *Levje* hart packen. Es gibt einen Punkt, da siegt die Müdigkeit über die Sorge, sie treibt mich zurück in meine Koje. Vielleicht ist es auch die Erfahrung, dass für mein Schiff keine unmittelbare Gefahr besteht. Ich überlasse mich dem großen Ganzen, das so viel größer ist als ich, und schlafe friedlich ein.

Ein Hasenherz ist manchmal nicht der schlechteste Ratgeber.

Montag, 28. Mai

Ostwärts nach Menorca.

Am Morgen fegen die Böen immer noch durch die Schlucht wie durch eine Trillerpfeife. Die Luft ist klar und kalt. Manchmal frage ich mich: Warum mache ich das alles? Die Mühen. Die Anstrengung. Das Sich-die-Nacht-im-zugigen-Cockpit-um-die-Ohren-Schlagen. Warum bleibe ich nicht einfach zu Hause und kehre wieder in einen Beruf zurück? Aber das ist nicht wirklich eine Frage. Ich weiß, ich werde meine Nacht in der Cala Bóquer nie wieder vergessen. In stillen Momenten wird sie mir wieder ins Gedächtnis kommen; in den merkwürdigsten Augenblicken steigen Erinnerungen wie Blasen vom Grund eines Sees auf. Vielleicht ist es meine Art von Hunger aufs Leben, ihm möglichst viele gute Erfahrungen hinzuzufügen. Um schlimme Erfahrungen kommt man nicht herum. Vielleicht ist das Einzige, was einem bleibt: den schlimmen Erfahrungen möglichst viele gute hinzuzufügen.

Die Cala Bóquer verlasse ich reicher, als ich kam. Kurz überlege ich zu bleiben. Die Bucht wäre ein Ort, um einige Wochen dort zu verbringen. Doch der Wind ist gut, und ich beschließe, einen Abstecher nach Osten zu unternehmen, nach Menorca, bevor ich mich auf den Weg weiter nach Westen Richtung Gibraltar und Portugal mache.

Es war die Bemerkung Elenas, einer jungen Mallorquinerin,

die ich an der Rezeption eines Hafens kennenlernte, deren Satz mir nicht mehr aus dem Kopf gegangen war und die vielleicht meine Neugier auf Menorca geweckt hatte. »Auf Menorca haben sie so viel richtiger gemacht als wir«, sagte sie. »Auf Mallorca gibt es im Sommer von allem zu viel. Zu viele Autos. Zu viele Leihwagen. Zu viele Fahrräder. Zu viel Stress. Zu viele Boote. Zu viele Besucher.«

An Elenas Feststellung ist richtig, dass die beiden Inseln, so nah sie auch beieinanderliegen, sich in den letzten 250 Jahren unterschiedlich gegenüber äußeren Einflüssen verhielten. Es scheint, als hätte sich Mallorca, die Hauptinsel, stets bereitwilliger dem geöffnet, was vom Festland herüberschwappte, während Menorca für sich geblieben war. Mallorca war bereits in den Dreißigerjahren eine touristische deutsche Hochburg, wo Menorca offenbar Menorca blieb. In ebenjenen Dreißigern zeigte sich Mallorca offen gegenüber den spanischen Faschisten und die wiederum den deutschen Nationalsozialisten. Mallorca fand sich keine zwei Tage, nachdem der Aufstand gegen die Republik begonnen hatte, auf der Seite der rechtsgerichteten Putschisten wieder, wenn auch nicht ohne blutige Opfer. Deutsche Bomber nutzten die Insel wie einen Flugzeugträger, um von Pollença und anderen Orten aus Barcelona, den Sitz der republikanischen Regierung und südspanischer Eisenbahnknoten, zu bombardieren. Menorca hingegen blieb republikanisch, es hielt seine Fenster dicht gegenüber dem, was auf dem Festland geschah, ob es die große Politik war oder der wirtschaftliche Boom der Inseln durch den Tourismus. Menorca ist der große Tourismus fremd geblieben, wer die Insel besucht, trifft überwiegend Individualreisende.

Dabei liegen die Inseln nicht weit auseinander. Von der Cala Bóquer sind es nur 35 Seemeilen, 65 Kilometer, für die ich knappe sieben Stunden unterwegs sein werde. Aber das kurze Stück zwischen den Inseln hat es an diesem Tag in sich. Die

Wetterberichte kündigen 16 Knoten vom Süden an. Doch dann ist es fast doppelt so viel – eine rasche Fahrt mit halbem Wind.

Ich muss die Segel reffen, doch richtig spannend werden erst die letzten Minuten vor der Einfahrt in den Hafen von Ciutadella, der nordwestlichen Hafenstadt Menorcas. Der Wind kommt aus Süd und weht genau auf die Küste und die schlauchartige Bucht, an deren innerem Ende Ciutadella liegt, während ich *Levje* im Wind aufstoppe und hastig ihre Segel fallen lasse.

Bei der Einfahrt in jenen langen Schlauch zwischen den Felsen fühle ich mich wie in einem schmalen Trichter, ich sehe die brechenden Wellen links und rechts der unscheinbaren Öffnung. Wie immer bei der Ansteuerung eines unbekannten Hafens bin ich angespannt. Habe ich alles bedacht: Ist die Einfahrt auch tief genug? Oder setzen wir in dem auflandigen Seegang irgendwo auf? Und schlagen quer? Die Seekarte im Cockpit sagt, dass in dem engen Kanal der Cala, der ins Innere Menorcas führt, keine Untiefen sind. Anders als erwartet hat ihn das Meer tief aus dem umgebenden Felsplateau herausgewaschen, darum muss ich mir keine Sorgen machen. Und was tust du, wenn im engen Kanal zwischen den Felswänden der Motor ausfällt?, schießt es durch meinen Kopf. Dann müsste ich blitzschnell *Levjes* Anker fallen lassen, bevor der Wind mein Schiff auf die Felsen schiebt.

»Jetzt zappel nicht rum.« Ich atme dreimal tief durch, ziele auf die Einfahrt, der Spalt zwischen den mannshohen Felswänden scheint mir enger, als er ist, als ich mein Boot darauf zusteuere. Während ein Wellenberg links und rechts an die Felsen schlägt, rauschen wir auf ihm in den engen Schlund. Kaum drinnen im Kanal, herrscht friedliche Stille, als wäre ich in einem Ferienidyll gelandet. Der Wind ist fort, langsam gleiten wir entlang an einer Villenlandschaft, die oben auf dem Plateau liegt. Verlassene Ferienvillen. Parkähnliche Gärten über dem stillen, türkisfarbenen Wasser des Kanals. Palmen, deren Fiedern im Südwind rascheln. Wären nicht die Felswände links und rechts, ich würde denken, ich wäre in den Lagunenkanälen südlich Venedigs unterwegs.

Auch das gehört zu den Dingen, die sich in meinem Leben geändert haben. Namen und Orte von Häfen mögen sich vielleicht vermischen im Strudel meiner Erinnerung, aber die Bilder, wie es in den Häfen aussah, haben sich tief eingeprägt. Ich habe kaum einen Hafen vergessen. Es ist merkwürdig, dass wir nicht in der Lage sind, uns an die Anzahl der Schubladen unseres Büroschreibtischs zu erinnern, ich kann es jedenfalls nicht, obwohl ich täglich acht bis zehn Stunden hautnah davor verbrachte. Gemessen daran fällt es mir vergleichsweise leicht, die Einfahrten in die Häfen von Poreč in Kroatien oder Bonifacio auf Korsika detailliert zu beschreiben, obwohl ich sie nur einziges Mal, und das vor mehr als zwanzig Jahren, ansteuerte.

Am Hafen, wo der Schlauch der Cala endet, steigen die Felsen links und rechts an. Die Stadt Ciutadella mit ihren geweißten Häusern, ihren Kirchen und Festungsmauern liegt auf dem Felsplateau, von dem gerade mal drei steile Gassen zum Hafen herunterführen.

Im Hafenbecken fällt mir die Stegkonstruktion ins Auge. Schwimmstege findet man in Häfen, wo Wasserpegel stark steigen oder fallen können. Auf oberbayrischen Seen, deren Wasserpegel in heißen Sommern mehrere Meter tiefer liegen und 4000 Jahre alte Pfahlbauten an den Ufern freilegen. In Gewässern wie der europäischen Atlantikküste, wo der Mond das Meer anzieht und steigen und fallen lässt. Ebbe und Flut gibt es im Mittelmeer kaum; nennenswert nur in der nördlichen Adria vor Venedig und Grado und Triest. Ist Ciutadella eine Ausnahme? Gibt es auch hier Ebbe und Flut? Ist das ein Vorgeschmack auf den Atlantik und die Bretagne, wo ich in einigen

Monaten sein will? Saint-Malo hat immerhin zwölf Meter Tidenhub am Tag.

Tatsächlich kann der scheinbar friedliche Hafen von Ciutadella blitzschnell der zerstörerischen Gewalt einer Tsunamiwelle ausgesetzt sein. Schon in meinem jahrelangen Heimathafen Izola in der Nordadria erzählte man sich Geschichten, wie dort binnen Minuten der Wasserspiegel erst um eineinhalb Meter fiel, um kurz darauf mehr als zweieinhalb Meter anzusteigen. An Seemannsgarn dachte ich dabei nicht, ich erklärte mir die Sache eher durch Seebeben, denn die karstige Küste des Friaul war in den Siebzigern Schauplatz eines Erdbebens, das bis ins elterliche Wohnzimmer im Süden Münchens den Kronleuchter klirren ließ.

In Ciutadella sind es nicht Erdbeben, die abnorme Wellenhöhen aufwerfen und für Verwüstung sorgen. Als ich mich mit dem Marinero der Stadt über das Phänomen unterhalte, erzählt er von der »Rissaga«. Sie ist ein bekanntes, jährlich mehrmals auftretendes Phänomen, bei dem starke Schwankungen des Luftdrucks in Verbindung mit Wind die Wasserstände und Wellenhöhen kurzfristig ungewöhnlich fallen und danach steigen lassen. Das Prinzip wirkt überall auf dem Meer. Doch die Geografie, die mir bei der Ankunft bedrohlich erschien, der Trichter und die Enge des ein Kilometer langen Hafenfjords verstärken die Phänomene, die sich in einer weiten Bucht unmittelbar daneben verlaufen. Mehrmals im Jahr kommt es zu sogenannten Meteotsunamis bezeichneten Wellen. Meist sind sie unauffällig und kaum wahrnehmbar. Gelegentlich aber schon: Hier ist es vor allem der Juni, der den Einwohnern im Gedächtnis geblieben ist. 1984 und 2006 zog sich in diesem Monat das Wasser erst blitzschnell aus dem Hafen zurück, um wenige Minuten später heftig anzuschwellen und mit langsamer Wucht in den Hafen zurückzukehren. Es überflutete erst Stege und Kaianlagen, riss Boote mit sich und schob alles, was im Hafen nicht niet- und nagelfest war, wie Treibholz in die Gebäude und Bars auf der Pier, bis innerhalb weniger Minuten alles in Trümmern lag. Nicht nur der Mond lässt das Meer regelmäßig anheben und fallen, sondern auch der Luftdruck.

Als ich am nächsten Tag Ciutadella nordwärts verlasse, lerne ich Menorca tatsächlich als eine der merkwürdigsten Inseln kennen unter den vielen, die ich in den vergangenen Jahren besuchte. Aus dem Flugzeug betrachtet, könnte man leicht das Interesse an Menorca verlieren, die Insel scheint bretteben im Meer zu liegen. Ist sie aber nicht. Sie gleicht, als ich sie umsegle, einem im Meer treibenden umgestülpten Topf, dessen Wände überall zwischen sieben und 30 Metern steil aus dem Wasser aufragen. Menorca zeigt sich einem Seereisenden so ganz anders als vom Inselinneren. Selbst die Klippenwanderer, die ich mit ihren schweren Rucksäcken in der Ferne sehe, ahnen wohl nicht, wie regelmäßig die Erdgeschichte den Rand der Insel knetete: rundum senkrecht aufragende Klippen, die unter Wasser weitere 30 Meter senkrecht in die Tiefe fallen. Oben auf dem Topf sanft schwingende Hügel, als wäre dies Irland. Oder Menorca, die kleine Schwester des südafrikanischen Tafelbergs, die halt noch im Wachsen ist.

Und weil es der Merkwürdigkeiten noch nicht genug sind: Menorca ist auch die Insel der Grotten, der Spalten und Höhlen, der Schlünde und Grüfte in der Steilküste. Ahnungslos wie mancher Wanderer ist vielleicht auch mancher Hausbesitzer, der sich sein Haus mit fantastischem Meerblick an der Kante der Steilküste errichtet, doch dessen Gebäude sich in Wahrheit ungeahnt über Spalten im scheinbar kompakten Fels erhebt. Wie es wohl ist, in so einem Haus in den Frühjahrsstürmen zu übernachten? Und zu hören und zu spüren, wie unter mir in Grotten und Grüften die Wellen brechen und das Haus samt Bett und Schlafzimmerwand zum Erzittern bringen?

So viele Grotten gibt es, so viele Höhlen in den Steilwänden, dass meine Gedanken während meiner Reise entlang der Felswände um die Insel wieder und wieder abschweifen zu Odysseus. Zur Grotte der Kalypso. Wieder einmal empfinde ich Homers Bericht mit den Reiseabenteuern des Odysseus auch als eine Art nautischen Almanach: ein einstiges Handbuch für Kapitäne voller Hinweise auf nautische, geografische und meteorologische Phänomene, deren konkrete Orte im Mittelmeer irgendein missgünstiger Übersetzer irgendwann tilgte, weil er die Abenteuergeschichten viel lieber las. Doch zwischen ihnen blinken immer noch die Warnnachrichten durch, die sich seefahrende Händler und Seeleute abends in Hafenkaschemmen oder an den Lagerfeuern am Ufer erzählten. Es waren zunächst nur mündliche Überlieferungen, weil Bücher nicht existierten und Reisen übers Meer mehr mit schwieligen Händen und erlebten Erfahrungen und weniger mit bedruckten Seiten von Hafenhandbüchern oder elektronischen Seekarten zu tun hatten. Es waren Beobachtungen aus der Zeit früher griechischer Seeleute, die sie einfach in fantastische Geschichten wickelten wie in Überraschungseier – Geschichten von schönen Frauen, von einäugigen Riesen und aus Felsen geifernden Seeungeheuern, in die sie ihre nautische Erfahrung von konkreten Orten packten.

Ob Odysseus hier wohl entlangsegelte? Kaum einer, der in unseren Tagen auf einem Schiff irgendwo im Mittelmeer unterwegs ist, muss nicht an ihn denken. Kannte er die Grotten Menorcas? War er so weit westlich gekommen? Die letzte griechische Großstadt liegt verborgen unter dem heutigen Marseille, nicht wirklich entfernt. War die Grotte der Kalypso vielleicht hier? Kalypso war eine Talayotin, Angehörige des frühen Volkes, das auf Menorca erst in Höhlen lebte, bevor es sich – anders als unsere zentraleuropäischen Vorfahren – Häuser aus Stein errichtete? Der Gedanke gefällt mir: Odysseus ist einer, der, was er sah, in Bilder und Geschichten wickelte.

Der Anblick der schroffen Felsen mit dem weißen Leuchtturm oben auf dem Plateau holt mich in die Gegenwart zurück. Ich habe Cabo de Cavallería erreicht, den nördlichsten Punkt Menorcas. Es ist Abend, als ich *Levje* ein paar Seemeilen weiter durch eine enge Einfahrt in die Cala Fornells steuere. Als Hafen gibt es hier nur einen kleinen im gleichnamigen Ort, mit wenigen Liegeplätzen für ein Schiff von der Länge *Levjes*. Ich bleibe lieber draußen heute Nacht und suche mir einen Ankerplatz neben der kleinen unbewohnten Illa Sargantana. Noch eine Runde schwimmen, um nach dem Anker zu sehen. Noch eine Pasta kochen. Und dann lange in die Hügel hinübersehen, die mich irgendwie an eine Landschaft weit im Norden erinnern, bis die untergehende Sonne die welligen Hügel in schwarze Scherenschnitte verwandelt.

Donnerstag, 31. Mai

Menorca, Cala Fornells.
Von großen und kleinen Vorbildern.

So abweisend Menorcas Felsküste von außen ist, so malerisch ist die Cala Fornells von drinnen. Vielleicht liegt es einfach daran, dass sie nicht nur eine kleine, offene Bucht an der Küste ist, sondern dass sie sich fast vier Kilometer tief in die Insel schneidet und den Blick auf Menorcas Inneres freigibt. Beim Anblick der welligen Hügellandschaft kann ich nicht anders, ich fühle mich versetzt nach England. Ich weiß nicht, warum ich mit sechzehn energisch darauf bestanden hatte, genau dorthin zu reisen, nicht ahnend, was mich erwarten würde. Es war meine erste Reise allein, und dass ich sie unternahm, hatte ich nur meiner Sturheit zu verdanken. Meine Eltern mochten mich nicht ziehen lassen, es waren unglückliche Jahre, die ich mich quälend schleppte zwischen schlechten Noten und dem Gefühl großen Eingesperrtseins.

Ich wusste nichts über das Land und über die Leute, wusste nur, dass ich da hinwollte, allen Widerständen zum Trotz. Doch ich kam an den richtigen Ort und landete bei Mr und Mrs Craig und ihrer Familie. Neben den vier eigenen Kindern war das Haus voll mit ebenso vielen Jugendlichen aus anderen Ländern. Die Craigs gaben sich alle erdenkliche Mühe, ihren jugendlichen Gästen dieses England wärmstens nahezubringen. An Wochenenden packten sie eigene und fremde Kinder in zwei Minis, um auf dem Rasen in den Schlossgärten Windsors oder Blenheim Palace zu picknicken und dort durch Winston Churchills Geburtshaus zu streunen. Ich liebte die Parks mit den sanften Hügeln und den Ruinen, entdeckte die Melodie der englischen Sprache, den Wortwitz, der ihr und den Briten innewohnt. Miserabler Schüler, der ich war, fand ich heraus, dass Sprache mehr sein konnte, als Verben zu pauken oder quälende Fragen zu erörtern, etwa, ob die Deutschen ausstürben oder zu viel Rindfleisch äßen. Sprache war auch mehr als der Hebel, um an eine Flasche Bier zu kommen oder einen Big Mac. Sprache war nicht nur etwas, um das eigene Wünschen und Wollen in die Welt zu posaunen, wenn der Hausherr Robert Craig aus dem Fenster seines Living Rooms in den grauen Himmel über der Parklandschaft blickte und den grauen Tag mit einem bedauernden *»What a not nice day!«* kommentierte. Weil der Himmel bedeckt war, war dies noch lange kein schlechter Tag, aber halt leider noch kein schöner. Eben ein »nicht schöner« Tag.

Geprägt von der bayrischen Landschaft und ihrer Bewohner, deren Wortwitz allzu oft unter übellauniger Grantigkeit verschüttet lag und mich eher mit Grobheit als wohlwollender Verbindlichkeit vertraut gemacht hatte, war ich fasziniert von der Leichtigkeit, wie fremde Menschen sich einfachster Worte bedienten, um sich einander anzunähern. *»What a lovely evening!«* mochte die simple Floskel eines vor dem Hotel Wartenden zu seinem unbekannten Nächsten sein. Doch die positive Bemerkung war ein Gesprächsangebot an den Nächsten, das ich in dieser Form weder gekannt noch in meinem Inventar hatte. Vielleicht sind es jene Jahre um die sechzehn herum, in denen wir unsere Vorbilder suchen und Beschlüsse fürs Leben fassen, wie und was wir einst leben wollen. Ich kam verändert aus meinem englischen Sommer zurück und wusste plötzlich, was ich wollte.

Vier Jahrzehnte später schaue ich in der Cala Fornells wieder einmal auf sanfte Hügel und eine Parklandschaft mit Ruinen. Mochte Menorca für den, der sich der Insel auf einem Schiff annäherte und nicht aus der Luft, mit ihren geraden Felswänden und Spalten und Grotten noch so mythisch wirken und meine Gedanken zu Odysseus schweifen lassen, in ihrem Inneren könnte die Insel britischer nicht sein. Als ich hinüberrudere in den Hafen und durch den kleinen Ort Fornells wandere, sind die Häuser weiß gekalkt, doch Fenster, Läden und Türen sind ausnahmslos petrolfarben bemalt. Fans britischer Oldtimer würden sagen, es handle sich bei dieser Farbe um British Racing Green (britisches Renn-Grün). Ich habe das Gefühl, ich wäre irgendwo im Südwesten Englands oder Irlands unterwegs. Nur die Reihe der Palmen, die sich samt der weißen Fischerhäuser vor der Hafenmole im Wasser der Bucht spiegeln, erinnern, wo ich wirklich bin: in der Cala Fornells, Menorca, Spanien.

Haben auch Inseln wie Heranwachsende einen Moment im Leben, wo sie sich Vorbilder suchen? Was steckt dahinter, was den Orten Menorcas das britische Gepräge aufgedrückt hat? Höhere Einsicht? Eine rigide Gemeindesatzung, die sich beim Thema Ortsgestaltung ausschließlich britischen Vorbildern verpflichtet? Wer hatte einst beschlossen, dass jede Haustür von Fornells ein tiefstes Dunkelgrün haben muss? Ist es ein ungeschriebener Konsens der Menorquiner, egal ob in Fornells, in Ciutadella oder der Hauptstadt Mahón, Türbeschläge und Türdrücker nach britischem Vorbild zu gestalten? Wieso war es ausgerechnet jene kurze und mehr als 200 Jahre zurückliegende Zeit, in der die Briten als Kolonialherren hier waren, die genau jene Vorbilder lieferte, für die sich die Insel in vielem entschied?

Aus dem Bücherschapp im Salon hole ich mir die dicke *Mittelmeer*-Monografie des englischen Historikers David Abulafia und schlage das Kapitel über Menorca nach. Wieder einmal ist es die leidige Geschichte vom endlosen europäischen Hickhack, vom sinnlosen Aufeinander-Losgehen europäischer Nachbarn. Es waren die blutigen Kriege gegen Frankreich ausgerechnet am anderen Ende der Welt in Amerika, die britische Begehrlichkeiten auf die Insel Menorca weckten. Von Menorca aus gedachte man, die Kriegsschiffe des Gegners leicht in Toulon, dem südlichsten der französischen Kriegshäfen, zu blockieren.

Falsch gedacht. Kaum ein paar Jahrzehnte da, eroberte die französische Flotte die Insel. Alles in allem waren die Briten nur kurze Zeit da, und gut benommen haben sie sich auch nicht. Der altkatholische menorquinische Adel mochte sie nicht recht leiden, die jungen Herren aus dem Norden. Erst recht nicht, als diese gelegentlich in Nonnenklöstern auf Brautschau gingen, was vielleicht nicht weiter schlimm gewesen wäre, hätte sich nicht manche der dort untergebrachten menorquinischen Töchter dem irdischen Begehren bereitwilliger hingegeben als der himmlischen Liebe. Es gab Ärger, nicht bloß deswegen. Auch weil die Insel trotz kluger Gouverneure und aller Anstrengungen nicht genug hergab, um Bevölkerung und Besatzer gleichermaßen zu ernähren. Die Briten fanden irgendwie nicht den rechten Ton mit den störrischen Inselbewohnern. Menorca blieb für sie strategische Kopfgeburt und keine Herzensangelegenheit. Kaum war Napoleon da, waren die Briten auch schon wieder weg. Doch was von der kurzen Zeit auf der Insel blieb, ist Messing und British Racing Green. Und Menorquiner, die oben am Busbahnhof von Ciutadella das Schlangestehen so diszipliniert hinbekommen wie Briten in Stratfield Saye in der Nähe von Reading, Berkshire.

Mit Geschichte kann man manches erklären. Aber nicht, warum und wo sich ein Mensch, ein Ort, eine Insel seine Vorbilder sucht. Und sich für dies oder das entscheidet. Und wir? Vielleicht ist sie nie endgültig vorbei, die Suche nach den

Vorbildern, wie wir denn nun leben wollen. Und leben sollen. Für Inseln nicht. Und für uns selbst nicht.

Ich lege das Buch beiseite und schaue hinüber ans Ufer, wo nördlich von Cala Fornells der große Geschützturm steht, zu dem einige Wanderer hinaufpilgern. Er ist eine Attraktion des kleinen Ortes, die Franzosen haben ihn gegen die Briten errichtet. Oder war es umgekehrt? Jedenfalls holt mich die darunter nagelneu errichtete Zeile mit Ferienwohnungen zurück in die Gegenwart. Doch nicht ganz, ihren petrolgrünen Fensterläden und Haustüren sei Dank.

Mittwoch, 6. Juni

Entlang Mallorcas wildem Norden.

Eines der schwierigsten Dinge, die man im Leben unternehmen kann, ist, sein Verhalten zu ändern. Nicht die großen Dinge im Leben, nein. Die kleinen im Alltag sind die schwierigsten: mein Handy mal einen Tag ausgeschaltet lassen. Meiner Ruhe statt dem nächsten Kick nachzujagen und E-Mails erst ab siebzehn Uhr zu checken. Drei Kilo abzunehmen. Mich vegan zu ernähren. Nicht auf meiner Meinung zu beharren, sondern fünf gerade sein zu lassen und biegsam zu sein wie der Halm eines Schilfs, ohne zu brechen, wenn der Wind weht. Voll und ganz in diesem Augenblick und nirgendwo anders zu sein.

Ich segle nun viele Jahre. Doch immer wieder ist es für mich eine der größten Herausforderungen als Einhandsegler, im Hafen die Leinen loszuwerfen und abzulegen. So wie gestern in Port de Pollença an der Ostspitze Mallorcas, zu der ich vor einigen Tagen zurückgekehrt bin. Die Vorhersagen fürs Wetter rund um die Insel sind eher schlecht. Für den Norden Regen. Gewitter. Schwacher Wind. Für die Südküste Wind aus südwestlichen Richtungen – also aus der Richtung, in die ich eigentlich um Mallorca herum nach Westen segeln will.

Ich überlege hin. Ich überlege her. Wenn ich losfahre, dann geht nur die kürzere Nordroute. Regen? Gewitter? Lieber doch noch einen Tag im Hafen bleiben? Wer weiß, was mich draußen erwartet. Das Ungewisse. Da ist es wieder, das Hasenherz.

Doch irgendetwas in mir ist in all den Jahren klüger geworden. Irgendetwas weiß, dass mich draußen zwar das Ungewisse erwartet. Es weiß aber auch, dass mich dort auch Schönheit erwartet, während die Sicherheit des Hafens träge ist und manchmal sogar trügerisch. Aufbrechen erfordert Anstrengung und Mut. Nun mach schon!

Ich werfe gegen halb zwei die Leinen los und steuere *Levje* aus dem Hafen nach Norden, ums Cap Formentor entlang der Berge der Serra de Tramuntana. Mallorcas wilder Norden ist eine abweisende Nordküste ähnlich der Menorcas. Sie ist, gemessen vom Cap Formentor bis zur westlichsten Insel Sa Dragonera, knappe 50 Seemeilen lang. Diese 90 Kilometer sind der kürzeste Weg, um die Insel zu passieren, doch für einen Segler auch der unfreundlichste. Es gibt in den Bergen nur wenige Buchten und Schlupfwinkel, in denen man sich vor dem gefürchteten Nord verstecken könnte. Und bis auf den Hafen Sóller hat man keine Ausweichmöglichkeit, wenn das Wetter mal rau wird. Ich möchte trotzdem dorthin, meine unruhige Nacht in der Cala Bóquer hat den Hunger auf mehr geweckt.

Draußen ist alles anders, als der Wetterbericht vorhersagte. Statt Schwachwind frische Brise von vorn. Statt nachts gibt's Regen schon am Nachmittag. Blöde Wellen und Wind aus allen Richtungen. »*What a not nice day!*«, aber eben auch die faszinierende raue Küste. Während *Levje* an menschenleeren Klippen und wilden Felswänden entlanggleitet, während ein Schauer niederprasselt, dass sich das Bimini-Verdeck über mir vom Regenwasser beult, denke ich: Wie viele Wracks wohl dort unten in 50, 60 Meter Tiefe an den steil abfallenden Wänden liegen mögen? Wie viel Unentdecktes es dort unten zu entdecken gäbe? Wracks griechischer Händler auf dem Weg nach Westen. Reste römischer Frachter und französischer Flotten, alle zerschellt, weil sie lieber den kurzen Weg statt des langen nahmen.

Eigentlich ist mein Tagesziel ja Sóller, die einzige Hafenstadt an der Nordküste, doch ich bin so fasziniert von der Felslandschaft und dem, was ich da sehe, dass mich irgendwann die Häuser einer schmalen Bucht zwischen den Klippen anziehen. Ich beschließe, Gewitter hin oder her, die Stadt Stadt sein zu lassen und lieber die kleine Ankerbucht anzusteuern, in der zwischen den aufragenden Steilwänden bereits zwei Segler liegen. Als ich in die enge Bucht einlaufe, platzen die Wolken, und der nächste Schauer geht nieder. Das ist gut so, der Regen drischt die Wellen platt. *Levje* läuft ruhig, auch wenn ich im Geprassel den Grund unter dem Boot nicht erkennen kann. Ich steuere es im Regen um die Ankerlieger herum, lasse den Anker fallen und fahre ihn fest ein. Er hält auf Anhieb. Dann schlüpfe ich unter Deck und betrachte mir das Geprassel aus *Levjes* Innerem.

Als die Regenwolken aufreißen und der Himmel wieder blau wird, erkenne ich Details. Ich liege in der Cala Tuent – und genau unter dem Puig Major, Mallorcas höchstem Berg, der 1445 Meter aufragt. In der winzigen Bucht zu Füßen des Berges stehen nur ein paar verlassene Häuser. Alles sieht friedlich aus. Ich beschließe, die Nacht über hier zu bleiben.

Ich sehe hinaus aufs offene Meer, wo sich im Westen vor der untergehenden Sonne hohe Wolkengebilde ballen und bedrohlich in die Höhe wachsen. Mir fällt ein alter Merkvers ein: »Sind die Wolken höher als breit: / Schau rundrum und sei bereit.«

Er sagt nichts anderes, als achtsam zu sein, wenn Wolken ihre übliche breite Form aufgeben und plötzlich Türme ausbilden, also mehr Höhe als Breite besitzen. Ein einfacher Blick auf die Wolkenform am Morgen kann einem Segler schon sagen, ob es sich lohnt oder man es lieber bleiben lassen sollte, den Hafen zu verlassen. Es gibt noch einen Spruch, der das ähnlich sieht: »Wolkenberge, Wolkentürme / Bringen Böen dir und Stürme.«

Wenn sich Wolken zu großen Kraftwerken ballen wie die grauen Gewittertürme dort draußen vor der Cala Tuent, dann kann es bald losgehen. Seeleute glaubten an Sprüche wie diese, sie hatten nicht viel mehr als das, um das Wetter vorherzusagen.

Doch noch ist die weite Fläche des Meeres spiegelglatt. Ein Segler zieht unter den Wolkentürmen gemächlich seine Bahn. Er sieht so winzig aus, so zerbrechlich und zart unter dem Gebirge des heraufziehenden Unwetters. Doch er zieht langsam und gleichmäßig im schwachen Wind nach Westen, der untergehenden Sonne entgegen, so selbstvergessen, als gäbe es nicht das drohende Unheil über seinem Haupt.

Ich denke daran, dass mir die Gewittertürme möglicherweise heute Nacht arg zu schaffen machen werden in der engen Bucht zu Füßen des Puig Major. Unheil und Bedrohungen gab es auch in meinem früheren Leben, meist waren es Erwartungen Vorgesetzter, dies oder jenes umzusetzen, zu erreichen. Doch anders als zuvor stellen Unwetter keine Erwartungen an mich. Sie sind einfach da, bedrohlich, gewaltig – und vor allem gleichgültig. Man muss sie überstehen. Ein Fehler, den ich begehe, ist mein Fehler.

Was ich hier draußen lerne: Es wird mich jedes Mal von Neuem Mühe kosten, die Leinen loszuwerfen, um aufzubrechen. Ich muss mich bei jeder Reise neu überwinden. Doch ich weiß, dass es sich jedes Mal lohnt, die Anstrengung auf mich zu nehmen. Und nur selten ist es wert, der Furcht vor dem Ungewissen nachzugeben und eine Aufgabe, ein Vorhaben nicht anzugehen.

Samstag, 9. Juni

Von Mallorca nach Ibiza.
Ein ganz normaler Tag auf dem Meer.

Es gibt Tage, da erlebe ich auf dem Meer mehr als irgendwo sonst. Aber auch Tage, an denen es mir mehr als rätselhaft ist, welche Art von Glück ich hier draußen empfinde und zu welchem Zweck ich das alles auf mich nehme.

Vor der Westspitze Mallorcas, wo die schroffen Klippen der Serra de Tramuntana enden, ankere ich in einer Bucht unterhalb von Sant Elm. Die Nacht ist windstill. Kaum hell, dreht der Wind erst in meine Ankerbucht, dann jagt er Wellen in sie hinein. *Levjes* Rumpf geht auf und ab wie ein Pingpongball, die Ankerkette spannt sich unter der Last, mit der die Wellen den massigen Bootskörper Richtung Uferfelsen drücken. Gestern Abend war die Bucht noch ein selten lauschiger Ankerplatz unter dem Vollmond gewesen, an diesem Morgen ist es ein ungastlicher, fast feindseliger Ort.

Ich rudere in meinem Beiboot in den Wellen noch schnell an Land, spurte von der Hafenmauer hinauf nach Sant Elm, in den nächstgelegenen Campingladen. Ein Mädchen verkauft mir Brot, Tomaten und eine Empanada, ein mit Hackfleisch und Erbsen gefülltes Teigstück. Ich bin voller Sorge um mein Schiff, hetze zum Hafen und rudere schnell wieder hinüber. *Levje* stampft und schlingert noch immer in den auflandigen

Wellen, das Heck schlägt so stark, dass ein Teil von ihm abfällt und mit einem unmerklichen Spritzer vor mir im Wasser versinkt. Ein kleiner Metallbeschlag, nicht größer als ein Brillenglas, doch mindestens dreimal so aufwendig zu beschaffen.

Es dauert, bis ich meinen Rucksack, die Tüten mit dem Brot, das Dinghi endlich trocken auf das schwankende Deck balanciere. Vergleichsweise schnell hole ich mir meine Taucherbrille samt Schnorchel, streife Hemd und Hose ab, springe in die Wellen und tauche hinunter die dreieinhalb Meter zum Grund. Ich brauche drei Tauchgänge, dann blinkt das kleine Metallteil schon halb verborgen im Sand. Ich greife es, und jetzt nichts wie an Deck und ganz schnell raus aus dem immer stärker werdenden Seegang.

Kaum bin ich von der Küste weg, wird der Wind schwächer. Der Gott des Windes, wenn es ihn gibt, ist ein launenhafter Kerl, der Unfug mit einem treibt, nur um zuzusehen, wie wir Menschen unten winzig herumzappeln. Oft steckt aber hinter dem, was einen zu necken scheint, nur ein meteorologisches Phänomen. Heute ist es der Kapeffekt: Wind ändert an Kaps und Landvorsprüngen die Richtung und weht vor Landvorsprüngen heftiger, als er es draußen auf See tut.

Ich denke bei dem schwachen Wind an mein großes gelbes Vorsegel, das umständlich zu setzen ist. Ich lasse *Levje* unter Autopilot laufen, lege zwanzig Minuten Leinen und das Vorsegel auf dem Deck aus, um es ordentlich zu setzen. Dann ziehe ich es nach oben.

Da steht es. Knallgelb leuchtet es über dem Meer. Es ist groß wie die Wohnfläche eines Appartements. Es zeigt einen wundervollen Bauch, so, wie es sein soll. Es grüßt den Tag farbenfroh. Es zieht mächtig. *Levje* rauscht mit hoher Fahrt durch die Wellen. Doch die Freude verfliegt, als ich den Mast hinaufblicke und entdecke, dass sich ganz oben die Spitze des gelben Segels um das eingerollte Vorsegel gewickelt hat, es unangenehm zusammenwürgt. Nur nicht übermütig werden hier draußen.

Levje läuft gerade prächtig. Die Fahrt unterbrechen, um die Sache in Ordnung zu bringen, will ich nicht. Keine zehn Minuten später meldet sich mein Gewissen. Es erinnert mich daran, dass es auf See immer drei Dinge braucht, die Unheil verursachen. Ein nachlässig gesetztes Segel allein ist kein Problem. Frischt der Wind auf und steuert im gleichen Moment eine Fähre auf *Levje* zu, geriete ich schnell in die Bredouille, wenn ich das Segel nicht rasch genug runterbekäme. Ich denke: Es ist doch grad alles so schön, so gut. Nein, ich lasse das erst mal so stehen, bis der Wind nachlässt.

Den Gefallen tut mir der Wind natürlich nicht. Er frischt auf. Nach einer Viertelstunde bin ich weich gekocht. Das geht so nicht. Das ist nicht gut. Also beginne ich, das gelbe Teil zu bergen, um es noch einmal richtig zu setzen. Fast läuft alles glimpflich ab. Aber nur fast. Denn plötzlich verdreht sich das Segel und würgt sich zur gefürchteten »Sanduhr«. Ich kann das große Teil nicht mehr einrollen, es nicht bändigen, es bläht sich, schlägt wild um sich. Der Mast vibriert. Ich sehe keinen anderen Ausweg, als das Segel im geöffneten Zustand in voller Fahrt aufs Vordeck rauschen zu lassen. Werfe mich, kaum dass es das Deck berührt, gestreckt darauf. 90 Kilo Lebendgewicht sind kein schlechtes Werkzeug, um ein im Wind schlagendes Tuch keinesfalls über Bord gehen zu lassen. Ich zurre es mühsam der Länge nach am Seezaun fest.

Ich habe meine Rechnung nur ohne die langen Schoten des gelben Vorsegels gemacht, Leinen, die wir Segler durchs Wasser hinter uns herziehen. Als ich genau hinsehe, hat sich wie von Zauberhand eine Leine in den Propeller unter *Levjes* Bauch gewickelt. Der lässt sich nicht mehr drehen. Ich kann den Motor nicht mehr starten. Ich bin ohne Motor. Vorher hatte ich ein kleines Problem. Jetzt habe ich ein richtiges Problem.

Es hilft nur eins: Ich muss mein Boot aufstoppen, es zum Stehen bringen. Auf offener See mein Schiff verlassen und mit einem Messer in der Hand darunter tauchen, um die Leine wieder von der Schiffsschraube zu kriegen. Ich schelte mich, was mein Vokabular an Schimpfnamen hergibt. Doch das bringt nichts. Ich versuche, *Levje* durch Bergen des Großsegels, so gut es geht, zum Stehen zu bringen.

Doch ein Schiff auf See liegt niemals still. Selbst ohne Segel und mit festgestelltem Ruder macht *Levje* im leichten Wind schwache Fahrt seitwärts. Falls ein plötzlicher Windhauch sie beschleunigt, während ich unter ihrem vier Meter breiten, vermoosten Walbauch tauche und an der verknoteten Leine zupfe, würde mein Boot einfach ohne mich weitersegeln. Ich muss zusehen, dass sie mir nicht abhaut und mich vergisst. Um diesem Albtraum zu begegnen, baue ich eine Art schwimmende Rettungsleine, die *Levje* auch bei leichter Fahrt im Wasser hinter sich herziehen soll und nach der ich jederzeit greifen kann. Ich binde meinen längsten Festmacher, das lange Tau, an einen der großen, luftgefüllten Gummifender, werfe beides ins Wasser. Und schaue zu, wie sich der Fender langsam entfernt und die daran hängende Leine im Wasser strafft, während der Süd mein Schiff langsam nach Norden abtreibt.

Kein Mensch weit und breit. Mallorca, das nächste Festland, am Horizont hinter uns. Ich schaue mich noch einmal an Deck um. Binde mir mein Seglermesser ans Handgelenk. Und klettere die schwankende Badeleiter ein zweites Mal hinunter ins Wasser. Es ist kalt. Es ist sehr bewegt.

Levjes Heck schlägt heftig auf und nieder in den Wellen. Ich greife nach der Taucherbrille. Hole Luft. Und tauche unter das laut aufs Wasser klatschende Heck. Gleich beim ersten Tauchgang sehe ich, dass sich die Leine drei Windungen um den Propeller gelegt hat. Es reicht, ihn zu blockieren. Ein Messer werde ich wohl kaum brauchen. Die Leine herunterzubekommen, wäre kein Problem. Eigentlich.

Ich tauche zum zweiten Mal. Zwinge mich, nicht in das tiefblaue Schimmern unter mir in die Tiefe zu sehen. Zwinge mich, nicht daran zu denken, dass das Meer an dieser Stelle zwischen 500 und 1000 Meter tief ist. Versuche, den aufkeimenden Gedanken zu ersticken, was da wohl in diesem Augenblick unter mir lebt und jagt und schwimmt.

Levje bewegt sich heftig, ihr grün bealgter Riesenleib dreht und wälzt sich über mir wie ein liebestoller Wal, während ich darunter die scharfkantige Propellerwelle greife und versuche, meinen Kopf vor dem stampfenden Heck irgendwie in Sicherheit zu bringen und zugleich die Leine vom Propeller zu wickeln. Ein zweites Mal nach oben, um Luft zu holen. Die Welt dreht sich vor meinen Augen vor Anstrengung. Kurz Luft holen. Dann wieder runter.

Das Meer ist, wenn man sich in ihm bewegt, ein so ganz anderer Lebensraum als unserer. Das fängt bei kleinen Erfahrungen an. Tauche ich im bewegten Wasser, findet mein Auge keinen Halt und meine Hand auch nicht. Ich brauche jeden Muskel meines Körpers, um mich in der Balance zu halten. An Land kennen wir außer der Achterbahn oder einem schleudernden Auto keinen Ort, an dem alles und jedes in ständiger Bewegung ist und weder unser Auge noch unsere Hand irgendeinen still ruhenden Fixpunkt findet.

Was erschöpfender bei meinen Tauchgängen ist, kann ich nicht sagen: die Kraftanstrengung oder die Konzentration, in dieser bewegten Welt Halt zu finden. Nach drei, vier Tauchgängen ist die grüne Leine vom Propeller. Ich schleudere ihr loses Ende aus dem Wasser in hohem Bogen an Deck. Dann nichts wie raus hier, zurück aufs Schiff, das mir in all dem Schwanken und Drehen als wunderbar sicherer Ort erscheint.

Ich lasse das große gelbe Tuch aufgetucht auf der Seereling.

Und beobachte eine überholende Fahrtenyacht. Auch sie segelt mit großem Vorsegel. Auch sie hat eine wild knatternde »Sanduhr« drin. Ich bin jedenfalls nicht der einzige Idiot an diesem Tag.

Fünf Stunden später. Der Wind ist schwächer geworden, *Levje* schleicht lahm durchs Wasser. Hätt ich doch bloß das gelbe Vorsegel! Am Himmel zeigen sich Wolken, die ich noch nie gesehen habe. Rätselhafte Gebilde, wie Wellenkämme. Was ist das? Sie sehen irgendwie böse aus. Ich wische den Gedanken, das gelbe Vorsegel ein zweites Mal zu setzen, beiseite. Augenblicke später schiele ich erneut zu dem verdreht auf meiner Seereling hängenden 60 Quadratmeter großen, gelben Teil. Es lockt. Es kitzelt. Es ruft nach mir. Wenn ich es nur auf dem Vordeck entwirren könnte. Wenn es gelänge, die vier Leinen wie einen Fallschirm sorgsam in Ordnung zu halten. Dann könnte ich es ein zweites Mal wagen, es zu setzen.

Mut ist da, wo Angst ist. Mut ist, wenn man Angst überwindet. Ich brauche zwanzig Minuten, bis ich das gelbe Teil einigermaßen klariert und entwirrt habe. Dann schnell zum Mast. Und hoch damit hinter der Genua, dem zweiten Vorsegel, das ich wie eine schützende Wand ausgerollt habe. Da steht es nun. Und meine siebeneinhalb Tonnen *Levje* spurten los, dass es eine Freude ist. Ich bin stolz, meine Probleme allein gelöst zu haben. »Trau dich!«, scheint mir das alles hier immer wieder zu sagen. »Geh deine Probleme an.« An Land kann ich nachlässig sein, hier draußen rächt es sich schnell, wenn ich die Dinge schleifen lasse.

Als wäre dieser gute Moment noch nicht Geschenk genug, tauchen in diesem Moment drei Delfine auf und wirbeln um *Levjes* Bug herum, als wollten sie mir zu verstehen geben: »Du hast dich anfangs zwar benommen wie ein Anfänger, aber dann hast du das Ruder rumgerissen. Wir haben's genau gesehen!« Die beiden kleineren Tiere sind besonders agil: Sie schielen zu mir hoch, wenn ich runtergrinse. Sie tauchen nach rechts, wenn ich mit der Kamera nach links ziele. Delfine sind Spielkinder, ihre Bewegungen sind Kommunikation, ein Spiegel, eine Antwort auf jede meiner Bewegungen.

Der dritte der Delfine ist größer und scheuer, sein Vorderkörper leuchtet schneeweiß wie ein Albino im Wasser. Er hält sich vorsichtig abseits, als hätte ihn das Leben enttäuscht, schaut dem Treiben der beiden kleineren aus sicherer Entfernung zu, äugt immer wieder schüchtern zu mir hinauf. Ob er seiner Größe nach überhaupt ein Delfin ist? Oder vielleicht etwas Größeres? Grindwale mit der rundlichen Schnauze sind um Gibraltar verbreitet. Ob es sie auch um Ibiza gibt? Ich taufe den weißen Delfin »die große Schüchterne«, weil das Tier sich am Rand der Tanzfläche hält, während die beiden anderen munter in der rauschenden Bugwelle spielen. Im nächsten Augenblick, wie auf Kommando, drehen die drei nach rechts ab, in die Weite der See, und sind verschwunden.

Mein Abenteuer mit dem gelben Vorsegel hatte mich über eine Stunde gekostet. Es ist achtzehn Uhr, als ich mit leichter Brise die Ibiza vorgelagerte Insel Tagomago erreiche und an deren Westseite vor einer Felswand auf sandigem Grund vor Anker gehe. Und während ich im Wasser nach dem Anker tauche, um zu sehen, ob er sich auch gut eingegraben hat und uns die Nacht sicher hält, überzieht sich der Himmel. Sein Leuchten weicht einem fahlen Braun, Staubfahnen jagen im Sturm wie ein wütender Schleier vor der Sonne dahin, ein merkwürdiges Schauspiel.

Noch merkwürdiger ist es, als vereinzelte Regentropfen fallen. Jeder Regentropfen trägt ein rotes Sandkorn in sich, eingeschlossen wie eine Perle – Erde und Staub aus den Wüsten

Nordafrikas, die der Wind übers Meer bis hierher trägt. Sie erinnern mich daran, wie nahe ich Nordafrika im westlichen Mittelmeer bereits gekommen bin. Sie lassen mein Schiff am darauffolgenden Morgen nach drei nächtlichen Gewittern mit viel Blitz und wenig Getröpfel aussehen, als hätte jemand heimlich des Nachts Fenster, Schoten, Segel und Decks mit einem roten Sand-Wasser-Gemisch bemalt.

Ja. Ich erlebe auf dem Meer an einem Tag mehr als irgendwo sonst.

Sonntag, 10. Juni

Segeln um Ibiza.
Von der stillen und der lauten Insel.

Am nächsten Morgen scheint die Insel Tagomago unbewohnt. In der Nacht hatten mich zweimal Gewitterböen aus meiner Koje gescheucht. Während Blitze im Norden zuckten und ich Ankerwache hielt, hatte ich oben auf dem Felsplateau nur das kreisende Licht eines Leuchtturms gesehen.

Doch die Einsamkeit Tagomagos täuscht. Oben steht eine Villa für Celebrities, am Vormittag rauscht die imposante Segelyacht eines Magnaten an; die Gäste werden diskret per Beiboot zur Insel verfrachtet. Tagomago, der unwirtliche, nur von Strauchwerk bewachsene Felsklotz im Meer, ist ein Ort für die Happy Few, um im richtigen Hotel standesgemäß zu übernachten. Ich bin auf Ibiza angekommen.

»Ibiza? Geh da bloß nicht hin«, hörte ich auf Mallorca öfter mal von Einheimischen. »Auf Ibiza ist alles noch viel schlimmer als bei uns. Die Leute auf Ibiza sind noch gnadenloser als wir.« Die Kette der Vorurteile ist lang und wiegt schwer in Europa, und ihr Anfang liegt immer vor unserer Haustür. Was wir über unsere Nachbarn denken, hatte der freche Wiener Literat Karl Kraus vor hundert Jahren selbstironisch auf den Punkt gebracht: »Der Balkan? Fängt an der Ostwand meines Schlafzimmers an!« Alle Übel dieser Welt beginnen grundsätzlich ab dem

Nachbargrundstück. Als ich mich früher beruflich öfter im Osten Europas und den Balkanländern herumtrieb, war ich erstaunt, wie jeder nach Kräften seine Vorurteile über die Nachbarn pflegte. »Die Ungarn? Alles nur Autodiebe!«, warnten mich polnische Geschäftspartner. Während die Ungarn über die Polen nur müde witzelten: »Machen Sie Urlaub in Polen! Ihr Auto ist längst da.« Die Rumänen pochten energisch darauf, niemals nach Bulgarien zu fahren, man würde ihnen dort die Autos klauen. Während die Bulgaren dringend rieten, auf der Fahrt durchs Nachbarland Rumänien nie anzuhalten: »Die Rumänen schrauben dir die Reifen während der Fahrt ab.«

Ob Balkan oder Balearen ist unseren Vorurteilen einerlei. Die einen lieben Ibiza, die anderen finden es unmöglich. Ich bin anfangs eher kleinlaut, wenn ich Bekannten mitteile, wo ich gerade stecke. Entsprechend ist auch meine Brille eingestellt, als ich mich der Insel nähere. »Die Hänge? Sind ja alle verbaut! Da ist Mallorca aber viel schöner!«, pinselt mein Hirn voreilig in die Luft. Doch meine Widerstände schmelzen, als ich mir für meinen Kurs die felsige Küste im Norden Ibizas aussuche, die steil aus dem Wasser aufragt, eine unterseeische Verlängerung der Serra de Tramuntana auf Mallorca, die bis zum spanischen Festland reicht.

Eine Felsformation, die mich aus den Schuhen haut. Eine Bucht hübscher als die andere. Entgegen aller Vorsätze lasse ich schon am frühen Nachmittag in der Cala Blanca den Anker fallen. Es ist still, die Bucht hallt nur von den Badefreuden einer jungen Familie auf ihrer Llaüt, dem traditionellen weißen Holzboot der Balearen mit dem dreieckigen Lateinersegel an einer Maststenge.

Gewitterwolken hin oder her, ich beschließe, in der Bucht zu bleiben. Vom Meer aus schien sie zwischen den Felsen ungastlich, doch sie ist attraktiver als gedacht, eine Bucht von paradiesischer Schönheit mit ihren Traumgärten, der Stille, den

Grotten. Dem Ufergrundstück mit dem alten Wachturm, sodass mal wieder in mir der Gedanke auftaucht: »In einem dieser Gärten könnte ich endlich sesshaft werden. Niemals mehr würde ich auf Reisen gehen.« Aber noch während ich das denke, weiß ich, ich bin noch nicht so weit, vielleicht werde ich es auch nie sein.

Ibiza hat viele Gesichter, je nachdem, wo ich hinkomme. Die Felsformationen an der Nordküste. Die Gärten und die nette Bucht. Ein weiteres Gesicht Ibizas sollte ich in der Hafenstadt ganz im Westen der Insel einige Tage später kennenlernen.

In Sant Antoni de Portmany. War da nicht was? War hier nicht das legendäre Café del Mar daheim, dessen chillige Sounds ich nach einem langen Arbeitstag nur hören musste, und schon tagträumte ich mich fort in ein Leben, in dem es nur noch Segeln, Weite, Meer und Reisen gab? Das Café del Mar gibt es immer noch in Sant Antoni de Portmany, an der Strandpromenade, und beim Sonnenuntergang applaudieren seine Gäste noch genauso laut, weil es angeblich wie vor zwanzig Jahren der schönste Ort der Welt für den Sonnenuntergang ist. Doch das Café del Mar ist längst in andere Hände übergegangen und nicht mehr der Ort des Club-Labels, das einst hier produzierte.

Anders als auf Tagomago ist es in Sant Antoni de Portmany weniger wichtig, ob man die Nacht im richtigen Hotel verbringt, sondern in welchem Club. Möglichkeiten gibt's zuhauf. Sie springen mich gleich am Busbahnhof von Sant Antoni an und auf dem Weg von dort in die 15 Kilometer entfernte Inselhauptstadt: mannshohe Transparente mit kryptischen Messages, die in ihrem Wortlaut nur Eingeweihte übersetzen können. Ich stehe erst mal stumm vor einer acht Meter langen

Plakatwand mit Tempelhieroglyphen und dem Konterfei eines jungen Mannes, der durch eine Schutzbrille in die Sterne schaut:

Tinie Tempah
Disturbing Ibiza
Hosted by DJ Charlesy
Wednesday at Ushuaia Ibiza

Doch Vorsicht. Tinie Tempah, der mit bürgerlichem Namen Patrick Chukwuemeka Okogwu heißt, ist Profi-Rapper aus South East London, dessen Musikvideos britische Charts stürmten und im Netz rund 200 Millionen Mal angeklickt wurden. Ein Start-up-Unternehmer in Sachen Rap, der im Musikbusiness mit achtzehn begann und den es in ebendiesem Sommer nach Ibiza verschlägt. Und das Ushuaia ist nur eine unter der Handvoll Großdiskotheken auf Ibiza, von denen jede einzelne zwischen 5000 und 15 000 Besucher aufnimmt – pro Sommerabend. Wie die meisten Hotels auf Ibiza gehören die Clubs ibizenkischen Familien, das Ushuaia beispielsweise samt gleichnamigem Hotel und Schifffahrtslinien dem ehemaligen Bürgermeister von Ibiza-Stadt, dem späteren EU-Kommissar und Außenminister Spaniens, der als Aufsichtsrat bei TUI die Geschicke leitete.

Ob es das war, was Odysseus meinte, als er von »einäugigen Riesen« erzählte, die auf entlegenen Inseln hausen und sich reiche Schafherden halten, von denen sie sich ernähren? Von Inseln, auf denen ewige Jugend wohnt, weil die Straßen im Zentrum von Sant Antoni de Portmany als Feiermeilen von jugendlichen Urlaubern überwiegend aus englischsprachigen Ländern bevölkert werden?

Ibiza-Stadt selbst, die Hauptstadt der Insel, ist dann wieder anders. Die Altstadt ist eine pittoreske karibische Piratensiedlung auf einem Hügel. Es waren meerreisende karthagische

Phönizier aus dem gegenüberliegenden Nordafrika, die auf der ländlich geprägten Insel zunächst einen Handelsposten errichteten. Ein Ort, der vor 2500 Jahren nichts anderes war als ein weiterer unter den unzähligen Handelsposten auf einer entlegenen Insel, den die neuen Herren zielstrebig erst zur Selbstversorgerstation und dann zum Produktionszentrum für Luxusgüter umbauten. Edle Gläser, raffinierte Bronze, kostbare Tinkturen und Salben: Sobald ich Spuren der Phönizier entdecke wie auf Ibiza, scheint mir, als wären sie und deren westliche Abkömmlinge, die Karthager, die Start-up-Unternehmer der Antike. Nicht Kriege führen, nein. Statt zu erobern, etwas gründen und erschaffen an einem Ort, an dem nichts ist.

Ich gebe zu, ich könnte auf Ibiza bleiben. Allen teuren Hafengebühren und auch manch anderen Auswüchsen des Massentourismus zum Trotz. Denn unter der glamourösen Oberfläche ist dieses Ibiza einfach nur eine faszinierende Insel. Am Abend gehe ich hinüber ins Büro des Hafenmeisters, um meine Papiere zu holen und meinen Liegeplatz zu bezahlen. Der winzige Flachbau ist nicht größer als ein Container. Er liegt zwischen Hochhäuser gepresst auf der Pier, und ebenso gepresst sitzen drei Leute hinter ihren Schreibtischen. Es geht zu wie in einem Bienenstock. Kurzbehoste Skipper mit Dokumenten in der Hand kommen und gehen. Ein älterer Herr, der gerne auf einen ruhigeren Liegeplatz wechseln möchte. Zwei Segler, die überhaupt gerne einen Liegeplatz hier hätten, doch es ist gerade nichts frei. Die junge Frau in der Uniform der Hafenbehörde verliert im Chaos ihre Ruhe und vor allem ihr Lächeln nicht. Als ich sie darauf anspreche, sagt sie nur: »Würde es was ändern, wenn ich schlechte Laune hätte? Ich mag meine Insel vor allem in den ruhigen Wintermonaten. Ich mag sie aber auch, wenn ich weiß, dass in den nächsten drei Monaten eineinhalb Millionen Besucher auf die Insel kommen werden.

Das sind zehn Besucher auf jeden der 150 000 Einwohner Ibizas. Aber so ist nun mal unser Leben und unser Job.«

Wenn ich etwas von den Balearen mitnehme, dann sind es Geduld und Langmut, die die meisten ihrer Bewohner auszeichnen.

Mittwoch, 13. Juni

Von Ibiza zum Festland.
Ein unvergesslicher Morgen.

Anders als viele andere Gegenstände des täglichen Lebens kenne ich mein Schiff auf vielerlei Arten. An seinem Äußeren, weil ich mir bestimmte Stellen am Rumpf gemerkt habe, an denen der Lack weg ist. An den Lauten und den besonderen Geräuschen, die mein Schiff beim Segeln von sich gibt und die mich nerven. Die mich aber umso besorgter dreinblicken lassen, wenn sie nicht da sind. An seinem Mast, denn ich ertappe mich dabei, wenn ich bei der Rückkehr von jedem Landgang schon von Weitem nach dem einen Mast Ausschau halte, den ich unter hundert anderen im Hafen ausmachen kann. *Levje* hat wie ihre Vorgängerin ein markantes 7/8-Rigg, bei dem das Drahtstag, das den Mast hält, nicht oben im Masttopp, sondern darunter angeschlagen ist.

Sein Schiff kennen heißt auch, die Signale kennen, die es mir gibt, wenn ich in den Wellen zu viel gerefft habe und es plötzlich zu stark zu geigen anfängt. Das Geklapper im Rigg zu deuten. Und auszureffen. Oder zu wissen, wenn ich meinem Boot zu viel zugemutet habe.

Halb sieben am Morgen. Wo Sant Antoni de Portmany gestern Nacht feierte, liegt bei Sonnenaufgang alles verlassen da. Sämtliche Nachbarn schlafen noch, nur die Fischer auf der Pier gegenüber lärmen vor der kleinen Hafenbar; Gelächter mit dem Wirt beim Auslaufen. Ich werfe *Levjes* Leinen los und schleiche auf leisen Sohlen aus dem Hafen. Es scheint ein prächtiger Morgen. Tiefblauer Himmel. Windstille im Hafen. Nur die Ahnung einer Böe aus Nordwest, die einen feinen, doch unmissverständlichen Fächer aufs Wasser zeichnet. Sonst stört nichts den Frieden und die Majestät dieses Morgens auf dem Meer. Ich gebe mich ganz dem erhabenen Vorbeigleiten an verschlafenen Hafenliegern hin, dem leisen Tuckern von *Levjes* Motor, genieße den Morgen nach all dem Grölen und Lärmen der Nacht.

Wenige Augenblicke später wünsche ich mir, ich hätte meine Augen nur ein wenig weiter aufgemacht. Kaum habe ich die Hafenmole erreicht, kommen mir hohe Wellen entgegen. Vorbei ist's mit dem Frieden. Mein Schiff ist nicht seeklar, nichts ist aufgeräumt, weder oben an Deck noch unter Deck. Die Fender sind noch draußen, alle Leinen liegen an Deck herum. Unter Deck stehen Frühstücksgeschirr und Thermoskanne neben der Spüle. Wenn ich etwas nicht leiden kann, sind es Leute, die ablegen und ihr Schiff aus dem Hafen steuern, wenn es noch nicht seeklar ist.

Während ich überlege, ob umkehren und im Schutz der Hafenmole aufräumen nicht die bessere Lösung wäre, kommt aus dem Salon ungefragt die Antwort. Das Poltern, das Wummern von Dingen, die nichts mehr an ihrem Platz hält und die sich freudig über den Boden ergießen. Ein dumpfes Rums als Abschluss. Lieber Gott, lass es ein Buch sein. Nicht die Kamera. Nicht das MacBook. Nicht die Thermoskanne, denke ich, während ich die Fender am Seezaun staue. *Levje* yachtert und schlingert schlimm durch die Wellen, im Nu habe ich 17, 20 Knoten auf dem Windmesser.

Jetzt mach aber fix, dass du deine Segel endlich hochkriegst. Starkwind, Böen, das Auf und Ab in den Wellen in der Bucht: Das ist alles so gar nichts für eine Ausfahrt unter Motor. Es ist der Moment, wo ich wie der hinduistische Gott Schiwa nur zu gern viele Arme hätte, um alles gleichzeitig zu regeln und meine Welt in der Balance zu halten.

Endlich stehen die Segel. Jetzt abfallen auf den richtigen Kurs, den die elektronische Seekarte vorgibt. Doch dann stelle ich fest, dass unser Kurs zwischen den westlich vorgelagerten Inseln hindurchführt. Anders als ihre balearischen Schwestern ist Ibiza die Insel der Riffe und Felsen, bei diesem Wind kann ich sie mit bloßem Auge ausmachen, dort, wo sich Wellen daran brechen. Wo wir hindurchsollen, ist es gerade mal eine zwei Fußballfelder breite und nur vier Meter tiefe Passage zwischen den Untiefen. Bei diesen Bedingungen scheint mir das ein unkalkulierbares Risiko. Noch dazu, wo ich die Passage nicht kenne. Also beiße ich in den sauren Apfel und entscheide mich für den einstündigen Umweg um die Inseln: hoch an den Wind, der Windmesser geht auf Windstärke sechs, und auch gleichzeitig das Vorsegel mit aller Kraft dicht ranholen und das Groß reffen. Was für ein Morgen.

Als ich Zeit habe, einen kurzen Blick unter Deck zu werfen, sieht es dort übel aus. Kamera und Computer haben den wilden Ritt unbeschadet auf dem Bett überstanden, das ist aber auch schon alles Positive. Im Salon sieht's aus wie nach einem Meteoriteneinschlag, dem die Thermoskanne zum Opfer fiel. Sie sollte nicht das Einzige bleiben, was an diesem Tag zu Bruch ging.

Ich konzentriere mich wieder aufs Schiff, lasse das Chaos unter Deck Chaos sein. Zwei Wenden, die mir so gotteslästerlich schlecht geraten, dass selbst der Kapitän der Riesen-Motoryacht, die von den Wellenhöhen beeindruckt demütig vor meinem Bug Richtung Hafen schleicht, irritiert dreinschaut.

Na ja, wir sind heute Morgen etwas aus der Form. Meine Segel stehen schlampig im Wind, kümmer dich endlich drum. Brechende Wellenkämme werfen *Levje* zur Seite. Plötzlich verliere ich den Halt, rutsche im starken Seegang auf meinem Sitzplatz hinter dem Steuer der Länge nach auf die andere Seite, knalle gegen ein vorstehendendes Metallteil. Die Wucht meines Aufpralls bremst nur meine linke Hand, die zwischen den scharfkantigen Gegenstand und meinen Körper gerät. Ein jäher Schmerz raubt mir den Atem, die Metallkante hat sich in den Außenknochen meiner Linken gegraben. Es tut höllisch weh. Als ich mir die Kerbe im Handrücken genauer ansehe, habe ich Sorge, ob meine Hand gebrochen sein könnte. Doch ich kann sie bewegen, kann sie ballen, kann sie strecken, kann ohne Schmerz ein Tau greifen.

Könnte ich es nicht, wäre meine Reise hier zu Ende. Ich brauche beide Hände, die Kraft, die in ihnen steckt, um mein Schiff zu bewegen. Obwohl der Knochen entsetzlich schmerzt, kann ich noch mein Segel setzen. Ich hole mir den Eisbeutel, der immer im Kühlschrank liegt, und schlucke eine der Pillen des Wundermittels für Prellungen und getretene Fußballerschienbeine. Mein Handknochen scheint lädiert, aber nicht gebrochen.

Eine halbe Stunde später. Der dumpfe Schmerz hat nachgelassen, ich stelle die Hand in einem Eispaket einfach still. Der Wind hat auf über sechs Windstärken zugenommen, *Levje* stiebt mit acht Knoten los, da wird Segeln zu purer Lust, über der ich meine Eselei und die schmerzende Hand vergesse. Der Anblick der unbewohnten Felseninsel hinter den Wellenkämmen, das Schweben der Möwen über den vorgelagerten Klippen im Starkwind: Meine Welt ist wieder in Ordnung. Ich bin wieder da, wo heute früh im Hafen alles begann: was für ein schöner Morgen!

Wenn da nicht das Gefühl bliebe, die Dinge mal wieder alles andere als souverän angepackt zu haben. Ich denke in solchen Momenten oft an Gudrun Calligaro, die Einhandseglerin, die mit Anfang vierzig die Erde auf einem Acht-Meter-Schiff umrundete und auf der ganzen Strecke nur siebenmal anlegte – weil es gar so schön war da draußen und sie nichts mehr vermisste. In ihrem Buch *Ein Traum wird wahr* mag ich jene Stellen, in denen sie streng mit sich ins Gericht geht und ein verletzter Daumen sie auf hoher See daran erinnert: »Es ist wirklich bezeichnend: Ich mache mir den meisten Ärger selbst. Nicht die See oder der Wind bringen mich in Bedrängnis, das besorge ich selbst mit meinen Fehlern und Unzulänglichkeiten.« Vielleicht ist das Meer der Ort, der mich wieder und wieder trainiert, die Schuld für etwas, das nicht stimmt, nicht bei anderen zu suchen. Ich allein bin es, der das Steuer meines Schiffs in der Hand hat und entscheiden muss, wie und wohin ich fahre.

Sechs Stunden später. Es ist halb eins. Vor fast drei Stunden ist das spanische Festland als großer Berg im Dunst aufgetaucht. Ich habe jetzt die Hälfte der 68 Seemeilen und der Vierzehn-Stunden-Strecke bis Calp an der Festlandsküste geschafft. Nicht nur ich überlege einzuschlafen, der Wind hat gerade die gleiche Idee. Mein Nickerchen kann ich aber vergessen, weil das Radargerät alle zwei Minuten lärmt und »Kollisionsalarm« piept, sobald ein Schiff in die vor mir definierte Zwei-Meilen-Zone eindringt. Es ist hier viel los, Segler, Fähren, Motoryachten kreuzen meinen Kurs. Und Containerschiffe. Sie rufen in Erinnerung, dass die Menschen auf den Baleareninseln nur zum kleinsten Teil »Selbstversorger« sind. Jede Packung Spaghetti, jedes Reiskorn, jede Tube Zahnpasta, jeder Kochtopf, jede Steckdose, jede Radmutter: Alles und jedes wird für die 875 000 Mallorquiner, die 95 000 Menorquiner, die 150 000 Ibizenker und die 12 000 Einwohner von Formentera auf Containerschiffen vom Festland herangeschafft. Und für die fast vierzehn Millionen jährlichen Besucher der Balearen auch. Die Inseln hängen am Tropf. Was ihre Versorgung angeht, sind sie ausgesprochen fragile Existenzen. Oder maßlose Verschwender wertvoller Ressourcen – je nachdem. Inseln sind, was das angeht, nicht anders als wir alle. Und ein erbarmungsloser Spiegel unseres Tuns und Treibens in der Welt.

In der Flaute schlappt *Levje* die zweite Hälfte der Tagesetappe jämmerlich klappernd gegen alte Mistral-Dünung an. Mein müdes Hirn malt erst eine Glühlampe, das Zeichen für »Idee«, und dann das große gelbe Vorsegel an die Innenwand seines Gehäuses. Aber Lust auf kompliziertes Segelsetzen oder meinen nächsten unfreiwilligen Tauchgang wegen Schot-im-Propeller hab ich mit meiner lädierten Hand heute keine. Ich lasse das und erfreue mich lieber am Anblick des markanten Felsens von Calp, der am späten Nachmittag näher rückt. Vor ihm will ich ankern und die Nacht verbringen. Vielleicht geh ich ja morgen da hoch und gönne meiner Hand einen Tag Ruhe?

Bis auf das Malheur habe ich meine erste Etappe, die Strecke der Inseln, glücklich hinter mich gebracht, die erste von insgesamt sechs Teilstrecken bis zur englischen Südküste.

Und was bleibt von diesem ersten Abschnitt? Meine schmerzende Hand sollte mich nicht nur die nächsten Wochen begleiten. Auf dem lädierten Knochen wuchs eine kleine Verdickung, die bis heute schmerzt und mich immer dann an diese Reise erinnert, wenn ich unbedacht mit der Faust auf den Tisch haue. Ich habe von Sizilien Abschied genommen und von den Menschen dort, von denen es heißt, für sie könne ein Fremder nur zweierlei sein: ein Feind oder ein Freund, aber niemals etwas dazwischen. Ich habe Menorca, die englische Insel, umrundet und Mallorcas vergessene Seite. Und fast glaube ich, sie wird mir neben den Menschen Pollenças die liebste Seite Mallorcas sein.

Doch wichtiger ist: Hier draußen auf dem Meer finde ich wieder und wieder etwas, wovon ich nicht einmal geahnt hatte, dass es verschwunden war aus meinem Leben seit meiner Kindheit. Manche nennen es Glück. Andere sagen Flow dazu. Mir gefällt der Gedanke, dass es nichts anderes ist als – Stille. Die Stille in mir. Sie ist wieder in mein Leben zurückgekehrt.

Kapitel 2

Vom Meer zum Ozean.

Vom Mittelmeer in den Atlantik.

Donnerstag, 14. Juni

Calp, Spanien. Eine Bergtour am Meer.

Ich war auf diesen Törn gegangen, ohne Reiseführer oder Seekarten zu wälzen. Ich wollte mich überraschen lassen von dieser Küste, ihren Ländern, ihren Menschen. Ich wollte Europa von seinen Rändern her begreifen, nach meiner Reise durchs östliche Mittelmeer jetzt den langen Küstenstreifen zwischen Sizilien und Südengland. Und jeden Meter dieser 4000 Kilometer langen Küste selber er-fahren. Nicht die ausgetretenen Pfade der Autobahnen nehmen, sondern über dieses nasse, endlose Outback vor der Küste, das man »Meer« nennt und das ein Schlüssel zum Verständnis dieses Kontinents ist. Viel von dem, was ihn und uns prägt, kam übers Meer zu uns, verborgen in den Laderäumen irgendeines knarrenden Schiffs aus Holz, die nach ihrer Ladung riechen und dem Meer und dem Unrat, der sich in diesen tiefsten Teilen sammelt. Drei Religionen reisten so übers Meer nach Europa, es reisten auf diese Weise Zahlen und Schrift, Geld und Gold, Zucker und Salz, Kartoffel und Kakao, Tabak und Gewürze. Nichts davon war vorher in Europa bekannt, bevor sich die Ersten aufs Meer hinauswagten. Ich wollte unterwegs sein auf den alten Routen, so wie ich von Slowenien aus der Route venezianischer Galeeren bis ans Ende der Seidenstraße in die Türkei gefolgt war.

Ich wollte sie erleben wie einer, der hier zum ersten Mal

entlangsegelt. Ein Spiel. Doch selbst im Spiel ist unser Kopf nie frei von Erwartungen und Vorurteilen. Die spanische Südküste kannte ich aus langweiligen Schulstunden, in denen ich ziellos im Weltatlas blätterte. Sie war mir in Erinnerung geblieben als schnurgerader, eher langweiliger Bogen, der im Westen in einen Trichter namens Gibraltar mündete. Später, in meiner Wohnung, die ich mir nach dem schmerzhaften Ende einer Ehe als kleines Refugium hoch über den Gleisen des Münchner Hauptbahnhofs eingerichtet hatte, verbrachte ich lange Stunden am Fenster, um den Fernzügen nachzusehen. Oder vor der großen Seekarte des Mittelmeers, die ich innen an meine Wohnungstür gepinnt hatte, mit dem Finger die Küsten von West nach Ost absegelnd. Mein Vorurteil über die spanische Südküste wurde da nicht besser: Ich stellte sie mir als langes, sandiges Etwas vor, als nicht enden wollende Reihe von Strandliegen und Sonnenschirmen. Ich hatte mich geirrt – und zwar gründlich. In Calp, wo ich die spanische Festlandsküste erreichte, verblüffte sie mich zum ersten Mal. Nicht wegen der Sandstrände und Sonnenschirme, sondern wegen der Berge.

Nach dem Aufwachen klettere ich mit den ersten Sonnenstrahlen an Deck. In der Bucht, in der ich ankere, leuchtet vor mir das Meer und hinter mir die Kalksteinwand des Penyal d'Ifac. Er ist ein unübersehbarer Klotz, einsam wie ein räudiger Wolf, liegen geblieben in den flachen Niederungen vor der Küste wie ein Brocken nach dem Erdrutsch. Ein vergessener Meilenstein im Meer, der mir gestern den Weg von Ibiza wies, nur dass er zwei Kilometer lang, einen halben breit und 337 Meter hoch ist. Ein Monolith, von Möwen und krächzenden Dohlen umschwirrt und alten Geschichten. Der Penyal d'Ifac und der östlich im Dunst liegende Felsen von Dénia hatten die Menschen immer angezogen. Als Punkte, auf die man Kurs halten konnte. Als Wachtürme, von denen man jede Art von Unheil früh erkennen konnte. Als Ort, der Schutz gab. Und gäbe es einen Berg, den ich mir als letzten Rückzugsort aller Verfolgten vorstelle, als letzte Zufluchtsstätte, dann würde ich mir ihn vorstellen wie den Penyal d'Ifac.

Wenig später packe ich meine Wasserflasche. Meine Hand schmerzt nicht, solange ich nicht den Außenknochen berühre. Ich lasse *Levje* in der Bucht zurück und rudere den Kilometer hinüber an den groben Kiesstreifen zwischen zwei Felsvorsprüngen, wo ich mein Dinghi anbinde und hinaufwandere bis zu den letzten Häusern von Calp vor dem Abhang. Ein Schotterweg führt zur Felswand hinauf, niederes Gestrüpp, die mittelalterliche Siedlung Pobla d'Ifac muss hier irgendwo am Fuß der mächtigen Steilwand errichtet worden sein. Wie viel Bedrohung, wie viel Angst muss über früheren Leben gelegen haben, damit man sich sein Haus an einem solchen Ort baut? Der Anblick des Penyal d'Ifac erinnert mich an ähnliche Felsen, an denen ich war und um die sich die Geschichte drehte wie Radspeichen um die Nabe. Nächte voller Fallböen unter dem Bergmassiv Osorscica auf der kroatischen Insel Cres. An die Felsen von Monemvasia im Osten des Peloponnes, wo Meeresschildkröten durch den kleinen Hafen schwimmen. An die Klippen von Moher vor der wilden Atlantikküste Irlands, die ich nur zu gerne wiedersähe.

Noch vor einem halben Jahrhundert endete vor dieser Steilwand der Weg. An der senkrechten Wand, die ich von *Levje* aus an diesem Morgen sah, gab es kein Vorbei, kein Drüber, kein Drumherum. Vom Land und von der See her ist der Felsen unzugänglich – zu steil ragen die Klippen aus dem Meer. Sosehr sich mancher Stratege beim Anblick des Penyal d'Ifac wohl ausgemalt haben mag, wie unbezwingbar man auf seinem Gipfel wohl wäre: Es existierte kein Weg dort oben. Die

Felswand sperrte die Insel, die den Möwen und einer Handvoll Turmfalken gehörte, gegen den Rest der Welt ab.

Erst im letzten Jahrhundert kam man auf die Idee, den Besuchern von Calp eine Attraktion zu schaffen. An der Ostseite trieben Arbeiter einen knapp hundert Meter langen, kaum mannshohen Stollen durch die Steilwand und schufen einen Durchgang zur anderen Seite – vor dem stehe ich nun.

Noch ein Blick nach hinten, zu *Levje* hinunter in die Bucht. Alles scheint in Ordnung. Die Zweifel verlassen mich nie, wenn ich mein Schiff allein zurücklasse, ob ich mein Boot richtig geankert, es richtig vertäut habe. Eine leichte Brise geht in der Bucht, hoffentlich frischt sie nicht auf, während ich hier oben herumklettere. Dann drehe ich mich um und stapfe in den Tunneleingang. Ich spüre den klammen Lufthauch auf meiner Haut, und langsam gewöhnen sich meine Augen an die Dunkelheit. Der Boden ist holprig, statt Stufen stolpere ich über grob gemeißelte, rutschige Erhebungen im Boden. Zwei Ketten an der Wand, an denen entlang ein junges Paar in Sneakers über den schlüpfrigen Boden zum unteren Ausgang tastet.

Hundert Meter weiter spuckt der Berg mich wieder aus. Ich bin durch den Tunnel durch und stehe in der Wärme und im gleißenden Hell. Wilde Berglandschaft. Steil unter mir das Meer. Über mir die Möwen. Der Weg ist gut, ein ausgebauter Steig, an Engstellen, über Abgründe hangle ich mich entlang an Ketten in der Wand. Ich denke an meine ersten großen Segelreisen entlang der europäischen Küsten, von Triest nach Antalya. Ich war leichtsinnig gewesen und immer in Flip-Flops auf meine Wanderungen über die Inselfelsen aufgebrochen. Das klingt unbedacht, war aber das genaue Gegenteil. Ungeeignetes Schuhwerk wie Flip-Flops zwangen mich zu einer ganz anderen Art des Gehens. Ich begann, im felsigen Gelände auf jeden meiner Schritte zu achten, nirgendwo meinen Fuß unbewusst aufzusetzen. War ich unkonzentriert und latschte einfach drauflos, schlug ich mir schnell die Zehen blutig. Das passierte mir nur die ersten Male. Danach wusste ich, dass ich meinen Fuß erst aufsetzen konnte, wenn ich mir die richtige Stelle ausgesucht hatte. Ich lernte, dass ich nach drei Stunden besonders aufpassen musste, weil dann meine Konzentration nachließ. Dass ich achtgeben musste beim Abstieg, dann, wenn ich dachte, ich hätte den anstrengenden Teil längst hinter mir.

Richtig in Bergen zu gehen, den Boden zu nutzen, nicht gegen den Boden zu gehen, habe ich erst in Flip-Flops gelernt. Nicht in Bergschuhen, in denen man im trügerischen Gefühl guter Ausrüstung mit dem Fuß einfach überall auftritt. Doch Laufen in Flip-Flops hat seine Grenzen. Auf dem Penyal d'Ifac wären sie sträflich. Hinter dem Tunnel machen rutschige Tritte, tiefe Furchen, glatt geschliffenes Gestein das Gehen anstrengend. Ich bin froh um die Zustiegsschuhe, um die feste Sohle, doch selbst damit ist es nicht leicht, guten Halt zu finden.

Am späten Vormittag gabelt sich der Weg. Nach links geht es weiter zum Aussichtspunkt. Ist das der Weg zum Mirador de Carabiners, dem alten Ausguck? Nach rechts zum Gipfel, um den die Möwen träge im Wind segeln? Jetzt bin ich schon so weit oben – die halbe Stunde schaffe ich jetzt auch noch da hoch. Ein Schild warnt: »Muy peligro! – Sehr gefährlich!« Aber so schwierig kann das doch nicht werden, oder?

Auf einer Steilplatte verliert sich der Weg. Er ist jetzt mehr eine gedachte Linie zwischen den wenigen roten Markierungen. Eine Linie, die in den steil abfallenden Karen über zerfurchte Felsplatten, glatt geschliffene Buckel, senkrecht aufstehende Felsklingen führt. Es ist anspruchsvoll, meinen Weg zu finden auf einem Pfad, der dieses Wort nicht unbedingt verdient und mühsam ist. Ich denke an den alten Bergführer, der mir Monate vorher von seinen Reisen erzählt hatte. Seine Leidenschaft für die Berge hatte ihn selbst dann nicht verlassen, nachdem er zweimal abgestürzt war. Er hatte beide Male unverletzt überstanden, wie durch ein Wunder. Einmal 300 Meter durch Steilgelände. Einmal senkrecht am Mont-Blanc 30, 40 Meter in die Tiefe. Es war Mai gewesen, das allein hatte ihn gerettet. Der Schnee des Winters hatte sich am Fuß der Wand gesammelt. Er war in einen Schneehaufen geknallt und dann ein Stück weit abgerutscht. Er hatte sich angewöhnt, inzwischen siebzig, einmal im Jahr mit leichten Zehenschuhen in die Berge zu gehen, um das achtsame Laufen in schwierigem Gelände nicht zu verlernen.

Früher hatte er Himalaja-Expeditionen begleitet und welche in die Antarktis. Das Tückische an solchen Pfaden sei, so hatte er gebrummt: Hinauf käme man leichter. Beim Abstieg laure oft die eigentliche Herausforderung. Ich selbst bin nie in den Bergen geklettert, doch die wenigen Male, die ich es versucht hatte, hatten sich mir eingeprägt: die Leichtigkeit des Hinaufkommens am Fels, weil man den nächsten Schritt unmittelbar vor sich hat. Beim Absteigen jedoch plötzlich die Unsicherheit, weil der nächste Schritt hinter den eigenen Füßen und nicht mehr auf Augenhöhe vor einem liegt.

Nach ein wenig Kletterei bin ich oben auf dem Gipfel. Ein Plateau. Klippeneinsamkeit. *Levje* wippt leise vor den Hochhäusern am Strand der Bucht. Ein kleiner blauer Fleck, verloren in der Weite des großen Türkis. Calp, der Ort, wirkt irgendwie fremd in der Wildheit der Berge, wie das Copy-and-Paste einer Hochhauszeile aus den Straßenschluchten Manhattans im Halbrund des beigefarbenen Sands unter mir. Unsere Welt, die ein Mensch am Computer in die Wildnis dieser gebirgigen Küste mit einem Klick hineinkopiert hat. Auf dem offenen Meer, wo sich das Türkis im Gegenlicht in gleißende Helligkeit verwandelte, quert ein Segler Richtung Westen, Richtung Gibraltar.

Gibraltar. Die Ersten, die diese Küste befuhren und über sie berichteten, hatten die »Säulen des Herakles« erwähnt. Hier oben, auf dem Gipfel des Penyal d'Ifac, verstehe ich, was sie, die lange vor mir an dieser Stelle entlangfuhren, vielleicht damit meinten, als ich nach Osten, zum Felsen von Dénia, hinübersehe: Markant aufragende Felsen wie der, auf dem ich gerade sitze, reihen sich die spanische Küste entlang bis zum letzten Felsen, der letzten Säule: dem Affenfelsen von Gibraltar. Die Säulen des Herakles: Sie sind Meilensteine, die den frühen Entdeckern den Weg durchs Mittelmeer bis zum anderen Ende der damaligen Welt markierten.

Ich bleibe an diesem Vormittag lange auf dem Gipfel sitzen. Als ich wieder unten am Strand ankomme, steht Wind in der Ostbucht. *Levje* hängt unter vollem Zug an ihrem Anker, geht auf und ab in den anrollenden Wellen. Jetzt aber schnell, bevor sie sich losreißt. Ich spurte noch in einen Lebensmittelmarkt in einem der Hochhäuser, kaufe Wasser, Gemüse, Brot, Schinken, letztlich alles, was ich brauche, um die nächsten Tage draußen bleiben zu können. Dann haste ich mit meinen Tüten zurück zum Kiesstrand. Es ist höchste Zeit. Ich habe Mühe, in meinem kleinen, eins sechzig Meter langen Dinghi gegen den Ostwind zurück zum Boot zu rudern, immer wieder drückt der Wind es zur Seite. Wellen schwappen ins Beiboot und klatschen auf meinen Rücken. Ich muss kraftvoll rudern und überhöre dabei fast das Knattern eines Rettungshubschraubers, der über dem Penyal d'Ifac kreist. Endlose Minuten schwebt er über dem Grat, bis er zwei Menschen am Seil in die Maschine geborgen hat.

Der Weg kann es in sich haben. Die Welt auch. Der Penyal d'Ifac weiß das.

Freitag, 15. Juni

Benidorm, Spanien.
Ankern zwischen Hochhäusern.
Wie wollen wir leben?

Wieder einmal verbringe ich die Nacht lieber draußen, vor Anker, ich fand einen Platz vor einem Badestrand im Osten vor Benidorm. Doch meine Nacht ist unruhig, in der Bucht, zu Füßen der Hochhäuser, steht eine Dünung. Die Reste eines Sturms im Westen, die mich in meiner Koje hin- und herwerfen. Es ist eine dieser *not nice nights*, schlaflos, unruhig. Viermal stehe ich auf und krame jeden Trick aus meiner Kiste, um *Levjes* langen Rumpf aus den anrollenden Wellen zu drehen. Nichts bringt Ruhe ins Schiff, doch irgendwann schlafe ich ein. Auch das gehört zum Leben auf dem Meer, das große Training, das da heißt, die Dinge zu nehmen, wie sie kommen, und das Beste aus allem zu machen. Eine schwierige Übung für einen, der immer meint, es müsse alles nach seinem Kopf gehen. Das kann ich hier draußen vergessen. Noch einmal rappele ich mich hoch, ein letzter Versuch, Ruhe ins Schiff zu bringen und Schlaf zu finden. Als alles nichts bringt, stehe ich mit dem ersten Licht auf und fahre hinaus in die Bucht vor Benidorm.

Jetzt funkelt das Meer stahlblau. Ich lasse *Levje* vor dem Halbrund von Benidorm treiben, keine Welle kräuselt seine polierte Oberfläche. Ich bin sprachlos. Überwältigt vom

Anblick. Reihen von Hochhäusern stehen im Morgenlicht, als wären sie Relikte einer anderen Zeit, die einmal »Zukunft« hieß. Es sind steinerne Gebilde, Zeugnisse einer frühen Kultur, eines Glaubens, der uns längst abhandengekommen ist. Säuberlich entlang des Küstensaums aufgerichtete Bauklötze – ihre Gesichter sind unverwandt dem Meer zugewandt. Und mir, dem Betrachter, der sich an diesem Morgen allein auf dem Meer befindet.

Ferien in Benidorm: Für die einen ist das ein Traum und für die anderen ein Albtraum. Von meinem Standort aus kann ich nicht anders, als vom Anblick Benidorms begeistert zu sein. Wie kommen die Hochhäuser hierher in die gebirgige Kulisse?

Während ich auf die sich im Wasser spiegelnden Quader schaue, kreisen meine Gedanken. Besteht unsere Zukunft darin, das, was uns heute normal erscheint, einfach ins Drei- bis Siebenfache hochzurechnen? Gut möglich. Als ich auf die Welt kam, war die Reise von München nach Benidorm unsäglich lang. Heute geht das entschieden schneller. Als ich geboren wurde, 1960, lebten rund drei Milliarden Menschen auf der Erde. Heute sind es siebeneinhalb Milliarden. München, wie alle deutschen Großstädte Anfang der Sechziger gefangen zwischen Denkmalschutz, Kriegsschäden-Beseitigung und hastiger Wohnraumschaffung, hatte gerade die Millionenmarke bei den Einwohnern übersprungen. Es kratzt heute an der 1,5-Millionen-Einwohner-Marke. Sehe ich alte Fernsehserien, kann ich nur darüber staunen, wie sehr Großstädte wie London oder München noch in den scheinbar modernen Siebzigern überwiegend aus desolatem Altbau bestanden.

Benidorm war in den Nachkriegsjahren ein Fischernest. Es gab einen aktiven Bürgermeister, Pedro Zaragoza Orts, der begann, in dem verschlafenen Flecken die schlammigen Gassen des kleinen Fischerorts mit einer Teerdecke überziehen zu lassen, wie es ebenso im fernen Deutschland in den Dörfern auf dem flachen Land geschah. Zugleich grub man Wasserleitungen und Abwasserkanäle zu den Häusern. Spanien lag isoliert unter dem Mantel der Franco-Diktatur begraben, doch Pedro Zaragoza Orts machte sich Gedanken, wie die Zukunft seines kleinen Dorfes aussehen konnte. Fischerei? Schon gut, aber der Erfolg steckte anderswo: im sichtbar aufblühenden Tourismus. Was, wenn man die Schönheit der weiten Bucht vielen Menschen zugänglich machen könnte? Der Bürgermeister beschloss, es in Benidorm nicht nur bei geteerten Straßen zu belassen, sondern einen Schritt weiterzugehen. Um Touristen attraktiv und modern unterzubringen, mussten neue Unterkünfte her. Anders sollten sie sein, die Moderne und den Glauben an die Zukunft sollten sie spiegeln. Das Alte wollte man endlich hinter sich lassen. Aufbruch!

Es war Pedro Zaragoza Orts, der die ersten Hotelhochhäuser in Spanien errichtete. Er störte sich nicht daran, dass sein Land unter Franco noch immer eine faschistische Diktatur war, doch daran, dass in diesem Land Touristen das Tragen von Bikinis per Gesetz verboten war. Er erklärte Benidorms Strände zur Bikini-Zone, bis die Guardia Civil, Spaniens Polizeitruppe, die ersten Damen wegen »Tragens eines Bikinis« am Strand verhaftete – die *Bild*-Zeitung berichtete über den Skandal.

Der Bikini hat sich heute durchgesetzt. Oder ist schon wieder out und dem »Noch-Weniger« gewichen. Die Geschichte hat mal wieder weitergerechnet und die Stofffetzchen bis 2020 ums Drei- bis Siebenfache verkleinert.

Doch ist es nur damit getan, einfach alles hochzurechnen? Auch Städte wie München stiegen Ende der Sechziger in die architektonische Zukunft ein. Das Arabella-Hochhaus war ein Meilenstein. Von den einen verachtet als ein das Stadtbild entstellender Klotz, geliebt von den anderen, für die das Leben in dieser Community aus Künstlern, Eigenbrötlern noch heute, vierzig Jahre später, ein Stück extravaganter Teilhabe an der

Zukunft ist. Wie die meisten seiner Bewohner ist auch das Arabella-Haus in die Jahre gekommen. Sanierungen stehen an, sie betreffen nicht nur die Fassade, sondern auch die Bausubstanz. Der Betreiber rechnet vor, dass Abriss und Neuerrichtung dieser Immobilie weit günstiger kämen als eine anstehende Kernsanierung.

Nicht nur Pedro Zaragoza Orts übersah in seinem Wagemut, dass auch die Moderne bereits bei ihrer Verwirklichung ein Verfallsdatum in sich trug. Was man in den Sechzigern in aller Euphorie übersah, wie gut doch alles werden würde, wär es nur schon da: Auch Hochhäuser brauchen Zuwendung. Der heißt bei ihnen Instandhaltungsaufwand. Anders als ein ererbtes Einfamilienhaus besitzen sie offensichtlich eine Verwendungsfrist – die sich erneut aus der Rechnerei ergibt. Für Hochhäuser werden Summen fällig, die nur eine Gemeinschaft starker Kapitalgeber stemmen kann. Man nennt sie Investoren, ein Wort, das mittlerweile einen miesen Beigeschmack hat, weil wir es häufig mit »Heuschrecken« gleichsetzen. Doch selbst wenn man die Dinge nur finanzmathematisch nüchtern betrachtet, ist klar, dass auch das einfache »Hochrechnen« Gesellschaften verändern wird.

An *Levje* treibt langsam ein kleines Boot vorbei. Versunken in den Anblick der Hochhäuser habe ich es fast übersehen. Und sein Steuermann uns. Ein Fischer, der auf seinem Gefährt im Heck steht und Reusen im Meer versenkt und sie mit langen Wimpeln an Bojen markiert. Es ist ein älteres Fischerboot, doch seinem Besitzer ein zuverlässiges Gefährt. Der ist ein junger Mann, der kurz herüberwinkt, als er sich in das winzige Steuerhaus zwängt, das wie ein Schrank auf dem Vordeck steht. Das Schiff – es wirkt vor der Kulisse der dreißigstöckigen schlanken Finger, als hätte es ein ferner Wind aus einer anderen Zeit hierher geweht. Forscher sagen, es gäbe nur zwei Berufsgruppen, die nie über Urlaub nachdächten und auch nie das

Bedürfnis entwickeln würden, Ferien zu machen: Landwirte und Fischer. Bei beiden ist am wenigsten die Vorstellung ausgeprägt, dass sie arbeiten und deshalb Erholung von ihrem Tun brauchen. Ich wüsste zu gern die Antwort, warum das so ist.

Die Hochhäuser von Benidorm sehen an diesem windstillen Morgen vom Meer betrachtet wunderschön aus. Ob der junge Fischer das auch findet, wenn er auf seinem Kahn in aller Frühe seinem Handwerk nachgeht? Ich würde ihn gerne fragen, was er über die Zukunft denkt. Doch sein Boot tuckert nach Osten, *Levje* schnürt leise nach Westen. Die kurze Begegnung ist vorüber, ehe sie begann. Vielleicht würde er die Achseln zucken: »Wieso Zukunft?« Vielleicht hätte er viel zu sagen dazu, wo er doch Benidorm vom Meer her wie kein Zweiter kennt. Ich nehme mir vor, hierher zurückzukehren. Aber nur per Schiff.

Samstag, 16. Juni

Cabo de Palos, Spanien. Misserfolge.

Erst gegen Mittag komme ich aus dem Hafen von Alicante los, zu lange habe ich mich an diesem Samstag oben auf der Festung und dann im Gewusel der winkeligen Altstadt auf der Suche nach einem Bäcker und frischem Brot herumgetrieben. Alicantes weitläufiger Hafen kann überdies Zeit kosten: Es ist eine lange Ausfahrt, von der großen Plaza fast im Stadtzentrum führt sie an Hunderten Segel- und Motoryachten im Real Club de Regatas vorbei, an den Booten des Volvo Ocean Race, das wenige Monate zuvor hier startete, vorbei an rostigen Schleppern und modernen Kriegsschiffen wie dem kantigen grauen Koloss, der *Castilia*, auf der heute Tag der offenen Tür ist und Matrosen stolz Besucher herumführen. Vorbei an der 200 Jahre alten Vorgängerin der *Castilia*, dem still vor sich hin rottenden Nachbau der *Santissima Trinidad*, auf dem niemand steht und deren Spieren traurig herabhängen. Und doch verschlägt ihre schiere Größe als Segelschiff immer noch den Atem. Sie war ein altes spanisches Linienschiff und zu Lord Nelsons Zeiten das größte Kampfschiff. Gebaut in Havanna in der königlichen Werft, weil vielleicht nur noch die Neue und nicht mehr die Alte Welt so viel Holz hergab, um ein Schiff mit diesen Ausmaßen zu bauen. In der Schlacht von Trafalgar draußen vor Gibraltar musste die *Santissima Trinidad* von den Schiffen Lord Nelsons so viele Treffer einstecken, dass sie einen Tag später, beim Versuch der Sieger, sie als Beute zu bergen und in den britischen Heimathafen Gibraltar zu schleppen, sank. Mit 150 spanischen Verwundeten im untersten ihrer elf Stockwerke an Bord.

Noch im Hafen, ein paar Meter hinter der *Santissima Trinidad*, setze ich die Segel, eine milde Brise treibt uns die Küste nach Süden. Keine Welle, keine rauschende Fahrt, nur dieses stille Gleiten, als wäre *Levje* ein Luftschiff und ihre siebeneinhalb Tonnen nichts als eine Feder, schwebend, als verlöre die Schwerkraft jede Macht über sie. Als die Küste nach Westen zurückspringt, halte ich meinen Kurs nach Süden aufs offene Meer hinaus. Auf dem Meer zeigen sich erste Wellen, später die weißen »Katzenköpfe«, so nennen Segler die Schaumkronen, die sagen, dass der Wind nun kraftvoll genug sei, mein Schiff schnell voranzutreiben.

Der Wind nimmt zu, *Levje* findet ihre irdische Schwere wieder, sie rollt und wiegt sich schwer mit den Wellen hin und her. Beschleunigt, sobald eine Welle von hinten anrollt und unter ihr durchgeht, mitgerissen von den Wassermassen. Bremst ab, wenn eine Welle unter ihr durchgelaufen ist, als wäre sie ins Kehrwasser einer Strömung geraten. Ich überlasse mein Schiff dem Autopiloten und beobachte fasziniert das gleichförmige Spiel der Wellen, das sie mit meinem Schiff treiben, während die Küste am Nachmittag langsam hinter mir am Horizont verschwindet.

Als die Sonne im Westen steht und die Konturen der Berge wie einen Scherenschnitt beleuchtet, bin ich immer noch nicht fertig mit dem Beobachten. Die Uhr mahnt, es ist höchste Zeit, auf der Seekarte nach einem Platz für die Nacht zu suchen. Doch die sagt, ich würde an dieser Küste nur Flachwasserhäfen in und um das Mar Menor finden, das »Kleinere Meer«, das sich irgendwo am Horizont hinter der feinen Kontur des Scherenschnitts verbirgt. Kleine Häfen, keiner geeignet für *Levjes* Zwei-Meter-Tiefgang. Am Cabo de Palos, dem nächstgelegenen Kap, das ich kurz vor Sonnenuntergang runden würde, zeigt die Seekarte eine dem Westwind abgewandte Bucht. Vielleicht der richtige Platz zum Ankern. Doch ich würde vorsichtig navigieren müssen am Kap, wo die Küste von Süden scharf nach Westen knickt. Die Felsen am Kap haben zahllose Ausläufer ins Meer, kleine Inseln und Klippen. Ich muss wachsam sein.

Eine Zweimast-Segelyacht nähert sich von links, hinter den Inseln. Sie schaukelt gemächlich in der Dünung und rundet das Kap vor mir, als die Sonne hinter einer Wolkenbank verschwindet. Ich folge dem Schiff, als es Kurs nimmt auf die Bucht, die ich mir für die Nacht ausgesucht hatte.

Anders als erwartet, dreht der Wind am Kap, er folgt dem Sprung, den die Küste macht. Die geplante Ankerbucht liegt alles andere als geschützt. An Ankern ist hier nicht zu denken, es würde eine grobe Nacht werden. Doch der Zweimaster nimmt selbstbewusst Kurs auf die verwinkelte Hafeneinfahrt vor der Stadt, die sich hinter den Felsen zeigt. Laut Karte war das doch nur ein Flachwasserhafen? Der Zweimaster ist eindeutig größer, schwerer und breiter als *Levje* – wenn der »Dicke« sich da hineinwagt, käme ich mit meinem Boot da sicher auch rein und hätte mit dem letzten Licht einen geschützten Platz für die Nacht gefunden. Schnell starte ich in der anbrechenden Dämmerung den Motor, lasse *Levje* zwischen den Untiefen treiben, um die Segel herunterzuholen, und folge dem Segler, der hinter die Kaimauer gezogen und auf einmal zwischen den anderen Masten wie vom Erdboden verschluckt ist. Vorsichtig nähere ich mich der Hafeneinfahrt. Erst acht Meter. Dann sechs. Dann 3,60 Meter. Und kaum habe ich die Nase in der Einfahrt, zeigt der Tiefenmesser zwei Meter. Ich rechne jeden Moment mit dem hässlichen Geräusch, mit dem *Levjes* Kiel gleich auf einem Felsen aufsetzt.

So wird das nichts. Für dieses eine Mal hat meine Taktik, »Wo ein Dicker reinkommt, komm ich locker rein« nicht funktioniert. Manche Häfen sollte man doch besser selbst kennenlernen. Der Zweimaster hat mich jedenfalls von seinem Rumpf abgestreift wie eine lästige Entenmuschel.

Ich stoppe *Levje*, taste mich sachte rückwärts aus dem Hafen, aus der Sicherheit wieder hinaus in die anbrandenden Wellen und die anbrechende Nacht.

Und jetzt? Über meinem missglückten Landfall ist es halb neun geworden. Die Sonne ist hinter dem Ort verschwunden. Ich drehe vor dem Hafen ratlos meine Kreise, während von den Tavernen Licht und fröhliches Stimmengewirr herüberklingt. Zum Greifen nah und doch weit weg. Damit wird es heute nichts für mich. Niemand auf der Pier, den ich hätte fragen können. Keiner, den ich hätte anrufen können. Ans Telefon beim Hafenmeister geht längst keiner mehr.

Weitersegeln bis zum nächsten großen Hafen, nach Cartagena? Es würde weit nach Mitternacht werden. Einen anderen Ankerplatz suchen? Seit ich segle, hat sich mein Blick auf etwas, das für jeden anderen Menschen eben nur ein Stück Küste ist, verändert. Aus dem Augenwinkel hatte ich im Vorüberfahren noch vor dem Leuchtturm eine glatte Wasseroberfläche bemerkt, wo nach aller Logik keine sein durfte. Ich beschließe, die zwanzig Minuten in der anbrechenden Nacht zwischen Felsbuckeln und Untiefen hindurch um das Kap zurückzufahren und mir die Stelle genauer anzusehen, solange noch etwas Licht da ist.

Unmittelbar unter dem Leuchtturm von Cabo de Palos finde ich sie. Ein kleiner Sandstrand. Sechs Meter Wassertiefe davor und keine Wellen. Rasch lasse ich den 20-Kilo-Anker vorne ins Wasser platschen, klirrend verschwinden 25 Meter Stahlkette nach unten in die Dunkelheit. Dann zerre ich noch einmal mit der Kraft des Motors prüfend nach hinten, ob der Anker wirklich gegriffen hat und hält. Erst zaghaft. Dann mit Gas. Er hält. Nun kann, wenn der Wind heute Nacht drehen sollte, die Welle in der Bucht stehen. Der Anker würde jedenfalls so lange halten, bis ich wach wäre und *Levje* unter Motor selbst nachts notfalls aus der Bucht steuern könnte.

Erst jetzt habe ich Augen, mir im Dunkel den Leuchtturm genauer anzusehen. Auf einem umzäunten Hügel steht der zweigeschossige Sockel, auf jeder Seite gibt es acht Fenster, aber da ist alles dunkel. Darüber der schlanke Turm, bekrönt von einer Glaskapsel, in der in diesem Moment das Licht anspringt und zu kreisen beginnt. Die meisten Leuchttürme, die ich sah, sind unbewohnt, es gibt keine Leuchtturmwärter mehr, Elektronik regelt alles. Am Ufer ist es dunkel.

Doch plötzlich werden im oberen Stockwerk des Kubus drei Fenster hell. Wer hier wohl lebt? Gibt es noch Leuchttürme, die ihr Licht nicht vollautomatisiert in die Nacht schicken? Wohnt da noch ein alter Leuchtturmwärter, der sich ausbedungen hatte, seinen Lebensabend hier verbringen zu dürfen? Oder kann man sich einfach in der Wohnung des Leuchtturmwärters einmieten? Ob ein Schriftsteller hier sein Schreibdomizil hat?

Ich weiß es nicht. Die Fenster stehen offen, aber niemand zeigt sich. Es ist, als würde hier, unter dem Leuchtturm, dauerhaft jemand leben, während oben, in der filigranen Glaskuppel, das Licht beginnt, wie ein Finger suchend durch die Nacht zu kreisen.

Es ist merkwürdig. Zu Hause wüsste ich, wo mein Bett steht. Ich müsste nicht danach suchen wie hier draußen. Ich müsste mich nicht wie heute Abend mühsam mit Misserfolgen herumschlagen. Katrin wäre da, wir könnten reden. Aber trotzdem ist alles für mich genau so richtig, wie es heute Abend ist. Daran kann auch der Wind nichts ändern, der natürlich morgens gegen drei Uhr Wellen in meine Bucht treibt und mich wieder einmal aus dem Schlaf rüttelt, um meine Nacht mit Ankerwache zu verkürzen. Es ändert nichts daran, dass dies genau der richtige Ort ist. »Kluge Menschen leben, wo ihre Sehnsüchte genährt werden.« Diesen Satz hatte mein bester Freund vor bald dreißig Jahren an den Anfang seines unvollendeten Romans gestellt. Es braucht nicht viel, denke ich, nur etwas Geduld und den Mut, allein zu sein, um sie zu hören.

Sonntag, 17. Juni

Nach Cartagena. Über Begegnungen auf See und das Alleinreisen.

Am Morgen steht immer noch der Wind in der Bucht, doch *Levje* liegt sicher vor Anker, auch wenn mir stets unwohl ist, wenn der Wind mein Schiff aufs Land treiben will und meine Sicherheit nur vom Anker und den aus acht Millimeter starkem Stahl gefertigten Kettengliedern abhängt. Ich mache besser, dass ich fortkomme, so schön der Platz unterm Leuchtturm auch sein mag.

Ich bin nicht allein in der Bucht. Ohne dass ich es am Abend vorher bemerkt hätte, hat weiter westlich noch ein weiteres Schiff die Nacht vor dem Sandstrand verbracht. Ein Katamaran, ein Zweirümpfer, er findet den auflandigen Liegeplatz so wenig gemütlich wie ich. Ich sehe, wie der Skipper seinen Anker aufholt, während ich meinen heraufwinsche, wie der Skipper Kurs aufs Kap nimmt, während ich dort Segel setze, wie er das Kap rundet, während ich es runde. Er scheint allein an Bord zu sein, wie ich. Er nimmt das Kap in einem weiten Bogen, ein kluger Zug, vielleicht findet er draußen etwas mehr Wind. Wir sehen uns zu, wie wir die Dinge angehen. Zweifellos ist er es gewohnt, sein Schiff allein zu handhaben, das sieht man an seinen Bewegungen, auch wenn es größer ist als meines. Es ist eine dieser typischen Begegnungen auf See, ich sollte eher sagen: Bekanntschaften. Ohne ein Wort zu wechseln, sind wir Bekannte, fast schon Vertraute miteinander. Die Tatsache, dass er sich vermutlich wie ich die Nacht im auflandigen Wind um die Ohren geschlagen hat, dass er an einem Sonntagmorgen um halb acht wie ich allein die Weite sucht, verbindet uns in diesem Moment mehr, als Worte es könnten. Er segelt allein, das spricht Bände.

Nicht anders als bei einem Alleinreisenden zu Land ist den meisten Menschen ein Einhandsegler verdächtig, sobald er nicht auf der Jagd nach Rekorden über den Atlantik oder um die Welt jagt, sondern nur zu seinem Vergnügen unterwegs ist. Noch der Journalist der großen Tageszeitung, selbst leidenschaftlicher Segler, mit dem ich vor ein paar Tagen telefonierte, stellte nach einer Stunde fest, dass ich zu seiner Überraschung ja ganz umgänglich wäre. Er hätte das anders erwartet. Das Bild des Einhandseglers war für ihn das eines verschrobenen Kauzes mit wirrem Haar, der menschenscheu, ja sozial unverträglich ist. Alleine segeln, einhandsegeln – das scheint nichts zu sein, was man sich freiwillig erwählt, es scheint wie das Alleinreisen zu Land ein Fluch und hat den Ruch, eher Folge eines harten Schicksals zu sein. Oder eines wütenden Gens, das bei der Zeugung detonierte und einen ab diesem Moment für den Rest des Lebens zu einem einsamen Menschen macht.

Der Gedanke, dass einer Alleinreisen intensiver findet, als zu zweit oder im Rudel unterwegs zu sein, ist den meisten völlig fremd. Es hat mit einem Wandel unserer Kultur zu tun. Viele der großen Mythen und Erzählungen drehen sich um Menschen, die aus der Gesellschaft ausscheren und Meere und Wüsten aufsuchen. Gilgamesch und Odysseus, Jesus, der vierzig Tage in der Wüste verschwindet, Buddha, der sich drei Jahre unter einen Baum setzt, Parzival und Simplicissimus. Was diese Mythen über Alleinreisende auf dem Meer und in die Wüste gemeinsam haben, ist, dass ihre Helden es irgendwann in ihrem

Leben als notwendig erachteten, ihren sozialen Kontext zu verlassen und sich für eine Weile allein einer Landschaft wie dem Meer oder der Wüste auszusetzen. Meist taten sie es, weil es irgendwelche Schwierigkeiten innerhalb der Gesellschaft gab. Sie gingen in die Wüste oder aufs Meer, um Probleme, die vorher da waren, zu lösen. Weiterhin existiert noch der Heldenmythos, bei dem ein Alleinreisender auf dem Meer gefährliche Abenteuer zu bestehen hat und als ein anderer zurückkehrt. Beides sind gängige Erzählformen und nichts Neues.

Alleinreisen zu lernen, ist meistens hart. Für mich begann es unfreiwillig mit sechzehn. Ich hatte mit einem Schulfreund geplant, nach England zu fahren, doch der ließ mich kurzfristig hängen. Meine Eltern untersagten mir, für die Siebzigerjahre nicht untypisch, allein zu reisen, doch ich setzte mich, auf meinem Plan beharrend, allein in den Zug. In München fuhr ich frohgemut und stolz los, in Stuttgart beschlich mich das Gefühl der Fremde, am Kölner Hauptbahnhof fühlte ich mich sterbenseinsam. Auf der Fähre nach Harwich im Sturm war ich überzeugt, der Erste aus meiner langen Ahnenreihe reinster Landbewohner zu sein, der auf diesem schwankenden Schiff gleich seekrank und auf seinen kleinen braunen Lederkoffer kotzen würde. Als ich am Bahnhof von Mortimer bei Reading ankam und von einer Telefonzelle die mir unbekannte Mrs Craig anrief, bei deren Familie ich die nächsten Wochen verbringen sollte, war ich mit der Welt am Ende.

Dieser ersten Alleinreise verdanke ich viel, nicht zuletzt die beiläufige Entdeckung, nicht seekrank zu werden. Vielleicht war diese Reise nach England die wichtigste Alleinreise in meinem Leben. Vielleicht will ich auch deswegen nach England, um an jenen Ort zurückzukehren, und vielleicht auch Mrs Craig wiederzusehen, wo alles begann.

So quälend sich Alleinreisen für mich auch anließ: Ich hatte meine Art des Reisens gefunden. Im Jahr darauf ging es wieder nach England. Danach zum ersten Mal allein nach Italien, bis ganz hinunter an den Stiefelabsatz. Ich erinnere mich an elende Momente der Einsamkeit inmitten pulsierenden Mittelmeer-Lebens, an quälend bohrende Fragen, warum zum Donnerwetter ich denn nicht glücklich wäre, das sei doch, was ich gewollt, erstrebt hatte. Es brauchte Menschen wie Mrs Craig, die mit einem Blick sahen, was mit mir los war. Oder die junge Tomatenbäuerin zu Füßen der Sarazenenfestung im süditalienischen Lucera, die mir aus ihrem Berg frisch geernteter Eiertomaten einfach eine Handvoll reichte, ohne ein Wort. Es waren die kleinen Gesten fremder Menschen in Europa, die mich auf die Spur brachten und mir Mut machten. Kaufe ich heute Tomaten, kaufe ich nur Eiertomaten, um mich an diesen Moment zu erinnern. Aber vor allem, um der Tomatenbäuerin von Lucera dankbar zu sein.

Alleinreisen fiel nicht nur mir schwer. Fast alle berichten über das Quälende. »Ich war viel allein in Südamerika«, hatte mir vor Tagen im Hafen ein Segler erzählt, der mit seiner Familie unterwegs war, »ich quälte mich durch die Tage, war todunglücklich. Dann Ladakh. Ich hatte beschlossen, da fahr ich jetzt allein hin. Bin wochenlang allein da gewandert. Das war verdammt hart. Aber im Nachhinein eine enorme Bereicherung. Ich habe gelernt, wie ich mit mir sein kann.«

Vier Stunden später. Der Einhandsegler ist nun fernab von der Küste hinausgesegelt, ich sehe sein Boot nach Süden verschwinden. Wahrscheinlich will er direkt nach Gibraltar oder in einen der Häfen Marokkos. Die Welt wird weit im Kopf, wenn man einem Reisenden wie ihm auf dem Meer begegnet.

Die Küste ist wieder einmal gebirgig und schroff, es sind schwarze Berge, eine Landschaft wie die vor Livorno in der

Toskana. Colline Metallifere heißt die Landschaft, an die ich denken muss, »Hügel aus Erz«, bevor ich zwischen den schwarzen Bergen eindrehe in die Bucht von Cartagena. Es ist Sonntagmittag, eine Segelschule mit Kindern schwärmt lärmend vor der Hafeneinfahrt herum, ganz vertieft sind sie in ihren kleinen Nussschalen und nehmen das große blaue Hindernis gar nicht wahr, das sich da langsam zwischen sie schiebt. Ich fühle mich auf *Levje* wie auf einer gleich einschlagenden Abrissbirne zwischen all den Winzlingen in der Hafeneinfahrt, die so vertieft sind in ihr Segeln auf dem Wasser.

Dann bin ich in Cartagena. Es ist tatsächlich eine Bergbaustadt. Hinter dem Hafen sehe ich halb abgetragene Berge, Förderbänder, schwere Bagger und Kräne. Und überall Hinweise auf die Minen. Doch Cartagena ist längst kein Bergbauort mehr, jedenfalls nicht nur. Die Pier ist vom Verladekai zur Flaniermeile an diesem Sonntag geworden. Ich freue mich über die Waschmaschine im Hafen, verbringe den Nachmittag auf der Pier in dem großen Museum über Mittelmeerarchäologie. Und am Abend finde ich die einzige Bäckerei, die noch geöffnet ist. »*Hola caballero*«, spricht mich die kecke Bäckerin an, ihr schaut der Schalk aus den Augen, während sie mein Brot einwickelt. Ich denke über diese Anrede nach, auch wenn sie einem in Spanien häufiger begegnet, »Gentleman« oder »Ritter«. Ich bin verblüfft. Ob sie einen *caballero andante* in mir sieht, einen einsamen Don Quichotte? Oder doch den allein herumziehenden Roten Ritter, den Parzival? Oder nur den Mann mit dem sonnenverbrannten Gesicht unter dem breitkrempigen Buschhut? Auf der Suche nach Erfahrungen sind sie alle auf ihre Art anders und doch ebenso wie die Flaneure, die an diesem Sonntag entlang der Hafenmeile von Cartagena spazieren gehen.

Dienstag, 19. Juni

Cabo de Gata, Spanien.
Ein Boot hat keine Bremsen.

Je weiter ich nach Westen komme, umso mehr bestimmt Gibraltar mein Denken. Ich bin noch 230 Seemeilen entfernt. Doch will man das Nadelöhr am Ende des Mittelmeers passieren, sollte man ihm früh seine Aufmerksamkeit schenken. Die Windvorhersage für Gibraltar 400 Kilometer voraus bestimmt meine weitere Reise, sie mahnt zur Eile oder zur Gemächlichkeit, je nachdem. Die Wetterberichte sagen, von heute an würde ich eine Woche lang günstigen Ostwind haben, eine Woche lang könnte er mich gemütlich durch die Meerenge schieben. Wenn ich mich beeile, würde ich es gerade noch schaffen. Oder ich könnte mir Zeit lassen, denn am achten Tag würde der Wind auf West drehen und der Gegenwind meine Durchfahrt für Tage, vielleicht Wochen unmöglich machen. Ich beschließe, meine Chance zu nutzen.

Wieder einmal überrascht mich die abwechslungsreiche spanische Küste, der ich folge. Markante Kap-Regionen wechseln ab mit Steilküsten und beeindruckenden Gebirgszügen, vor denen sich einsame Sandstrände in feinstem Beige oder rostigem Rot kilometerlang hinziehen. Schnurgerade mag die spanische Küste von oben aussehen. So ist sie aber nicht. Wie an wenig anderen Küsten des Mittelmeers gibt es die großen

Kaps, die mich seit der Insel Ibiza bis hierher begleiten und um die herum ich für die Nacht halbwegs gute Ankerplätze finde: Cabo de la Nao – mit dem Felsen von Calp, Cap de l'Horta. Cabo de Santa Pola. Cabo de Palos. Cabo de Gata. Jedes dieser Kaps ist mehr als nur ein Landvorsprung, sondern ein markanter Punkt zur See.

Auch die Häfen sind anders, als ich sie mir vorgestellt habe. Garrucha ist wie Cartagena vor allem ein Industriehafen, wo entlang der Mole Frachter in Reih und Glied liegen. Ich suche mir einen Platz im Vorhafen und ankere vor dem Bug der *Genco Cavalier*, statt in die Marina zu gehen. Vielleicht ist es mein Fernweh, das selbst auf langen Seereisen nie ganz erlischt, sondern eher erwacht und mich einen Ankerplatz mit Blick auf die rostige Stahlwand eines seegehenden Frachters der Gemütlichkeit einer Taverne im Städtchen Garrucha vorziehen lässt.

Am Morgen wecken mich die Förderbänder auf der Pier, die früh losrattern, um zwei Frachter zu beladen. Ich koche mir Tee, schaue aus dem Cockpit den Frachtern beim Beladen und den Fischerbooten bei der Heimkehr nach einer langen Nacht auf dem Meer zu. Der Wetterbericht ist unverändert und sagt für den heutigen Tag 20 Knoten aus Ost voraus. Genau das, was ich brauche, um ein großes Stück Richtung Westen nach Gibraltar zu kommen. Doch als ich unter Segeln aus dem Hafen gleite, ist vom Ostwind nicht der geringste Hauch zu spüren. Nur starker Seegang aus Nordost über der windlosen See lässt *Levjes* großes Segel erbärmlich schlagen und knallen. Es ist eine Warnung, die ich nicht verstehe, vielleicht will ich auch nicht sehen, was kommt: Die Wellen laufen dem Nordost voraus. Er wird sich ganz gewiss einstellen.

Gegen Mittag setzt er langsam ein, der Wind. Er war lang im Bett geblieben. Spät aufgestanden. Und er hat Kraft gesammelt. Erst zehn Knoten. Dann zwölf. Dann 14. Dann 18. Dann 20 Knoten. Er kommt raumschots, von hinten. Weil Segeln platt vor dem Wind schwierig ist und ständige Aufmerksamkeit erfordert, steuere ich mal nördlich, mal südlich des idealen Kurses. Ich halse jede halbe Stunde, um mich nicht zu weit von der Kurslinie zu entfernen. Und weil alles gar so schön läuft, setze ich sämtliche Segel.

Die Landschaft, an der ich mich nun entlangbewege, heißt Carboneras. So sieht sie auch aus. Fabriken, E-Werke und Industriehäfen. Kaum bin ich dran vorbei, bin ich wieder in den Bergen; sie liegen so verlassen, als hätte der Mensch die Erde noch nicht betreten. Mir ist, als wäre ich wieder tief in die menschenleere Insellandschaft der östlichen Ägäis eingetaucht. Amorgos, Kinaros, Astypalea, Mavra, Levitha, Kalymnos – Inseln und Landschaften, die mich gerade wegen ihrer Abgeschiedenheit so sehr begeistert hatten. Den Tag über ist hier kein Haus zu sehen, kein Strauch, kein Mensch. *Levje* rauscht in dieser Einsamkeit die schwarzen Felsen entlang. Während ich hinaufschaue, frage ich mich, welcher Teil meiner Seele ausgerechnet beim Eintauchen in diese leeren und manchmal bedrohlichen Berge in Schwingung gerät. Ist es versteckter Überdruss? Mein Hunger nach Autarkie, nach Unabhängigkeit? Frei zu sein, von nichts und niemandem abhängig zu sein, einfach nur da zu sein, wie diese Landschaft es ist? Ich weiß es nicht. Des Menschen Herz ist voller Rätsel. Wer weiß denn schon, was die unzähligen Waagen, die im Inneren eines Menschen beständig wiegen und wägen, was von außen kommt, allesamt ins Gleichgewicht bringt für einen winzigen Augenblick, in dem man mit sich in der Balance ist.

Der Wind nimmt zu auf über 20 Knoten. Ein Knall holt mich in die Realität zurück, mit einem Krach misslingt scheppernd meine Halse, das Übernehmen des Großsegels von der einen auf die andere Seite des Boots, während der Wind kraftvoll von hinten hineinbläst. Die Patenthalse fürchten Segler mehr als vieles andere. Wenn der Wind ein unachtsam geführtes Segel im Seitenwechsel mit so hoher Gewalt packt und so beschleunigt, kann dies zu vielem führen, zu Knochenbrüchen, zu einem Über-Bord-geschleudert-Werden bis hin zum Bruch des Mastes. Erschrocken schaue ich auf. »Pass endlich auf. Das hier verzeiht dir keine Fehler.«

Im Leben einmal einen Fehler zu machen, ist okay. Ihn zweimal zu machen, ist Dummheit. Während *Levje* weiter an den Felswänden entlangrauscht, überlege ich, was ich anders machen kann, damit ich bei diesem Wind nicht noch eine Patenthalse baue. Es hilft ein simpler Trick: Ich bete laut die Kommandos für die Halse herunter, wie ich sie in der Segelschule gelernt hatte:

Klar zur Halse.
Hol dicht die Großschot.
Rund achtern.
Gib Stützruder.
Fier auf die Großschot.

Das Manöver ist jetzt einfach, selbst bei über 20 Knoten Wind von hinten. Doch hätte mich ein Unbedarfter dabei beobachtet, hätte das albern ausgesehen: Da segelt einer in der Einsamkeit der schwarzen Berge und redet wirres Zeug zu sich selbst. Doch es hilft. Um ganz sicherzugehen, spiele ich das Manöver vorher im Kopf durch.

Der Wind frischt weiter auf. 24 Knoten. Für den, der mit dem Wind fährt, ist das reines Vergnügen. Ein gefühlt sanftes Windchen, das siebeneinhalb Tonnen wie durch Zauber in rauschende Fahrt versetzt. Ich weide mich an dem Anblick, wie sich mein Schiff durch die Wellen bewegt und schneller ist als sie, die mit dem Wind von hinten heranrollen. Seitlich kommen kaum Wellen, die unsere Fahrt aus dem Gleichgewicht bringen könnten. Voller Selbstbewusstsein lasse ich Großsegel und Genua voll stehen. *Levje* stiebt durch die Wellen, wieder einmal bitte ich mein Schiff bei so einem Ritt still um Abbitte, weil ich damals, nach den ersten Schwachwind-Ausflügen auf der Nordadria, enttäuscht Katrin geschrieben hatte: »Sie segelt wie eine Bratpfanne.« Doch vor Cabo de Gata empfinde ich heiße Freude über mein Boot: Wenn der Wind bläst, ist es genau das richtige Schiff. Raues Segeln will Gewicht, und *Levje* bringt mehr als das Eineinhalbfache ihrer gleichnamigen Vorgängerin auf die Waage.

26 Knoten zeigt der Windmesser. Immer noch purer Spaß. Doch in mir macht sich nun auch Anspannung bemerkbar. Bislang läuft mein Schiff vollkommen ruhig. Zur Sicherheit setze ich mich hinters Steuer und beobachte den Autopiloten. Er allein steuert mein Schiff streng nach der Windfahne in der Mastspitze. Die Fahrt entlang der Felsen ist aber so schnell, dass ich Zweifel bekomme. Was mache ich, wenn der Autopilot ausfällt? Wie würde ich reagieren, was wären die Handgriffe, die folgen müssten?

Ich sitze da. Mein Schiff rennt. Mein Hirn rechnet wie ein Computer. Meine Seele saugt gierig auf, was ich ringsum wahrnehme. Ich wünschte, ich hätte eine Festplatte in mir eingebaut, auf der ich alles und jedes, was ich in diesem Moment sehe, jedes kleinste Detail speichern könnte, um es wie einen Film in schlechten Momenten abrufen zu können. Jederzeit. Damit ich nie mehr die Schönheit und die Schauder dieses Augenblicks vergesse.

Aus dem Augenwinkel registriere ich die Yacht, die am Kap vor mir auftaucht. Sie scheint Probleme zu haben, steht mit schlagenden Segeln reglos im Wind und macht sich nach einer Weile zurück auf den Weg, auf dem sie gekommen war. Meter für Meter kriecht sie unter Motor gegen den Starkwind an. Was für eine mühselige Tour! Man sieht, wie sich 6 oder 7 Beaufort anfühlen. Das Schiff, das eben noch dahinflog, ist nun ein Stück Treibholz, das wehrlos auf und ab geworfen wird von den Wellen und sich unter Motor durchboxen muss, womöglich für Stunden.

Vorne wird das Kap sichtbar, Cabo de Gata. Zwei schwarze Inseln, rund geschliffene riesige Felsen, liegen wie Riesenschildkröten rechts vor dem Strand, als hätte eine Urgewalt das Geschwisterpaar am Strand versteinert, noch bevor beide das Meer erreichen konnten. Dahinter sehe ich eine Radarstation, deren Antenne sich verloren dreht. Sonst nichts weiter als schwarze Felsen. Einsamkeit. Wind. Meer.

Voraus erkenne ich die Wellen, wo sie sich noch mehr kabbeln. Ob es hier am Kap vielleicht Strömungen gibt wie in der Straße von Messina vor Sizilien, wo der stark ansteigende Meeresboden selbst an windstillen Tagen merkwürdige Wellen und »Zipfelmützen« (Verwirbelungen durch Strömung) an der Oberfläche aufwirft? Ich starre einen Moment auf die Schaumkronen. Nein, dort ist keine Untiefe. Hinter dem Kap weht einfach nur noch mehr Wind – das ist die Antwort. Ich überlege. Ich habe immer noch Vollzeug stehen. Würde das zu viel sein für das, was da vorne kommt? Soll ich auch umdrehen und wenden wie das Schiff vorhin? Beidrehen? Und reffen? Es ist an dieser Stelle viel zu eng für ein langatmiges Reffen. Das ist zu ungewiss. Es ist letztlich zu riskant.

Ich kann nur eines tun: unter vollen Segeln einfach weiterlaufen und scharf aufpassen, was immer vor mir der Wind anstellt. Ich schalte den Autopiloten aus und übernehme das Steuer. Ich will selbst am Steuer stehen. *Levjes* Ruderrad bewegt sich wunderbar leicht, mit meinem kleinen Finger kann ich das Schiff steuern. Dennoch: Große Kräfte wirken auf Rigg und das Schiff ein – und auf mich. Mein Herz schlägt bis zum Hals, mein Rücken spannt sich an.

»Hättest du bloß mal vorher gerefft!«

Da ist das Kap. Über 30 Knoten von hinten zeigt der Windmesser an. Das ist ordentlich. Ich spüre das Prickeln in meinem Nacken. Ob vor den Klippen, wo sich der Wind staut, noch mehr kommen wird? Jetzt bloß keinen Steuerfehler machen! Das Drahtstag über mir knackt. Der Mast gibt kurze Geräusche. Laute, die ich nie zuvor gehört hatte, während *Levje* kurz von neun auf zehn Knoten beschleunigt. Hoffentlich gibt es da vorn nicht noch mehr Wind. Haben wir weiterhin genug Tiefe unterm Kiel? Zehn Meter sagt die Anzeige. Jetzt nur nirgends mit dem Ruder hängen bleiben. Was für eine irre Fahrt entlang der schwarzen Berge, jubeln meine Sinne. Gott sei Dank keine brechenden Wellen, ächzt mein Verstand, die hätten uns gefährlich aus der Bahn werfen können. Und was für einer Bahn: Es ist, als wäre mein Schiff in einem Wildwasserkanal unterwegs. Rauschend schießt *Levje* nach vorn. Mein Schiff sucht sich selbst einen Weg, so hat es den Anschein, zwischen Gischt und Strudeln. Es nimmt ihn gelassen, als wäre alles nichts. Während ich verloren am Steuerstand stehe, vibrierend vor Anspannung wie die Stagen über mir. Vor Freude. Vor Furcht. Vor Jubel über all das.

Keine halbe Stunde dauert die wilde Fahrt am Cabo de Gata, dann fällt der Wind wieder auf 25 Knoten. Hätte ich vorher gerefft, hätte ich gewusst, was mich erwartet? Ich weiß es nicht. Selbst wenn die Erfahrung für mich einzigartig und neu ist – für ein Schiff sind 30 Knoten segelnd von achtern, wenn es in gutem Zustand ist, nichts Ungewöhnliches. Es erlebt zu haben, stärkt mein Vertrauen in mein Schiff ungeheuer, bevor es raus auf den Atlantik geht. Ich habe für höhere Windstärken die richtige Takelage gewählt.

Hinter dem Cabo de Gato weitet sich das Meer, der Wind behält seine Kraft, erst gegen Abend wird er milder wie die Landschaft hinter Almería. Die Berge treten zurück, sanfte Hügel liegen nun zwischen ihnen und dem Meer. Doch merkwürdig, so weit ich bis zum Horizont sehen kann, glitzern und gleißen die Hügel im Licht der sinkenden Sonne, als wären sie von Schnee bedeckt. Doch das kann nicht sein, wir haben Ende Juni. Ich hole mein Fernglas. Dann erkenne ich, dass die hügelige Landschaft am Ufer von Plastikplanen abgedeckt ist. Von Leichtbau-Gewächshäusern, unter denen Tomaten und Gurken und Brokkoli reifen. Fürs ferne Deutschland, für Orte irgendwo in Europa. Auch der Hafen, den ich in der Dämmerung erreiche, Almerimar, liegt samt seiner Ferienwohnungen und Appartementanlagen inmitten der Plastikplanen-Welt, dem Mar del Plástico westlich von Almería. Es ist Europas größtes Gemüse-Gewächshaus, sein Glitzern ist sogar auf Satellitenfotos aus dem Weltraum zu erkennen.

Ich mache noch einen Spaziergang durch den Ort, rings um die Hafenbecken, in denen Yachten schaukeln. Ich sehe mir die Schiffe an. Doch am Ende zieht es mich zu *Levje* zurück. Ich denke an die schwarzen Berge. Dass ich die Berge, die Strände zu gerne einmal auch vom Land aus erleben will. Den Playa de los Muertos, den »Strand der Toten«. Das wilde Cabo de Gata.

Ich möchte diesen Tag nicht missen, resümiere ich am Abend, während der Jubel der Fußballweltmeisterschaft aus den Tavernen rund um den Hafen zu *Levje* herüberklingt. Mein Schiff und ich. Wir beide haben funktioniert in dieser Situation. Und wir hatten Glück. Das allein zählt. Und die Straße von Gibraltar und der Atlantik, die vor uns liegen.

Donnerstag, 21. Juni

Granada. In den Gärten des Generalife.
Die Suche nach dem, was wir nie verloren hatten.

Natürlich könne ich mein Boot bei ihm in der Marina lassen, um nach Granada zu fahren, sagt Samuele, der Marinero im Hafen von Motril. Samuele ist Mitte dreißig, ein freundliches Gesicht unter einer blonden Mähne. Und er ist ein junger Vater im weißen T-Shirt, der Verantwortung übernommen hat für eine Familie. In der Marina von Motril kümmert er sich – zusammen mit anderen Marineros – um die 250 Schiffe der Klubmitglieder. Und um einen Gast wie mich.

Puerto de Motril. Eine kleine Marina in der Ecke eines großflächigen Hafenareals, von dem aus mehrmals täglich die Fähren nach Ceuta und Melilla ablegen, zu den spanischen Enklaven an der Nordküste Afrikas. Ist die Fähre da, herrscht plötzlich Betrieb im Hafen. Autos, Lkws, Backpacker drängen auf der Pier Richtung Ortszentrum. Kaum ist die Fähre weg, liegt das Hafengelände verwaist wie ein Mondkrater. Mein abendliches Anlegemanöver am Steg der Marina wird von einer Wolke tibetanischer Klänge begleitet, die über den Mastspitzen schwebt. Ein Rätsel. Erst als ich *Levje* sicher vertäut habe und verlasse, finde ich vor dem Gebäude des Segelklubs die Ursache. Den Boden bedecken etwa fünfzig farbenfroh gewandete Frauen und eine Handvoll Männer, die sich unter meditativen Klängen aus zwei überdimensionierten Lautsprecherboxen auf pinkfarbenen Bodenmatten strecken und recken. Über die Damen und Herren klettern will ich an diesem Sommerabend nicht. Also warte ich, bis mich Samuele im Klub herumführt, wo ältere Herren an der holzgetäfelten Bar abhängen.

Wieder so ein netter Hafen. Und wenn ich ihn nicht vergessen werde, dann liegt das an Menschen wie Samuele. Oder an Juan, dem Wirt des Restaurants La Ballena Azul, des »blauen Wals«. Als ich am Abend den grauen Sandstrand unter den Palmen entlangwandere, entdecke ich sein Lokal. Es ist genauso weitläufig wie das Hafenareal von Motril und ebenso leer gefegt. Aufgrund der Fußballweltmeisterschaft bin ich der einzige Gast, der sich an diesem Abend an einem der fünfzig Tische seinen Platz sucht.

Juan ist so alt wie Samuele. Auch er stammt aus dem Ort, lebt hier. Juan spricht gebrochen Englisch, und als ich ihn frage, warum es in Puerto de Motril so leer sei, antwortet er schüchtern, auf behutsame Art. »In diesem Ort ist es nur voll im Juli und im August. Das war schon immer so, noch zu Zeiten, als die Eltern meiner Frau das Ballena Azul gründeten. Meine Frau steht in der Küche.« Während er den Salat bringt, frage ich ihn, warum niemand außer mir am Strand oder im Restaurant sitzen würde.

»Die meisten unserer Gäste sind Besitzer von Ferienwohnungen. Einheimische, die ihren Wohnsitz in der nahe gelegenen Stadt Motril und nicht hier in Puerto de Motril haben. Motril ist eigentlich nur fünf Minuten Autofahrt von hier entfernt. Doch in Spanien hält man sich lediglich in den heißen Sommermonaten am Meer auf. Alle haben eine Wohnung hier, und eigentlich könnten die Menschen ebenso gut in diesem Ort leben, aber sie ziehen nun mal lieber die Stadt vor. Zehn Monate ist es deshalb hier sehr ruhig. Aber Samstag ist das Fest von

San Juan, dem heiligen Johannes. Da kommen die Leute von Motril und ziehen für Juli und August ans Meer. Nicht einen Tisch habe ich dann mehr frei um diese Uhrzeit.«

Ob er und die Familie denn von den zwei guten Monaten leben könne? Für Juan und seine Frau sind die Sommermonate hart: »Im Juli und August stehen meine Frau und ich sehr früh auf und fahren in die Großmärkte, um einzukaufen. Gegen sechs Uhr morgens stehen wir dann in der Küche. Schließt die Küche um zehn, wird geputzt und aufgeräumt. Zwei Monate lang kommen wir nicht vor eins ins Bett. Aber ab Ende August, da ist es dann wieder so wie jetzt in Puerto de Motril. Still und verlassen. Und meine Frau und ich: Wir können dann auch mal verreisen.«

Wo mir in Samuele und Juan das junge Spanien begegnet, erlebe ich am nächsten Tag mit einer Busreise ins eine Stunde entfernte Granada das alte Spanien. Jenes, das ich 1983 mit der Eisenbahn durchquerte, kennenlernte und gelegentlich verfluchte.

Jetzt stehe ich an der Haltestelle. Der Bus kommt – doch wann und wo, das weiß nur er. Und nicht der Fahrplan. Es war und ist eine Art Geheimwissenschaft, wo und wie in Spanien auf dem Land der Nahverkehr funktioniert, niedergeschrieben nicht mit geheimer Tinte, sondern von Busfahrern, die sich an der kreativen Neuauslegung des Fahrplans jeden Tag ergötzen. Nach einer halben Stunde Steherei wächst in mir die Ungeduld, und ich begegne in mir dem alten Deutschland: Ich werde knurrig. Das muss doch funktionieren. Als der dritte Bus an meiner Bushaltestelle vorüberbraust, nehme ich ein Taxi, das mich in die nächste Kleinstadt zum Bus nach Granada bringt. Mit hängender Zunge erreiche ich ihn gerade noch. Rätselhaftes Spanien.

Über Granada zu schreiben, ist müßig, es könnte allein ein Buch füllen. Und wäre der Satz nicht so abgedroschen, würde ich es beginnen lassen mit: »Über Granada liegt ein Zauber.«

Und das mit allem Recht. Eine Stadt hoch in den schneebedeckten Bergen, wo man keine vermutet. Als ich nach einer Stunde Fahrt aus dem Bus steige, zieht klare, kühle Bergluft die Hänge herunter statt der feuchtwarmen Schwüle unten am Meer. Ein Bach plätschert unter Feigenbäumen entlang der Altstadt, ich folge seinem gewundenen Lauf übers steile Kopfsteinpflaster, bis ich zu Füßen der Alhambra stehe und rechts einem Steig nach oben folge. Die Alhambra und der benachbarte Sommerpalast Generalife sind nicht nur eine Festung, sondern mehrere. Deren Gemeinsamkeit aus der Verschiedenheit besteht, dass sie aus unterschiedlichsten Epochen stammen und doch ein Ganzes ergeben. Wandere ich in dem einen Moment noch unter maurischen Bogengängen, über und über bedeckt mit Koransuren, stehe ich wenige Schritte weiter vor einem Landsitz, der mich daran erinnert, dass dieses Europa niemals klein war und in seinen Verbindungen immer schon weit reichte.

Das Gebäude wurde für einen Mann errichtet, der in Flandern geboren war und in Ostfrankreich begütert und der später seiner Arbeit nachging, indem er ruhelos zwischen Spanien, Deutschland, Italien, Niederlande, Tschechien und Österreich umherreiste. In jeder dieser europäischen Regionen besaß er Paläste wie den, vor dem ich stehe. Die meiste Zeit seines Lebens war der Mann unterwegs – kreuz und quer durch Europa. Aus heutiger Sicht war das ein Traumleben, doch Reisen war für ihn etwas gänzlich anderes als für uns. Er reiste, um zu arbeiten, nicht andersherum. Und er reiste nie allein, sondern zusammen mit seinem Hofstaat. Und der bestand aus 1000 bis 2000 multinationalen Mitarbeitern – Deutschen, Kastiliern, Flamen, Österreichern, Franzosen. Multikulti. Es war, als hätte Google seinen Firmensitz nicht fest in Mountain View, Kalifornien, sondern die ganze Firma würde beständig im Pulk herumziehen und sich überall dort für Tage aufhalten, wo es Probleme mit Kunden gibt.

Karl V. herrschte als Kaiser über die halbe Welt. Am liebsten sprach er Flämisch, Spanisch und Deutsch erlernte er ausgesprochen mühsam. Wozu auch? Er war zwanzig gewesen, als er die Verantwortung und das Management übernahm für ein Territorium, das sich vom Balkan bis Südamerika erstreckte, doch durchsetzt war mit Regionen und Regenten, die nicht wollten, wie er wollte. Manchmal scheint mir, als wäre die Geschichte Europas eine andauernde Suche, in der dieser Kontinent wieder und wieder nach seiner Einheit strebt. Meist fand diese Suche kriegerisch statt. Fast nie endete sie friedlich. Doch es gab viele Versuche in vielerlei Formen. Eines haben sie jedoch alle gemeinsam: Sie waren nie von Dauer.

Mit fünfundfünfzig musste Karl V. zusehen, wie das Häuflein, das er mit dürren Händen mühsam zusammenzuhalten versuchte, gleich mehrfach zerfiel: erst die konfessionelle Einheit, weil Luther und der Protestantismus an Kraft gewannen. Und dann die territoriale in ständigen Kriegen gegen Frankreich, gegen Türken, gegen wen auch immer. Vielleicht zerbrach er gegen Ende seines Lebens selbst daran, müde des Regierens dankte er ab, ein Mann, der stets sein Bestes gegeben hatte. Er zog sich nach Spanien zurück, ins Kloster von Yuste in der Extremadura. Dort reparierte er Uhren bis an sein Lebensende, als wollte er fieberhaft im Kleinen zum Funktionieren bringen, was ihm im Großen versagt geblieben war.

Ich lasse den Palast Karls rechts liegen. Und streife links, einer Laune folgend, in die Gärten des Generalife. In Momenten wie diesen hadere ich mit dem Konzept meiner Reise, mich überraschen zu lassen, die Dinge zum ersten Mal zu erleben. Doch den Makel meines Unvorbereitetseins wiegt der Zauber des Anfangs und des Staunens vielfach auf. Ich weiß nichts über diese Gärten, als ich durch das üppige Grün stolpere, weiß nur, dass es Mauren waren, die sie errichtet hatten. Ich wandere zwischen Rosenbeeten, an langen Hecken entlang, betrachte die Anlage und wundere mich, ob ich noch in Spanien bin, weil dies hier etwas ist, was weit über meine Vorstellung von diesem Land hinausgeht. Der Sommerpalast lebt nicht von der Schönheit prachtvoller Oberflächen, sondern von der seiner Proportionen. Als ich den Generalife später am Nachmittag mehrmals in weitem Bogen unten im Tal umwandern und ihn von vielen Seiten sehen werde, bin ich immer wieder verblüfft: Mit seiner Strenge und seiner Schönheit steht er japanischen Vorbildern in nichts nach. Doch es waren Mauren im 13. Jahrhundert, die ihn und die umliegenden Gärten bauen ließen.

Was mich in den Gärten berührt, ist das vielgestaltige Spiel mit Wasser. Wasser, das hier noch kostbarer ist als bei uns, weil bald 40 Prozent Spaniens von Wüste bedeckt sind. Wasser, das auch den Kalifen als etwas überaus Kostbares, als Luxus galt. Sie schmückten ihre Gärten damit ein halbes Jahrtausend, bevor die Schlösser von Versailles, Wien oder München Wasser in ihren Gärten für die Repräsentation kunstvoll zu nutzen wussten.

In den Gärten des Generalife, ausgerechnet oben auf dem Gipfel des Schlossbergs, ist die Welt ein Sprudeln und Fließen. Als frech springende Bogen einzelner Wasserperlen. Als leise murmelnder Bachlauf, der verspielt in ein Treppengeländer verbaut ist. Als verhalten perlender Springbrunnen unter riesigen Magnolienblüten. Als tosendes Gefälle in einer moosbedeckten Nische.

Seit acht Wochen bin ich nun unterwegs auf dem Meer. Wasser habe ich genug gesehen, könnte man denken. Doch gerade nach meiner langen Zeit unterwegs auf der Salzwasserwüste erscheint mir – gleich einem Beduinen – kühles Süßwasser aus den Bergen als eine faszinierende und schützenswerte Kostbarkeit. Ich wandere von einem Garten in den nächsten, von einer Terrasse zur nächsthöheren. Und komme aus dem Staunen nicht heraus.

Vielleicht ist es dies, warum Reisen einen Menschen verändert. Wie viele Seemeilen musste ich zurücklegen, um etwas als Kostbarkeit zu empfinden, das bei mir zu Hause unbegrenzt aus vielen Wasserhähnen strömt? Wieder einmal denke ich: Es braucht das Reisen, um wiederzufinden, was wir längst haben.

Vielleicht ist das der Grund, warum ich Motril, den freundlichen Marinero Samuele und den stillen Wirt Juan ebenso wenig vergessen werde wie die Gärten des Generalife.

Samstag, 23. Juni

Fuengirola, Spanien.
Das Schiff des Mannes, der Indien suchte
und Amerika fand.

Am Abend lasse ich meinen Anker vor dem Hafen von Fuengirola fallen. Die See ist ruhig, doch kaum ist die Nacht da, kommt starker Seegang auf. Er lässt *Levje* auf der windlosen See geigen, von einer Seite auf die andere. Das sich mal steigernde, mal verebbende Geschaukel scheucht mich wieder einmal aus dem Schlaf, wirft mich hin und her in meiner Koje. Das Klappern eines Falls am Mast jagt wirre Träume in meinen Halbschlaf. Am Morgen bin ich weich gekocht, hole den Anker ein und krieche kleinlaut in den Hafen von Fuengirola, bloß um dort eine Mütze voll Schlaf ohne Schaukelei zu finden.

Und dann sehe ich den alten Rahsegler an der Pier. Die *Santa Maria*, ein originalgetreuer Nachbau des Flaggschiffs von Kolumbus auf seiner ersten Fahrt nach Westen. Ein Fremdkörper im Hafen, als wäre das Schiff aus einer mittelalterlichen Buchmalerei in den Hafen gepurzelt. Ungewohnt und ungelenk sind seine Proportionen. Das steil steigende Vordeck. Das Achterdeck, das selbst die Hochhäuser am Hafen überragt. So hoch sind ihre Aufbauten, dass ich fürchte, der kleinste Windhauch könnte sie noch im Hafen umkippen und mit gewaltigem Platscher kentern lassen. So etwas kam vor, die ungeschriebene Liste der Schiffe, die einfach kippten und sanken, ist endlos lang, die *Mary Rose* Heinrichs VIII. oder die stolze *Wasa* vor Stockholm, die nach nur einer Dreiviertelmeile Jungfernfahrt im ersten Windhauch der Ostsee für 300 Jahre auf den Grund sank.

Doch das Schiff vor mir liegt stabil an der Pier, es ist reine Hardware. Zimmermanns-Hardware aus Holzbalken. Es ist alles andere als eine filigrane Schönheit, eher eine fensterlos in die Höhe ragende Holzfestung. Ein Schiff wie ein Rammbock mit einem weiblichen Vornamen. Kolumbus hatte sich die *Santa Maria* nicht bauen lassen und auch nicht ausgesucht. Ein Finanzier seines Unternehmens hatte sie mitgebracht. *La Gallega* hieß sie ursprünglich, *Die Galicierin*, was Historiker zu dem Schluss verführt, sie sei möglicherweise an der nordspanischen Küste in Galicien gebaut. Es könnte jedoch ebenso gut die kurze lustvolle Begegnung eines durchtriebenen Seemanns mit einer korpulenten Galicierin gewesen sein, der dem wuchtigen Schiff zu seinem Namen und ihr zu einem unehelichen Kind verhalf. Der Schalk, der war ein Kind des Mittelalters.

Das massige Kielholz am Bug hat den Durchmesser eines Autoreifens. Ein Baum, der diesen Durchmesser für Steven und Kiel liefert, der musste lange gesucht und dann weiß Gott wie herangeschleift werden. Die *Santa Maria* sieht aus, als könne nichts sie zertrümmern in ihrer hölzernen Wucht: der Balken, auf dem der geschmiedete Eisenanker aufliegt. Das sich wuchtig wölbende Vorschiff. Die Dicke der Seitenwände. Der Bau schwerer Fahrtenschiffe um 1492 war harte Zimmermannsarbeit mit rohen Stämmen und Balken und von anderen Überlegungen geprägt, als mit den vorhandenen Ressourcen sparsam umzugehen.

Das ist also das Schiff, mit dem Kolumbus hinaussegelte, wo vor ihm noch keiner war. Hinaus auf den Atlantik. Auf eine Fahrt ins Nirgendwo, für die ihm die meisten Zeitgenossen, wenn auch nicht alle, einen Vogel zeigten. Wie alle Segelschiffe ihrer Zeit konnte die *Santa Maria* buchstäblich nur segeln, wo der Wind sie hinblies – sie brauchte Wind von hinten. Kam er mehr seitlich oder gar von vorn, war sie wie ein alter Waschbottich, der hilflos mit den Wellen dümpelte. Irgendwo umkehren, gegen den Wind zurücksegeln, wie es heutige Segelboote können? Fehlanzeige. Die dicke Galicierin konnte auf ihrem geplanten Kurs mehr oder weniger nur nach Westen segeln, weil auf ihrem Kurs von den Kanaren im Sommer der Wind stets in einer Richtung blies: vom Südosten nach Nordwesten. Es war der Passatwind, den Kolumbus für seine Expedition nutzen wollte.

Für sein Unternehmen, die geplante Fahrt nach Indien, hatte Kolumbus drei Schiffe. Das größte, *La Gallega*, hatte er als sein Flaggschiff bestimmt. Keine 30 Meter misst sie, mit acht Meter Breite und dreieinhalb Meter Tiefgang. Um sich des Schutzes des Himmels und des Wohlwollens der Priester für sein Vorhaben zu versichern, verzichtete er auf den profanen Namen einer allzu irdischen Galicierin zugunsten der einen Überirdischen: Er taufte das Schiff auf den Namen *Santa Maria*. Für den Fall, dass der Schutz des Himmels nicht ausreiche, führte das Schiff vier Kanonen mit sich. Gebete waren gut. Pulver war besser.

Als Kolumbus Anfang August 1492 aus dem westspanischen Hafen Huelva Richtung Kanaren aufbrach, waren knapp vierzig Mann Besatzung notwendig, um die *Santa Maria* vom Fleck zu bewegen. Allein um die schwere Pinne zu bedienen, waren mehrere Männer nötig gewesen. Mit den hohen Aufbauten muss das Fahren auf ihr über Wochen ein ungemütliches Schwanken und Geigen gewesen sein, vor allem in den oberen Stockwerken des Vor- und Achterkastells, die Kolumbus bewohnte. Er selbst war über die Schwerfälligkeit seines dicken Flaggschiffs unglücklich, für Forschungsreisen sei sie ungeeignet, vertraute er nach zwei Monaten seinem Logbuch an.

Von den Kanaren weg, kam die *Santa Maria* mit dem Südostpassat jedoch flott voran. Das war dem Kapitän recht, doch seiner Mannschaft nicht. Nach vier Wochen ununterbrochen nach Westen kam die Verzweiflung – die Mannschaft wollte nicht mehr nach Westen, nicht mehr weiter ins Ungewisse. Doch Kolumbus, der aus der Kajüte des Achterkastells abgeschirmt regierte, kannte sich aus im Umgang mit kleinmütigen Mitarbeitern. Er handelte sich immer wieder einen Zeitaufschub heraus. Und bewegte sich so Meile für Meile aufs Ziel zu: Indien. So dachte er jedenfalls.

Ich stehe vor dem Schiff. Als ich den schweren Holzrumpf mit der Hand berühre, ertaste ich keine Schrauben, keinen hochfesten Kleber auf dem fast fensterlosen Rumpf. Die Santa Maria ist ein Kunstwerk aus aufeinandergefugten Planken, die man mit dicken und dünnen Holzdübeln auf dem Spantengerüst verzapfte. Das gab der Konstruktion eine gewisse Steifigkeit. Ich ahne den Geruch nach Holz, das laute Knarzen der Verbindungen, wenn unter dem schweren Holzkoloss eine achterliche Welle durchläuft: Ich ahne all dies allein beim bloßen Betrachten. Was treibt einen an, auf diesem schwerfälligen Holz immer weiter westwärts ins Ungewisse zu segeln?

Er wusste, was er tat, als er sich auf den Weg nach Westen machte. Er hatte nichts dem Zufall überlassen. Er war weder Spinner noch Fantast. Ihm war sonnenklar, dass da weit im Westen, wo noch keiner war, Land sein musste. Indien. Seine Überzeugung war das Ergebnis jahrelanger Beschäftigung. Er war lang genug gesegelt, war mit vierzehn zum ersten Mal auf einem Schiff gefahren. Es hatte ihn, den Sohn eines italienischen Wollwebers, nicht an den Webstühlen gehalten. Anfang zwanzig war er von Genua nach Chios gesegelt, ganz im östlichen Mittelmeer vor der türkischen Küste. Dann quer durchs Mittelmeer bis zum Cabo São Vicente an der Algarve, wo er in ein Scharmützel auf See geriet und verletzt zur portugiesischen

Küste schwamm. Von Lissabon aus ging es in den Nordatlantik zum sagenhaften Thule, also mindestens bis Nordengland. Mit Anfang dreißig fuhr er von Lissabon die afrikanische Westküste hinunter, das Ziel war ein portugiesischer Handelsposten in Ghana. Er war in jeder Richtung bis an die Grenzen der damals bekannten Welt gesegelt, nur nie nach Westen. Er war bewandert in Latein und Mathematik, konnte also Fachliteratur studieren und zuverlässig einen Kurs errechnen. Und: Er hatte die Bücher seines Schwiegervaters gelesen, eines portugiesischen Gouverneurs. Über ihn hatte er Zugang zu den Roteiros gehabt, den geheimen Berichten der portugiesischen Kapitäne, die sich als Erste hinausgewagt hatten in den Atlantik, sechzig Jahre vor allen anderen.

Er wusste, was er tat. Nach der ersten Oktoberwoche war die Stimmung in der Mannschaft an einem kritischen Punkt angelangt. Wären da nicht zufällig, geradezu wie bestellt, ein paar frische Zweige und ein bearbeiteter Holzstab am Schiff vorbeigetrieben, die der Mannschaft neuen Mut gaben – wer weiß, wie alles geendet hätte. Die Männer waren nicht freiwillig an Bord, die wenigsten jedenfalls. Aus Knausrigkeit seiner königlichen Finanziers bestand Kolumbus' Mannschaft aus braven Familienvätern, die man aus den Dörfern um Huelva zum Dienst gezwungen hatte. Verschleppt, so könnte man auch sagen. Ihre Begeisterung war gering, als sie aufs Schiff gingen. Und sie wurde noch geringer, denn mit jedem Meter westwärts sank die Wahrscheinlichkeit, lebend nach Hause zurückzukehren. Wenige Tage später sichtete ein Matrose vom Bug des kleineren Begleitschiffs *Pinta* aus Land. Guanahani nannten die Eingeborenen ihre Insel. »San Salvador« taufte sie Kolumbus. Er hatte es immer gewusst, dass es einen Seeweg nach Indien gäbe. Dass er die Karibikinseln vor Amerika erreicht hatte, konnte ihm keiner sagen. Wie denn auch?

Er wusste, was er tat. Bis zum Weihnachtstag des Jahres

1492, zwei Monate später. Im Tagebuch vermerkt er, er habe sich zur Ruhe gelegt und sei von einem Ruck erwacht. Als er an Deck kam, war sein Schiff, *La Gallega* oder *Santa Maria*, auf eine Sandbank gelaufen. Das schwere Holztrumm saß fest. Seine Tagebucheinträge dieser Stunden können dramatischer nicht sein, als er erkennt, dass er sein Schiff nicht retten kann. Sein Zustand scheint so desolat, dass es den Kaziken, den Häuptling des heimischen Kariben-Stamms der Taíno, dermaßen rührt, dass dieser Kolumbus all seinen Besitz anbietet, nur um ihn in seinem Leid zu trösten. Der Entdecker muss sein Schiff aufgeben und belässt einen Teil seiner Mannschaft als Besatzer auf der Insel und segelt mit einem kleinen Schiff zurück.

Als sich die Neuigkeit von Kolumbus' Entdeckung des Seewegs nach Indien in Europa verbreitete, notierte ein Kaufmann in Venedig in sein Tagebuch: »Wenn das wahr ist, dann gnade uns Gott.« Der Kaufmann war weitblickend genug, um zu erkennen, dass das Mittelmeer weder wie bisher der Nabel der Welt sein würde noch der große Transportweg, auf dem seit 3500 Jahren alles herangeschafft wurde, was Europa zum Werden benötigte. Glas und Seide. Pfeffer und Weihrauch. Getreide und Religion. Bronze und Zinn. Fünfzig Jahre nach Kolumbus war das Mittelmeer, auf dem ich gerade segle, immer noch leuchtend. Doch die Zukunft lag woanders. In den neuen Welten jenseits des Atlantiks. Von hier strömten jetzt Gold und Silber nach Spanien. Und Europa gierte nach den Dingen, die da im fernen Westen herumlagen. Die großen Warenströme flossen nun über den Atlantik. Das Mittelmeer wurde zum Binnenmeer.

Auch wenn mir das Geigen der vergangenen Nacht noch in den Knochen steckt, ich vergesse meine Müdigkeit, als ich vor dem Schiff auf der Pier stehe, es in jedem Detail ansehe und begreife: Der Mensch ist ein überaus neugieriges Wesen. Ich bin ein neugieriges Wesen und voller Hunger auf die Welt. Man muss nicht aus Neugier in unbekannte Meere segeln, nicht aus Neugier Strapazen auf sich nehmen. Aber wo Neugier einmal erwacht ist, muss man ihr nachgeben. Sie ist eine Kraft.

Für mich war es höchste Zeit gewesen, meiner Neugier auf die Welt nachzugeben und auf die Suche zu gehen, was es zu entdecken gäbe für mich. Im Kleinen.

Sonntag, 24. Juni

Durch die Straße von Gibraltar.
Einhand gegen Wind und Strom.

Es ist mein neununddreißigster Tag auf See. Fast habe ich das Ende des Mittelmeers erreicht.

Meiner Absicht, in einem Sommer die Strecke von 2000 Seemeilen, von Sizilien bis Südengland, zu segeln, liegt ein einfacher Plan zugrunde. Ich habe sie mir in vier gleich lange Etappen geteilt, jede von ihnen 500 Seemeilen lang, 900 Kilometer. Vier Monate, siebzehn Wochen, 125 Tage auf dem Meer. Mitte Mai wollte ich von Sizilien zu den Balearen. Im Juni von den Balearen bis Gibraltar. Im Juli von Gibraltar bis Nordwestspanien. Im August bis in die Bretagne. Mitte September wollte ich in Südengland sein.

Segeln braucht Zeit. Und manchmal auch Eile, selbst wenn Segeln nichts für Hastige ist. Meine Eile hat sich gelohnt, auf den letzten Drücker stehe ich kurz vor der Straße von Gibraltar. Der Wetterbericht sagt an diesem Sonntagmorgen in Fuengirola, dass der Wind gegen 23 Uhr drehen würde. Auf zwei Wochen Ostwind würde dann eine Woche Westwind folgen. Entweder rutsche ich an diesem Sonntagabend noch mit dem letzten Rest Ostwind durch die Meerenge. Oder ich sitze acht Tage am Eingang der Straße fest, um auf guten Wind und bessere Zeiten zu warten.

Was ich, kaum aus dem Hafen, im Internet über die Bedingungen in der Straße von Gibraltar finde, ist dünn, doch beeindruckend. Da ist zum einen die Strömung. Weil das Wasser des Mittelmeers schneller verdampft als das des Atlantiks, liegt dessen Niveau etwa ein Meter vierzig niedriger. Nicht viel. Doch ohne eine ausgleichende Strömung vom Atlantik wäre das Mittelmeer längst ausgetrocknet. Pro Sekunde schieben sich jedenfalls eineinhalb Millionen Kubikmeter Meerwasser durch die Engstelle. Ich muss nicht lange rechnen, in zwei Sekunden läuft hier die Wassermenge des Starnberger Sees durch, in vier Monaten die komplette Ostsee. Das sorgt in der Straße für eine beständige Strömung von drei bis vier Knoten von West nach Ost, gegen die ich angehen muss.

Hinzu kommen die Gezeiten. Ebbe und Flut hatte ich zum letzten Mal in Venedig gesehen, von wo aus ich vor einem Jahr losgesegelt bin. Fortan würden sie meine täglichen Begleiter sein. Und je weiter nördlich ich komme, desto größer wird das zweimal tägliche Heben und Senken des Meeres sein. In der Straße von Gibraltar werden es gegen Abend zwar nur 70 Zentimeter Tidenhub sein, aber die zusätzliche Strömung müssen wir nicht auch noch gegen uns haben. Der Blick in den Tidenkalender ist ernüchternd. Ab Niedrigwasser Gibraltar 18:39 Uhr würde ich mit zusätzlicher Gegenströmung rechnen müssen.

Die Windverhältnisse in der Straße von Gibraltar sind ebenfalls eigen und von merkwürdiger Gesetzmäßigkeit. Es gibt nur Westwind oder Ostwind, nichts anderes. Die Windrichtung wechselt nicht täglich, sondern eher im Wochentakt. Und weil Berge die Meerenge zu beiden Seiten einrahmen, können in dieser Düse aus vier Windstärken schnell sechs werden.

Ich denke nach. So wie die Dinge liegen, habe ich Strömung und Tide gegen mich. Wie sich der Wind an diesem Abend entscheidet, weiß nur er. Beste Bedingungen für die Durchfahrt sehen anders aus. Außerdem werde ich die besonderen Wetterverhältnisse berücksichtigen müssen: Weil an dieser empfindlichen Stelle Kaltluft aus dem Atlantik beständig auf feuchtwarme Mittelmeerluft trifft, muss ich hier selbst im Sommer mit Nebel rechnen. Ich werde also das Radar brauchen, um nicht an dieser verkehrsreichen Stelle blind durch den Nebel zu tasten. Nicht auszuschließen ist zudem, dass ich in der Straße kontrolliert werde. An ihrer engsten Stelle ist sie nur 16 Kilometer breit. Vor allem bei unsichtigem Wetter kreuzen hier Flüchtlingsboote. Sicher nicht lustig, nachts per Scheinwerfer und über das Megafon eines spanischen Küstenwachboots zum sofortigen Aufstoppen aufgefordert zu werden.

Das ist für einen lauen Sonntagnachmittag nicht erhebend. Ich denke an den Kinofilm *Das Boot*, in dem ein U-Boot-Kommandant das aussichtslose Unterfangen, die schwer bewachte Straße von Gibraltar zu durchbrechen, seinen Männern schmackhaft macht: »Nur Mut, Männer. Könnte klappen: So nah wie möglich ranfahren. Und dann einfach durchsacken und von der Strömung durchziehen lassen.« Ich glaub, so mach ich's auch. Einfach durchsacken und durchziehen lassen. Aber Strom und Tide sind doch gegen uns, oder?

Ich mache erst mal das, was eine gute Hausfrau macht. Während wir auf Gibraltar zuhalten, putze ich die Fenster der Sprayhood. Wenn alles gut geht, werde ich den Felsen von Gibraltar gegen 19 Uhr passieren und mit dem letzten Hauch des Ostwinds in die Straße hineinfahren, um dann bis Mitternacht am Ausgang der Straße vor der Landzunge Tarifa zu sein. Wenn ich schon nachts durch eine der verkehrsreichsten Wasserstraßen der Welt stolpere, will ich das wenigstens mit sauberen Scheiben tun. Freier Blick vom Mittelmeer bis zum Atlantik.

Gegen 16 Uhr taucht im Dunst am Horizont ein großes Bergmassiv auf. Das muss er sein, der Felsen von Gibraltar. Das Ende des Mittelmeers. Es sind noch 22 Seemeilen, vier Stunden. Es wird später werden, als ich dachte.

Eineinhalb Stunden später, gegen halb sechs. Plötzlich kommt Wind auf. Ob das nur die Abendbrise, eine lokale Thermik ist? Was immer es ist, er bläst genau aus der Öffnung, und er scheint mit jedem Meter zuzulegen. Er weht mir in Böen entgegen, dabei sollte das doch erst ab dreiundzwanzig Uhr der Fall sein. Ich nehme mir noch einmal den Wetterbericht vor, zum x-ten Mal an diesem Nachmittag. Als ob das was ändern würde. Der Wind kommt fächerförmig aus der Meerenge auf uns zu. Basta. Ich starte den Motor, belege das Großsegel mittschiffs – das bringt Stabilität. Und einen halben Knoten Fahrt zusätzlich, während wir unter Motor auf die Öffnung unter dem Berg zuhalten.

Als ich den Berg und damit den Europa Point gegen acht erreiche, ist der Wind weg. Augen habe ich für die Schönheit des Berges keine, es ist zu viel los auf dem Wasser. Vor dem Felsen liegen ankernde Schiffe, denen ich ausweichen muss. Ich robbe mich zwischen den Ankerliegern noch näher an das Leuchtfeuer mit der dahinter errichteten Ibrahim-al-Ibrahim-Moschee. Was für ein Klotz von Moschee, fast so groß wie die Hagia Sophia in Istanbul. Die Sonne scheint. Es ist immer noch warm. Ich bin aufgeregt. Und halte weiter Kurs geradewegs auf die Meerenge.

Frachter und Freizeitfischer kurven auf dem Wasser herum. Und es ist nicht nur das britische Gibraltar, das den Verkehr verursacht. Ein Stück westlich davon liegt auch der spanische Hafen Algeciras. Containerkräne links. Containerkräne rechts. Ankernde Schiffe kreuz und quer. Einlaufende, auslaufende Fähren, vorbeiziehende Tanker und Großschifffahrt. Ich muss jeden Moment Ausweichmanöver fahren. Und dann der Hafenschwell, der aus allen Richtungen kommt und *Levje* von einer Seite auf die andere taumeln lässt. Oder hat den Schwell gar nicht der Verkehr verursacht?

Zwanzig Minuten später habe ich die Bucht von Gibraltar

fast hinter mir. Noch einmal ausweichen, weil die große Katamaran-Fähre nach Tanger aus dem Hafen von Algeciras angeschossen kommt. Dann ist's gut. Jetzt haben wir uns ein bisschen Frieden verdient.

Noch immer Windstille. *Levjes* Baum klappert und schlägt in der heftigen Dünung. Ich sehe 200 Meter voraus, wie das Wasser aufgewühlt ist. Es sieht merkwürdig aus, doch es sind nicht nur Zipfelmützen, wie ich an den hüpfenden Wellen erkenne. Da vorne weht Wind – und das nicht zu knapp. Ich habe immer noch alle Segel stehen. Als die erste Böe uns erwischt, legt mein Schiff sich sofort über. Natürlich Wind genau aus West – nicht Ost! Aus meinem Plan, noch vor der Winddrehung um 23 Uhr die Straße passiert zu haben, wird nix. 14 Knoten zeigt der Windmesser, dann 16, und sie kommen von dort, wo unser Kurs am Rand der Großschifffahrtsstraße führen soll.

Mit einem Mal wird es fühlbar kälter. Eben noch strahlte die Sonne über den Bergen im Norden, jetzt ist sie hinter einer Nebelbank verschwunden. Meine Finger sind klamm. Meine Welt wird grau, als hätte sich ein riesiger Schatten über sie gelegt. Mir ist kalt. Von Osten, gegen den Wind, beginnen plötzlich Wellen zu laufen, als wollten sie mich weiter in die Öffnung schieben. Wieso von hinten? Da war doch eben noch Windstille.

Dies alles ist ein merkwürdiger Ort. Ich überlege einen Moment, was ich tun soll. Genau gegen an? Da mache ich unter Motor nur noch dreieinhalb Knoten über Grund – das ist zu langsam für die zwölf Seemeilen lange Strecke. Und das alles mit wild schlagendem Großsegel, wir stehen ja im Wind. Als ich abfalle und das Großsegel mittschiffs eng belege, füllt es sich. Es geht etwas schneller, doch die Böen von vorn werden heftiger. Es hilft nichts. Eine Weile können wir diesen Kurs halten. Doch da ist auf der Seekarte eine Untiefe markiert, ich werde ausweichen müssen, zum Nordufer hin. Ich lasse *Levje* unter dem Autopiloten weiterlaufen und hole mir blitzschnell einen Pullover von unten.

Als ich wieder an Deck komme, ist alles unverändert. Alles grau. Wir machen kaum Fahrt. Klamme Nebelluft, wo gerade noch sonniges Mittelmeer war. Da: die Untiefentonne. Wenn ich jetzt nicht wende, laufen wir drauf. Also los. Alles klappt. Wieder hole ich das Großsegel ganz eng ran. Ich halte jetzt rechts auf die Klippen zu. Aber was ist das? Statt wie bisher langsam zu kriechen, schießt mein Schiff auf diesem Kurs nahe am Ufer plötzlich sieben Knoten, zeitweise über acht. Und das bei 16 Knoten Gegenwind. Hat die Riesenkrake, die bis vor der Wende unter *Levje* hing und sie bremste, es sich anders überlegt? Nicht nur die Landschaft, nicht nur das Wetter, der Abend scheint mir gruselig.

Es fallen mir die ein, die wie ich zum ersten Mal hier entlangsegelten. Phönizische Händler auf ihren schweren, schwarzen Schiffen. Griechen auf der Flucht vor den Kriegen Kleinasiens, iberische Stämme in kleinen Booten aus Ästen und Tierfell. Wer immer sie waren: Was sie wohl gedacht haben? Endet bei den Säulen des Herakles die Welt? Beginnt hier die Anderwelt? Kommt hier bald der große Wasserfall, über den das Meer hinabstürzt? Es dauerte vermutlich Jahrhunderte, bis die Ersten es schafften herauszufinden, was danach kommt. Inzwischen geht die Sonne im Nebel bleifarben hinter den Bergen unter.

Das dumpfe Tuten eines Großschiffs aus dem Dunst holt mich zurück in die Gegenwart. Meint es mich? Gilt das Tuten mir? Sind wir auf Kollisionskurs? Nein, da hupt nur ein großes Containerschiff den vor ihm kriechenden Stückgutfahrer im Verkehrstrennungsgebiet an. Wir laufen jedenfalls auf diesem Kurs fast mit doppelter Fahrt. Es muss hier vor den Klippen irgendeine Strömung geben, die wie das Kehrwasser eines Wildbachs auf einmal genau in die andere Richtung setzt. Ich bin froh, denn meine geschätzte Ankunftszeit ist so zweiundzwanzig Uhr. Ankommen gerade noch im Hellen.

Ich bin nun den Klippen recht nah. Der Wind ist unverändert. Ich denke an die nächste Wende. Ich scheine die schlimmste Strömung hinter mir zu haben. Doch kaum gewendet, krieche ich wieder mit dreieinhalb Knoten dahin, obwohl die Logge über sechseinhalb Knoten Fahrt durchs Wasser anzeigt. Was ist das bloß? Bremst uns etwas, das unter dem Schiff hängt? Ziehe ich 50 Meter Plastikplane von den Gewächshäusern Almerías hinter mir her? Die elektronische Anzeige verschiebt meine Ankunftszeit nun auf weit nach Mitternacht. Das kann ja heiter werden, hier um Mitternacht in klammer Kälte entlangzukrauchen.

Eine Böe kommt jetzt mit über 17 Knoten an. Der Westwind nimmt also weiter zu. Was war das, dass wir vorhin auf dem anderen Bug so flott unterwegs waren? Ich habe keine Erklärung. Aber einen Geistesblitz: »Wenn's einmal funktioniert hat, funktioniert's ein zweites Mal!« Los. Wenden. Zuerst passiert nichts. Doch einige Minuten später nimmt *Levje* wieder Fahrt auf. Erst vier, dann fünf, schließlich über sieben Knoten und in Spitzen sogar über acht. Es ist eine rasende Fahrt, die achterliche Welle schiebt uns merklich. Und alles bei 14, 16 Knoten Wind von vorn. Anscheinend habe ich für meinen neuen Kurs Richtung Klippen wieder ein Kehrwasser erwischt.

Das Spiel wiederholt sich. Kaum haben wir vor den Klippen die nächste Wende hinter uns, kriechen wir wieder mit viereinhalb Knoten dahin. Noch einmal probiere ich mein Glück. Wende. Und abermals klappt es. Wir liegen von 17 Knoten Gegenwind voll auf der Backe, doch schießen mit sechs, sieben, kurzzeitig acht Knoten über Grund dahin.

Meine Hände sind klamm von der feuchten Kälte, die hier herrscht. Ich spurte ein zweites Mal nach unten, um mir noch einen Pullover und meine Wollmütze zu holen. Und die Segeljacke. Und kalte Füße hab ich auch. Verrückt. Heute Mittag bin ich in der größten Hitze losgefahren, um klimatisch am Abend einen Herbstsegler hinzulegen.

Noch zwei weitere Male funktioniert mein Strom-Gegenstrom-Spiel. Ich bin schneller als erwartet: Als es dunkel zu werden beginnt, habe ich den Hafen von Tarifa erreicht und berge *Levjes* Großsegel vor der langen Hafenmauer, von deren Spitze ein segnender Jesus wie ein grimmiger Wächter aus Isengart von der Mauer aus dem milchigen Weiß heruntergrüßt. Ich laufe langsam in den Hafen ein. Tarifa ist vor allem ein Fähr- und Fischereihafen, für Segler bietet er jedoch so gut wie nichts. Ich sehe keinen Steg, keine Anlegemöglichkeit und niemanden auf der Pier, den ich ansprechen und fragen könnte. Bloß ein französisches Segelboot schaukelt verlassen an der mannshohen Kaimauer.

In der anbrechenden Dunkelheit taste ich mich an die Mauer heran, vorsichtig, ob das Wasser auch tief genug ist, und lege mich vor das französische Segelboot. Noch immer ist kein Mensch zu sehen. Dabei ist die Kaimauer hoch, zu hoch, als dass ich mit einem Satz hinaufklettern und meine Leinen belegen könnte, ohne dass *Levje* sich in der Zwischenzeit ohne mich auf den Weg macht. Ich überlege, wie ich es anstellen könnte, die Kaimauer zu erklimmen, um alle Festmacher und Springs anzubringen und mein Schiff zu sichern. In diesem Augenblick taucht ein Polizeiwagen oben an der Kaimauer auf. Ich rechne mit einem harschen Ton, der mich wieder rausschickt in die Nacht. Und während ich in magerem Spanisch erkläre, woher ich komme, was ich hier tue, grinsen die beiden Polizisten über mein Radebrechen. Kein Problem, sie nehmen meine Leinen an. Im Nu ist oben über mir alles fest. *Levje* schaukelt in der Dünung.

Als ich mir noch eine Flasche des sizilianischen Biers öffne, das ich mir für besondere Gelegenheiten aufbewahre, und die

Schönheit des nächtlichen Hafens betrachte, gehen mir wilde Gedanken durch den Kopf. Die Durchfahrt und die Kehrwasser, die mich nahe am Ufer immer wieder schnell durch die Meerenge geschoben hatten. Vielleicht muss ich mir die Ersten, die hier unterwegs waren, ganz anders vorstellen. Und ihre erste Reise durchs Ende des Mittelmeers auch. Dass Menschen auf Booten erstmalig hinausfuhren aufs Meer, ist länger her, als wir uns das vorstellen können. Der Mensch ist ein extrem neugieriges Wesen, und die Ersten, die sich durch die Meerenge durchgetastet hatten, waren vielleicht die Bewohner der Küsten gewesen, die auf kleinen Kanus zum Fischfang hinausgefahren waren. Ich bin mir fast sicher, dass sie längst um die Kehrströmungen wussten, bevor die, die wir für Entdecker halten, hier entlangkamen. Ohne die Hilfe der Bewohner hätten sie kaum die Schwierigkeiten der Passage meistern können.

Hellwach und hundemüde schlafe ich irgendwann ein, den Kopf voll mit der unmöglichen Geschichte, die ich heute erlebte.

Montag, 25. Juni

Tarifa, Straße von Gibraltar. Die Flüchtlinge.

Die Straße von Gibraltar hatte ich hinter mir gelassen und war mit dem letzten Licht in der südspanischen Hafenstadt Tarifa angekommen. Nichts hatte ich gesehen von Afrika und seinem nördlichen Ufer, nichts von Marokko. Afrika blieb im Nebel verborgen. Im Morgengrauen glitt eine stählerne Wand wenige Meter vor *Levjes* Salonfenstern in den Hafen. Die Schnellfähre aus Tanger, die Heckwellen dieses grauen Kolosses schleuderten mein Schiff wie einen Korken gegen die raue Steinmole und rissen mich aus dem Schlaf. Das große Schiff war das Einzige, das mich darauf hinwies, wie nahe ich dem anderen Kontinent nun war. Doch das sollte nicht so bleiben.

Am Morgen knattert ein Hubschrauber über dem Hafen, ich höre Stimmengewirr, Getrappel, Funkgeräte neben mir auf der Pier, die in der Nacht gottverlassen war. Jetzt: Polizeifahrzeuge. Uniformierte der Guardia Civil am Ufer. Auf dem Wasser deren Schnellboote. Schlauchboote des Cruz Roja, des Roten Kreuzes. Ein Boot der spanischen Seenotrettung liegt 50 Meter hinter *Levje* an der Kaimauer. Und darauf: Flüchtlinge. Vorne am Bug drängen sich hellhäutige Maghrebiner in Hoodies aus dem nahen Marokko, im Heck bibbernde Schwarzafrikaner in roten Wolldecken.

Sie wurden aufgegriffen in dieser nebligen Nacht, irgendwo

draußen auf dem 16 Kilometer breiten Meeresstreifen, der für sie nur eine einfache Wasserstraße zu sein schien. Niemand geht dort auf einem Schlauchboot hinaus, der um die Gefahren dieses Gewässers weiß, das selbst mit einem seetüchtigen Schiff wie *Levje* schwierig zu befahren ist. Um wie viel gefährlicher muss das dann auf dem kleinen Schlauchboot sein, in dem die Flüchtlinge versuchten, übers Meer zu kommen, und das nun unbeachtet am Heck des Seenotrettungsboots dümpelt.

Es sind fast ausnahmslos junge Männer, zwischen zwanzig und dreißig, die da auf dem Deck des Schiffs stehen, nur einige wenige Frauen. Es ist jene Generation, die das Kapital eines Landes bildet. Menschen, die ein Gemeinwesen tragen, weil sie dort arbeiten, sich engagieren in ihrem Land. Ein Auskommen finden. Konsumieren. Steuern zahlen. Ihren Teil dazu beitragen, dass ein Land funktioniert. Doch genau dieses Leben, das wir kennen und führen manchmal bis zum Überdruss, funktioniert so nicht in den Ländern Nordafrikas.

In den Gesichtern der jungen Männer spiegelt sich alles. Ratlosigkeit, wie es nun weitergeht. Trotz, es bis hierher geschafft zu haben. Dankbarkeit, dem Meer entkommen zu sein, bei manchem auch Abenteuerlust. Die Lust, etwas Verbotenes zu wagen. Ein bisschen was von allem steckt in den Gesichtern der jungen Männer, während Beamte der Guardia Civil sie zu zweit in Handschellen ans Ufer führen. Ein Kameramann steht in weißer Hose neben einem Polizisten und filmt die Szene aus der Distanz.

Auch echte Verzweiflung bricht durch. Plötzlich fasst sich einer der Illegalen auf dem Vordeck des roten Seenotkreuzers ein Herz. Er reißt sich los, packt den Poller, zieht sich daran hoch und springt auf die Hafenmole. Er rennt einfach los unter den anfeuernden Rufen der anderen, als gäbe es keine Guardia Civil, kein Blaulicht, keinen rundum vergitterten Hafen, keine Mauern, keine Hubschrauber. Seine Flucht ist nach wenigen Metern zu Ende. Polizisten greifen ihn auf, er wehrt sich verzweifelt. Sie ziehen ihn zu Boden. Drehen ihn auf den Bauch. Als er sich weiter widersetzt, drückt ihm ein Polizist die Unterschenkel über Kreuz auf die Oberschenkel, was ihn vor Schmerz erstarren lässt. Dann bleibt er benommen liegen, während man ihm Handschellen anlegt.

»Sie haben keine Arbeit. Bei sich daheim hängen sie rum. Sind magisch angezogen von dem, was sie den lieben langen Tag von der westlichen Welt aus dem Fernsehen oder dem Internet mitbekommen«, sagt einer der Journalisten, die die Szene neben *Levje* aus sicherer Entfernung beobachten. Felippe heißt er, er ist Mitte dreißig. Ein abgeklärtes Gesicht und Augen hinter der Brille, die davon erzählen, was Felippe an Orten wie diesen zu sehen bekam. Szenen wie diese würde er häufig fotografieren, über sie für die großen Agenturen Spaniens berichten. Mittlerweile tut er es fast jeden Tag. »Die Flüchtlinge? Die meisten von ihnen träumen von einem ganz normalen Leben. Wollen auch ein cooles Auto fahren. Einen coolen Job haben. Aber wie weit der Weg dorthin ist, zum Job und zum Auto in Europa, das ist ihnen nicht klar. Sie sehen nur die Werbung im Fernsehen, die suggeriert, dass du alles haben kannst. Das Glitzern unserer Welt, nicht die Beschwerlichkeit und die Mühsal.«

Aber in Marokko scheinen sich die Dinge doch wirtschaftlich gut zu entwickeln, wende ich ein. Das Land zieht mittlerweile viele Reisende an, und anders als in früheren Jahren kommen von dort nicht nur schlechte Nachrichten. »Da täuschst du dich. In Marokko gibt es nur Arm und Reich und dazwischen nichts. Die Mittelschicht wie in Europa fehlt. Die Jugendlichen haben kaum eine Chance.« Als ich Felippe frage, wie viele jeden Tag in Tarifa ankommen, muss er nachdenken. »Schwer zu sagen. Wahrscheinlich sind es um die hundert. Mal mehr. Mal weniger. Letztes Wochenende waren es 700 nur in

Tarifa.« Wie es in den anderen Städten aussieht, in Cádiz oder Málaga? »So ähnlich.«

Während Felippe erzählt, kümmern sich Rotkreuz-Mitarbeiter auf der Pier um die Flüchtlinge. Sie haben ein Zelt aufgebaut. Sie leisten medizinische Hilfe, untersuchen die Männer und Frauen auf Krankheiten. Unter ihnen ist eine rotblonde Spanierin im weißen Rotkreuz-T-Shirt, sie spricht eine Schwarzafrikanerin an, die verstört abseits auf einem Poller sitzt und reglos vor sich hin starrt. Wer weiß, welche schrecklichen Dinge sie erlebt hat, was ihr widerfahren ist auf dem Meer. Es fällt ihr schwer, darüber zu sprechen. Die Polizisten geben sich energisch, sind aber nicht darauf aus, hart dreinzuschlagen. Sie machen ihren Job, tun das routiniert. In Handschellen werden die jungen Leute aneinandergekettet auf die Pier gebracht. Es ist Routine, die sie hier erleben und die sich in Tarifa Tag für Tag wiederholt.

Felippe weiß, wie es weitergeht. »Die Marokkaner«, erzählt er, »werden noch heute zurückgebracht. Spanien hat mit Marokko ein Auslieferungsabkommen geschlossen. Mit den Schwarzafrikanern ist das schwieriger. Bei den meisten weiß man nicht, woher sie kommen. Selbst wenn man Verträge mit den Heimatländern hätte, wüsste man nicht, wohin man sie abschieben soll. Aber mit den meisten Ländern, aus denen sie stammen, gibt es keine derartigen Verträge. Man kann sie nicht einfach zurückschicken, selbst wenn man ihre Identität kennt.«

Und die Bevölkerung von Tarifa? »Gefallen tut es keinem. Weil es täglich passiert, haben sich die Bewohner an all das gewöhnt. Es ist wie Sonne und Regen. Es ist auch nicht anders als bei euch. Das Elend, das Unauflösbare gehört inzwischen zum täglichen Bild. Wir, die wir hier leben, können nichts daran ändern.«

Was ich sehe, ist bedrückend. Ich spüre meine eigene Ohnmacht auf meinem Boot, wenige Meter entfernt. Könnte ich etwas tun in diesem behördlichen Getriebe, das mehr wäre als eine Geste? Ich empfinde an diesem Ort meine Ohnmacht, doch vor allem die furchtbare Ohnmacht europäischer Politik, ihre beschämende Starre und Unbeweglichkeit. Das Fehlen einer echten europäischen Außenpolitik, was die Staaten vor unserer Haustür betrifft. Haben die Politiker recht, die das Thema aus den Schlagzeilen haben wollen, weil es nicht mehrheitsfähig ist? Haben die recht, die auf eigenes Risiko hinausfahren und Gefängnis riskieren, um Menschenleben zu retten? Wer weiß, wie viele Flüchtlinge jede Nacht vor Tarifa ertrinken? Oder haben die recht, die in sozialen Foren allen Anstand vergessen und sich nicht scheuen zu posten: »Lasst sie ersaufen.«

Entwicklungen, die größer waren als wir selbst und scheinbar unlösbar, gab es immer. Als ich geboren wurde, war die Welt nur Haaresbreite von einem Atomkrieg entfernt. Als ich aufwuchs, lebten wir in einem geteilten Land, und hüben wie drüben war als mögliches Schlachtfeld ausersehen. Nicht den Hauch einer Chance gab es, dass beide Länder je wieder zusammenkommen könnten. Als ich Schüler war, zerrissen Bomben der IRA in London Menschen. Es gab keine Idee, wie man die verfeindeten Konfessionen und Nationen der Iren und Engländer je wieder an einen Tisch brächte. Die meisten dieser europäischen Konflikte sind mittlerweile fast vergessen. Weil die Politik Lösungen entwickelte.

Ich glaube nicht an das Funktionieren einer Mauer, ob sie aus Gesetzen, Stacheldraht oder Beton besteht. Ich glaube, dass es viele, viele Maßnahmen braucht. Dass es eines neuen Denkens in der Politik bedarf, das die festgefahrene Situation durch eine neue intensive Politik Zentimeter für Zentimeter über eineinhalb Jahrzehnte auflöst. Die Probleme werden zwar an Europas Grenzen im Mittelmeer sichtbar, gelöst werden können sie aber nur dort, wo sie entstehen. Ich wünsche mir ein

Querdenken in der europäischen Außenpolitik, das die Dinge nicht mit Quoten, nicht mit Mauern und auch nicht mit einem kopflosen »Kommt doch alle zu uns« angeht.

Ganz sicher werde ich es noch erleben. Es gibt diese Lösung, ich weiß es. Sie wird kommen. So sicher, wie es Konflikte gibt, gibt es auch Lösungen. Es wird nur Zeit kosten, bis das Denken in Europa dafür reif ist.

Dienstag, 26. Juni

Cádiz, spanische Atlantikküste.
Zum Bäcker um die Ecke. Heute.
Und vor 2800 Jahren.

Als ich von Tarifa lossegle, dauert es fast einen Tag, bis ich den großen Sog der Straße von Gibraltar nicht mehr spüre. Während der Fahrt hinaus in den Atlantik ist es, als würde uns etwas bremsen. So hoch ich den Motor auch drehe, mehr als zwei Drittel unserer üblichen Geschwindigkeit sind nicht drin. Nur wenn ich testweise wende und kurz auf die Meerenge zuhalte, schießen wir mit sieben Knoten dahin. Erst als ich am frühen Nachmittag Cabo de Trafalgar mit seinem türkisfarbenen Wasser und dem verführerischen Sandstrand erreiche, lässt der Sog der Meerenge spürbar nach. Es ist gegen Mitternacht, als ich im Dunkel in den Hafen von Cádiz einlaufe. Ein freundlicher Marinero mit einem Hund, der wie Idefix aussieht, und ein Belgier vom Nachbarboot nehmen in der Dunkelheit meine Leinen an und helfen mir beim Festmachen.

Cádiz liegt wie eine Insel am Ende einer schmalen Landzunge vor der spanischen Küste, und sein Hafen ist nicht dem Meer, sondern dem Land zugewandt. Die Stadt ist ein Hufeisen, und ihr natürlicher Hafen bietet Schutz wie nur wenige andere.

Am Morgen schlendere ich in die Stadt. Cádiz, die Inselstadt, hat fast 120 000 Einwohner. Stadtbusse rumpeln übers Pflaster, in den engen Gassen der Innenstadt ist an diesem Morgen schon auf den Beinen, wer auf den eigenen Rädern nicht unterwegs sein will. Und weil mein Herz nun mal für Bäckersfrauen schlägt, führt mich mein erster Weg, als hätte es anders nicht sein können, in eine Bäckerei. Mein innerer Kompass sucht, während ich die Straßenschluchten von Cádiz entlanglaufe, das Wort *horno*, den spanischen Begriff für »Ofen«, aber eben auch für »Bäckerei«.

Und so stehe ich plötzlich vor Anna in der Bäckerei der Antonia Butrón. Anna ist Ende vierzig, und wenn ich nicht wüsste, wie eine gute Köchin aussieht oder eine Frau, die gern kocht, dann wüsste ich es jetzt, als ich Anna sehe. Mit ihrer ausladenden schwarzen Kochmütze hantiert sie an ihrem Ofen und holt gerade ein Blech heraus, beladen mit duftenden Blätterteigfladen. Sie sagt kein Wort, doch sie weiß etwas übers Leben, das sieht man ihrem Gesicht an. Und auch über Männer. Obwohl wir uns nie zuvor begegnet sind, hat sie mit einem Blick nicht bloß erfasst, wes Geistes Kind ich in diesem Moment bin, sondern auch die Leidenschaften, die wir beide im Leben teilen. Ohne ein Wort zu verlieren, nimmt sie das große Messer und holt das Tablett aus der Vitrine vor meinen Augen. Säbelt nach kurzem Bedenken ein Stück des Blätterteiggebäcks ab. Und reicht es mir wortlos über die Theke.

»Dein Laden ist eine Sünde«, radebreche ich. Sie grinst im Wissen einer Frau, was hungrige Mägen mit Männern machen. »Probier das«, sagt sie trocken. »Eine Empanada, gefüllt mit gerösteten Schinken und lauwarmen Datteln.«

Ich beiße hinein und schließe die Augen. Eine Geschmacksexplosion von süß und salzig auf meiner Zunge, von knusprig und weich, eine Ahnung von überschwerer Süße. »Aber falls du nichts Salziges magst, hab ich auch das hier.« Sie deutet lächelnd auf Schichten lauwarmen Blätterteigs, zwischen denen mich ein dicker Belag aus Nutella erwartungsvoll anblickt. Als hätte Anna in meiner Aura die Geschichte gelesen, dass mein Paradies in der Kindheit dort war, wo meine Tante mir in den Sommerferien einen Löffel reichte und das Zimmer verließ, damit ich mich ungeniert über das Nutella-Glas hermachen konnte.

Doch das ist lange her. Geschmacksrichtungen ändern sich. Leidenschaften bleiben. Ich entscheide mich für die warme Dattel. Und für eine Empanada mit Lachs und Roquefort, bloß aus Neugier und um zu sehen, wie eine derart unmögliche Kombination schmeckt. Mit all dem, zwei dicken Empanadas in der einen und einem Espresso in der anderen Hand, verlasse ich Annas Laden, nicht ohne mir zu versprechen, am Abend zu ihr zurückzukehren.

Doch Annas Ofen ist nicht der einzige, der in Cádiz eine Überraschung für mich bereithält. Wenige Schritte von ihrer Bäckerei stoße ich auf ein Gebäude wie ein modernes Theater. »Yacimiento Arqueológico Gadir« steht darauf. An Archäologie komme ich nicht vorbei. Ich löse ein Ticket an der Kasse, sobald ich meine Hände von Annas Schätzen befreit habe. Gleich hinter dem Eingang umfängt mich ein Halbdunkel wie in einem alten Kino, eine Platzanweiserin weist mir mit einer Taschenlampe über eine dunkle Rampe den Weg in die Tiefe. Und in die Vergangenheit. Plötzlich stehe ich im Dunkel einer säulengetragenen Halle. Als ich die Sonnenbrille abnehme, erkenne ich Einzelheiten. An der Wand im Hintergrund läuft ein Film. Meeresrauschen, Möwengeschrei. Zwei kleine Inseln, kahl und unbewohnt. Und ein antikes Schiff, das in den Sund zwischen den beiden lang gestreckten Inseln segelt. Und dort im Schutz der Inseln seinen Anker fallen lässt.

Die Halle hat keinen Boden. Stattdessen führen Stege über etwas, das ich im schwachen Licht darunter als lehmgelbe Grundmauern erkenne. Als Wege und Bruchsteinmauern. Ich mache kreisrunde Lehmringe im Boden aus. Ich stehe nicht nur im ältesten Teil von Cádiz, sondern in einer der ältesten Städte Europas. Älter als Athen. Älter als Rom. Älter als London. In einer Stadt, die Menschen vor fast 3000 Jahren erbaut hatten. Ich stehe in der Stadt, die unter dem heutigen Cádiz verborgen liegt. In Gadir.

Es waren Reisende, die Gadir gründeten. Reisende, die wie ich auf einem Schiff aus dem Süden durch die Straße von Gibraltar gekommen und hier im Schutz der zwei Inseln ihren Anker hatten fallen lassen. Nur dass sie aus einem ganz anderen und weit entfernten Teil der Welt stammten. Sie waren Händler aus dem Libanon. Phönizier nannte man sie, vom griechischen *phoínix* für »Rot«. Seefahrer, die den 4000 Kilometer langen Weg vom Ostende des Mittelmeers bis an die Küsten der Pyrenäenhalbinsel nicht bloß einmal zurückgelegt hatten. Was sie bewogen hat aufzubrechen? Einfach ihre Heimatstädte Tyros, Byblos, Sidon auf ihren Schiffen zu verlassen und nach Westen zu segeln? Der Wunsch nach einem besseren Leben? Einem Leben ohne Hunger? Oder war es der Befehl eines Anführers, der sie ausgesandt hatte, um die Küsten nach Rohstoffen abzusuchen? Nach Kupfer und Zinn? Wenn man beides im richtigen Verhältnis einschmolz, ergab das Bronze, ein Metall, aus dem man Schwerter und Götterstatuen gießen konnte. Oder sollten sie nach den gedrehten Schnecken suchen, die in Scharen auf den Uferfelsen im Meer hockten? Wenn man es richtig machte, konnte man aus deren Saft unter Lichteinwirkung den roten Farbstoff herstellen, für den die Leute ein Vermögen auf den Tisch legten, um in einer Welt voller erdfarbener Kleider plötzlich Stoffe tiefrot zu färben. Und Lippen zu bemalen. Oder sollten sie nach Quarzsand suchen, für die Produktion bunter Gläser, weil Phönizier die Ersten waren, die buntes Glas herstellen konnten? Waren sie gekommen, um Gold zu suchen? Und Sklaven? Und Blei? Und Felle? Und

Straußeneier, um sie den Toten als Symbol fürs ewige Weiterleben ins Grab zu legen? Die Welt war voller Wünsche. Und wer die Wünsche der anderen erriet, der machte ein Geschäft.

Seefahrer waren sie geworden, weil sie Händler waren. Händler sein heißt: etwas sammeln, wovon an einem Ort Überfluss herrscht, und es zu einem anderen Ort schaffen, wo daran Mangel herrscht. Vielleicht erklärt das die Unrast, die Neugier, mit der sie sich weiter und weiter nach Westen vorwagten, weiter als all die anderen frühen Seemächte des Mittelmeers.

Irgendwann um das Jahr 900 erreichte ein phönizisches Schiff auch jene Inseln, die eineinhalb Tagesreisen von jenem Ort lagen, an dem sich das weite Meer zu einem strömenden Gewässer verengte und den die Griechen »die Säulen des Herakles« nannten. Getrieben von der Suche nach Neuem, hatte ein Schiff die Inseln vor dem Festland angesteuert. Vielleicht hatten sie ihr Schiff den langen Sandstrand hinaufgezogen. Und weil die Inseln sie an ihre Heimatstädte im Libanon erinnerten, die allesamt auf Inseln gelegen waren, weil es Stämme in der Nähe gab, die sich auf gute Felle verstanden und ihnen auch einen Silberklumpen gezeigt hatten, hatte die Hälfte der Mannschaft beschlossen, zu bleiben und an diesem Ort einen Handelsposten zu errichten.

Was sie taten, taten sie gründlich. Auf dem Gipfel der Insel bauten sie die ersten Häuser. Aber nicht irgendwelche, sondern exakt wie jene in ihrer Heimat Libanon: Kuben aus Steinen, mit Lehm verschmiert. Wenige Fenster. Ein auf Balken ruhendes Flachdach, das eine Terrasse bildete. Darunter ein großer Raum. Eine kleine Küche daneben. Es scheint, als hätte ihr Leben hauptsächlich im Freien stattgefunden.

Zwischen den Häusern legten sie zur Bucht hinunter Straßen an. Aber auch hier nicht irgendwelche, sondern auf eine Schüttung aus mittelgroßen Steinen folgte eine Schicht aus frischem Lehm, den sie mit einem Holzstampfer festklopften. Von meinem Laufsteg aus erkenne ich die Spuren des Holzstampfers. Und die Hufabdrücke von Rindern, die vor 3000 Jahren den feuchten Lehm der neuen Straße bergauf getrieben worden waren.

Ich sehe einen Steinring, der innen mit Lehm ausgekleidet ist. Die Reste eines Lehmofens. Ich stehe auf einmal in einer Küche über dem Herd. Er war zu ebener Erde errichtet und hatte die Form eines Bienenstocks, nur größer. Die Menschen, die hier kochten, taten dies anders als wir: im Sitzen vor der Ofenöffnung. Durch sie zwängte man Brennmaterial, Stroh, Äste, Holz. Entzündete es. Waren die Lehmwände im Inneren des Ofens heiß, schob man, was garen sollte, zwischen die heißen Lehmwände. Ein Zicklein. Einen Hund. Um sie dann mit feinen und scharfen Soßen und Tunken anzurichten, die in Tongefäßen in glimmenden Holzresten vor der Kochöffnung brodelten. Der Tannur-Ofen ist vielseitig und in manchen Gegenden Nordafrikas bis heute der Standardherd.

Die Phönizier nutzten ihn vor allem, um Brot zu backen. Getreide, das sie vor dem Tannur auf dem tellerförmigen Mahlstein zerrieben. Mit etwas Wasser vermengten. Mit Kräutern versetzten. Und ohne Hefe zu hauchdünnen Fladen kneteten, die sie an die heißen Innenwände des Lehmofens klebten. Vielleicht waren die Fladen ja mit etwas gefüllt? Gehackten Kräutern? Käse? Gesalzenem Fisch, den sie in eine Art Joghurt mit Lauch tunkten? Vielleicht gab es schon so etwas Ähnliches wie die Fladen und Empanadas, die mir Anna in ihrem Laden gezeigt hatte? Dünne Teigfladen, in die man warme Datteln und gerösteten Schinken wickeln konnte. Oder Käse und Fisch. Sosehr wir das Gefühl haben, die vergangene Welt läge uns so unendlich fern, so nah ist sie uns manchmal und immer noch da. Doch verborgen wie das alte Gadir unter dem heutigen Cádiz.

Ihre erste Siedlung bestand für etwa 200 Jahre. Dann zerstörte sie etwas – eine Flut, die über den Hügelkamm stieg.

Ein Erdbeben, das die Inseln erschütterte und Häuser einstürzen ließ. Der Ort auf dem Hügel der Insel wurde von den Überlebenden und denen, die aus dem Osten mit Schiffen kamen, anscheinend schnell wieder aufgebaut. Denn der Kontakt mit der Heimatstadt blieb vermutlich so intensiv und eng wie zu den anderen Städten in der Umgebung. Doch das ist eine andere Geschichte. Cádiz und viele andere Städte Südspaniens und Portugals wurden von Phöniziern gegründet.

Es war ebenfalls ein Bäcker gewesen, einer, der in einem Ort auf den Klippen des Gargano an der Ostküste Italiens seine Pizzen in den Ofen schob, der wie ein Bienenstock ausgesehen hatte. Er war ein kluger Pizzabäcker, der auf meine Frage, woher er käme und warum er nicht dort geblieben wäre, alles auf die einfache Wahrheit brachte: »Aus Neapel. Wir sterben nicht, wo wir geboren sind.« Er hatte recht. Wir können nicht an einem Ort verharren, sosehr es auch in uns steckt. Und sei es nur, dass wir uns morgens auf den kurzen Weg machen. Zum Bäcker um die Ecke.

Mittwoch, 27. Juni

Von Cádiz nach Faro. Von Spanien nach Portugal.

Cádiz am Morgen. Mein Smartphone summt, es ist dunkel um mich. Ich blinzle kurz auf meinen Wecker. 5:10 Uhr. Draußen ist alles still. Der Westwind, der immer nachmittags auffrischt, ist abgeflaut. Ich überlege kurz, mich umzudrehen und weiterzuschlafen. »Wenn du jetzt nicht aufstehst und dich nicht auf den Weg machst, wird dich der starke Westwind auf freier Strecke erwischen. Dann wirst du im Dunkeln Portugal erreichen.« Die Vorstellung, mich bei Starkwind um Mitternacht übermüdet in einen unbekannten portugiesischen Lagunenhafen wie Faro hineintasten zu müssen, lässt mich blitzschnell wach werden. Lieber jetzt aufstehen. Und ablegen. Überraschungen wird's auf der rund hundert Seemeilen langen Strecke, für die ich wohl zwanzig Stunden auf See sein werde, genug geben.

Ich werfe einen kurzen Blick aus *Levjes* Heckfenster. Im Liegen kann ich die Mole und die neue Brücke über den Hafen von Cádiz sehen. Alles vor meinem Fenster ist noch an seinem Platz. *Levje* ist also noch an ihrem Platz. Für einen, der häufig draußen ankert, ist das keine Selbstverständlichkeit, sondern immer ein Anlass, sich zu entspannen.

An Deck erwacht meine Lust aufzubrechen. Im Osten das erste Grau. Der Tag ist noch nicht da, die Nacht noch nicht vergangen. Cádiz ist weiterhin das »Reich der Lichter«: Laternen und Lichter leuchten, während sich darüber die heller werdende Bläue des Tages wölbt.

Miguel heißt der Marinero mit dem netten Hund, der stets neben seinen Beinen rennt und zu seinem Herrchen aufsieht. Miguel hat ihn rasiert wie Idefix. Er hat diese Woche die Nachtschicht. Ich rufe ihn per Funk an und bitte ihn, an der Tankpier auf mich zu warten. Ich möchte *Levje* noch volltanken, wer weiß, wann ich in Portugal in einen Hafen und an eine Tankstelle rankomme.

Der Griff der Zapfpistole ist eiskalt, als mir Miguel den dicken Schlauch aus drei Metern Höhe herunterreicht, während Idefix mir neugierig von oben zusieht. Auch die Stahlleiter ist klamm und feucht wie die Hafenmauer dahinter, als ich sie drei Meter hoch zu Miguel und Idefix klettere, um zu bezahlen. Ein Händedruck, ein »*Buen viaje* – Gute Reise« von Miguel. Dann klettere ich die Leiter vorsichtig hinunter. Wie jeder auf einem Segelboot fürchte ich die großen Stürme und noch mehr jenen achtlosen Moment, der schon in der nächsten Bewegung auf einer rutschigen Leiter stecken kann. Segeln zwingt zur Achtsamkeit.

Dann werfe ich die nassen Leinen los. Stoße *Levje* ab, indem ich mich an ihren Wanten festhalte und sie, an Land stehend, hinausdrücke und mich dann schnell über den größer werdenden Spalt hinüberziehe. Ich stelle mich hinters Ruderrad und lege den Gang ein. Ich mag den Moment, wo sich mein Schiff langsam in Bewegung setzt. Es geht vorbei an den schlafenden Schiffen, die an der Kaimauer ruhen. Dann bin ich draußen.

Ein Kreuzfahrtschiff kommt mir im Halbdunkel entgegen. *Independence of the Seas* (»Die Freiheit der Meere«) steht groß auf dem Bug; es läuft vorsichtig in den Hafen ein. Auf seinen zwölf Stockwerken blitzen vereinzelt Lichter auf, ein Zeichen, dass manche Kreuzfahrtgäste das »Reich der Lichter« über der

Stadt so sehr genießen wie ich und es fotografieren. Ein Sardinenfischer mit seinem kleinen Beiboot im Schlepp kehrt möwenumschwirrt nach langer Nacht in seinen Heimathafen zurück.

Es dauert zwei Stunden, bis ich den Motor abstellen kann. Es hat jetzt stabil zehn Knoten draußen, aus Nord. Da sollten *Levjes* Segel genug Kraft entwickeln, uns durch die widerlichen Kreuzseen an diesem Morgen zu ziehen. Kreuzseen: Sie sind der Kater im Kopf des Seemanns. Wellen aus unterschiedlichen Richtungen, die das Boot ausgerechnet morgens so unangenehm durchschütteln, dass man sich fühlt, als hätte man drei Nächte durchgezecht. Kaum ist der Motor aus, rumst *Levje* wie ein ungefederter Präriewagen alle Augenblicke samt schepperndem Hausrat in jedes Wellental, das sie zielsicher findet wie ein Schlagloch, wobei das Schiff vom Kiel bis zur Mastspitze hart vibriert.

Stunden später. Der Wind weht jetzt mit 15 Knoten. Das ist gut. Weg sind die widerlichen Kreuzseen, der Nordwest hat sie platt gebügelt. Geblieben sind Schaumkronen, die aus Nordwest anrollen. Vorboten, dass der Wind zunehmen wird – die Wellen ziehen schneller als das Windfeld, das sie verursacht. Der Wind ist angenehm frisch, eine Brise, die lange über den Atlantik gestrichen ist und sich vollsog mit Salzduft, mit Gischtluft, mit dem unnachahmlichen Geruch des Meeres.

Eben habe ich eine Viertelstunde geschlafen. Meine Schwachstelle als Einhandsegler ist der Schlaf. Ich weiß, wo mein Limit liegt. Ich brauche acht Stunden, um frisch zu sein. Letzte Nacht waren es keine fünf. Zu gerne streune ich durch eine Hafenstadt wie Cádiz, ziellos, müde, doch voller Unrast. Es wurde Mitternacht. Um auf mein Schlafpensum zu kommen, muss ich tagsüber schlafen. Der Autopilot segelt das Schiff nach einem vorgegebenen Winkel zum Wind. Das Radargerät passt für mich auf. Ich lege mich in Lee auf die Cockpitbank, so wie ich bin. Ich lasse mein Schiff einfach laufen. Der Wind hat zugenommen. Wir segeln jetzt sehr schräg. Das Letzte, was ich vor dem Einschlafen wahrnehme, ist die Gischt, die unter meinem Fenster aufspritzt, während *Levje* die Wellen durchzieht und unbeirrt weiter vom Land weg hinaus aufs offene Meer läuft. Geborgenheit im Unwirtlichen, wie so oft.

Eine Viertelstunde später bin ich wach. Der Wind hat zugelegt. Benommen einem Seglerreflex folgend, setze ich mich auf die andere Seite, um die Schräglage auszugleichen. Doch der Winddruck von mehreren Tonnen auf Segel und Mast ist von meinem verschlafenen Reflex unbeeindruckt, mein Schiff segelt weiter schräg. Noch 52 Seemeilen, zehn Stunden bis Faro.

Am Nachmittag scheint es, als wolle eine geheime Kraft verhindern, dass wir unser Ziel erreichen. Konstant weht der Wind jetzt aus der Richtung, in der Faro liegt. Man kann nicht gegen den Wind steuern, nur an ihm entlang. Folglich liegt der Punkt, auf den ich jetzt an der Küste zusteuere, etwa 35 Seemeilen östlich meines Ziels. Ich werde also sieben Stunden länger brauchen, Ankunft nach Mitternacht also. Zu dumm. Das hatte ich vermeiden wollen, aber nun ist es so.

Eine Stunde später hat der Wind die 20, 22 Knoten erreicht. Es bläst. Ein Fall schlägt sein hektisches Tak-Tak-Tak-Tak-Tak an den Mast, als wolle es mich erinnern, dass es bläst. Ich bin zu müde, um noch irgendetwas zu denken, zu tun, zu entscheiden. Ich stelle den Radaralarm an, suche noch einmal den Horizont ab. Alles frei. Schnell bin ich eingeschlafen. Vorher denke ich noch, ich sollte nochmals den Tiefenmesser kontrollieren und die Seekarte, ob irgendwelche Untiefen vor uns liegen. Ich sollte aufstehen, nachsehen, aber mein Bedürfnis nach Schlaf ist übermächtig.

Eine halbe Stunde reicht, dann bin ich wieder erholt. Der Wind hat nachgelassen, die Wellen auch. Unter ihren gerefften Segeln schleppt *Levje* sich lahm durch die Wellen. Ich löse beide Reffs, gleich sind wir wieder mit über sechs Knoten hoch am Wind unterwegs. Trotzdem wird es Mitternacht werden.

Der Abend hält für mich die schönsten Stunden bereit, wie immer. Es gibt Inseln und Küsten, die kann man meilenweit von See her riechen. Allen voran die Küste Korsikas und ihr Duft nach Heidekräutern. Der Geruch von Griechenlands nördlichster Insel Othoni in der Straße von Otranto, wenn der Nordwind sich über der Insel so erhitzt, dass die Augen brennen und der Geruch der heißen Felsen in die Nase steigt. Die Tremiti-Inseln in der italienischen Adria mit ihrem harzigen Kieferduft. Und jetzt die Küste südöstlich von Faro, während der Nordwind über sie streicht. Was für ein Duft liegt über dem Meer, der Geruch von Hölzern, Kräutern, Heideblumen, auf Sand erhitzt und vom Wind fortgetragen. Ich rieche es, spüre den Aromen nach, während hinter mir breit der Vollmond aus dem Meer steigt. Erneut möchte ich nirgendwo anders sein in diesem Augenblick.

Ob ich hier draußen, im Duft, noch vor der Dunkelheit einen halbwegs sicheren Ankerplatz in einer Bucht an der langen Sandküste Portugals finden kann? Doch mein Versuch misslingt. Zu unruhig ist das Meer, die Wellen sind zu hoch, als dass ich ruhig die Nacht dort verbringen könnte. Also weiter. Womit ich nicht gerechnet habe, sind die zahllosen Fisch- und Muschelfarmen, die dicht an dicht vor der Küste liegen. Ein ums andere Mal zwingen sie mich zum Ausweichen. Die meisten von ihnen sind spärlich beleuchtet, und manche auch überhaupt nicht. Eine Nachlässigkeit, die *Levje* schnell in Gefahr bringen kann, wenn ihr Propeller sich in einer der Leinen verfängt. Ich lasse das Radargerät mittlerweile mitlaufen, ich möchte diese Erfindung an Bord nicht mehr missen, erkenne ich dadurch doch schon Meilen voraus selbst die auf dem Wasser treibenden Bojen der Muschelfelder. Ohne die Radarschatten und eine aktuelle Seekarte würde ich in der Dunkelheit rasch ins Unheil rennen.

Kurz nach Mitternacht. Ansteuern der Lagune von Faro. Ich folge erst dem Leuchtturm. Und dann, um keinen Fehler zu machen, einem Fischer, der mich überholte. Ich lasse ihn eine Meile vorausfahren, danach nehme ich seinen Kurs auf. Auf dem Radar und der elektronischen Seekarte zeichnen sich die Konturen der Einfahrt und die Tonnen ab, die in der Dunkelheit das Fahrwasser markieren. Der Fischer biegt in den Einfahrtskanal, ich hinterher, dann kommen auch schon die Lichter von Faro in Sicht, die die Silhouette des Fischers ebenso wie die Lichter der Fahrwasserbefeuerung verschlucken. Ich sehe mein »Führungsboot« nicht mehr. Aber mit Radar und Seekarte geht's auch.

Ein Stück auf dem Kanal. Dort, wo er nach links abzweigt, ist in der Karte ein Ankergrund verzeichnet. Als ich nach vorn gehe, um den Anker klar zum Fallen zu machen, sehe ich plötzlich Zipfelmützen auf dem Wasser. Und reißende Gischt. Strömung? Oder gar eine Untiefe, auf die ich zulaufe? Blitzschnell bin ich im Cockpit. Drehe *Levje* mit Vollgas im Kreis. Doch der Sog, der hier herrscht, gibt uns nur langsam frei; an dieser Stelle ist bei Flut eine schnelle Strömung. Adrenalin pur! Was für ein grässlicher Gedanke, jetzt nach Mitternacht in der Strömung noch auf Grund zu laufen! Ich steuere mit pochendem Herzen zurück ins Fahrwasser, diesmal finde ich den in der Karte verzeichneten Ankerplatz auf Anhieb. Drei langsame Kreise in der Dunkelheit gedreht, um das Terrain unter *Levje* auf Felsen abzusuchen. Dann lasse ich den Anker fallen. Räume das Deck auf. Schalte das Ankerlicht oben am Mast und im Schiff das Rotlicht an. Schaue noch einen Moment meinem Schiff zu, dessen Ankerkette sich in der Flut straff spannt und wenig darauf wieder entspannt. Lausche dem Gurgeln des Stroms ums Schiff. Und den Geräuschen der Nacht, während über mir das Licht des Leuchtturms von Faro kreist. Ich bin in Portugal.

Ich denke über den zurückliegenden Abschnitt nach. Ich spüre noch immer meine schmerzende linke Hand, rekapituliere nochmals meine Fahrt durch die Meerenge von Gibraltar, den Schrecken von eben. Bis hierher war alles gut gegangen, mit Glück hatte ich Bruch und Unheil vermieden.

Früher, an meinem Schreibtisch, hatte ich mit den Jahren gelernt, stets mit dem Gefühl heraufziehenden Unheils zu leben. Unheil aus der Chefetage. Unheil aus der Konzernzentrale, das mit scheinbar harmlosen Fragen begann. Unheil in Form eines Anwaltsschreibens, das mit einem fett gedruckten Datum endete. Unheil war mein täglicher Begleiter. Ich pinnte mir den Satz des französischen Aufklärers Charles de Montesquieu über meinen Schreibtisch: »Es ist gut, in Bedrängnis zu leben. Das wirkt wie eine gespannte Feder.« Ich lernte, irgendwie mit dem hässlichen Druck zu leben. Mit ihm im Bauch einzuschlafen, mit ihm im Bauch aufzuwachen. Lernte, damit zu leben, dass dieses hässliche Gefühl spätestens jeden Sonntagnachmittag wieder zurückkehrte, sich bohrend in der Magenregion meldete. Und gelegentlich in das noch hässlichere Gefühl mündete, den Erwartungen niemals zu genügen. Dies war mein Schmerz, für den ich monatlich Schmerzensgeld bekam.

Hier draußen lebe ich ohne Druck. Die Gefahren und die Bedrohungen sind real. Und sie können größer sein als alles, was je über meinem Schreibtisch dräute. Doch ich sehe sie vor mir, ich kann begreifen, woher sie kommen, wie die Stromschnellen eben. Mein Sonntagnachmittag ist ein Nachmittag wie jeder andere. Das hässliche Gefühl ist weg.

Noch ein Blick zum Leuchtturm hinüber, der unbeirrt sein Licht in die Vollmondnacht schickt. Noch ein Blick hinüber zum Land. Noch ein Lauschen auf die Geräusche der Lagune, ihr Strömen, das Sirren der Eintagsfliegen, das Knarren der Ankerkette. Dann gehe ich nach unten in meine Kammer im Achterschiff und falle auf mein Bett. Am nächsten Morgen kann ich mich nicht mehr erinnern, wie ich einschlief. Doch ich vermute, es war, noch während ich aufs Bett fiel.

Kapitel 3
Auf dem Atlantik nach Norden.

Portugal.

Donnerstag, 28. Juni

Portimão, Portugal. Ein Fluss. Ein Storch.
Eine Entschuldigung. Und Sardinen in der Dose.

Ich war im Dunkeln in Portugal angekommen, und von der Küste habe ich nur ihren Geruch wahrgenommen, doch nichts gesehen. Erst als ich früh am Morgen aus den Lagunen den Anker aus dem Wasser hole und mich auf den Weg weiter nach Westen mache, sehe ich die Landschaft. Ich erfreue mich an den einsamen Sandstränden der Ilha da Barreta, die die Lagunen von Faro wie ein Damm vor dem Meer schützen, und später an den Feriendörfern, die wie fallende Tetris-Teilchen zwischen die Felsen der Steilküste gepurzelt scheinen, wo immer sich im Fels ein Spalt mit Sandstrand zeigt. Das Meer ist windstill. Ein grauer Tag, an dem ich entlang der Algarve westwärts von Faro in Richtung des 40 Seemeilen entfernten Flusshafens von Portimão segle.

Die Algarve ist der südlichste Teil Portugals, ein breiter Streifen Steilküste, von zwei Seiten eingeschlossen vom Atlantik, durchbrochen von Stränden und weiten Flussmündungen. Zu meiner Überraschung zähle ich entlang der 130 Kilometer langen Südküste fast zwei Handvoll großer Mündungen. Portugal scheint das Land der Steilküsten und Flussmündungen zu sein. Und der Sandstrände. Doch das eine gibt es nicht ohne das andere. Sandstrände entstehen, wo Flüsse ins Meer münden, wo sie Gesteinsmehl aus den Bergen waschen und zur Mündung spülen. Dort angekommen, erledigen Meeresströmungen den Rest und verteilen die feinen Partikel entlang der Küsten. Die Sandstrände der italienischen Adria entstanden so wie die endlosen Strände, die mich von der Algarve bis zur Bretagne und nach England begleiten werden.

Für einen, der aus dem Mittelmeer kommt, ist es zudem ungewöhnlich, dass Häfen meist in Flussläufen und nicht mehr in Buchten liegen. Ich hatte mir die Küste heiß und trocken vorgestellt, doch Portugal ist ein Land der Flussmündungen. Die Lagunen von Faro, sie habe ich um Mitternacht kennengelernt. Lagos liegt am Rio Bensafrim. Lissabon am Tejo. Porto am Douro. Und Portimão, mein Tagesziel an der Südküste, am Rio Arade, das ich am Nachmittag erreiche. Eine schmale Einfahrt zwischen zwei Molenköpfen und den Felsen führt in den Fluss, dem ich ein Stück folge und *Levje* in den Hafen am westlichen Ufer steuere. Weiter oberhalb sehe ich die Stadt.

Neugierig auf Portugal, lasse ich mein Schiff nach dem Festmachen am Steg der Marina zurück und wandere ins Stadtzentrum von Portimão. Es ist schlichter, als es die schnieke, an ein Edelresort erinnernde Marina erwarten lässt. Wer sie und den davorliegenden prachtvollen Sandstrand Praia da Rocha mit seinen Hotelanlagen verlässt und dem Fluss Arade entlang an kleinen Handwerkerhäuschen weiter Richtung Stadt folgt, erreicht nach halbstündiger Wanderung das einstige Industriestädtchen mit seinen stillgelegten Fischfabriken, die heute ein Fischereimuseum sind. Portimãos Stadtkern ist wohltuend einfach geblieben, er verbirgt sein ehrliches und manchmal auch sorgenvolles Gesicht nicht. Viele der einst wohlhabenden, mit blauen Fliesen geschmückten Häuserfronten stehen leer, die alte Bausubstanz verfällt. Allenthalben entdecke ich an den Häusern »Zu-vermieten«- und »Zu-verkaufen«-Schilder.

Neben dem alten, dem leise verfallenden Portimão gibt es

auch das junge. Um einen Ort zu begreifen, muss ich ihn erlaufen, zu Fuß durchstreifen, kreuz und quer. Eine halbe Stunde brauche ich, um über die einzige Brücke auf die andere Flussseite zu gelangen. Dort treibe ich mich bei einem Bootsausrüster herum, um nach Ersatzteilen für *Levje* zu suchen. In Spanien war das oft schwierig, aber hier bin ich am richtigen Fleck. Bootsausrüstung wird aus einem Grund, den ich nicht kenne, an dieser Küste akribisch betrieben. Ich finde fast alles, was ich brauche, und genieße es danach, auf dem Werftgelände im Schatten eines Baumes ein Bier zu trinken und dem weichen Portugiesisch der Werftarbeiter und Fischer in meiner Nähe zuzuhören. Kein Wort verstehe ich. Danach wandere ich über den Fluss zurück in die Stadt, wo sich halb unter die Flussbrücke gekauert Portimãos kleines Restaurantviertel versteckt. Auf dem Kamin eines Lokals hat ein Storch wenige Meter neben der viel befahrenden Flussbrücke ein Meisterwerk von Storchennest errichtet und putzt sein Gefieder.

Portimão ist eine Stadt der Jungen und der Alten, es scheint, als würde die Generation dazwischen fehlen. Ich folge erst den jungen Müttern, die mit ihren Kindern an der Hand Richtung Einkaufszentrum hinter dem Bahnübergang streben. Dann vom kleinen Bahnhof einem alten Mann, klein und gebeugt, ein Farbiger mit kurzem Kraushaar unter der braunen Kappe. Er trägt braune Hosen und ein Sakko, beides will von Größe und Farbe so gar nicht passen zum eher ärmlichen Erscheinungsbild des Mannes, als wären es die abgelegten guten Stücke anderer Personen. Als ich schnellen Schrittes an ihm vorbeigehe und wir fast zusammenstoßen, ist es sicher nicht seine Schuld. Doch er ist es, der sich entschuldigt. Er tut das so höflich und würdevoll, als hätte er lange in einem vornehmen Haus gearbeitet. Vielleicht war er dort Butler gewesen. Seine Entschuldigung ist formvollendeter als die meine. Ich bin berührt, wie mich Höflichkeit oft berührt. Würde ist keine Frage von Besitz oder

Hautfarbe. Würde kann man sich für alles Geld der Welt nicht kaufen. Wir grüßen uns kurz, und ich überlege, den Alten anzusprechen. Doch ich wage es so wenig, wie Parzival es im entscheidenden Moment wagte, die eine teilnahmsvolle Frage zu stellen, das einfache, empathische: »Was ist mit euch?« Auch ich wage es nicht. Und trage es wie Parzival als Schuld auf meinen Aventiuren durch die Welt. Den Alten zwischen den verfallenden Villen von Portimão, der die Kunst der Höflichkeit beherrschte, werde ich nicht vergessen.

Ich bin noch von der Begegnung bewegt, als ich mein eigentliches Ziel, die Shoppingmall, erreiche. Zu den Dingen, die das vereinte Europa teilt, gehören Shoppingmalls. Die Erfindung moderner Einkaufszentren an Stadträndern schwappte aus den USA zu uns herüber, sie kamen, als wir mobil wurden, weil jeder ein Auto besaß. Shoppingmalls fand ich im flirrenden östlichen Kreta neben den Pelzläden für reiche Russen, in Athen, im nicht gerade prosperierenden Brindisi bis nach Sizilien. Immer wenn ich in ein neues Land komme, sind Shoppingmalls das Erste, wonach ich Ausschau halte. Der Grund ist simpel. So grenzenlos Europa sein mag, mein Internetzugang endet, sobald ich eine Grenze überschreite. Meine Kommunikation via Internet bricht fast zusammen, die Navigation auf dem iPad ebenso. Kein WLAN? Kein E-Mail? Kein Wissen! Doch wo ein Wille ist, ist auch ein Weg, und wo eine Mall ist, ist auch eine SIM-Karte. Meist ist das eine zeitraubende Prozedur mit Anstehen und Formulare-Ausfüllen. Doch Portimão schlägt alles. In unbürokratischen drei Minuten verlasse ich den Telefonladen mit funktionierendem Internet.

Einkaufszentren und ihre Supermärkte sind auch der ideale Ort, um den Eigentümlichkeiten eines Landes, in dem ich zum ersten Mal bin, auf die Schliche zu kommen. »Sag mir, was du isst. Und ich sag dir, wer du bist.« Einkaufszentren sind schließlich Orte, die unser aller Ernährung grundlegend umkrempelten. Die kleinen Tante-Emma-Läden mit ihren beengten Platzverhältnissen hatten, weil beengt, ein reduziertes Angebot. Da konnten die neuen Grüne-Wiese-Märkte ganz anders loslegen: Dort war endlich Platz für lange Reihen Tiefkühltruhen, mit Tiefkühlgemüse und Tiefkühlhimbeeren und Tiefkühlpizza. Doch in dem großen Supermarkt hier halten sich die Tiefkühlreihen in Grenzen. Stattdessen stehe ich plötzlich vor einem mehr als fünf Meter langen Regal, gefüllt nur mit – Sardinendosen!? Es sind fast hundert verschiedene Büchsen, die mich anblicken. Fasziniert bleibe ich stehen. Sie haben dieselbe Größe. Doch sind sie wie kleine Kunstwerke unterschiedlich bedruckt und verpackt. Zum Beispiel in einer kleinen gelben Papierumhüllung, gelb bedruckt: *Sardinhas em Limão*, Sardinen in Zitronensaft. Wär mir heute nach Zitrone? Nein, ich glaube, ich bin heute eher klassisch drauf.

»Minerva« lese ich auf dem nächsten Etikett, es ist grün mit einer erhaben dreinblickenden Göttin, die die Dose huldvoll mit Eichenlaub bekränzt. *Sardines in Olive Oil with Smoke and Lemon Flavours*. Ob das nicht was für heute Abend wäre? Unter dem »Minerva« prangt stolz »Seit 1942«. Diese Zahl würde auf einer deutschen Verpackung niemals stehen. Und auf einer Verpackung der übrigen Westeuropäer wohl auch nicht. Welcher Hersteller in Deutschland wäre schon stolz, darauf hinzuweisen, womit er 1942, im Jahr des Untergangs der Stalingradarmee, sein Geld verdiente? »VW. Seit 1942«? Es wäre sicher ehrlicher. Aber Geschichte ist vor allem das, was eine Nation aus ihrem Gedächtnis gerne unter den Teppich kehrt. In Portugal ist man mit der Jahreszahl 1942 fein raus, am Zweiten Weltkrieg beteiligten sich in Europa nur Portugal, Spanien, die Schweiz und Schweden nicht. Für Portugiesen ist »1942« eine unbescholtene Zahl mit weißer Weste. Dafür fehlen auf portugiesischen Sardinenverpackungen andere Jahreszahlen. Jahreszahlen, auf die wir stolz sind. 1972 zum Beispiel.

Die frühen Siebziger waren Jahre, in denen sich Deutschland im Frühling zeigte und jung, als hätte es seine Vergangenheit abgestreift. Es richtete eine Olympiade aus, und Langhaarige reckten wenig später einen WM-Pokal jubelnd in die Höhe. In Portugal waren es die letzten Jahre einer Diktatur, deren Wunden bis heute nicht verheilt sind.

Ich nehme die nächste Büchse in die Hand, sie blinkt silbern wie ein polierter Angelhaken und trägt die Aufschrift »Tenorio«. Ein Herr mit gewaltigem Backenbart blickt von ihr mit einem »Was-kostet-die-Welt?«-Blick ins Weite. Er hat gut lachen, steht doch sein Konterfei unter dem Schriftzug *Grande prémio de Honra na Grande Exposição Industrial Portuguesa 1932* (»Großer Ehrenpreis der Industrieausstellung 1932«). Das ist zwar schon ein Weilchen her, doch ich begreife vor dem Sardinenregal, dass in diesem Land Sardinen nicht nur schnöde Ölsardinen sind, sondern historische Bedeutung haben. Nur was die Backenbart-Büchse beherbergt, da komme ich nicht gleich dahinter. Um das zu entschlüsseln, habe ich ja jetzt wieder Internet und den Übersetzer auf meinem Smartphone. Getrocknete Tomate mit *manjerição*, das portugiesische Wort für »Basilikum«. Wäre auch keine schlechte Wahl für heute Abend.

Und was bringt die Büchse ganz in Violett, auf der eine Frau mit Heiligenschein samt Fisch in der Hand und der Name »Santa Catarina. Açores« prangt? Katholisch und Messdiener, der ich einst war und der nie ganz verschwunden ist, löst dieses tiefe Violett natürlich etwas in mir aus. Pfingstliche Gefühle, wenn der Priester zum Fest der Erleuchtung ein Messgewand in genau diesem Violett trug. Nochmaliges Nachschlagen im Internet erleuchtet mich, dass es sich beim Inhalt dieser Dose um Thunfischfilets von den Azoren handelt. Wunderbarerweise mit *alecrim*. Nein, nicht in Babynahrung eingelegt, sondern in Rosmarin.

Und *Sardinhas em Tomate Picante aus Olhão* an der Algarve? Gerne was Heimisches, aber bitte heute nicht scharf.

Als ich den Supermarkt verlasse, bin ich wieder einmal dankbar für meine Reise. Und für die Tatsache, dass ich überhaupt die Chance bekam, durch die Welt zu ziehen, wie ich es heute tue. Die Welt um uns herum ist ein Museum. Eines, das uns Leben erklärt. Jeder Ort, selbst ein x-beliebiger Supermarkt, kann zum Ort des Verstehens werden, an dem man sich und viel von seiner eigenen Geschichte begreift.

Längst hat sich die Dunkelheit über Portimão gesenkt, als ich den verlassenen Weg zurück in den Hafen wandere. Ich bleibe noch für den Abend im Restaurant der Dona Barca unter dem Storchennest, um zu Abend zu essen. Und probiere Bacalhau, den Stockfisch. Noch so ein Fisch, der in diesem Land eine Bedeutung hat, die ich bislang nicht verstehe. Die meisten Gäste scheinen Einheimische zu sein. Ich sehe der Besitzerin des Lokals bei ihrer Arbeit zu, wie sie in wallendem Gewand die meisten Gäste namentlich begrüßt und zu ihren Tischen führt.

Der Zeiger von *Levjes* Borduhr zeigt Mitternacht. Die Geschichte, wie die Sardine ihren Weg in die Dose fand, muss für heute ungeschrieben bleiben. Und die des Bacalhau auch. Ich hebe sie mir auf. Doch ich werde sie schreiben. Ganz bestimmt.

Freitag, 29. Juni

Sagres, Portugal. Wo Europa endet.
Die verflixte Tide.

Die Welt sieht regnerisch aus an diesem Abend, an dem ich die Bucht von Sagres erreiche. Und regnerisch sieht sie auch noch aus, als die Sonne hinter dem Horizont verschwindet und die Wolken von unten in gleißendes Rot taucht und mit ihnen die Strudel und Wirbel von Wolkenfetzen über dem Strand. Am Himmel ein Ringen, von dem nicht klar ist, wie es wohl enden wird.

Ich schaue kurz in die elektronische Karte auf meinem Handy. In der Darstellung des europäischen Kontinents sehe ich mich gerade als kleinen blauen Punkt ganz am Rand im äußersten Südwesten Portugals, der gleichzeitig der äußerste Südwesten Europas ist. Ich bin dort, wo in der Karte das Grün des Festlands endet und das endlose Blauschwarz des Atlantiks sich bis zu den Küsten des amerikanischen Doppelkontinents erstreckt. Bislang führte mich mein Kurs um Europa herum immer westwärts. Ab hier, ab dem Kap von Sagres, geht es nur noch nach Norden.

Sagres ist ein kleiner Flecken am Ende der Welt. Knapp 2000 Einwohner, ein paar Restaurants, ein Postamt, eine Apotheke, ein Supermarkt. Und zu Füßen des Ortes der Fischereihafen, den eine Ehrfurcht gebietende Betonmauer schützt. Das massige Bollwerk führt mir vor Augen, was Manoel, der alte Marinero, gemeint hatte, der mir gestern im Hafen von Portimão half, mein Boot zu vertäuen. Ich hatte Manoel gewohnheitsmäßig gefragt, aus welcher Richtung an dieser Küste der gefährlichste Wind wehen würde. Ich hatte an Wind aus westlichen Richtungen gedacht, an den Nordwest oder den Südwest wie in Sizilien. Aber jede Küste ist anders, jede hat ihre eigene Art von Stürmen, das hatte ich schon im Süden Siziliens gelernt. »Vor dem Nordwest sind wir hier im Süden geschützt«, hatte Manoel geantwortet. »Aber wenn der Ostwind weht, können es heftige Tage werden. Er ist der gefährliche Wind.« Mehr als alle Worte Manoels drückt die nach Osten weisende Mauer des Hafens von Sagres aus, was er meinte.

So abseits es heute liegen mag, ein Ort am Ende der Welt war Sagres beileibe nicht immer. Sagres und die benachbarten Häfen von Lagos, Portimão und Faro waren nicht das Ende, sondern der Anfang einer neuen Welt. Hier begann sie.

Sagres. Es ist lange her. Vor fast vierzig Jahren begegnete ich dem Ort zum ersten Mal, an einem Novembernachmittag in der staubigen Heizungsluft einer Universitätsbibliothek. Ich hatte keine Lust zu lesen, was ich sollte. Ich schmökerte lieber und versank in alten Bänden, und einer erzählte von Sagres. Wie ein Mann namens Dom Henrique o Navegador, Heinrich der Seefahrer, von Sagres aus, diesem weit nach Südwesten in den Atlantik ragenden Sporn, Anfang des 15. Jahrhunderts Schiff um Schiff auf Entdeckungsfahrt ausgesandt hatte. Wie der Mann wieder und wieder erwartungsvoll auf der Klippe stand und Abend für Abend auf die Rückkehr seiner Schiffe wartete. Mit diesem Bild im Kopf endete mein Novemberabend in der Bibliothek. Und mit ihm im Kopf war ich im ersten Schneetreiben des Jahres nach Hause getrabt.

Das Bild des Mannes auf der Klippe verschwand auch danach nicht. Sagres, fast vierzig Jahre später. Ein Nordwest weht von Portimão herüber. Er begann sanft, doch nun weht er schneidend über die Steilküste. Der Himmel überzieht sich grau, vom Sommer in Portugal hatte ich andere Vorstellungen gehabt. Vor den Klippen und der hohen Betonmauer des Hafens drehe ich *Levjes* Nase in den Wind, um die im Starkwind knatternden Segel zu bergen und im Hafen zu ankern. Doch daraus wird nichts. Hinter der beeindruckenden Betonmole liegen Trawler, Fischkutter, Schlauchboote wirr durcheinander. Mir vergeht die Lust, mein Schiff in diesem Durcheinander an einen der schartigen Stege zu steuern.

Und wohin jetzt? Ich mühe mich, nördlich des Hafens unmittelbar am Fuß der Klippen zu ankern, wo der Kiesstrand flach ins Türkis ausläuft. Doch wie ich es auch anstelle, *Levjes* Bügelanker, der sonst sofort fest zubeißt, will und will diesmal nicht halten. Mehrfach lasse ich den Anker fallen, ziehe vorsichtig unter Motor daran, um zu prüfen, ob er hält. Doch jedes Mal rutschen *Levje* und ich nach hinten. Dann ist plötzlich die Dämmerung da. Ich gebe entnervt auf und steuere mein Boot eine Meile weiter vor einen Sandstrand, wo einsam ein Katamaran liegt und die unbewohnte Insel, die im weichen Blau des Abends daliegt wie ein gestrandeter Pottwal. Vor dem Sandstrand versuche ich es erneut. Diesmal hält er, ich ankere auf dreieinhalb Meter Wassertiefe, das ist genug für *Levjes* Zwei-Meter-Tiefgang.

Das Tageslicht ist fast verschwunden, ich kann nicht mehr sehen, wo der Anker nun wirklich hingefallen ist, doch er hält. Nachts sind alle Katzen grau – wo und wie mein Anker nun liegt, muss mir egal sein. Ich kann es nicht ändern, Hauptsache, er hält die Nacht über. Das tut er auch. Alles fein.

Nach den stundenlangen Ankerversuchen brauche ich jetzt was Warmes zu essen. Ein Topf heißer Kartoffeln? Mit zerlaufener Butter? Und grobem Meersalz darüber? Die eine oder andere Flasche Bier aus Sizilien ist auch noch im Kühlschrank.

Ich verschwinde unter Deck und setze den Schnellkochtopf auf den Gasherd.

Eine halbe Stunde später komme ich wieder an Deck, balanciere einen Teller mit heißen Kartoffeln und Butter die Treppe hinauf. Der Wind ist fort, die Sonne auch. Über dem Strand erleuchtet sie ein allerletztes Mal von unten die wirren Wolkenwirbel, mein grandioses Feuerwerk und mein einzigartiges Meereskino während des Abendessens. Alles ist gut.

Jedenfalls ist es das, bis keine halbe Minute später mein argloser Blick auf *Levjes* Tiefenmesser fällt. Ich muss zweimal hinsehen. Dann noch einmal. Statt dreieinhalb Meter zeigt der Tiefenmesser nun fast einen Meter weniger. Ich habe nur noch 50 Zentimeter zwischen meinem Schiff und den Felsen am Grund. Nicht mehr als fünf Handbreit Wasser.

Ich Esel. Das Wasser ist deutlich gefallen. Noch immer habe ich mich nicht daran gewöhnt, seit Gibraltar in Gewässern unterwegs zu sein, in denen Ebbe und Flut wechseln. Das Wasser fällt, und wenn es weiter fallen sollte, dann gute Nacht. *Levjes* langer Kiel würde demnächst auf dem Grund aufsetzen, danach würde mein Schiff zur Seite kippen und läge bald am Strand wie die Insel da drüben: als gestrandeter Wal. Die Schäden, die das verursachen würde, mag ich mir nicht ausmalen.

Im nächsten Moment im Internet den Tidenkalender aufrufen und mit zittrigen Fingern »Niedrigwasser Sagres« eingeben, geschieht in ein und demselben Augenblick. Niedrigwasser. Aha. Erst in einer Stunde. Das ist die schlechte Nachricht. Und die gute? In dieser Stunde würde der Pegel nur noch um zehn Zentimeter fallen. 2,40 Meter. Also bleiben uns mindestens 40 Zentimeter Wasser unterm Kiel. Wenn's dumm käme und der Wind uns weiter zum Sandstrand triebe, würden uns mit etwas Glück die unter Seglern viel beschworene »Handbreit Wasser unterm Kiel« bleiben.

Die Freude über mein Abendessen ist verflogen, ich habe nur

noch Augen für den Tiefenmesser. Ich beobachte ihn und die Umgebung, bis mir fast die Augen zufallen. Ich frage mich: Wie haben sie das gemacht, die Seeleute, die Heinrich der Seefahrer ausgesandt hatte? Ohne Internet. Ohne sofort verfügbaren Tidenkalender? Ohne Verzeichnis der Ströme, der Leuchtfeuer, nur auf sich selbst gestellt? Ich denke an den Mann, der von dort oben, wo die steinerne Windrose in den Klippen eingelassen ist, seine Schiffe weit nach Westen Richtung Amerika und nach Süden die afrikanische Küste hinunter ausgesandt hatte. Hat er wirklich einmal auf der Klippe hinter mir gestanden?

Vielleicht waren auch die Flüsse daran schuld. Die Flüsse und das Meer. Flüsse wie der Arade sind so breit, dass sie das Festland zerteilen und einstigen Reisenden ein Hindernis waren. Wenn die Bewohner hinüberwollten, mussten sie lernen, gute Boote zu bauen. Vielleicht hatte sich hier in diesem Winkel Europas die Kunst der Römer, ein gutes Boot aus Holz zu bauen, länger gehalten als anderswo. Ein Boot, mit dem man nicht nur den Fluss überqueren konnte, sondern das stabil genug war, auch auf dem Meer den Fischen nachzustellen. Ein Boot, das einen sicher wieder zurück in die Flussmündung brachte, wenn einmal der Ostwind hart wehte.

Was trieb einen Menschen wie Dom Henrique, der selbst kaum zur See gefahren ist, Schiff um Schiff auf Entdeckungsfahrt zu schicken? Es gibt ein Gemälde von ihm, dem Mann mit dem Beinamen »der Seefahrer«, obwohl er kaum an Deck eines seiner Schiffe gestanden hatte. Ein Mann mit hagerem Gesicht und wachem Händlerblick. Schwere Lider. Ein gepflegter Oberlippenbart und volle, doch skeptische Lippen. Er ist kein Schwärmer, eher ein Realist, ein Mann, der kühl das Machbare kalkuliert. Waren es die Bücher, die Reiseberichte, die er gelesen hatte? Er kannte *Rihla* (»Die Reise«), das Buch des Ibn Battuta, das die fantastische Reise des Mannes aus Marokko bis nach Indien im 14. Jahrhundert beschrieb. Er hatte es ebenso gelesen wie Marco Polos *Milione*. Ob es Fernweh war, das einen vermögenden Menschen des Mittelalters trieb? Wohl kaum. Im Fall von Heinrich dem Seefahrer war es eher ein Mix aus Händlerkalkül, Machthunger und Unternehmertum. Mit einundzwanzig war er jugendlicher Anführer eines Eroberungszugs, um über den Golf von Cádiz und durch Gibraltar Ceuta zu erobern, die heutige spanische Enklave in Marokko. Europa wunderte sich, Kopfschütteln der Zeitgenossen. Portugal? Nie gehört. Und den Namen Dom Henrique schon gar nicht.

Die damalige Welt endete vor der marokkanischen Küste. Amerika war noch nicht entdeckt, Australien sowieso nicht. Indien kannte man dem Namen nach als Land, wo der Pfeffer wächst. Mit eigenen Augen hatte es gerade eine Handvoll Reisender gesehen, die es dorthin über den Landweg und vor allem wieder zurück geschafft hatte. Und die afrikanische Küste über Marokko nach Süden, die hatte noch keiner befahren, das war Feindesland. Territorium des Islam, wenn überhaupt. Weiter südwärts lag das Ende des Meeres, von dem sich Seeleute schaudernd Geschichten erzählten. Es würde brennen und jedes Boot verschlingen, das über diesen Punkt hinauskäme. Irgendwo dort, so hielt sich hartnäckig das Gerücht, sollte in diesen fernen Landen ein christlicher Priesterkönig leben, Johannes. Aber den hatte keiner je gesehen.

Gerüchte waren dem Mann mit den schweren Augenlidern nicht genug. Dom Henrique glaubte den Geschichten nicht. Er stellte Fragen. Er wollte wissen, was dort draußen war, schickte Männer auf Schiffen hinaus, die nachsehen sollten. Gil Eanes war einer der ersten. Er stammte von einem der Algarve-Flüsse, er kannte sich aus mit Booten und dem Wind und wagte sich in einem einfachen Fischerboot mit ein paar Gefährten die afrikanische Küste hinunter. Er schaffte es weiter nach Süden, schaffte es, die magische Grenze, das Kap von Bojador, zu überwinden, vor dem widrige Winde und nicht minder widrige Strömungen jeden anderen ausgebremst hatten. Als er zurückkam, hatte er das große Feuer nicht gesehen. Dafür aber große Flüsse, an denen die Mauren Gold und Silber von Einheimischen erschacherten. Und Sklaven. Wenn man sich an diesem Handel beteiligen wolle, bräuchte man andere Schiffe als die kleinen Flussschiffe. Solche, die leichter gegen den Wind ankämen. Größere, die mit mehr Nahrung weiter die Küste hinuntersegeln und genug Ladung aufnehmen konnten, um Kapitäne und Eigner reich zu machen.

Heinrich der Seefahrer ließ nach den Ideen seiner Kapitäne neue Schiffe bauen, größere, die in immer kürzeren Abständen die afrikanische Küste nach Süden segelten und sich in die an der Küste gelegenen Sklaven- und Goldmärkte einklinkten. Und in die Geschäfte maurischer Händler. Wahrscheinlich hatte Dom Henrique das von seinem Vater gelernt: Mauren vertreiben und arabische Händler aus dem Geschäft drängen. Das waren Motive, die seine Kapitäne nicht nur weiter nach Süden führten, sondern auch nach Westen, nach Madeira, zu den mitten im Atlantik liegenden Vulkankegeln der Azoren.

Ob er oben auf der Klippe in Sagres nach seinen Schiffen Ausschau hielt, wie ich es in einer staubigen Bibliothek gelesen hatte, kann keiner sagen. Er hat jedenfalls in dem Dorf da oben auf den Klippen seine letzten Tage verbracht. Als er ein halbes Jahrhundert vor Kolumbus' Fahrt in den Westen stirbt, ist das winzige, in Europa unbekannte Portugal die führende Seemacht Europas. Keiner außer den Portugiesen hat den Atlantik bis zur Sargassosee bereist und kartiert. Keiner außer den Portugiesen hat das nördliche Drittel der afrikanischen Küste bis Sierra Leone mit Handelsposten überzogen. Doch sie drängen weiter nach Süden und Westen, immer weiter.

Die Geschichte des Mannes auf der Klippe von Sagres mit

den schweren Augenlidern und dem nüchternen Händlerblick: Sie hat nicht nur mich an einem Novembernachmittag träumen lassen von langen Reisen auf dem Meer. Der Mann auf der Klippe steht für das neue Zeitalter, in das sich nicht nur sein Land, sondern Europa katapultierte.

Samstag, 30. Juni, morgens

Cabo de São Vicente. Das Licht am Ende Europas.

Am Morgen hat sich die Ankerkette verklemmt. Als ich in der Bucht von Sagres den Anker aufholen will, haben *Levjes* nächtliche Drehungen die schwere Stahlkette dutzendfach um Felsplatten und Steine geschlungen. Ich komme nicht los, die Kette hält mich fest. Ich muss ihren Windungen nachfahren, sie Stück für Stück vom Grund heraufholen, sobald die Felsen einen Meter freigeben. Immer wieder laufe ich vom Steuerrad achtern nach vorn, um nachzusehen, wo und wie sich die Kette am Grund um die Felsen schlängelt. Ein Geduldsspiel. Eine halbe Stunde später habe ich den Anker frei. Reisende brauchen manchmal einfach Glück.

Es ist ein windstiller und dunstiger Morgen, an dem ich von meinem Ankerplatz aufbreche und das ein paar Seemeilen entfernte Cabo de São Vicente ansteuere. Wie die Spitzen eines Hufeisens ragt es weit in den Atlantik hinaus und markiert Europas einsames südwestliches Ende.

Von See aus ist der Leuchtturm von Cabo São Vicente unverwechselbar. Vor ihm liegt der markante, fast 20 Meter hohe Felsen im Meer, den die Fischer »Gigante« tauften, der wie ein riesiger Wächter den roten Leuchtturm auf der buckligen, bröckeligen Steilküste bewacht. Oben auf dem Plateau drängt sich ein Geviert weiß gekalkter Häuser, aus dem sich das Stockwerk mit dem Feuerhaus rot erhebt. Sein Fenster, das die Linsen schützt, blickt im Vergleich zu den umliegenden Gebäuden überdimensioniert wie das große Facettenauge einer Fliege aufs Meer. Hinter dem vergitterten Fenster, durch das der Leuchtturm nachts sein Licht schickt, ist eines der weittragendsten Feuer in Europa montiert: 32 Seemeilen, fast 60 Kilometer, leuchtet es. Das muss es auch, denn vor dem Leuchtturm von Cabo de São Vicente kreuzen sich die großen Wege: der von Nordeuropa laufende Schiffsverkehr nach Südeuropa und Afrika. Und der aus dem 6000 Kilometer entfernten Nordamerika ins Mittelmeer und von dort heraus.

Es ist ein einsamer Ort, nicht nur von See aus. Wer zu Land von Sagres aus auf der gut ausgebauten Klippenstraße mit dem Auto anreist, ist auf dem baum- und strauchlosen Plateau keine Viertelstunde unterwegs. Europa endet unscheinbar am Cabo de São Vicente. Kaum ein halbes Fußballfeld misst die Fläche, auf dem sich die Gebäude um den Leuchtturm drängen.

Doch so verlassen, so einsam dieser Ort am Rand Europas mir heute auch erscheinen mag: Wirklich verlassen war er wohl nie, dafür ist der Punkt zu markant. Er ist ein Ort des Übergangs, und nicht bloß deshalb, weil hier die nach Westen verlaufende Küste nach Norden dreht. Es scheint auch ein Ort des Austauschs gewesen zu sein zwischen dem Nordwesten Europas und dem Südosten. Steinreihen nach dem Vorbild der Bretagne gab es hier ebenso wie frühe Völker, die lange vor allen anderen Nachbarn im weiten Umkreis ihre eigene Schrift besaßen und Dinge schriftlich festhielten. Für die alten Griechen mochte hier die Welt enden, aber es war kein namenloses Ende. Selbst in der Ägäis kannte man den Namen des Volkes, das hier lebte, die Kyneter, weil sie im Westen die Einzigen waren, die Schriftzeichen besaßen und auch benutzten. Ob die Griechen wussten, dass die Kyneter ihre rätselhafte Schrift von durchreisenden Phöniziern vom anderen Ende des Mittelmeers übernommen hatten? Sie wären wieder einmal neidisch gewesen, sie mochten sie nicht recht leiden.

Cabo São Vicente heißt nach einem Mann, der ebenfalls weit aus dem Osten stammte und unter den Händen römischer Folterer sein Leben gewaltsam verloren hatte, irgendwo in der heutigen Türkei in der Zeit der Christenverfolgung. Die Sage will es, dass der Leichnam des Märtyrers in eine Tierhaut eingenäht genau an dieser Stelle angespült wurde, weshalb die hier lebenden Christen ihm oben auf dem Felsen einen Schrein errichteten. Noch ein weiterer arabischer Reiseschriftsteller aus der Zeit der Mauren-Herrschaft berichtete etwas gruselnd, der Schrein werde stets von Raben bewacht, die das kleine Heiligtum umschwirrten. Vielleicht hatte er mit den Raben die schwarz gewandeten Benediktinermönche in ihren flatternden Kutten gemeint, die irgendwann nicht nur die Gebeine des Heiligen, sondern auch das Leuchtfeuer kurze Zeit und dann immer sporadischer hüteten.

Raben sehe ich jedenfalls keine vor den Klippen. Ich sehe nur das Segelboot, das die Nacht am Fuß der Felsen verbrachte und vor den Klippen erbärmlich schaukelt. Ich sehe niemanden an Deck, doch ich ahne die unruhige Nacht, die der Skipper und seine Crew hinter sich haben. Woher sie wohl kamen, dass sie hier draußen ankern? Vom Atlantik? Von hier aus könnte auch ich wie Christoph Kolumbus in sieben Wochen in der Karibik sein. Oder nach Süden der afrikanischen Küste folgen, wie die portugiesischen Entdecker Gil Eanes oder Vasco da Gama. Oder nach Norden, der portugiesischen Küste entlang ins raue Nordspanien und in die Bretagne.

Möglichkeiten gäbe es viele. Ich bleibe bei dem, was ich mir vorgenommen habe. Langsam drehe ich *Levjes* großes Ruderrad nach rechts. Bis ihr Bug genau nach Norden weist. Nach Nordeuropa.

Samstag, 30. Juni, abends

In den Straßen von Sines. Die Geschichte eines
Entdeckers. Und die eines Restaurantbesitzers.

Als ich am Abend auf die Stadt Sines zusegle, zeigt sie mir zunächst ihre unschöne Seite. Raffinerien weit vor der Stadt im Südosten. Auf Reede ankernde Tanker und Spezialschiffe, zwischen denen ich *Levje* im Slalomkurs hindurchschlängele. Dann muss ich durch den weiten Industriehafen, um den Stadthafen zu erreichen, der hinter der übermannshohen Steinschüttung kauert. Doch Sines ist, wie mancher Mensch auch, etwas für den zweiten Blick. Der erhabene Felshügel, der den weitläufigen Sandstrand wie ein vergessenes Heiligtum in zwei Hälften teilt, in den flachen Sand geworfen wie Ayers Rock in Australien. Die Festung vor der Stadt, die den Hafen bewacht. Und in der vermutlich jener in Portugal landauf, landab verehrte Vasco da Gama geboren wurde. Vasco da Gama, der Afrikas südlichsten Punkt, das Kap der Guten Hoffnung, umsegelte und die Portugiesen erst ins ostafrikanische Mosambik und dann nach Indien brachte.

Die Sonne ist fast untergegangen, als ich mich im Abendwind von der Marina in den Ort hinter der Festung aufmache. An diesem letzten Juniabend gehe ich erst die leere Promenade am Sandstrand entlang, wo nur ein einsamer Jogger seine Runde dreht und nichts vom üblichen sommerlichen Getriebe und Geschiebe an europäischen Stränden zu sehen ist.

Eine schmale Straße führt dann nach oben durch Schilfhalme, die sich im Wind wiegen, bis ich vor den Mauern der Festung stehe. Vor dem Eingang ist ein Schild angebracht: »Geburtsort von Vasco da Gama, Seefahrer«. Auch hier liegt der Ort bis auf ein paar Touristen verlassen da.

Ein paar Schritte weiter stehe ich vor einem eigentümlichen Gebäude. »Adega de Sines«, lese ich über der Tür. Ob es die eigenwillige Typografie ist, in der der Schriftzug prangt, die mich neugierig macht? Eine eigentümlich großstädtische Typografie, fast ein wenig Art déco – wie ist die hier nach Sines gekommen? Oder die in Weiß und Blau aufgemalten Jugendstilornamente im Putz? Oder das Emblem, das wie der Kopfschmuck eines Pharaos den Dachfirst ziert? Wie der ganze Ort scheint auch dieses Gebäude mit dem auf die Hauswand gemalten Wellenmuster einer anderen Epoche anzugehören. Doch die Farben sind neu. Nicht sie sind es, die alt sind. Da liebt und pflegt jemand, was Teil seines früheren Lebens gewesen war, als wäre es immer noch da.

Als ich eintrete, ist hinter der blauen Tür ein hoher Raum, in dem zwei Reihen Holztische stehen, um sie herum kleine Hocker aus schwerem Holz und kantig wie Melkschemel. Die mit vergilbtem Marmor verkleidete Rückwand ziert ein Altar bunter Flaschen. Ihre Etiketten blicken den Eintretenden so erwartungsvoll an wie die übrigen Dinge, die sich im Lauf der Jahrzehnte hier versammelt haben, um der Zeit beim Verfließen zuzusehen. Oder sind sie nur da, um den Gästen der Adega die Auswahl leichter zu machen?

Die Speisekarte auf einer Tafel an der Wand ist so schlicht gehalten wie das Interieur: ein Zicklein aus dem Ofen. Mageres Spanferkel vom Grill. Gegrillte Sardinen und Grillhähnchen. Als ich etwas schüchtern frage, wo ich mich setzen dürfe, weist die Wirtin lächelnd mit offener Hand über die Tische. Sie ist um die siebzig, wie ihr Mann, der im weißen T-Shirt am

Nebentisch sitzt und auf seine Hände schaut, während er mit einem Gast redet. Zwei Pärchen sitzen da und essen. Während ich mir einen Platz mit Blick auf die marmorne Altarwand suche, füllt sich das Lokal mit einer Gruppe Schülerinnen, begleitet von ihren Trainern, offensichtlich nach einem Wettkampf. Plötzlich ist der eben noch leere Raum voller Stimmengewirr. Geschrei einer Küchenmagd dringt aus der Küche, als ob Hektik wegen der Gäste ausbricht, Geschrei, das unter der hohen Decke der Adega hängen bleibt.

Adega. Erst später sollte ich erfahren, dass das Wort »Weinkeller« bedeutet. Wegen des Weins kommen die Gäste längst nicht mehr. Die Adega de Sines steht hoch in der Gunst der Einwohner, und auch die Internet-Bewerter katapultieren das Lokal regelmäßig an die Spitze. Das hat mit dem grauhaarigen Mann zu tun, der im weißen T-Shirt und mit abgearbeiteten Händen am Nachbartisch sitzt und gelassen auf Gäste wartet.

Ob er denn jeden Tag geöffnet habe, frage ich ihn. »Fast jeden, nur sonntags nicht«, sagt der Mann etwas förmlich. »Meistens stehe ich da vorne am Grill, neben dem Fenster zur Straße, und grille Sardinen oder Hähnchen.« Während er erzählt, schaut er abermals nachdenklich auf seine abgearbeiteten Hände, die mehr über sein Leben erzählen, als er es mit Worten je könnte. Neuerliches Geschrei hinten aus der Küche, die Wirtin trägt Teller mit Pommes und Salat zu den Schülerinnen, mit ebenjenem »o Frango« obendrauf, der platt gedrückten portugiesischen Variante eines Hähnchenstücks, über das sich die Schülerinnen wie hungrige Wölfinnen hermachen.

»Das ist meine Frau Edite. Und ich bin Luís, Luís Delmar Rodrigues. Nein, ich bin nicht hier aufgewachsen in Sines. Ich komme aus Mosambik.« Und dann, während ich auf mein Hähnchen warte, erzählt Luis eine Geschichte. Von sich, von Edite, von Portugal und der Adega de Sines.

1976 verließ Luis zusammen mit Edite ihre bisherige Heimat.

Er tat es nicht freiwillig. So ruhmreich der landauf, landab verehrte Vasco da Gama und seine Entdeckungen an der afrikanischen Ostküste waren, so schwer tat sich Portugal in den Siebzigern und Achtzigern, sein Selbstverständnis als bedeutende Kolonialmacht aufzugeben und seine Kolonien in die Unabhängigkeit zu entlassen. Erst führte Portugal als hochgerüstete europäische Seemacht Krieg gegen die Unabhängigkeitsbewegungen. Dann, kaum dass die Unabhängigkeit in Mosambik endlich erkämpft war, zerstörten Bürgerkriege die einstigen Kolonien. Die Bewohner dieser Republik in Südostafrika gingen aufeinander los. Rechts gegen links. Ultras gegen Kommunisten. Reiche gegen Arme. Mosambik versank im Strudel. Über fünf Millionen Menschen wurden vertrieben.

Luís Delmar Rodrigues und seine Frau hatten dort ein Hotel besessen. In den Wirren des Bürgerkriegs beschlossen die Eheleute, ihren Besitz aufzugeben und an einem anderen Ort ein neues Leben zu beginnen. Sie kehrten nach Portugal zurück, dessen Sprache sie sprachen, doch das nie ihre Heimat gewesen war. Die Geschichte will es, dass Luís und Edite ausgerechnet in Sines landeten, dem Geburtsort Vasco da Gamas, des Entdeckers von Mosambik. Ihre ersten Schritte führten sie vor das Weinlokal mit Namen »Adega de Sines«. Das war 1976 gewesen, vor mehr als einem halben Jahrhundert. Tio Luís oder »Ti Luís«, »Onkel Luis«, wie ihn die Einwohner von Sines liebevoll nennen, beschloss kurzerhand, das Lokal zu übernehmen, und machte daraus, was es heute ist.

»Ich mochte das Gebäude. Als ich es sah, war ich Ende zwanzig«, sagt Luís. »Es erzählt von guten Zeiten. Ich habe die Farben so gehalten und streiche es alle paar Jahre so, wie ich es vor einem halben Jahrhundert gefunden habe, in Weiß und Blau.«

Vielleicht ist dies die tiefere Wahrheit, die mir im Kopf umgeht, während ich durch das nächtliche Sines streife, hinunter in den Hafen. Die Abenteuer beginnen, wenn wir unser Zuhause verlassen. Ich überlege, ob ich jemanden kenne, den nicht irgendetwas zwang, sein Nest zu verlassen und zu wandern, im Kleinen wie im Großen. Wir müssen es – unterwegs sein. Und manchmal finden wir unser Glück ganz unverhofft an einem Ort, von dem wir es uns nie zuvor hätten träumen lassen.

Und Vasco da Gama? Nicht anders als gewöhnliche Menschen sterben auch Entdecker nicht, wo sie geboren wurden. Vasco da Gama beschloss sein Leben nicht in Sines, sondern weit, weit weg, auf seiner dritten Fahrt nach Indien, dort, wohin er als Erster mit enormer Zähigkeit den Seeweg nach Indien eröffnet hatte. Gewürze, Pfeffer, Seide, Weihrauch, Stoffe – alles, was 4000 Jahre nur auf dem Landweg über die Seidenstraße nach Konstantinopel und von dort übers Mittelmeer in die Städte Zentraleuropas gelangt war, erreichte Westeuropa nun auf direktem Weg. Ohne lästige Zwischenhändler. Und nur auf einem einzigen Transportmittel. Einem einzigen Rahsegler, der die Strecke zwischen Indien und Portugal in einigen Monaten zurücklegen konnte.

Keine fünfzig Jahre nach Heinrich dem Seefahrer krempelte Vasco da Gama mit seiner Methode, an die Luxusgüter Asiens heranzukommen, nicht nur Europa, sondern die Welt um und machte Portugal reich. Und das Mittelmeer, das 4000 Jahre das Zentrum Europas gewesen war, zu einer Sackgasse. Die großen Handelsströme, die liefen ab jetzt anderswo und am Mittelmeer vorbei.

Vielleicht ist dies das Geheimnis der Adega, was diesen nicht unbedingt attraktiven Ort attraktiv macht. Irgendwie bleibt die Zeit stehen an einem Ort wie der Adega von Sines. Er ist nicht hipp und auch nicht in. Und doch ein Ort, an dem ich gerne bin, weil meine Unrast einer großen inneren Ruhe weicht. Wo nicht nur die Dinge Geschichten von anderen Leben und anderen Zeiten erzählen.

Sonntag, 1. Juli

Lissabon. Der widerspenstige Fluss.

Meer ist nicht gleich Meer. Es ist fast zwei Wochen her, dass ich das Mittelmeer verlassen habe und im Atlantik unterwegs bin. Und doch komme ich mit dem Ozean und seinen Bedingungen noch nicht ganz zurecht. Vor allem das Auf und Ab des Meeres, die Gezeiten, birgt immer wieder Überraschungen. Ich hatte mich vor dem Ablegen in Sines gründlich vorbereitet, hatte meinen Tidenkalender studiert. Niedrigwasser in Lissabon um 23:45 Uhr. Das hieß: Wenn ich den Tejo hinauf in einen der Stadthäfen einlaufen wollte, hätte ich bis Mitternacht starke Strömung gegen mich. Doch ab Mitternacht würde der große Fluss plötzlich stillstehen und die Strömung sich langsam umkehren.

In Sines kam ich erst am Nachmittag los, ich war in der Festung umhergestreunt, hatte mir die Vitrinen angesehen mit den Dingen, die Menschen an dieser Küste hinterlassen hatten, etwa bunte Glasperlen, die vielleicht einmal den schlanken Hals einer phönizischen Frau geziert hatten. Ich war noch einmal zur Adega des Sines hinaufgestiegen, um mit Luís und Edite zu reden, doch die Tür war verschlossen und das Gebäude verwaist. Der außergewöhnliche Moment war unwiederholbar vorbei. Es war früher Nachmittag, als ich zum Hafen zurückkehrte und *Levjes* Motor startete.

Kaum aus dem Hafen, nehme ich die Seekarte zur Hand und rechne nach. Meine Ankunft in Lissabon wäre um Mitternacht. Von den infrage kommenden Häfen entscheide ich mich für einen an der Mündung des Flusses, weit vor der Stadt, so würde ich nicht mühevoll gegen den Ebbstrom flussauf motoren müssen. Die Marina von Oeiras schien mir am geeignetsten. Sie liegt in einem Vorort Lissabons und nicht so weit von der Hauptstadt entfernt wie das westlich gelegene Cascais.

Noch bevor ich in der Dunkelheit die Mündung des Tejo erreiche, legt der Wind zu. Es ist nicht viel, gerade fünf Windstärken. Doch es reicht, um das Meer, das mich den langen Sonnenuntergang bis hierhergetragen hat, gründlich zu verändern. *Levje* läuft unter Segeln immer noch nordwärts, doch die Kraft des über tausend Kilometer langen Flusses, die uns seitlich trifft, wäscht uns hinaus Richtung Meer. Das ausgedehnte Flachgebiet in der vier Kilometer breiten Mündung verwandelt den Tejo im gegenläufigen Wind in ein gischtendes Gebrodel. Weht Wind gegen den Strom, hatte mir vor Jahren ein italienischer Segler erzählt, der auf seinem Schiff den umgekehrten Weg, von England ins Mittelmeer, gefahren war, könne das tödlich sein.

Vor Lissabon bekomme ich eine leise Ahnung, was er mir auf den Weg mitgegeben hatte. Die 15-Knoten-Brise, die mich bis vor die Lichter der Stadt geschoben hatte, verwandelt das braune Flusswasser in einen wirren Mix aus Strudeln, Zipfelmützen, aufgeworfenen Wellen und an der Bordwand brechenden Wogen. *Levje* beginnt trotz Vollzeug von einer Seite auf die andere zu geigen. Strudel, die wir durchfahren, drehen mein Schiff ein ums andere Mal um 50 Grad aus dem Kurs. Nur das inmitten des Flachgebiets liegende Leuchtfeuer auf der Insel Bugio hilft mir, während ich den Tejo und damit auch das Fahrwasser der Großschifffahrt im rechten Winkel zu kreuzen suche.

Prompt nähert sich vom Meer ein Containerfrachter, er schafft es mit seinen Maschinen deutlich leichter als ich, gegen den Strom anzumotoren. Ehe ich mich's versehe, hat die Strömung mich näher an den auf mich zulaufenden Frachter herangedrückt, als mir das lieb ist. Im Nu ragt der schwarze Bug bedrohlich groß vor mir in die Höhe, und die sieben hell erleuchteten Stockwerke der Aufbauten sind zum Fürchten nah.

»Jetzt aber fix!«, ermahne ich mich, während ich den Zündschlüssel drehe und Gas gebe, obwohl wir unter vollen Segeln und mit voller Kraft nordwärts laufen. Ich habe Glück, der Frachter nimmt beim Leuchtfeuer Kurs Richtung Süden, ich bin aus seiner Gefahrenzone. Endlich habe ich das Fahrwasser der Großschifffahrt gequert, doch schon wartet die nächste Herausforderung. An der Nordseite des Tejo, wo ich mein Ziel, die Lichter der Marina Oeiras, schon vor mir habe, strömt das Wasser besonders stark Richtung Meer. Ich drehe mein Schiff nun flussaufwärts in die Strömung. Der Geschwindigkeitsmesser zeigt knapp vier Knoten, aber tatsächlich stehen wir auf dem brodelnden Fluss auf der Stelle. Wie jetzt? Das Wasser rauscht doch an der Bordwand entlang? Ich gebe mehr Gas. Und noch mehr. Langsam meldet das GPS geringe Fahrt. Nur mühsam kommen wir gegen den starken Strom an. Beeindruckend, welche Kraft ein Fluss in der kilometerbreiten Mündung entwickelt.

Ich mache mir Sorgen, wie ich *Levje* in der starken Strömung ohne Bruch in die Marina Oeiras bringen kann. Ihre Einfahrt habe ich auf der elektronischen Seekarte vor mir: ein enges, gewundenes S, das wie ein gieriges Fischmaul zur Stadt weist und genau in die Strömung. Mit zittrigen Fingern funke ich die Marina an. Eine Männerstimme meldet sich, Manuel, der diensthabende Marinero. Ich frage, ob die Einfahrt in den Hafen wirklich gefahrlos ist. Ob ich nicht lieber warten soll, im Strom, bis der Fluss sich beruhigt hat. Doch Manuels Stimme klingt gelassen. Sachlich weist er mich in die Ansteuerung ein. »Das ist kein Problem. Bleib weg vom Nordufer. Bleib im Strom. Drehe fünf Schiffslängen vor der Einfahrt beherzt auf die rechte Steinmole am Ufer zu. Du musst die Einfahrt dann ganz außen nehmen. Ganz rechts. Bist du drin, leg das Ruder hart links.«

Mein Herz schlägt bis zum Hals. »Du hast das so gewollt. Du allein. Du wolltest es nicht anders. Du wolltest wissen, ob du's draufhast. Einhand um Europa, in jeder Lage. Jetzt kannst du zeigen, was du kannst, Bürschchen.« Ich atme tief ein und aus, es ist das wirkungsvollste Mittel gegen aufsteigende Panik. Ich denke an meinen Vater, an die Fotografie von ihm, die ich über dem Kartentisch hängen habe. Es zeigt ihn in einem glücklichen Moment neben meiner Mutter, er strahlt über sein Glück, mit dieser Frau zusammen zu sein, ist stolz darauf, mit ihr drei Söhne zu haben. Er sieht mich aus dem Bild heraus an und sagt wie selbstverständlich: »Du schaffst das!« Das antworteten er und meine Mutter immer, wenn ich mit Problemen zu ihnen kam, als wäre dies selbstverständlich und könne überhaupt nicht anders sein. »Du schaffst das!« Ich konnte es irgendwann nicht mehr hören, ihre Gewissheit schien mir unberechtigt, dass ich es jedes Mal schaffen würde, deckte sich selten mit dem, wie es in mir drin aussah. In Momenten wie diesen wünschte ich, sie wären noch am Leben. Aber ich war allein. Und doch nicht allein.

»Du wirst jetzt nicht mit deinem Schiff auf die Kaimauer knallen. Du schaffst das! Präg dir ein, wie du den optimalen Weg in der Strömung findest! Wie du steuern musst!« Ich bete mir Manuels Anweisung noch einmal laut vor. Nicht zu nah ans Nordufer. Rechte Steinmole. Rechts. Links. Rechts.

Dann drehe ich langsam *Levjes* Steuerrad in der Dunkelheit. Folgsam wie ein federleichtes Fellkanu wendet sich mein Schiff in der Strömung des Flusses. Eben noch langsam flussaufwärts kriechend, schießt es nun mit dreifacher Geschwindigkeit durch die Nacht auf die enge Hafeneinfahrt zu. Um dem wirbelnden Strom zu entgehen und es doch steuerbar zu halten, beschließe ich, etwas mehr Gas zu geben, um die Einfahrt in voller Geschwindigkeit frontal anzusteuern. Noch zehn Meter bis zur Einfahrt, noch fünf. Sie liegt im gelben Licht der Hafenscheinwerfer. Da, die brutal hohe Steinschüttung links und rechts. Hart Ruder nach rechts, auf die Steuerbordmole zu. Jetzt kann ich nicht mehr zurück, wenn ich es versuchte, wäre es verheerend. Kurz vor der Steuerbordmole kurbele ich das Ruderrad nach links auf die Backbordmole zu. In der Strömung erwische ich tatsächlich genau die Mitte der Einfahrt. Verflixt eng ist sie. Oder scheint es mir nur so? Jetzt wieder Steuerbord, nach rechts dem S der Einfahrt folgen.

Und schließlich bin ich drin. Auf einmal ist der Wind wie abgestellt und mit ihm der gischtende Fluss. Es herrscht Stille. Ich bin in der reglosen Stille eines Ententeichs – im Vorhafen der Marina, er ist tatsächlich kaum größer als ein Dorfteich. Schnell ziehe ich den Gashebel zurück, um *Levje* aufzustoppen. Wie geht's jetzt weiter? Da hinten am Steg blinkt eine Taschenlampe auf. Da ist Manuel, der Marinero, zusammen mit einem Helfer, und wedelt mich mit der Taschenlampe zu meinem Liegeplatz. Wortlos ergreifen die beiden die Leinen, die ich am Bug und Heck bereitgelegt habe. Als ich den Motor abstelle, spüre ich ein leichtes Zittern in den Knien. Und unendliche Erleichterung.

»Gut gemacht«, grinst Manuel. »Willkommen in Oeiras.«

Montag, 2. Juli

Lissabon. Die Stadt und ihre Musik.

Am nächsten Morgen liegt die Insel Bugio samt Leuchtturm friedlich in der Mündung des Tejo, als wäre nichts gewesen. Noch in der Nacht hatte mir sein grünes Leuchtfeuer oben auf dem festungsähnlichen Gebäude den Weg über den Fluss gezeigt. Ich packe einige Sachen zusammen, gehe noch kurz hinüber ins Marinabüro, um mich bei Manuel zu bedanken, aber der hat nur bis Mitternacht Dienst gehabt und ist längst fort. Ich wandere den Passeio Marítimo flussaufwärts zur Metro-Station Oeiras und nehme die erste U-Bahn nach Lissabon.

Als ich ankomme, trifft mich nach meinen langen Tagen auf See die Großstadt wie eine Keule. Die Menschenschlange vor einem Schalter. Der schmale Bahnsteig. Der Geruch der Stadt nach Verbranntem, nach Teer und Eisen. Das pulsierende Schlagen eines Hammers, das Kreischen eines bremsenden Zuges, die wimmelnden und drängenden Fahrzeuge.

Auf dem Weg ins Museu de Marinha muss ich tief durchatmen. Nach der Weite, an die ich mich auf dem Meer so sehr gewöhnt habe und die immer noch in mir steckt, hat mich jetzt die Enge wieder. Und nach dem langsamen Gleiten bin ich auch zurück in der Beschleunigung. Ich bin zurück in der Welt einer Großstadt, die einmal meine war, mit all ihrem grellen Bunt und ihrem Tempo, die das Hirn locken und necken und kitzeln. Ich mochte die weitläufige Gedrängtheit Londons. Es gab Jahre, da wäre ich zu Fuß nach New York gelaufen, nur um dort zu sein und mir von der verrückten Energie der Stadt den Kopf durchpusten zu lassen. Ich konnte mir nicht vorstellen, nicht wenigstens einmal, besser zweimal im Jahr dort zu sein, meinem Kopf und mir eine Woche Ausgang zu geben in Manhattan, nur um wie unter einem Mikroskop zu sehen, was sich Neues in der Welt entwickelt. New York ist viele Jahre her, und nach London würde ich es in zwei Monaten vielleicht tatsächlich schaffen, nach all den Jahren, nicht als einer, der beruflich für einen Tag im Flugzeug einschwebt, sondern als einer, der sich die Mühe des langen Weges entlang der europäischen Küste macht.

Lissabon ist ein Auf und Ab am steilen Nordufer des Tejo. Das Bairro Alto, das Ausgehviertel, liegt auf halber Höhe, ich schlendere die Calçada do Combro hinunter zur Praça Luís de Camões, einem der zentralen Plätze.

In Lissabon ist es die Musik, die mich den Zugang zu dieser Stadt finden lässt. Jede Großstadt hat die ihr eigene Musik – und jede Musik hat einen Ort. Ein Ort, an dem man besser als an jedem anderen begreift, wie und warum diese Musik in die Welt kam. Man mag einen Song schon hundertfach gehört haben, doch nirgendwo entfaltet er mehr Kraft als in den Straßenschluchten und auf den Plätzen jenes Ortes, an dem er entstand und dessen Lebensgefühl sich in ihm spiegelt. Ein Bodhrán-Spieler vor einem Dubliner Pub. Der ewige Frank Sinatra im vorweihnachtlichen New York. Vivaldi an einem eisigen Novembertag im Nebel über den Sestiere Venedigs. Edward Elgars »Pomp and Circumstance« traf mich nirgendwo mehr als auf einem Bahnsteig der Paddington Station, West London, aufgeführt von einer Feierabendkapelle der Eisenbahner. Und hier in Lissabon ist es eine Band von den Kapverden, drei junge Leute, ein schlaksiger Tänzer. Sie rezitieren ein Lied von Cesária Évora vor dem Convento do Carmo, dem beim Erdbeben von 1755 verwüsteten Kloster der Karmelitinnen. Die Töne spülen mich mit sich fort, fast so und doch wohltuend anders, wie es gestern Nacht der Fluss der Stadt tat.

Der Gesang über der Stadt. Ein paar Schritte weiter oben im Bairro Alto steht eine Sängerin auf einer Straßenbühne, die Fado singt. Ihre Zuhörer, von denen ich nicht weiß, ob es Bewohner dieses Viertels sind, Fans der Sängerin oder Reisende wie ich, wiegen sich im Takt, bis sich die Mischung aus praller Freude und klagender Trauer auch über mich legt. Beim Fado kann man nie sicher sein, ob der Jubel über das verrückte Leben oder die Trauer die Oberhand gewinnen wird. Der Fado, sein Ausgang, er bleibt stets offen.

Nichts kann die leise Trauer dieser Stadt aus Europa und den Küsten Westafrikas, ihren Niedergang und ihr kraftvolles Leben besser spiegeln als das klagende Lied des Fado in ihren Straßen. Und vielleicht spiegelt sich darin auch mein Leben.

Der Wind soll morgen gut werden. Ich würde gerne nicht nur einen Tag in Lissabon bleiben, sondern noch tiefer eintauchen. Aber wenn ich schon mal Wind habe, muss ich ihn nutzen. Aber ich werde wiederkommen.

Mittwoch, 4. Juli

Der Himmel über Peniche.

Es mag schönere Städte geben in Portugal als Peniche. Das wehrhafte Obidos, ein paar Kilometer landeinwärts. Coimbra. Doch mir gefällt Peniche von der ersten Sekunde an. Ich fühle mich zu Hause. Es ist, als wäre ich hier, noch in Portugal, bereits in der Bretagne angekommen. Der kleine Flusslauf mit den schwarzen Schleusentoren vor der Stadtmauer. Die einfachen Bistros und Cafés entlang der kopfsteingepflasterten Hauptstraße. Der raubeinige Charme des Fischereihafens östlich der Marina, über dem werktags die Sirene aufheult, ganz wie über der Ziegelei in dem kleinen Ort im Schwäbischen, wo ich als Kind meine Ferien verbracht hatte. Die Möwen kreischen an diesem Ort anders als ihre schmächtigen Vettern drüben im Mittelmeer. Ihr Geschrei gibt mir unmissverständlich zu verstehen, dass ich nun wirklich angekommen bin im Atlantik.

Zuerst macht es mir Peniche nicht leicht. Statt der Marina gibt es im Hafen nur eine Schwimmpier, an der kreuz und quer ältere Segelyachten liegen. Kein Mensch in Sicht. Niemand, der über Funk oder per Handy antwortet. Ich fahre die Schwimmpier langsam auf und ab, bis ich an der Innenseite der Pier einen Platz entdecke, um *Levje* zu vertäuen. Von den Nachbarbooten kommen ein älterer Franzose, Max, und ein jüngerer mit wirrem Haar, Gilles, und helfen mir, die Leinen zu fixieren. Es ist vor allem der Himmel über Peniche, der es mir gleich nach meiner Ankunft angetan hat. Duftige Wolken, die Gebirgen gleich im blauen Leuchten des Abendhimmels über dem Kastell schweben, um sich dann irgendwo im weiten Blau zu verlieren. Sobald die Leinen fest sind, nehme ich meine Kamera und gehe auf Jagd, ohne zu wissen, wohin sie mich führt.

Kaum habe ich das rostige Eisengitter des Hafens hinter mir, stehe ich auf der Pier und habe die Altstadt vor mir. Reihen bretonischer Häuschen, die sich den schmalen Hügel bis zum wuchtigen Kirchturm hinaufziehen. Restaurants und Tavernen, die alles andere versprechen als ein Fünf-Sterne-Menü. Ein Alter, klein und krummbeinig wie ein irischer Jockey, doch sehnig wie ein Fischer, lehnt an der Festungsmauer und verteilt aus knotigen Händen Werbezettel für ein Restaurant mit dem Namen Zur Sardine, während ich den Hügel hinaufeile, um nur ja den günstigsten Moment zu erwischen, in dem der Himmel besonders blau und die Wolkenberge besonders mächtig leuchten.

Ich weiß nichts über Peniche, außer dass mir der Klang dieses Namens gefiel. Peniche, das man weich mit kurzem e und dafür mit endlos langem i ausspricht: P'nie:sch. Ich weiß nicht, dass der Fluss mit den Schleusen vor der Stadtmauer kein Fluss ist, sondern der Rest eines Meeresarms, der davon erzählt, dass Peniche noch vor ein paar Hundert Jahren eine Insel war und im Grunde immer noch eine ist. Dass Peniche ein Anhängsel nicht des Festlands, sondern der vor der Stadt liegenden Inseln ist, der Berlengas. Ich habe keine Ahnung, dass sie einst wie heute vom Sardinenfang lebt und in ihrem Hafen die zweitgrößte Sardinenflotte Portugals zu Hause ist.

Scheinbar vergessen, wie der alte Ort vor mir liegt, habe ich noch nicht begriffen, dass Peniche von zwei Arten Schwärmen lebt: den Sardinen- und den Besucherschwärmen. Letztere kommen der Sanddünen wegen hierher und wohnen in den großen Hotels am langen Sandstrand südlich der Inselstadt. Ich habe keine Ahnung, dass die verlassen daliegenden kleinen Häuschen in respektvollem Abstand zur Festung die einstigen Behausungen der Fischer waren, die in diesem ärmlichen Viertel der Stadt gelebt hatten. Wer mit dem Boot in einer Stadt ankommt, hat stets das Glück des Ahnungslosen, der seine Bekanntschaft immer mit der schönsten Seite eines Ortes beginnt. Oft ist es wie bei der ersten Begegnung der Anflug des Verliebens, der Moment, in dem man nicht mal mehr bemerkt, dass man sein Gegenüber aufmerksamer und aufmerksamer betrachtet, darin versinkt und sich selbst vergisst.

Und manchmal erzählen Mauern etwas über ein Leben. Wie so viele Befestigungen an Portugals Küste verdanken die Mauern von Peniche ihre Entstehung einem Engländer. Francis Drake war hier um 1580 herum plündernd und brandschatzend unterwegs. Er suchte nach einem Stützpunkt, um die Spanische Armada gleich vor ihrer Haustür zu beschießen und nicht erst zu warten, bis sie über seine Insel herfiel. Sein Krieg gegen spanische Schiffe entwickelte sich nach und nach zu einer persönlichen Angelegenheit zwischen ihm und dem spanischen König. Er zerstörte in beiden Teilen der spanischen Welt, der Alten und der Neuen, was er nur konnte, und raubte gnadenlos alles, was Gold und Geld einbrachte. Drake war ein Unternehmer, der als Freibeuter mit dem Geld seiner Investoren aus der Londoner City Gewinnbringendes anstellen, es vermehren musste. Am lohnendsten waren da natürlich die Transporte aus den Gold- und Silberminen Südamerikas nach Spanien. Skrupellos griff er zu: in der Karibik. Im Pazifik vor der Küste Südamerikas auf seiner Weltumsegelung. Vor den Küsten Westspaniens und Portugals sowie vor Cabo São Vicente oder Lissabon. Er raubte mit Hingabe, bis er in einem fieberverseuchten Kaff an der Küste Panamas der Ruhr erlag.

Und Peniche? Ob im Großen oder Kleinen, als Reisender sollte man nicht achtlos weiterziehen, wenn man einen Ort gefunden hat, an dem man heimisch geworden ist, und sei es auch nur für einen winzigen Moment. Er ist gar zu kostbar.

Donnerstag, 5. Juli

Peniche. Jäger und Gejagte.
Bei den Sardinenfischern.

Als Kind war ich ein heikler Esser. Ich aß kein Fleisch. Es gab eine Phase im Alter von vier oder fünf Jahren, wo meine Mutter weinend vor mir saß, weil ich mal wieder nichts essen wollte. An den Grund kann ich mich nicht mehr erinnern, nur an das Gefühl, dass Essen mir gleichgültig war. Doch an das Ende dieser Phase, daran entsinne ich mich sehr gut. Eines Tages fand meine Mutter nämlich heraus, dass ich Forelle liebte. Und Sardinen aus der Büchse, als Brotaufstrich zerdrückt. Schwester Forelle und Schwester Sardine brachten mich mit Bruder Camembert zurück in die Welt der Esser.

In Peniche ist der Fischereihafen ein eigenes Stadtviertel, das abseits der einstigen Insel und des Stadtzentrums liegt und ein Stück weg vom Hafen. Wenn ich auf *Levjes* Deck stehe, erkenne ich ihn schon von Weitem an der Wolke schreiender Möwen, die Tag und Nacht über den Hallen steht wie der Qualm über einem niemals zur Ruhe kommenden Vulkan. Als ich am Nachmittag hinüberwandere und mich dem Hafen nähere, wird das Geschrei lauter, der Geruch nach Fisch und Laich und Meer nimmt zu. Doch richtig intensiv wird erst alles, als ich im umzäunten Geviert des Fischereihafens auf der Pier stehe, da, wo die eben zurückgekehrten Sardinenfischer die großen, prall mit silbrigen Leibern gefüllten blauen Bottiche aus ihren Trawlern entladen. Zum Greifen nah schwirren die Möwen wie Fliegen über die Köpfe der Männer, die gebeugt über den Bottichen stehen. Und während die Fischer ihre Beute aus dem triefenden Eiswasser in Kisten schöpfen und ein Gabelstapler diese in die Auktionshallen bringt, scheint Irrsinn die Möwen zu packen. Sie verwandeln sich in nackte Gier.

Sobald ein Fischer ein Stück wertlosen Beifangs achtlos auf die Pier wirft, stürzen sich zwei Möwen mit weit aufgerissenen Schnäbeln ekstatisch darauf, verfolgt von anderen. Flügelschlagend versuchen sie den Fisch als Erste zu erreichen, sie packen und zerren ihn an beiden Enden, suchen ihn zu zerreißen mit aller Kraft und Gier, deren ihre wütenden Organismen fähig sind. Eine jede Möwe ist der nächsten erbitterter Feind. Eine jede kennt nur noch den Kampf. Und sich selbst. Bis es endlich einer von ihnen gelingt, den Fisch in sich zu schlingen, ihn durch ihren Schlund zu würgen, während die anderen Möwen sich augenblicklich kreischend auf neue Beute stürzen.

Die Männer stecken bis zur Brust in Gummihosen, ihre Gesichter spiegeln Erschöpfung und Anstrengung von der Fahrt, während sie die von Fischleibern überquellenden Bottiche auf die Pier kranen. Die Fische, die sie an diesem Tag aus dem Meer holen, sind zu groß für die Sardinenbüchse. Die handlangen Fische werden in Spanien und Portugal genauso wie in Griechenland fangfrisch geschätzt, mit grobem Meersalz und etwas Kräutern vom Holzkohlengrill. Das passt zu ihrem kräftigen Geschmack am besten.

Sardinenfischerei ist ein altes Geschäft, es nahm vor allem mit der Industrialisierung enorm zu. Noch Mitte der Sechziger, in denen meine Mutter die erste Sardinendose für mich öffnete, holten portugiesische Fischer fast 160 000 Tonnen Sardinen aus dem Meer. Das war Landesrekord; Dosensardinen ernährten nicht nur Portugal, sondern Europa. Heute ziehen die Fischer kein Zehntel dieser Menge aus dem Meer.

Später, im Hafen, wird mir Carlos, der Hafenmeister mit den traurigen Augen, erzählen, dass ein Trawler an einem Tag nicht mehr als 200 Kilo Sardinen nach Hause bringen darf, zum Schutz der Bestände. Das sind nicht mehr als zehn Körbe voll, fügt Carlos hinzu, und seine Augen blicken noch trauriger. Sie führen jetzt täglich nur noch wenige Stunden hinaus, die Fischer, und kämen am Abend bald wieder zurück. Die Sardinen wären ja nur wenige Seemeilen entfernt vor der Küste, praktisch vor dem Hafen, sagt Carlos. Den Trawler eines Sardinenfischers, den erkenne man schon von Weitem an dem nachgeschleppten Beiboot, in dem die Männer oft schon auf dem Anmarsch sitzen, um von dort aus den unter der Wasseroberfläche stehenden Schwarm mit einem Netz einzukreisen. Die Fischer auf dem Kutter hieven ihn dann an Bord, danach kehren sie sofort wieder in den Hafen zurück.

Manchmal konnte ich, während ich an windstillen Tagen die Küste hinauf motore, eine träge Möwe beobachten, wie sie über dem offenen Meer kreiste. Kurz niederging. Und schon mit einer Sardine im Schnabel wieder in die Luft verschwand.

Es scheint, als wäre Portugals Küste ein Schlaraffenland für Möwen. Für die Männer auf der Pier ist Sardinenfischerei harte Arbeit. Braun gebrannte, unrasierte Gesichter, deren müden Augen man die Anstrengung durchwachter Tage und Nächte ansieht. Allesamt sind sie zähe Kerle, die Jüngeren wie die Älteren. Ihre sehnigen Körper stecken in brusthohen Hosen und Gummistiefeln, mit bloßen Händen und nackten Armen greifen sie in Eiswasser, um die Fischleiber mit einem Handnetz aus den blauen Bottichen zu heben. Kurz sortieren. Und in die weiße Kiste für den Gabelstapler zur Auktionshalle füllen. Ihre Körper sind wie die von Bergsteigern. Ich wundere mich nicht zum ersten Mal, warum ich noch nie einen korpulenten

Fischer getroffen habe. Selbst die älteren in Peniche, die Tag für Tag um die Auktionshalle herumhängen und sehnsüchtig denen zusehen, die noch hinausfahren, selbst denen kann man, wenn sie durch den Ort schlurfen, an ihren dürren Gestalten ablesen, dass sie ihr Leben auf dem Meer mit harter Arbeit zugebracht haben.

Was es wohl ist, was ein Gesicht, einen Körper, ein Leben formt? Ob es das Leben auf dem Meer ist? Oder eine bestimmte Art der Ernährung? Ich weiß es nicht. Wie wohl eine europäische Statistik ausfiele, die typische Krankheiten nach Berufsgruppen darstellte? Fischer versus Vertriebsleiter? Was käme dabei heraus? Die einen, denen ihr anstrengendes Leben im kalten Atlantikwasser mehr Rheuma beschert? Die anderen, die immer im Trockenen, Warmen sitzen, mehr Schlaganfall von zu wenig Bewegung? Ist der Mensch mehr, was er isst? Oder ist er, was er sein Leben lang tut?

Auch die Sardine neigt nicht zum Dickwerden. Sardinen sind Jäger, genauso wie die Fischer. Einzelgängertum ist der Sardine fremd. Sie lebt im Schwarm. Irgendetwas zwingt sie ab dem allerallerersten Moment, mit anderen zusammen zu sein, dann, wenn ein Mutterleib seine 50 000 Eier irgendwo in Küstennähe ablegt. Selbst am Ende, in der Büchse, ist sie nie allein. Ich könnte das nicht. Dabei hat sie die Geringschätzung, mit der wir sie als »Ölsardine« bezeichnen, nicht verdient, dafür ist ihr Leben zu komplex, wir wissen viel zu wenig von ihr. Nachts im Schwarm auftauchen. Tagsüber eher in mittleren Tiefen leben. Als Ei in Millimeter-Größe den Mutterfisch verlassen. Nach wenigen Tagen als vier Millimeter große Larve entschlüpfen. Geschlechtsreif sein, nicht irgendwann hurtig nach dem Schlüpfen und der Fischwerdung, nein, damit lässt sich die rätselhafte Sardine satte zwei Jahre Zeit. Ließe man sie in Frieden alt werden, dann hätte sie eine Lebenserwartung wie der Dackel meiner Oma: fünfzehn Jahre.

Doch man lässt sie nicht. Zwei Jahre bis zur Geschlechtsreife ist lang. Und das ist der Grund dafür, dass eine europäische Kommission empfahl, den Sardinenfang an der Atlantikküste ganz einzustellen, und zwar für nicht weniger als für fünfzehn Jahre. Dies sei der Zeitraum, den die Sardinenschwärme bräuchten, um sich wieder zu erholen. Nun waren plötzlich die Fischer, die Jäger, selbst die Gejagten. Ein Sturmlauf setzte ein. Fünfzehn Jahre pausieren? Wie soll das gehen? Was wäre ein Autohersteller, der fünfzehn Jahre keine Autos baut? Das überlebt keine Branche. Sie wüssten als Fischer mittlerweile doch selber gut genug, wie die ökologische Uhr des Ozeans ticke. Und anders noch als in den Sechzigerjahren würden sie ja nicht mehr ganzjährig rausfahren, sondern im Winter zwei Monate Ruhe geben. Und auch die leidigen Fangquoten einhalten.

Ich nehme mir vor, ein wenig respektvoller mit Bruder und Schwester Sardine umzugehen, wenn ich die nächste Dose öffne. Vielleicht ist es ja diese Wertschätzung, warum Portugiesen ihre Sardinendosen grafisch zu kleinen Kunstwerken aufpeppen. Und vielleicht war ja auch die Dose mit Sardinen, mit der meine Mutter mich 1964 köderte und wieder ins Leben brachte, eine, auf der »*Product of Portugal*« stand? Vielleicht war sie sogar aus Peniche? Der Gedanke gefällt mir. Alles hängt schließlich irgendwie mit allem zusammen – mehr, als es uns bewusst ist.

Freitag, 6. Juli

Am Kap de Peniche. Gilles' Geschichte.

Es ist immer noch schwach windig auf dem Meer. Carlos, der Hafenmeister mit den traurigen Augen, sagt, dass dies kein typischer Sommer wäre für die Küste. Der Nordwind wäre daran schuld, der diesen Sommer stetig die Küste entlangstreicht und Wolken und gelegentlich auch Regen brächte.

Soll ich weiterziehen? Oder noch bleiben und meine Tage in Peniche verlängern? Es sind die Menschen, denen ich hier begegne und die den Ausschlag gaben. Carlos, der hilfreich ist, womit immer ich ankomme, ob es das durchgebrannte Birnchen in *Levjes* Kompass ist oder der gelegentlich qualmende Motor. Carlos, der Stille, der mich überrumpelt, als er mich nachdenklich ansieht und dann sagt: »Thomas. Was für ein schöner Name. Ich konnte nicht anders, als meinem Sohn diesen Namen zu geben.« So habe ich das noch nie gehört.

Oder meine französischen Bootsnachbarn, Françoise und Max. Max ist achtzig und Françoise fünfundsiebzig. Doch davon merkt man nichts. Die beiden sind so jugendlich und neugierig auf ihrer kleinen Yacht unterwegs, als gäbe es kein Alter und nichts, was menschlichen Entdeckungsdrang hemmt. Nur Françoise ist traurig. Zwanzig Jahre bereisten sie auf dem kleinen Schiff das Mittelmeer, von einem Ende zum anderen. Besuchten die Häfen des Libanon und Syriens, als dort noch kein Krieg war, und die hinterste Türkei. Lernten Zypern kennen. Sahen die Friedhöfe des Ersten Weltkriegs auf den Dardanellen und die Moscheen des Schwarzen Meeres. Jetzt kehrt ihr Schiff zum ersten Mal wieder zurück in seinen Heimathafen nach Capbreton an der französischen Atlantikküste. Noch Wochen später sollte ich fast jeden Morgen von Françoise und Max eine E-Mail erhalten, eine Art morgendliches Bulletin in drei Zeilen, wo sie, die vor mir in Peniche ablegen sollten, gerade steckten. Ob in den Nebeln vor Galicien oder in den Regenschauern und Kreuzseen Asturiens.

Es ist ein buntes Völkchen, das sich im Hafen von Peniche trifft. Gerade an französischen Seglern schätze ich, dass ein Boot weniger schmückendes Accessoire von Erfolg im Leben ist, sondern ein Werkzeug, um ein Leben zu leben, wie sie es sich vorstellen. Mag das Schiff noch so schlicht sein und so betagt wie die *Alcor* meines Bootsnachbarn Gilles, das einfache »Ich lebe, wie ich will. Also bin ich« strotzt diesen Seglern aus jeder Gesichtsfalte. Sie gehen unbeirrt auf ihren einfachen Schiffen auf lange Fahrt, das Rausgehen und Lossegeln ist ihnen wichtiger als der Traum vom perfekten Schiff. Das hieße nur, gefangen in der Falle zu sein: »Ich kann mir Dinge leisten. Also bin ich.«

Ich lerne viel von Gilles. Gilles sieht aus, als wäre er Mitte vierzig. Dabei ist er fünfundzwanzig Jahre älter, doch das hat weniger mit seinem hageren Äußeren zu tun. Es ist, als wäre Gilles zeitlebens geblieben, was er einmal war: der jüngste Sohn seiner Mutter, das Nesthäkchen der Familie, bei dessen Anblick das Herz einer Mutter immer ein klein wenig mehr aufgeht. Das Leben ist für Gilles vor allem eines: federleicht und aller Erdenschwere entrückt. Genau so hatte es ihn auf seiner *Alcor* in den Hafen von Peniche verschlagen. Ein geplatzter Kühlwasserschlauch hatte draußen auf See nicht nur Gilles' Motor ein jähes Ende bereitet, sondern auch seiner geplanten

Reise südwärts. »Beim Schrauben hab ich festgestellt, dass im Motor alles durch und durch verrostet ist«, erzählt Gilles in einem Ton, als würde er von einem gelungenen Tag am Strand berichten.

Ein Boot sagt mehr über den Charakter und das Leben eines Mannes, als es ein Auto je könnte. Gilles' *Alcor* gleicht eher dem fröhlichen Bauwagen eines Waldkindergartens, in dem lustvolles Experimentieren angesagt ist. Gilles hat kein Geld, weder für eine Reparatur noch für einen neuen Motor. Nun plant er, für einige Monate nach Frankreich zurückzukehren, nach Lyon, woher er stammt, um etwas Geld für einen neuen Motor zu verdienen. Danach will er, dem drei Frauen im Leben nicht genug waren und der darum der Welt vier Töchter schenkte, weitersegeln bis nach Senegal an die Küste Westafrikas. Auch Gilles treibt die Suche nach der Vergangenheit. Er sucht wie ich nach den vielen Schnipseln, die ihn zu dem machten, der er heute ist: »Mein Großvater war im Senegal in der französischen Armee, er ist dort auch bestattet. Ich möchte nach seinen Spuren suchen. Daran denke ich seit Jahren.«

Gilles' *Alcor* liegt *Levje* gegenüber, auf der anderen Seite des Stegs. Tagsüber sehe ich Gilles nie. Doch er ist da. Die Tür seines Deckshauses steht offen, dessen undichtes Dach er mit einer blauen Bauplane abgedeckt hat. Tagsüber schreibt er dort an seinem Roman.

»Es wird ein Buch über das Paradies«, überrascht mich Gilles eines Abends bei einem Bier in einer der Kneipen von Peniche. Es ist noch immer Fußballweltmeisterschaft, ein Fernseher läuft im Hintergrund und überträgt ein Spiel, wir sind die einzigen Gäste. »Einen Titel hab ich auch schon: *Was zum Teufel machst du bloß hier?* soll es heißen. Es handelt von unserer Suche nach dem Paradies.«

Ich kann nicht anders, als ihn zu fragen, ob denn auch das Inferno in seinem Buch vorkäme, denn das Paradies gibt es in unserer Vorstellung ja nur, weil wir die Hölle kennen. Doch Gilles lässt sich nicht beirren. Das Paradies ist sein Gegenstand und darüber schreiben, wie man es erreicht, seine Profession. Sein dritter Roman sei es, einen Verleger habe er auch schon. Und als ich ihn nach seinen ersten beiden Büchern frage, antwortet er: »Sie waren nicht gut genug. Ich war einfach nicht damit zufrieden. Als ich sie vollendet hatte, habe ich die eng beschriebenen Seiten leichten Herzens in den Mülleimer geworfen.« Doch diesmal sei er überzeugt, die richtige Story zu erzählen. »Es ist die Geschichte von Luc, der die Welt bereist. Während einer Reise in die Berge verirrt sich Luc im dichten Nebel und verliert seine Freunde. Plötzlich ist er allein, und nach einigem Herumirren findet er sich in einem Gasthaus wieder. Doch das, was Luc anfangs für ein Gasthaus hält, ist mehr als das. Erschrocken stellt er fest, dass genau dieser Ort, Marie-Madeleines Gasthaus, der Zugang zum Paradies ist. Aber ganz so leicht kommt man nicht hinüber. Luc begreift, dass er an einem Ort des Übergangs ist, an dem er zahlreiche Begegnungen durchleben und Abenteuer bestehen muss.«

Ich höre Gilles nun gebannt zu, denn plötzlich ist mir, als erzählte er meine Geschichte. Die Geschichte eines Reisenden. »Und was wird aus Luc, nach all seinen Erfahrungen? Was findet er am Ende? Was macht das alles mit ihm?« Gilles sieht mich lange an. »Mit jeder Begegnung, mit jedem Erlebnis, das Luc macht, wird er klüger und klüger. Es geht so lange, bis er am Ende gelernt hat, was zu lernen war. Bis er seinen Verstand von all dem befreit hat, was er unnötigerweise vom irdischen Leben, vom Fegefeuer mitgenommen hat. Am Ende kehrt Luc zu dem zurück, was er einmal war. Luc hört auf zu sprechen. Er wird wieder zum Kind, das über die Welt staunt.«

Worüber Gilles da schreibt, ist die Geschichte einer Reise. Doch im Grunde ist es unser aller Reise, die Reise, die vielleicht jeder im Leben einmal machen sollte. Und seine Geschichte enthält alle Ingredienzen, die die großen Mythen der Menschheit überliefern, von Odysseus bis Parzival, von Jesus bis Buddha. Wie ein Mensch seinen sozialen Kontext, seine Freunde, seine Beziehungen verlässt. Wie er sich in die Einsamkeit zurückzieht, Berge oder Meer aufsucht. Wie all das etwas in ihm verändert, in ihm bewirkt.

Auf meiner Wanderung am nächsten Tag entlang der Küste von Peniche denke ich erneut an Gilles' Geschichte. Vielleicht hat er ja recht, überlege ich. Wir müssen unser Zuhause verlassen, damit wir uns ändern. Und vielleicht muss es auch sein, dass wir es allein tun. Für einen kurzen Moment, so schmerzhaft das Alleinsein im ersten Moment auch sein mag.

Ich ziehe vom Hafen aus los, nur um zu entdecken, dass die Stadt auf einer rauen Insel liegt. Ganz im Westen, wo die letzten Häuser längst hinter mir liegen und auch das Land beim Leuchtturm am Cabo Carvoeiro wie abgeschnitten endet, ist Peniche nur noch Felseneinsamkeit. Die Klippen fallen senkrecht hinunter. Wo mich sonst die Höhenangst plagt, stelle ich mich an die Felskante und schaue hinunter. Unter mir brechen nicht bloß Wellen, sondern mächtig anrollende Gebilde, die aus den Weiten des Atlantiks heranrauschen, vollgesogen mit Kraft und Wucht und all dem, was dort draußen an unbändiger Wildheit ist.

Ich schaue hinüber zu dem Felsen vor der Küste. Nau dos Corvos heißt er, »Schiff der Krähen«. Ich sehe drei Schiffe der Sardinenfischer von Peniche, wie sie hinausziehen aufs Meer, in Reih und Glied, als hätten sie sich zu einem Sonntagsausflug verabredet an diesem späten Nachmittag.

»Schiff der Krähen« – woher er wohl seinen Namen hat? Wie viele Schiffe wohl schon am Krähenschiff scheiterten?

Unser Gehirn ist zu klein, uns vorzustellen, wie viel Vergangenheit die Dinge und Orte besitzen, erst recht, wie viel Zukunft sie nach uns haben.

Wenige Schritte nördlich des Leuchtturms geben mir die merkwürdigen Felsformationen Rätsel auf. Graues Gestein voller Rundungen und Kurven, verworren liegen die Felstrümmer da wie die übermannsgroßen Teile eines Puzzles, das darauf wartet, wieder zusammengesetzt zu werden. Um ein Bild zu ergeben, das alles erklärt. Ich bin allein am Leuchtturm unterwegs – fast jedenfalls. Nur ein verliebtes Paar sitzt inmitten der Puzzleteile und hält sich eng umschlungen. Irgendwie wirken sie verloren in der Weite zu Füßen des Leuchtturms. Und doch, als wären sie genau die Lösung des großen Rätsels. Als wäre ein unverständliches und längst vergessenes Ornament in die Felsen gehauen, das jene uralte Geschichte überliefert, wie diese Welt entstand. Doch ich kann es nicht lesen, sehe nur das riesige Muster, in dem die beiden Verliebten sich verlieren.

Noch ein Blick aufs Krähenschiff. Und hinüber zu den Inseln der Berlengas, von dem das letzte Ausflugsboot zurückkehrt. In den Hafen von Peniche.

Montag, 9. Juli

Durch den Nebel. Die Lagunen von Aveiro.

Es ist später Vormittag. Ich bin draußen auf dem Meer. *Levje* brummelt seit eineinhalb Stunden unter Motor gemütlich nach Norden. Sicht: knapp eine Seemeile. Es herrscht Nebel. Jetzt im Juli. Schaue ich nach rechts, da, wo die Küste ist, sehe ich durch den Nebel einen hellen Streifen mit schmalem Grün darüber. Es sind die Konturen des endlosen Sandstrands, der mich seit Tagen auf meiner Reise nach Norden begleitet.

Seit Cabo São Vicente ist es vorbei mit dem Mittelmeer-Sommer. Es sei ein ungewöhnlicher Sommer, hatte Carlos, der Hafenmeister von Peniche, gesagt und sorgenvoll in den Himmel geschaut. Zu viel der Wolken, zu viel der Kühle, der ungewöhnliche Nordwind sei schuld, dass sich selbst im Juli der Sommer nicht blicken lässt. Tatsächlich ist das Wetter meist grau und dunstig, wenn ich *Levjes* Motor im windstillen Grau irgendeines Flusshafens starte, um den träge die Gezeiten gurgeln.

Ich mag Fahrten im Nebel. Ich mag es, wenn weit über mir die Sonne scheint und ihr Leuchten sich zaghaft Bahn durchs Grau bricht, das dort am undurchdringlichsten ist, wo es vor *Levjes* Bug auf das Bleigrau des Meeres trifft.

Es ist windstill. Trotzdem rollen von Westen mächtige Wogen an. Atlantik-Schwell. Wogen wie Hügelkämme, gefolgt von weiten Tälern, als wäre ich hier irgendwo in den Hügellandschaften Englands unterwegs. Kaum ist *Levje* durch eines der Täler durch, rollt die nächste breite Hügelkette heran, eine gemächlich nach der anderen. Im Mittelmeer würde sich das anders anfühlen, die Wellen kämen dichter aufeinander und steiler. Meine Entscheidung, um die Westküste Europas zu segeln, hängt nicht zuletzt auch damit zusammen, dass ich mir immer wieder diese Wellen in meinen Tagträumen vorstellte. Die weiten Täler. Die breiten Hügelkämme.

Auf einmal erstrahlt meine Welt im milden Pastell eines leuchtenden Novembermorgens. Ich bin hin und weg von dem, was mir das Meer an diesem Morgen bietet. Schon in der Früh beim Ablegen war alles still. Am Strand, wo die verlassenen Lautsprecher des Techno-Festivals in den Himmel ragten, sah es nach Migräne aus. *Levje*, die gleichmütig im Ebbstrom die nach Schlamm und Flussfäulnis riechenden Molenköpfe passierte. Über dem Feld am anderen Ufer im Nebel der Gesang zweier Lerchen. Ich sah sie nicht. Doch ich hörte sie, es war wie ein Schweben.

Ich fahre weiter nach Norden. Die Küste liegt irgendwo rechts, noch immer im Nebel. Ich schaue lieber nach Nordwesten, von wo die rollenden Hügelkämme daherkommen. Stundenlang kann ich ihnen zusehen, wie sie mein Schiff sanft anheben, sanft unter ihm durchgehen, um es danach ebenso sanft wieder hinunter in ein Wellental gleiten zu lassen, bis aus dem Grau die nächste Hügelkette anrollt. Ich vergesse darüber ganz die Arbeit, die ich oft während langer Motorstrecken erledige. Das Einscheren einer neuen Schot. Das Putzen der Luken und Fenster. Die ein oder andere Reparatur an Deck. Ich bin einfach nur fasziniert. Die Wellen des Atlantiks sind so ganz anders als ihre quirligen Schwestern im Mittelmeer.

Am Nachmittag tauchen vor der Küste plötzlich hohe Steinmolen aus dem Nebel auf. Ich werfe einen kurzen Blick auf die

Seekarte, Ria de Aveiro steht da. Ein Gezeitenfluss also. Hinter den Molen ist eine Marschlandschaft gezeichnet, durchzogen von Flussläufen, als wären es Adern, die alle der einen großen Arterie zustreben, deren Mündung jetzt seitwärts von uns zwischen den hohen Steinmolen liegt. Eine Lagune. Meine Neugier erwacht, und ich beschließe, mein Ziel für den Tag aufzugeben und lieber dem Fluss zu folgen.

Ich steuere *Levje* in die Einfahrt. Draußen auf dem Meer ist es eben noch ruhig gewesen bis auf die rollenden Wellenkämme, doch kaum ist mein Schiff auf Höhe der Steinmole, packt uns die Strömung des Flusses mit Kraft. Er rauscht mit fast drei Knoten dem Meer entgegen. Gerade glitt *Levje* noch flott dahin, jetzt muss sich der Motor mächtig mühen. Auf der Wasseroberfläche kreisen Wirbel und Strudel und weiß gischtende Zipfelmützen. Das Flusswasser erscheint mir als wirbelndes Wesen, das auf breiter Front zur Mündung drängt, achtlos, ob da jetzt einer drauf fährt oder nicht. Ich verstehe nur zu gut, warum die Menschen früherer Zeiten an Flüssen wie diesen den Strom als lebendiges Wesen verehrten. Man konnte nie wissen, ob nicht doch ein Flussgott hinter all der strömenden Kraft steht, hinter all dem Werden und Vergehen, den Wirbeln und Strudeln, die mein Schiff von einem Moment auf den anderen aus dem Kurs drehen, als wäre es ein Spielzeug auf einer Drehscheibe. Immer wieder ist es das, was mich begeistert: diese unbändige Kraft zu spüren, die in der Natur steckt. Und in dieser Kraft meinen Ort zu finden und mich genau darin zu spüren, geborgen und gehalten.

Auf dem Sandstrand, der Praia da Barra, leben Urlauber trotzig im lichtlosen Grau ihre Sommerfreuden. Ob ich da vorne, hinter der Einfahrt in der Bucht, vor dem weißen Sandstrand unter dem geringelten Leuchtturm ankern sollte? Ich bin unschlüssig. Ein Fischer gibt die Antwort, überholt mich rechts und zieht entschlossen landeinwärts, als gäb's da was zu sehen.

»Was sollen Ebbe und Flut und Strömung?«, scheint er zu sagen. Er gibt Gas und stampft gegen die Strömung an, wo ich noch zögere. Nach einer halben Meile endet der Sog der Mündung, der Fluss beruhigt sich, ein dicker Frachter verfolgt uns vom Meer flussaufwärts in die Lagunen.

Lagunen. Immer wieder ziehen sie mich an. Von Gezeiten, Flüssen und Kanälen durchzogenes Marschland am Meer. Ich kenne die Lagunen im Mittelmeer, ich habe Nachmittage in den Lagunen von Grado verbracht, als ein langes Wochenende alles war, was ich an freier Zeit hatte. Dann in den Lagunen von Marano und von Lignano. Und dann, sooft es ging, die Lagune von Venedig, selbst im Winter auf dem Boot. Lagunen gibt es auch in Griechenland, im Golf von Patras in Mesolongi, wo die Fischer den Rogen der Meeräschen ernten, einsalzen und zu Brotlaiben geformt als Delikatessen verkaufen. Und hier in Portugal die Lagune von Faro. Jetzt also die Lagune von Aveiro.

Lagunen. Sie erzählen die Geschichte eines ungeahnt reichen Lebensraums. Und die von Salz und Fisch. Sie sind wie ein offenes Buch, denke ich, während wir am Ufer langsam an den Schlickbänken entlanggleiten.

Ich beobachte einen Fischer, der sein einfaches Boot davor vertäut hat und barfuß den Flussschlamm nach Steckmuscheln absucht. Wahrscheinlich beginnt ihre Geschichte genau damit: mit Jagen und Sammeln. Mit den Fischern in ihren kippeligen Booten. Und den Sammlern. Mit denen, die früh entdeckten, dass die Lagunen Nahrung in Hülle und Fülle boten – die Gezeiten geben sie jeden Tag preis. Im Brackwasser gedeihen alle Arten von Fischen und Krebsen. Aber vor allem die frei liegenden Schlickbänke ziehen immer wieder die Muschelliebhaber an. Während *Levje* gegen zwei Knoten Strom flussaufwärts anmotort, passieren wir sie wieder und wieder, wie sie barfuß im Schlamm des Flusses waten und tief gebückt nach Muscheln stochern. Soweit man weiß, fing damit alles an in den Lagunen: mit dem »Ernten« dessen, was sie im Sommer wie im Winter hergaben. Vorausgesetzt, man war bereit, ein Leben zu leben, das dem eines Wasservogels ähnlicher war als eines Landbewohners, Sommer wie Winter auf dem Wasser, umschwirrt in den heißen Monaten von Myriaden Mücken, umgeben in der dunklen Jahreszeit von feuchter Kälte.

Eine Flussbiegung, hinter der ein zweiter Fluss mündet. Wo die Ebbe eine Schlickbank freigelegt hat, durchsucht eine Familie mit Kindern den Flussschlamm. Hinter ihnen, am Ufer, sehe ich weitläufige flache Gevierte, in denen Wasser steht. Salinen. Ob man die immer noch zur Salzgewinnung nutzt, frage ich mich, während ich auf dem trägen Strom Ruder lege.

Auch dies gehört zur Geschichte der Lagunen: Mit dem Sammeln kam die Salzproduktion. Dort, wo vor Aveiro die Industriebetriebe zwischen Fluss und Marschwiesen beginnen, liegen noch mehr der einfachen Gevierte, in die man mit der Flut das Meerwasser einströmen lässt. Dann abriegelt. Und das Wasser über Wochen verdunsten lässt. Das Fleur de Sel entsteht so, der feine, auskristallisierte Salzschaum. Aber auch das grobkörnige Salz. Salz war der Grundstoff für die Konservierung von Fisch. Am Anfang wahrscheinlich nur den für den eigenen Bedarf.

Salz: Es war das Konservierungsmittel der Antike bis weit in die Neuzeit. Salzfleisch. Salzhering, Anchovis in Salz, Kapern in Salz. Ohne Salzfleisch, ohne Salzfisch hätte es keine Entdeckung gegeben. Ohne Salz als Konservierungsmittel wäre die Menschheit nie so weit gekommen, wie sie kam. Das war, bevor der Kühlschrank seinen Siegeszug begann, es ist noch nicht lange her.

Wieder zieht der Nebel über den Fluss, der Hafen versinkt vor mir im Grau. Wir haben immer noch zwei Knoten Strom gegen uns, doch ein leichter Wind weht vom Meer her über die Marschen. Es geht gut voran. Ein Silberreiher steht auf einem

Bein im Flachwasser und beobachtet reglos das Spiegelbild von *Levjes* blauem Bootskörper.

Irgendwann stellten die Fischer fest, dass sie mehr Salz und mehr Fisch produzierten, als sie selbst verbrauchen konnten. Sie begannen, mit dem Salzfisch zu handeln, wo er doch nun haltbar war und nicht mehr innerhalb weniger Tage verzehrt werden musste. Weil es vor allem in den umliegenden Städten, in Coimbra, in Porto dankbare Abnehmer gab, bauten sie dieses Geschäft aus. Und fischten nicht mehr nur in den Lagunen, sondern auch auf dem Meer. Die Produktion von Salzfisch wurde umfangreicher. Und der Handel dehnte sich noch weiter aus.

Im Nebel tauchen am rechten Ufer rostige Schemen auf: Ich steuere *Levje* näher heran. Die Leiber dreier Trawler liegen vor den Fischfabriken vertäut, als wäre dies ihr letzter Ort, der Hafen, in dem ihre Fahrt endete. Sie waren sicher einst stolze Trawler gewesen, die auf weite Fahrt gingen, ich lese die Namen portugiesischer Orte, die sie einst an weit entfernte Orte trugen: *São Rafael*, der Name des Erzengels, nach ihm heißen viele portugiesische Schiffe, weil er der portugiesische Heilige der Seefahrenden ist. *Praia da Ericeira*, benannt nach dem Hafen vor Lissabon, der einst einer der bedeutendsten Portugals war und heute einer der schönsten Strände Portugals. *Muryosa*. Mit ihren breiten Hecköffnungen waren sie in ihren besten Tagen vermutlich Kabeljaufischer, die weit draußen im Nordatlantik und Nordpolarmeer unterwegs waren. Auch ihre Geschichte beginnt wie die Aveiros mit dem Salz, das die Lagunen im Überschuss hergaben. Die Geschichte des Bacalhau, des gesalzenen Stockfischs, ist die, wie man nicht nur den Fang in den Lagunen mit Salz konservierte, sondern immer weiter hinausfuhr. Bis in jene entlegenen Regionen, von denen die Pilgerväter auf ihrer *Mayflower* verwundert berichteten, dass man den Fisch mit Eimern aus dem Meer schöpfen könne, so sehr wimmle es dort. Gemeint ist der Kabeljau. Und gemeint sind die Gebiete zwischen Island und Neufundland.

Aber was half es, wenn es dort Fisch im Überfluss gab, den man nur hier zu Geld machen konnte? Also nahmen sie auf ihren Fahrten Salz mit. Um den Fisch gleich an Ort und Stelle einzusalzen. Und als Bacalhau, als eingesalzenen und getrockneten Stockfisch, sackweise verkaufen zu können. Die Hallen und Firmengebäude, die davor rottenden Schiffsrümpfe, sie erzählen, was Aveiro einst blühen ließ und wovon die Stadt zu einem Teil heute noch lebt. Vom Fisch, der anderswo gefangen und schon an Bord verarbeitet wird.

Ein stählerner Rahsegler, der an Leinen voller grünem Seetang am Ufer rottet. Was wohl seine Geschichte ist? Ob die Viermastbark mal ein Passagierschiff war? Ob sie, jetzt Aschenputtel, auf einen Prinzen in Gestalt eines findigen Unternehmers wartet, der das Aschenputtel am Ufer saniert, *Kairos* tauft und für Reisen zu historischen Orten einsetzt? Ob das Aschenputtel auf seine letzte Reise nach Indien zur Verschrottung wartet? Die Dinge, das lehrt der träge gleitende Fluss, nehmen ihren Weg, das Leben geht seinen Gang.

Der Fluss wird enger. Nach dem Tidenkalender müsste der Strom jetzt langsam schwächer werden. Wir haben fast Niedrigwasser. So weit am Oberlauf bin ich mit *Levje* allein auf dem Fluss unterwegs; am Ufer liegen die Schlickbänke brach. Die Kronen der Schilfhalme rascheln im schwachen Wind auf ihren schlammigen Buckeln. Verfallende Backsteingebäude, Brackwasser, das durch ein dickes Rohr aus einem Salinengeviert in den Fluss strudelt. Es ist gut, dass wir bei Niedrigwasser vor Aveiro ankommen, denn zwischen hier und dem Hafen vor der Stadt spannt sich eine Starkstromleitung über den Fluss, doch meine Seekarte verschweigt, in welcher Höhe sie über den Fluss verläuft. *Levjes* Mast misst vom Wasser bis zur Spitze 16 Meter, es fehlt noch, mit ihm in der Leitung beim

Drunterdurchfahren hängen zu bleiben. Ein Stromschlag in den Mast und ins Boot wäre die Folge, und ein Stadtteil ohne Strom wegen einer heruntergerissenen Leitung.

Ein Segellehrer passiert *Levje*, von einem Schlauchboot aus unterrichtet er die Kinder in dem Rudel von Booten auf dem Fluss. Ich frage ihn in magerem Portugiesisch, wie hoch die Stromleitung flussaufwärts sei. Doch er weiß es nicht. Besser so als eine falsche Auskunft nur aus Höflichkeit. Ich rufe noch mal in der Marina an. Endlich hebt jemand ab. Vivaldi, nennt sich die Stimme am anderen Ende der Leitung. Vivaldi sagt, ich könne bei Ebbe unbesorgt sein, das Stromkabel liefe mindestens 22,50 Meter über den Fluss. Doch beruhigt bin ich längst nicht, als *Levjes* Mast der Leitung im enger und enger werdenden Fluss immer näher kommt. Ich fühle mich hilflos, kann von unten meine Höhe nicht einschätzen, also beobachte ich die drei Fischer am Ufer, die miteinander palavern, ob sie gleich in wildes Geschrei ausbrechen, weil der Mast die Leitung berührt. Nein, sie schenken mir nicht die geringste Beachtung. Alles frei also. Ich gebe Gas. Und erreiche die Marina.

Wie gelange ich in die Stadt? Als mir Vivaldi hilft, *Levje* im Fluss zu vertäuen, sagt er, es wären keine 20 Minuten entlang am Kanal und der alten Saline von Aveiro. Ob ich nur eine Nacht bleiben wolle? Er lächelt. Das würden die meisten sagen, bevor sie Aveiro gesehen hätten. Tatsächlich ist Aveiro ein munterer Ort. Schon auf dem Kanal begegnen mir die langen, bunt bemalten Kähne, die *barcos moliceiros*. Früher benutzte man sie zu Ernte und Transport des Seetangs, den man als Dünger wie überall im Mittelmeer von den Sandstränden auflas und auf die Felder schaffte. Heute finden auf ihnen Ausflugsfahrten bis zur Schleuse und der dortigen Saline statt. Die Schiffe sind fast so lang, wie der Kanal breit ist. Das Wenden im Kanal ist ein Kunststück, für das ich die Steuerleute bewundere. Häufig sind ihre Boote am Bug oder am Heck mit Bildern geschmückt, die Legenden und Geschichten aus den Heimatorten ihrer Eigner erzählen. So wie der Bug des Kahns, der sich O *L'Amierense* nennt, der Mann aus Amieira.

Eigentlich will ich ja die schmucken Giebelhäuser entlang des Ufers fotografieren, die stummen Zeugen, wie sehr diesem Aveira aus Salz und Fisch, aus der Nähe von Meer und Land über viele Jahrhunderte immer wieder Wohlstand erwuchs. Aber Garantie für Wohlstand auf alle Ewigkeit war das keine. Als sich um 1575 die Meeresströmungen vor der Einfahrt änderten, verlandete die Mündung ins Meer für ein paar Jahre. Aveiro war plötzlich abgeschnitten. Vom Meer und vom Wohlstand. Aber das blieb nicht lang so.

Heute ist die Stadt ein geschäftiger Ort, nicht nur wegen des Tourismus, der sich vor allem im Zentrum, um die Kanäle herum, abspielt und wo Sardinendosen gleich schaufensterweise in ihren kunstreichen Verpackungen angeboten werden. Doch der Tourismus ist nicht entscheidend. Aveiro geht es gut, dank Hafen, dank Firmen wie Bosch und anderen. Auch wenn das mit dem Salz und dem Fisch keine so große Rolle mehr spielt, kann es sich ein Fischer aus Aveiro heute leisten, seine Tage als gebräunter, alternder Gigolo im schwarzen Hemd nebst Sakko und Einstecktuch auf seiner Bank vor dem Sardinen-Schaufenster zu sitzen. Und den Touristen hinter der stylischen Sonnenbrille entspannt lächelnd zuzusehen, wie sie Fischen gleich durch sein Aveiro schwärmen.

Aber auch ich gerate ins Schwärmen. Spätestens in dem kleinen Fischlokal auf der anderen Seite des Kanals, wo mich der Kellner anstrahlt, als ich die Scampi ignoriere und frittiertem Aal den Vorzug gebe. Als er mich über meine Entscheidung aufklärt, in wie vielen Gerichten der portugiesischen Küche der Aal vorkommt, ahnt er nicht, dass es einst die Fischer im slowenischen Isola waren, auch so einem alten Salinenort, die mich vor vielen Jahren zum gegrillten Aal bekehrten. Die frittierten kleinen Aalenden, die mir in der Marisqueira Mare Cheia serviert werden, und der eiskalte Vinho verde, der aus dem bergigen Norden Portugals stammt, sie passen jedenfalls in dieses Aveiro und seine Lagunen.

Spätnachts wandere ich durch die Dunkelheit zurück zu Vivaldis Marina, die einsam vor der Stadt liegt. Sein Büro, das in einem einstigen Firmengebäude untergebracht ist, hat er längst abgesperrt, doch den Schlüssel zum Steg, an dem *Levje* liegt, hat er für mich am vereinbarten Platz versteckt. *O amor é importante* hat jemand an die verwitterte Hauswand der Werkstatt gesprayt. »Die Liebe ist wichtig.« Vielleicht ist das der Luxus des Reisens. Zeit zu haben, derlei zu sehen. Und den Lauten der Lagune zu lauschen: dem Rascheln des Schilfs. Dem Singen des Windes in den Wanten und dem leichten Gluckern und Glucksen des Flusses unter *Levje*, der wieder einmal dabei ist, die Richtung zu ändern. Morgen, spätestens übermorgen werde ich Portugal verlassen und die Grenze nach Nordspanien überschreiten.

Beim Einschlafen denke ich abermals über die Bekloppheit nach, warum ich ausgerechnet hier draußen Glück empfinde. Nach all den Jahren des Reisens auf dem Meer ist es mir immer noch ein Rätsel, warum ich ausgerechnet in dieser rauen Umgebung und mit der anstrengenden Erfahrung des Alleinsegelns etwas spüre, was Glück sehr nahe kommt.

Wenn ich über die glücklichsten Zeiten meines Lebens nachdenke, fallen mir die Ferien in dem Dorf im Schwäbischen bei meiner Großmutter und meinem Großvater ein. Was es war, kann ich nicht sagen. Das vier Wochen lange Herumtollen barfuß mit Cousins und Cousinen? Jeden Tag ein anderes Abenteuer im Dorf erleben, wo die Bauern uns kannten und grinsten wie die Lokführer der roten Rangierlok, die bereitwillig acht Kinder bei sich im Führerstand auf Rangierfahrt mitnahmen. Die Tage waren bunt und prall, sodass ich jede Nacht einschlief mit einem Gebet auf den Lippen: »Lieber Gott, lass mich ganz schnell einschlafen, damit es ganz schnell Morgen wird und ich wieder draußen sein kann.«

Kaum zurück in der Schule, war dieses Gefühl verschwunden, als wäre es nie da gewesen. Ich wurde älter, lebte mein Leben und vermisste wenig, nicht einmal jenes Gefühl. Es war weg. Es gab Herausforderungen, aber wenige Abenteuer. Und es gab Sternstunden und Abgründe, die sich auftaten. Aber kein Abend war dabei, an dem mir dieses »Lass mich ganz schnell einschlafen, damit es ganz schnell Morgen wird« über die Lippen gekommen wäre. Ich hatte schlicht vergessen, wie es war.

Kaum war ich unterwegs auf dem Meer, war dieser Gedanke vor dem Einschlafen wieder da.

Kapitel 4

Über die raue Biskaya.

Nordspanien:
Galicien.
Asturien.

Samstag, 14. Juli

An der Grenze. Von Portugal nach Nordspanien.

Meinen Reisen auf dem Meer verdanke ich neben vielem anderem den Traum von einer Welt, wie sie sein könnte. Wer je in einem Boot übers Meer gereist ist, der erfährt buchstäblich die Grenzenlosigkeit der Welt. Vielleicht führt allein diese Art der Fortbewegung auf dem Meer dazu, Grenzen als etwas Willkürliches anzusehen und sie weder an Land noch im Leben als naturgegeben hinzunehmen.

Vor Stunden habe ich den Hafen von Leixões in Portugal verlassen, irgendwo rechts von mir müsste zwischen den Felsen die Mündung des Rio Miño sein, des Grenzflusses, der Portugal von Spanien trennt. Sosehr ich auch Ausschau halte, ich kann am felsigen Ufer weder den Fluss entdecken, noch kann ich die Grenze ausmachen, jene willkürlich gezogene rasiermesserdünne unsichtbare Linie. Nur an Land könnte ich meinen Finger auf sie legen oder auf der Seekarte. Hier draußen? In diesem Augenblick könnte ich nicht sagen, ob ich noch in Portugal bin oder schon in Spanien. Man kann in Meerwasser keine Linie ritzen oder Mauern errichten, in seiner grenzenlosen Gleichgültigkeit ignoriert das Meer derlei Kinkerlitzchen, es setzt seine eigenen Grenzen.

Auch Klima und Wetter scheren sich keinen Deut um Grenzen. Es sind vor allem zwei simple Dinge, die mein Leben, meinen Tagesrhythmus verändern, wenn ich hier draußen bin. Das Meer und das Wetter. Sie geben den Rahmen vor, bestimmen, was geschieht, und das beginnt schon, wenn ich morgens die Augen aufschlage. Über meiner Koje hat mein Vorbesitzer praktischerweise einen elektronischen Barografen mit Thermometer angebracht. Schön fand ich ihn nie. Doch ich lernte ihn schätzen auf meinen Fahrten im Winter nach Venedig, wenn ich auf dem offenen Meer vor der Küste ankerte und mich die blinkende Anzeige nachts tröstete, dass es nicht so kalt in der Koje war, wie ich unter der Bettdecke fror. Oder dass das Barometer nicht fiel, obwohl keine 50 Seemeilen südlich vor dem nahen Istrien ein Sturm tobte.

Heute fällt mein Blick beim Aufwachen als Erstes auf die kleinen Balken, die an der Schiffswand blinken. Erkenne ich im Halbschlaf mehrere Balken, weiß ich: Das Wetter wird gut. Sind es weniger Balken, muss ich mich auf schlechtes Wetter einstellen. In meinem früheren Leben galt der erste Gedanke am Morgen dem Terminkalender oder, nur allzu oft, der monatlichen Umsatzhochrechnung, die meist nichts Gutes verhieß. Der »Zwangst«, wie ich ihn nannte, hing oft wie eine dunkle Wolke drohend über meinen Tagen, jene ungute Mischung aus Zwang und Angst. Dem Zwang, nicht tun zu können, was ich eigentlich wollte, und der Angst zu versagen. Heute sind es der Wetterbericht und das Meer, die den Takt für meinen Tag vorgeben.

Die Landschaft da drüben am Ufer sieht lieblich aus, ich sehe Strände und Hügel und alte Villen. Doch eine Grenze kann ich beim besten Willen nicht erkennen.

Sonntag, 15. Juli

An Galiciens stürmischen Küsten.
Zum ältesten Leuchtturm der Welt.

Am Morgen lese ich eine E-Mail von Françoise und Max, die nur wenige Tage weiter nördlich sind. Sie berichten von Nebel und schlechtem Wetter, von einem aufziehenden Sturm, den sie in A Coruña, in der Nordwestecke Spaniens, abwettern wollen. Tatsächlich ist das Wetter in Nordspanien wenig besser. Nördlich von Vigo, am Kap Finisterre, das spanisch Cabo Fisterra heißt, umhüllt mich dichter Nebel. Ich sehe keine hundert Meter weit, zur Sicherheit lasse ich das Radargerät mitlaufen, es erkennt, was ich nicht erkennen kann: das Kap vor mir, das Spaniens äußerster westlicher Zipfel ist. Ein Boot, das mich halb rechts wenige Hundert Meter im Nebel verborgen begleitet. Ich sehe es nicht, doch auf dem Bildschirm weicht es seit einer halben Stunde nicht von meiner Seite und folgt mir wie ein Schatten.

Eine halbe Stunde später ist es immer noch da. Ein Punkt auf meinem Bildschirm, der wie eine Klette an *Levje* klebt, nicht schneller wird, nicht langsamer und einfach nicht verschwinden will. Langsam wird mir die Sache unheimlich. Als mein »Schatten«, wie ich das Boot im Nebel nenne, eine Stunde später weiterhin anhänglich ist, denke ich nach, was »er« sein könnte. Gibt es in Nordspanien Piraten? Ist es die Guardia Civil? Die Grenzpolizei? Wenn sie es wäre, wäre sie längst mit schneidigem Manöver längsseits gekommen, hätte meine Papiere kontrolliert und wäre ebenso schneidig wieder im Nebel verschwunden. Doch das Boot bleibt mein Radarschatten, es folgt mir. Als für einen kurzen Moment der Nebel aufreißt, sehe ich, dass es ein Segler ist, der genauso wie ich auf Cabo Fisterra zuhält. Das Gefühl, eine Grenze zu überschreiten, selbst wenn es nur eine imaginäre ist, weckt offensichtlich in mir die Angst vor Geistern.

Selbst jetzt, nahe davor, sehe ich das felsige Kap nur auf dem Radar, zu dicht ist der Nebel. Der kreisende Finger zeichnet es als gelb geriffelte Linie auf den Bildschirm, auf die ich zuhalte. Als ich näher komme, erkenne ich durch die wabernde graue Suppe Schemen wild geformter Felsgestalten, die wie Gespenster bucklig aus dem dichten Nebel lugen.

Gegen Abend lichtet sich der Küstennebel, die Klarheit kehrt in die Landschaft zurück. Ich kann Einzelheiten erkennen. Es ist nicht leicht, den eigenartigen Reiz dieser verlassenen Nebelküste zu beschreiben und das, was ihn ausmacht. Das Gebäude eines Leuchtturms auf einer Landzunge, wie ein vergessenes Spielzeug zwischen den gelb bemoosten Felsblöcken der Halbinsel. Auf der Seekarte lese ich Namen von eigenartigem Klang: Islas Cíes. Isla de Ons. Sanxenxo. Nie gehörte Ortsnamen wie Bueu und Cee. Moaña und Udra. Würde ich Namen suchen, um eine Geschichte zu erzählen irgendeines Naturvolks, dessen Menschen einst weise, nackt und glücklich lebten, würde ich hier danach suchen.

Wie die Namen hat sich auch die Landschaft verändert. Nordportugals gelegentlich putzige Auenlandküste hat einer schroffen Steilküste Platz gemacht. Jede Küste hat ihre Geschichten, die sie über sich verbreitet. Etwas, das sie bevorzugt über sich erzählt. Erstaunlicherweise sind es oft welche von Menschen, die gezwungen waren, ein neues Leben zu beginnen, weil es im alten nicht weiterging.

Sizilien erzählt die Geschichte eingewanderter Griechen und der Tempel, die sie bauten. Und die der Normannen aus der Bretagne, die über Sizilien und Mauren herfielen und Dome hinterließen. Die Nordküste Mallorcas erzählt die Geschichte Sóllers und seiner Bewohner, jener französischen Flüchtlinge vor der Revolution, die in einem nur vom Meer aus zugänglichen Winkel erfolgreiche Orangenbauern wurden. Und diese schroffe Felsküste erzählt von Pelayo, dem letzten König der Westgoten, der nach der Eroberung Spaniens durch die Mauren hierher geflohen war mit wenigen Getreuen. Von dieser Küste aus setzte er seinen Widerstand gegen die Eroberer fort.

Während ich die Küste im Nebel entlangsegle, begreife ich, warum die nordafrikanischen Berberstämme, die nach den Römern scheinbar spielend drei Viertel Spaniens unterwarfen, einen Bogen um diesen wilden Norden und seine Unwirtlichkeit machten und niemals ernsthaft versucht hatten, ihn unter ihre Kontrolle zu bringen. Spanien, so sagen es die Geschichtsbücher, begann mit diesem Pelayo im Norden, als dessen versprengte christliche Kleinkönigreiche auf dem schmalen Streifen zwischen dieser Küste und den Pyrenäen die Reconquista anzettelten, die 600 Jahre dauernde Rückeroberung der Iberischen Halbinsel durch die katholischen Könige.

Als sich der Nebel hebt, suche ich die Seekarte ab nach einem Platz für die Nacht. Die Küste ist zerfurcht, voller tief eingeschnittener, verwinkelter Buchten, doch diesmal werde ich schnell fündig und steuere *Levje* im milchigen Leuchten des Spätnachmittags in eine der Buchten. Aus der Ferne sehe ich auf einer flachen Landzunge Menschen und Fahnen vor einem Gotteshaus, es scheint eine Prozession zu sein. Ich weiß zwar, dass ich in diesem Winkel Europas dem Pilgerweg nach Santiago de Compostela nahe bin, ich ahne aber nicht, dass die Kirche vor mir auf der Landzunge, die A Virxe da Barca in Muxía, am Meer das äußerste Ende des Pilgerwegs markiert.

Keine zwanzig Minuten später erreiche ich Camariñas, einen Ort in einer versteckten Waldbucht, geschützt von einem Sandstrand. Drei Segler ankern dort. Als *Levjes* Anker ein wenig abseits ins Wasser gefallen ist und der Motor verstummt, höre ich endlich die Geräusche vom Land. Das Brechen der Wellen im Nebel am östlichen Ufer, den fernen Lärm eines Volksfests im Ort. Doch ich sehe auch auf den drei Seglern keine Menschenseele, weder am Ufer noch vor den Häusern. Zu schön ist das alles, das Leuchten, der friedliche Abend, die glatte Bucht. Ich überlege einen Moment, im Dinghi hinüberzurudern, an Land zu gehen und mich in das Treiben eines spanischen Fests zu mischen. Doch Alleinsein auf dem Meer kann süchtig machen wie eine Droge. Ich bleibe lieber auf *Levje* und sauge die Bilder dieser Küste auf. Es ist einer dieser Abende, an denen ich bis weit nach Mitternacht an Deck bleibe, zu müde, um eigentlich wach zu bleiben, aber doch zu tief versunken in den Anblick des Meeres, um mich loszureißen. Ich gehe erst in meine Kajüte, als der Mond, eine hauchdünne Sichel, die weite Bucht beleuchtet.

Als ich am nächsten Morgen aufwache, hat dichter Nebel mein Schiff umhüllt. Keine 20 Meter kann ich ihn durchdringen, kein Geräusch dringt vom Ort herüber. Kein Lärm aus dem Hafen. Alles ist still, als wäre die Welt in Watte gepackt. Nur die Sonne scheint als diffuser Fleck irgendwo über den Wolken auf *Levjes* taunasses Deck. Tauperlen glitzern in den Spinnweben am Seezaun, als wäre ich im September in meiner Heimat Bayern unterwegs. Doch dies hier ist zweifellos Spanien.

Als ich gegen Mittag *Levjes* Anker hochhole und die Bucht verlasse, sind Hunderte Boote auf dem Wasser. Laut tutend kreisen sie um den Hafen, große und kleine, alle sind voll besetzt und lärmen, was Hupen und Tröten hergeben, als würde eine lang ersehnte Heiligenstatue endlich zurückkehren oder ein erfolgreicher Fußballstar von der Weltmeisterschaft. Ich habe Mühe, mein Schiff durch das Gewirr der lärmenden Boote vor dem Hafen zu steuern, mit keinem von ihnen zu kollidieren, die vollauf mit Radaumachen beschäftigt sind. Als ich die Halbinsel mit dem kleinen Gotteshaus auf dem Hügel umrundet habe, höre ich sie eine halbe Stunde später immer noch.

Erst später werde ich lesen, dass der 16. Juli der Festtag der Virgen del Carmen ist, an dem die Fischer und Seefahrer in den Küstenorten Spaniens ihre Schutzpatronin ehren und feiern. Es war deren lautstarke Meeresprozession, durch die ich an diesem Tag wieder einmal wie ein ahnungsloser Simplicissimus stolperte.

Am Nachmittag bricht blauer Himmel durch, doch der Nebel hat sich nur verzogen, um mir den Blick auf das heranziehende Schlechtwetter freizugeben. Einen Augenblick lang kann ich die Küste genauer in Augenschein nehmen. Costa da Morte, Küste des Todes, heißt Spaniens nordwestlichste Region am Meer. Wegen all der Schiffswracks, die vor den Felsen am Grund liegen? Doch der schaurige Name wird der Schönheit dieser Küste nicht im Mindesten gerecht. Schwarzbraune Berge, die organisch aussehen wie zerflossene Lava, bekrönt vom stumpfen Kegel einer alten Zinn-Mine. Eine unentdeckte einsame Felsküste, in der es leichter ist, einem Leuchtturm als einem Menschen zu begegnen. Als ich nach links schaue, sind die Regenwolken nicht mehr zu übersehen, die von Nordwesten heranziehen. Der Himmel verdüstert sich. Wo ich eben noch kilometerweit Sicht hatte, versinkt die Küste im Grau. Am späten Nachmittag ist mir kalt, ich steige nach unten und streife warme Seestiefel und Regenjacke über. Feiner Niesel setzt ein, ein englischer Herbstregen, während der Wind *Levje* weiter nach Nordosten Richtung A Coruña treibt, auf ein großes Bauwerk zu, das wie ein drohender Finger durch den Regen von Weitem zu sehen ist.

Es wird Abend, bis ich die Großstadt endlich vor mir habe, aber im Hafen bin ich deshalb noch lange nicht. Über eine weitere Stunde brauche ich, A Coruña zu umfahren, denn der Hafen liegt im Osten. Durch den Nieselregen sehe ich die Silhouette der Stadt, ihre Hochhäuser im Inneren einer Bucht hinter dem langen Sandstrand. Und dann die unbebaute Insel davor, auf deren Kuppe ragt einsam jener düstere Turm auf, den ich seit Stunden sehe.

Erst beim Einlaufen in die Hafenbucht gegen Viertel nach neun bessert sich das Wetter. Weil Françoise mir schrieb, ich solle nicht den ersten Hafen nehmen, sondern den, der unmittelbar im Stadtzentrum läge, fahre ich bis ans Ende der Bucht in den westlichsten Hafen. Er ist weitläufig, die Geräusche aus dem Stadtzentrum dringen herüber, aber im Hafen selbst lässt sich niemand blicken, niemand antwortet auf meinen Funkspruch. Ich wähle mir einen ruhigen Platz aus, steuere *Levje* an den Steg, springe von Bord und vertäue mein Schiff.

Noch an Deck schlafe ich ein. Ich spüre nicht einmal mehr, wie das Meer dem Hafen von A Coruña keine Ruhe schenkt und immer wieder rätselhafte Wellen selbst in dessen entlegensten Winkel schickt, die die Schiffe an den Stegen gleichförmig geigen und schwingen lassen wie ein Ballett.

Dienstag, 17. Juli

A Coruña, Spanien. Der Strand.
Der Doktor. Die Austern.

Am Morgen werfen mich die Geräusche der Stadt aus der Koje. Das Rumpeln der Müllabfuhr, das schrille Klirren sich leerender Altglascontainer auf der Pier. Sie erinnern daran, dass ich mich um mein Schiff kümmern muss und um mich selbst. Ich muss eine Wäscherei oder Waschmaschine ausfindig machen, um meine Wäsche zu waschen. *Levjes* Niedergang neu verfugen, der gestern Regen ins Boot sickern ließ. Den Autopiloten unter Deck kontrollieren und fixieren, er steuert nicht mehr exakt. Den Kompass auseinanderschrauben und die defekte Beleuchtung ersetzen, damit ich nachts sehe, wohin ich steuere. Das Bodenbrett unter dem Niedergang neu fixieren, dem ein verwegener Sprung neulich Nacht den Niedergang hinunter zu viel gewesen war. Die Reparaturliste, die ich führe, hat selten weniger als zwanzig Punkte, mal drängendere, mal solche, die warten können. Hafentage, um besseres Wetter abzuwarten, sind die Zeit, um endlich die Reparaturliste anzugehen.

Erst am späten Nachmittag habe ich Augen für die Stadt und den Hafen. Ich bin mit *Levje* tatsächlich im Stadtzentrum von A Coruña. Der Real Club Náutico liegt wie ein Marktplatz im Rund historischer Handelshäuser, deren Fronten schneeweiß verglast sind. Die Galerías, die verglasten Veranden und

Balkone Galiciens, verbergen die eigentliche Front eines Hauses und sind nur eine der Eigentümlichkeiten, mit denen die Bewohner sich ihrer Eigenständigkeit vergewissern. Die Flöten eines Dudelsacks klingen aus der Gasse herüber, und sie werden auch nicht mehr verstummen, solange ich mit *Levje* im Hafen liege. Galicien erinnert mich daran, was Spanien eigentlich ist. Ich habe die friedlichen, mit unendlicher Geduld begabten Mallorquiner in Pollença kennengelernt. Und früher auch Katalanen, freundliche Zeitgenossen, solange man einen weiten Bogen um ihre Nicht-Unabhängigkeit machte. Galicier wiederum scheinen gerne dem Bedürfnis zu folgen, sich im öffentlichen Raum ihrer Eigenheiten zu erinnern. Mallorquiner, Katalanen, Galicier und ihre östlichen Nachbarn, die ich noch kennenlernen sollte: Sie alle leben ausnahmslos in Regionen, die bezeichnenderweise die offizielle Bezeichnung *Comunidad Autónoma* tragen – autonome Gemeinschaft. Sie definieren sich weniger über ihre Geografie, sondern mehr über ihre Ethnologie, das starke Wir-Gefühl, das die einzelnen Mitglieder innerhalb der Gemeinschaft miteinander verbindet. Jede der siebzehn Regionen Spaniens betont schon in ihrem Namen ihre Autonomie. Und jede der siebzehn Regionen versteht unter dem, was denn nun eigentlich die autonomen Rechte sind, etwas anderes. Es erschien mir immer rätselhafter, wie dieser Staat, der scheinbar aus einer Hauptstadt im Zentrum gelenkt wird, eigentlich in seinem Zusammenhalt funktionierte.

Vielleicht ist aber genau das Europa: ein Haufen zusammengeworfener Regionen, die grundverschieden sind und allesamt nichts lieber tun, als auf ihre Eigenständigkeit und Autonomie zu pochen, die dabei aber sehr offensichtlich dieselben Werte teilen. Dies ist der Kern. Autokraten, Potentaten, testosterongesteuerte Machtpolitiker, verkappte Diktatoren, ruchlose Dealmaker können ein derartiges Gebilde nur als »schwach« empfinden, an dessen Spaltung man nur arbeiten müsse, damit es schon irgendwann von allein zerbricht. Aber genau dieses Klein-Klein ist nun mal unser Europa. Und ich beginne, es mehr denn je zu mögen, je mehr ich es in seiner Verschiedenheit erlebe.

Ich streife durch die Gassen A Coruñas und freue mich über das Wimmern des Dudelsacks genauso wie über die Eigenart, in jedem Wort unbedingt ein »x« zu verbauen, sobald sich auch nur die geringste Chance dazu ergibt. Ich wandere von der kleinen Igrexa de Santiago, dem romanischen Hafenkirchlein, zur Lonxa, dem Fischmarkt. Stolpere von den weißen Erkern und Veranden der Häuser rund um die Marina, wo man den *pulpo gallego*, »Tintenfisch« auf Galicisch, serviert bekommt, der auf keinem Tapas-Teller in der Welt fehlt, bis zum Sandstrand, den ich gestern im Regen sah, der sich nun wie eine Diva unmittelbar vor der Stadt rekelt. A Coruña hat immerhin eine Viertelmillion Einwohner – welche Stadt kann schon von sich behaupten, sie hätte unmittelbar im Stadtzentrum einen derart prächtigen Sandstrand wie die Playa de Riazor? Der Strand markiert jene sandige Flachstelle, die das alte Coruña, das im Schutz auf der östlich vorgelagerten Insel entstand, über Jahrhunderte mit dem Festland verband. Und dann begeistern mich noch manch andere Gebäude, über deren Äußeres man streiten mag, aber deren Baukörper so harmonisch in die Rundung über der Bucht gesetzt sind, dass es eine Freude ist. Spanien hat nicht umsonst einige der namhaftesten modernen Architekten hervorgebracht.

Als es Abend wird, finde ich wenige Schritte weiter in einem abgelegenen Winkel zwischen Mietskasernen und Feuerwehrhaus ein unscheinbares Fischrestaurant. Die Peixaría sieht einfach aus und liegt an einem überzeugenden Ort. Als Reisender an einer Küste lernt man, dass Restaurants entweder eine umwerfende Aussicht oder gutes Essen bieten, doch selten beides zugleich, es sei denn zu einem exorbitanten Preis. Das Lokal liegt an einem Ort, an dem man seine Gäste schon mit besonderer Küche und nicht mit Meerblick bei der Stange halten muss. Weil's drinnen laut ist, nehme ich draußen Platz, ich sitze allein, nur ein paar Jugendliche zwei Tische weiter haben meine Sympathie, weil sie offensichtlich ihr weniges Geld für ein gutes Abendessen zusammengekratzt haben.

Auf der Speisekarte: fünfzehn Fischgerichte. Fünf Vorspeisen. Austern darunter. Da muss ich nicht lange überlegen. Ich bestelle Austern. Muscheln an sich sind nicht jedermanns Sache, und an Austern scheiden sich die Geister. Die einen lieben sie, die anderen verachten sie als Luxus und Geschlabber. Bei meiner Frau und meinem Freund Josef, beide entschieden Freunde guter Lebensart, lösen Austern selbst vier Jahrzehnte nach heftigen Salmonellenvergiftungen blankes Entsetzen aus. Also tue ich, was ich tue, wenn ich allein unterwegs bin, und esse Austern, wenn keiner dabei ist. Doch eigentlich esse ich Austern, weil ich dabei an einen Menschen und seine Geschichte denken will, es ist manchmal ein Gericht, das die Erinnerung an einen Menschen wachhält.

Als der Kellner sie serviert, bin ich verblüfft. Die Muscheln kommen in einer leichten Vinaigrette daher, angerichtet mit: einer Kugel Vanilleeis. Ich mache mich skeptisch an die Arbeit. Vanilleeis mit Austern in einer Senf-Vinaigrette? Aber der Geschmack ist der Hammer. Der intensive Geschmack des kalten Meeres, den die Auster in sich trägt, mit der salzigen Säure der Vinaigrette und der schmelzenden Vanillesüße der Eiskugel. Das ist ein unglaubliches Erlebnis.

Ab da geht alles ganz schnell: Die zweite Auster ist schneller vom Teller, als mir lieb ist. Ich winke dem Kellner, es ist mir etwas unangenehm, ob er mit dem Fisch warten könne, ich würde noch gerne von den Austern nehmen …

Während des Wartens denke ich voller Respekt an Claude Lanzmann, französischer Regisseur des Dokumentarfilms *Shoah*. Er soll bei einem Austern-Gelage zusammen mit zwei

Mitstreitern an einem Abend sechzig Austern verspeist haben. Und ich denke an den Mann, dessentwegen ich eigentlich Austern esse.

Er war Landarzt gewesen, in meinem Dorf, in dem ich aufgewachsen war. Und »Jahrgang 1920«, einer jener, die man als Zwanzigjährige in den Zweiten Weltkrieg geschickt hatte und von denen die wenigsten ihren fünfundzwanzigsten Geburtstag erlebten. Er war auf den ersten Blick wie das Dorf, in dem er lebte: grob und schroff. Doch hinter seiner Kantigkeit verbarg sich eine Menge Empathie, als wollte dieses zarte Gefühl geschützt sein wie ein Neugeborenes. Aber all das wusste ich noch nicht, als ich zum ersten Mal mit zwölf in der kleinen Praxis am Bahnhof mit einem Dorn in der Ferse saß. Er beugte seinen kahlen Schädel in dem zu eng sitzenden Arztkittel über meine Ferse und besah sich die Sache. Griff, ohne aufzublicken, nach hinten, wo in einer Petrischale ein Skalpell bereitlag. »Wollen Sie die Stelle nicht vorher betäuben?«, fragte meine Mutter, deren Hand an meiner Schulter schlagartig zupackender wurde. Der Kahlkopf blickte kurz auf. »Aah baaaah«, hörte ich ihn sagen. Und dann schoss auch schon das Skalpell blitzschnell mit Wucht in meine pochende Ferse, ehe ich überhaupt wusste, was da geschah. Ich machte einen Satz Richtung Decke, vor plötzlichem Schmerz, zum Umfallen bleich. Und zu überrascht, um wütend zu sein, was der kahlköpfige Weißkittel da mit mir veranstaltete. Doch kaum war alles vorüber, zeigte die grobe Kur des Doktors Wirkung. Zwei Tage danach konnte ich wieder normal laufen, drei Tage danach im See schwimmen – der Dorn war rausgespült, alles war gut. Ich dachte an den Mann im weißen Kittel mit gemischten Gefühlen. Er hatte gewusst, was er tat, kein Zweifel; er hatte mir geholfen. Aber ob ich die Rosskur so noch mal brauchte?

Jahre später. Ich war längst fortgezogen aus dem Dorf, das eine Kleinstadt geworden war. Da erzählte mir meine Mutter von dem Doktor. Dass er vielen Menschen auf seine einfache Art geholfen hätte und nur bei einer Sorte Patienten wirklich grob geworden wäre: wenn sie weinerlich waren. Sie erzählte, wie er selbst an Leukämie erkrankt war und die Krankheit ihn innerhalb eines Vierteljahrs dahingerafft hatte. Aber noch in der Krankheit, in der keiner ihm hatte helfen können, hatte er sich von seiner Frau einmal wöchentlich ins Krankenhaus ein, zwei frische Austern bringen lassen, die er so sehr liebte. Der Geruch des Meeres ...

Aber damit endet die Geschichte vom Doktor und den Austern noch nicht. Jahrgang 1920. Er war einer von denen, die sich als Medizinstudenten im dritten Semester plötzlich an einer Front in einem Zelt wiederfanden, um sich über die zerfetzten Leiber Gleichaltriger zu beugen und sie irgendwie wieder zusammenzuflicken, mit wenig mehr in der Hand als einem Skalpell, Nadel und Faden. Einer von denen, die sich den Rest ihres Lebens im Stillen Tag für Tag fragten, warum ausgerechnet sie das Gemetzel überlebt hatten. Zum Jahrgang 1920 gehörte es, niemals darüber zu sprechen. Und niemals über das Grauen, das ihre Augen gesehen hatten, das sie aber niemals vergaßen. Der Doktor, der in der Gemeinde ein geachteter Mann war, hatte vor seinem Tod zum Kopfschütteln aller verfügt, dass er nicht in einem Sarg bestattet werden wollte, sondern in einer einfachen Kiste aus Birkenbrettern. So wie diejenigen, so war es sein ausdrücklicher Wunsch gewesen, denen er nicht hatte helfen können, die man einfach verscharrt hatte, irgendwo.

Für den Abend bleibe ich bei den Austern. Durch die anbrechende Dunkelheit schlendere ich durch die leuchtende Stadt, vorbei an dem leuchtenden Palast des Rathauses, zurück in den

Hafen, wo *Levje* an der Pier schaukelt und meine Wäsche an der Leine, die ich rund ums Boot gespannt habe. Ich denke gelegentlich an den Doktor. Es gibt schlechtere Gründe, Austern zu essen, als der Erinnerung an einen Menschen nachzuhängen, der es wert ist.

Donnerstag, 19. Juli

A Coruña, Spanien. Zwei Türme.

Meine Reparaturliste ist kürzer geworden. Der Kompass leuchtet nachts wieder. Der Niedergang ist dicht. Das Bodenbrett am Fuß der Treppe hält einen Sprung vom Cockpit hinunter in den Salon aus. Meine Wäsche duftet. Nur *Levjes* Motor qualmt mir ein wenig zu viel. Ich komme nicht recht hinter die Ursache und finde einen Mechaniker, der sich den Motor genauer ansieht. Antonio ist Vater von zwei Kindern und betreibt seine Werkstatt mit einem Freund im Großschifffahrtshafen von A Coruña auf der anderen Seite der Bucht. Zu seinem Motor hat man als Segler ein eigentümliches Verhältnis. So stolz man auf sein Schiff ist, der Motor gehört irgendwie nicht recht dazu. Er bleibt im Verhältnis zwischen Eigner und Boot zeitlebens eher Gegenstand der Sorge und selten Ursache ungetrübter Freude. Dies rührt aus einem Abhängigkeitsverhältnis her. Wenn der Wind ausbleibt, muss es der Motor machen, und wenn es brenzlig wird, erst recht. Wahrscheinlich ist das meistgehörte Stoßgebet auf einem Boot: »Lass ihn jetzt bloß nicht ausgehen, Herr«, wenn man nach einem stürmischen Tag die letzten und oft heikelsten 50 Meter aus den Wellen bis zur Hafeneinfahrt zurücklegen muss.

Hinzu kommt, dass der Motor auf einem Segelboot stets ein kümmerliches Dasein fristet. Eingezwängt harrt er aus in einem kleinen Verschlag, den man selbst Hühnern nicht als Unterschlupf für eine Nacht anbieten möchte. Er ist eng und schlecht belüftet, meist ist der Motor, umgeben von irgendwelchen Salzwasserresten, vom selbst produzierten Hitzekollaps bedroht. Für jeden Motor ist das eine lebensfeindliche Umgebung, es hat sich seit seinen menschlichen Vorgängern, den Galeerenruderern, nichts daran geändert, und mit den Rudersklaven teilt er wie ein Verurteilter die stete Vernachlässigung durch den Schiffsherrn. Manche Einhandsegler wurden aus diesen Gründen nie recht warm mit ihrem Motor. Rollo Gebhard machte seine ersten großen Reisen auf seiner Holzjolle in den Sechzigerjahren von der Adria in den Jemen praktisch ohne. Gudrun Calligaro hatte auf ihrem Neun-Meter-Boot einen und stellte erst im dritten Jahr ihrer Weltumsegelung auf dem Nachhauseweg vor der Südspitze Südamerikas fest, dass er eigentlich nicht lief.

Als Antonio kommt, besieht er sich meinen Motor gründlich. Wir prüfen unter verschiedenen Bedingungen, ob man den Qualm etwas beeinflussen kann. Wir diskutieren verschiedene Ursachen. Antonio spricht nur Spanisch, und ich radebreche mit einem Gemisch aus spanisch gefärbtem Italienisch und Englisch. Es gehört zu den faszinierenden Erfahrungen des Reisens auf einem Boot, dass man sich ohne große Sprachkenntnis hervorragend mit einem Bootsmechaniker unterhalten kann, wenn man Funktion und Teile eines Motors kennt. Wir tauschen uns mehr mit Gesten und Zeichen als mit Worten aus. Ich äußere nacheinander meine Vermutungen über defekte Kolbenringe, undichte Ventilschäfte oder nicht richtig arbeitende Einspritzpumpen. Immer schüttelt Antonio nachdenklich den Kopf, rennt wieder nach oben und schaut sich die Gase aus dem Auspuff an. Er wiegt bedächtig den Kopf, am Ende tippt er auf die Einspritzdüsen. Er schlägt vor, sie auszubauen, um sie zum Test in die Werkstatt des deutschen Herstellers in A Coruña zu bringen. Ich helfe ihm, so gut es geht, Antonio verspricht, am Abend wiederzukommen.

Gegen sieben steht Antonio mit vier neuen Einspritzdüsen auf der Pier. Als er mit dem Einbau am Ende fertig ist, übergibt er mir die Rechnung. Knapp 900 Euro für vier fingernagelgroße Einspritzdüsen der bekannten deutschen Firma aus dem »Musterländle«. Und 150 Euro für ihn, Antonio, für seine sechsstündige Arbeit, inklusive Kreuz- und Querfahren durch die Stadt, um meine angerußten Einspritzdüsen in die Werkstatt zum Test zu bringen. Ob nicht doch der britische Fußballstar Gary Lineker einst recht hatte, der meinte, dass Fußball ein Spiel sei, bei dem zweiundzwanzig Männer neunzig Minuten einem Ball nachjagen, und am Ende gewinnen immer die Deutschen?

Mein Gefühl wird nicht besser, als ich den Motor zum Test starte und wir uns ansehen, was aus dem Auspuff kommt. Der Motor startet einwandfrei, läuft einwandfrei. Aber an den zartblauen Wolken aus *Levjes* Auspuff hat sich nichts geändert. Das Thema bleibt auf meiner Reparaturliste.

In den nächsten Tagen gönne ich mir Wanderungen durch die Altstadt. Kehre nahe am Hafen zur kleinen Seefahrer-Kirche aus der Romanik, erklimme das Nordende der einstigen Insel. Die Hochhäuser enden respektvoll in einigem Abstand vor einem Hügel, auf dem das nicht geheuer wirkende Bauwerk steht, der düstere Finger, den ich bei der Ansteuerung des Hafens vor mir durch den Regen sah. Auch aus der Nähe sieht das wuchtige Gebäude bedrohlich aus. Der Hügel scheint jedoch ein beliebtes Ausflugsziel zu sein, über die breite Rampe, die zu dem Turm hinaufführt, flanieren Pärchen unter A Coruñas

Abendhimmel, Familien mit Kindern. Ich lasse mich treiben im Strom der Flaneure und Picknicker, bis ich am Eingang zum Turm stehe, einer schmalen Pforte in der wuchtigen Mauer, und mich einer Führung anschließe.

Torre de Hércules, Turm des Hercules, nannten die Bewohner ihn, als er gebaut wurde. Er ist ein Leuchtturm – und der älteste Leuchtturm der Welt. Die Römer hatten ihn errichtet, kurz nachdem ein Mann namens Jesus in einer fernen Provinzstadt namens Jerusalem hingerichtet wurde. Hinrichtungen von Aufrührern waren an der Tagesordnung. Von diesen Vorgängen hatte bei Baubeginn in Brigantium – so hatten die Römer die Hafenstadt an der inneren Bucht genannt – vermutlich kaum jemand erfahren. Auch der Architekt nicht, den man mit dem Turm beauftragt hatte, Gaius Sevius Lupus. Er stammte aus einer Gegend nicht weit von hier, aus Aeminium, dem heutigen Coimbra, und ließ in den 65 Meter hohen Bau alle Raffinessen seiner Zeit mit einfließen. Nicht nur ein Turm sollte es werden, sondern an diesem extrem wichtigen geografischen Punkt der römischen Welt, an dem der Schiffsverkehr aus Gibraltar zu den Rhein-Provinzen und nach Britannien verlief, ersann der Architekt zwei Türme. Beide haben einen quadratischen Grundriss, sowohl der massive äußere Turm als auch der nicht minder massive innere Turm. Es sollte ja etwas Dauerhaftes entstehen. Und beide sind verbunden durch eine schräge Rampe, die zwischen den Wänden der zwei Türme als stufenloser Weg zur Turmspitze führt.

Es ist nicht bekannt, wie viele Sklaven nötig waren, um die zwei Türme zu errichten. Genauso wenig ist überliefert, wer sie waren und wie lange sie schufteten, um das gigantische Bauwerk zu errichten. Doch die einstige Lampe des römischen Leuchtturms, die ist noch vorhanden. Ein Stein wie eine überdimensional große Öllampe, vom Durchmesser eines Mühlrads. Eine Mulde in der Mitte, in die man Olivenöl füllte, dessen Flamme über einen großen Hohlspiegel aus der Turmkammer zu einem Lichtstrahl wurde. Als Studenten vor einigen Jahren herausfinden wollten, ob eine solche Olivenöllampe überhaupt funktioniert, kamen sie zu dem Ergebnis, dass das Licht damals sogar auf eine Distanz von zehn Seemeilen gut sichtbar gewesen sein musste.

Späteren Generationen, die mit Bauten und Straßen der Römer lebten, aber von ihnen nichts mehr wussten, erschien der gewaltige Doppelturm unverständlich, von Geistern bewohnt, als Werk von Riesen. Doch der Aufwand, den die Römer trieben, hatte einen guten Grund: die Costa da Morte. Warum die Küste den schauerlichen Namen trägt, zeigt eine Seekarte im Museum des Torre de Hércules. Hunderte Wracks liegen vor den Felsen Galiciens. Verzeichnet sind nur die, die man bisher entdeckte, der weitaus größere Teil ist bislang unentdeckt. Schon die Römer müssen die empfindlichen Verluste an Schiffen und Menschenleben gespürt haben, die ihnen entlang dieser wilden Küste entstanden.

Nach ihnen verfiel das Gebäude der zwei Türme. Es gab niemanden mehr, der das Interesse oder die Kraft gehabt hätte, sie zu erhalten. Sie verfielen, erst der äußere, dann der innere. Sie bröckelten genauso wie die Schifffahrt samt dem ausgedehnten Seehandel, den die Römer so intensiv betrieben hatten. Der Massentransport von Waren, neuen Ideen und Religionen, diese Art von Schifffahrt brach zusammen, die Welt wurde klein. Die Türme benutzten die Menschen nur noch als Steinbruch, um Quader für Stadtmauern zu brechen. Was an Seefahrt noch stattfand, blieb für rund tausend Jahre das waghalsige Geschäft Einzelner. Bis man sich im Zeitalter der Entdeckungsfahrten auch am Kap wieder an den Leuchtturm der Römer erinnerte und nachts gelegentlich einen eisernen Korb mit brennenden Kohlen an die Turmspitze hängte, als der Schiffsverkehr wieder zunahm. Doch erst mit Napoleon nahm das

Interesse an ihm zu. Und seither ist das Licht auf dem Torre de Hércules nicht mehr erloschen, allen Nebeln zum Trotz.

Auf dem Heimweg begreife ich einmal mehr die ungeheuren Privilegien, die wir in Europa haben. Es war nicht immer so.

An einer Hausecke steht ein junger Mann und singt. Seine Haut ist weiß wie Marmor, seine Augen so blau, dass er nur vom Meer kommen kann. Der junge Mann singt, als wäre da jemand, für den er singt. Als würde ihm jemand zuhören. Ich bleibe stehen, doch er singt allein an der Hausecke und mit geschlossenen Augen. Sein Lied erklingt über die Köpfe der vorbeihastenden Passanten hinweg, die im Vorübergehen auf den aufgeklappten alten Reisekoffer des Sängers mit ein paar Münzen blicken. Er singt zu einer Klavierbegleitung aus einem Lautsprecher. Das ist alles. Ein Liebeslied, zweifellos. »All Of Me«: »*Love your curves and all your edges, I love your perfect imperfections.*« Als ich die Zeilen höre, bin ich mir gar nicht mehr so sicher, ob diese Liebeserklärung nur für einen Menschen gilt und nicht auch für diesen zerbrechlichen Kontinent, an dessen Rändern entlang ich gerade reise.

Als er das Lied beendet hat, spreche ich den Sänger an, frage, woher er kommt. David heißt er. Einundzwanzig sei er, und er käme aus dem County Sligo an der Nordwestküste Irlands, einer tief zerfurchten Küste genau wie der nordwestlichen, an der wir uns gerade befinden, nur mit sanften grünen Hügeln. David hat bis letztes Jahr in Sligo gelebt, jetzt studiert er in Hamburg Vergleichende Sprachwissenschaft. Hamburg, noch so eine Nordwestküste, wie Sligo, wie A Coruña. Und noch einer, der die Sprache liebt.

Dann lächelt David. Seine Freundin säße auf der anderen Straßenseite. Sie höre ihm zu. Nur ihm. Er möchte weitersingen. Ich sehe sie nicht, aber sie ist da, als David sich konzentriert und sein nächstes Lied beginnt.

Es ist nur ein kurzes Gespräch. Aber ich glaube an David

aus Sligo. Ich glaube an seinen Mut, sich an eine Straßenecke in einer wildfremden Stadt zu stellen und ein Liebeslied zu singen. Ich glaube an die Davids aus Sligo, die Samueles und Juans aus Motril, mehr als an all die Trumps, die Putins, die Orbáns. Ich glaube an die Kraft der Davids. Und dass vielleicht sie dieses ewige Klein-Klein der alten Männer auf ihre Art überwinden werden. Es ist nur eine Frage der Zeit.

Sonntag, 22. Juli

Santiago de Compostela. Über Wege und Ziele.

»Ich weiß nicht, was mein Weg ist. Aber ich bin grad drauf unterwegs.« Ich las die Worte einmal auf einer Hauswand. Ich bin auf *Levje* unterwegs und nicht gerade das, was man einen Pilger nennt. Und irgendwie bin ich es doch, nicht nur weil das, was über den Jakobsweg gesagt wird, auch für meine Art des Reisens gilt, die mehr eine Suche ist. Ich suche nach Spuren, woher wir kommen. Und woher vor allem dieser Mensch kommt und wer dieser Mensch ist, zu dem ich nun seit einem halben Jahrhundert »ich« sage, der mir so vertraut ist und der mich aber oft genug hier draußen überrascht, als würde ich mich nicht kennen. Ödön von Horváths Worte, »Eigentlich bin ich ja ein ganz anderer Mensch. Ich komm bloß so selten dazu«, gelten auch für mich.

Als ich *Levje* am Morgen im Hafen von A Coruña zurücklasse und mich auf die einstündige Zugfahrt nach Santiago de Compostela mache, weiß ich nicht, was mich dort erwartet. Santiago, der Schrein des heiligen Jakob? Santiago, das Ziel der Pilger? Oder nur Santiago, die Hauptstadt Galiciens? Ich möchte jedenfalls Menschen begegnen, die sich wie ich auf eine ungewöhnliche Reise aufgemacht haben. Vielleicht begreife ich mehr von meiner Motivation, wenn ich solchen Menschen begegne.

Als ich an diesem Sonntagvormittag vom Bahnhof den Weg zur Kathedrale hinaufstapfe, unterscheidet sich Santiago de Compostela in nichts von hundert anderen katholischen Wallfahrtsorten zwischen Westspanien und Ostpolen. Ein Hauch von Heiligkeit über jedem Geschäft und ein Hauch Geschäft über all der Heiligkeit, wie immer, wo zu viele Menschen aus religiösen Gründen in einer Stadt zusammenkommen. Enge Gassen, hohe Stadthäuser, mit den typischen weißen Veranden Galiciens verglast. Ein Priester, der in wehender Soutane die Stufen der Basilika hinaufeilt. Gelangweilt blickende Polizisten vor der Kathedrale, die dem Apostel Jakobus zugeschrieben wird. Sie dirigieren die Besucherströme. Ein Händler am Straßenrand, der an seinem fliegenden Stand Ausrüstungsgegenstände für Pilger verkauft: Pilgerabzeichen, die typische weiße Muschel am roten Band und Pilgerstäbe mit der daran baumelnden Kürbisflasche, Baseballkappen mit der Aufschrift »Santiago«.

Es ist das Getriebe eines Wallfahrtsorts, der sein Dasein einer Reise verdankt. Der Reise eines Mannes mit Namen Jakobus. Er war eher unauffällig unter den zwölf Männern, die Jesus ständig begleiteten. Kein Fels, auf dem man eine Kirche bauen konnte, wie Petrus. Kein geborener Autor wie die vier Chronisten, die die simplen Lehren dieses Jesus vom besseren Zusammenleben schriftlich festhielten, die er zwischen den Jahren Null und 35 in dem streitbaren Landstrich namens Palästina von sich gab. Kein Liebling des Herrn, wie Jakobus' kleiner Bruder Johannes. Und auch keiner, dem sonst irgendeine dramatische Rolle im Team zugefallen wäre, etwa als Verräter oder großer Zweifler oder unzuverlässiger Patron. Nichts. Jakobus war einfach nur dabei, das aber hautnah. Und kaum dass Jesus hingerichtet war, packte Jakobus seinen Rucksack und reiste auf direktem Weg in die römische Provinz Hispanien, 4000 Kilometer weiter, am anderen Ende des Meeres, und versuchte, dort Menschen für die Botschaft des Herrn zu gewinnen. Aber sei es, dass er nicht die rechten Worte fand, oder sei es, dass er blieb, was er zeit seines Lebens war, nämlich unauffällig: Als er predigte, mochte ihm kaum jemand zuhören. Jedenfalls nicht viele. Seine Geschäftsreise wurde ein Misserfolg. Er kehrte unverrichteter Dinge wieder zurück nach Palästina, wo ihn einer jener Herodes-Finsterlinge sogleich enthaupten ließ.

Was danach geschah, ist nicht ganz klar. Jakobus begab sich noch ein zweites Mal auf Reisen, jedenfalls transportierte man das, was Jahrhunderte nach seinem gewaltsamen Tod noch von ihm übrig war. Die einen sagen, man hätte seinen Leichnam in ein Boot gelegt, das von allein seinen Weg quer durchs Mittelmeer zurück nach Spanien fand. Die anderen glauben, man hätte seine Gebeine vor den Mauren in Sicherheit gebracht und dort auf einem Feld vergraben, wo sie im 9. Jahrhundert ein Hirte fand und wo heute die Kathedrale steht: in Santiago.

Damit endete die Sache mit Jakobus und dem Reisen jedoch keineswegs. Hier beginnt es erst richtig, kurz nachdem der Hirte seine Gebeine ausgebuddelt hatte oder das, was ein durchtriebener Bischof dafür erklärt hatte. Die Menschen wanderten bereits im 9. Jahrhundert zu seinem Grab, mit einem Gebet, einer Bitte, einer Last im Gepäck. Oder einer Frage. Reisen solcher Art, Wallfahrt genannt, wurden beliebt, der Sinn der Reise war ein anderer als heute, wo man merkwürdigerweise nur reist, weil man arbeitet. Oder sich davon Erholung verschaffen muss. Vielleicht ist das auch das Geheimnis des Erfolgs des Jakobswegs. Das Anders-Reisen.

An diesem Sonntagvormittag wimmelt es um mich herum von Pilgern. Von jungen Leuten, mit und ohne Kinder, erschöpften älteren Paaren. Eines haben alle gemeinsam, aus welchen Motiven sie auch immer hierher zu Fuß gehen: Wenn sie in Santiago ankommen, sind sie erst mal erschöpft. Erschöpft bis auf die Knochen und doch überglücklich, es bis nach Santiago de Compostela geschafft zu haben. Ihr selbst gestecktes Ziel erreicht zu haben. An diesem Sonntagnachmittag sind es Hunderte, die nach und nach vor der Kathedrale des heiligen Jakob eintreffen und nun, nach wochenlanger Wanderung, einander erst in die Arme und wenig später zu Boden sinken. Es herrscht Ausgelassenheit. Freude. Erleichterung. Es sieht nicht nur bunt aus, sondern fühlt sich auch bunt an, nach internationalem Happening. Bunte T-Shirts, bunte Rucksäcke, Isomatten in allen Farben. Und überall Wanderer, die kreuz und quer auf dem großen Platz liegen.

Wenige Schritte neben mir ist ein Mann mit Rucksack auf das warme Steinpflaster gesunken und betrachtet frohgemut, was von den Sohlen seiner Trekkingschuhe übrig geblieben ist. Es ist nicht viel. Als ich ihn anspreche, erzählt er, dass er 1550 Kilometer in knapp zehn Wochen gelaufen sei, fast jeden Tag über 20. Allein am heutigen Tag waren es 38 Kilometer, er weiß es aus dem Stand. Auch er ist müde, aber nicht wirklich am Ende. Wenn Neuankömmlinge ihn bitten, doch von ihnen das obligate Selfie mit der Kathedrale im Hintergrund zu machen, ist er schneller auf den Beinen als ich.

»Jean-François heiße ich«, sagt er in tadellosem Englisch, als er sich wieder neben mich setzt. Er sei Mitte fünfzig und komme aus Québec. Ich hätte es wissen müssen, jemand mit französischem Vornamen und tadellosem Englisch kann nur Kanadier sein. Was führt ihn her?

»Den Jakobsweg gehe ich nun schon zum vierten Mal, ich bin allein unterwegs«, antwortet er. Aber das erklärt Jean-François' Motivation noch nicht wirklich. Wie ein Mensch mit Burn-out oder wie einer auf der Flucht vor seinem früheren Leben kommt er nicht daher. Eher wie jemand, der bewusst tut, was er im Leben einmal anfängt. Alles an ihm sieht ordentlich aus. Bis auf die Sohlen seiner Schuhe ist Jean-François wenig derangiert, wie man es nach 1550 Kilometern zu Fuß erwarten könnte. Sauberes Hemd. Gepflegte Hände. Ein Mann, der Hochschullehrer sein könnte, mit wachen Augen hinter der Hornbrille im hageren Gesicht. Doch ich traue mich nicht, ihn zu fragen, was er macht, eine enttäuschende Antwort am Anfang wäre vielleicht eine Irritation.

»Warum gehen Menschen 1550 Kilometer zu Fuß? Was bringt dir so eine Reise?« Es gelingt mir, die Frage sachlich klingen zu lassen. Er stutzt einen Moment. Dann antwortet er: »Das eine ist: Verantwortung für mich selbst zu übernehmen. Für mich. Und für jede meiner Entscheidungen. In jeder Minute, die ich auf dem Weg unterwegs bin. Ich bin nicht mehr ferngesteuert von irgendeinem ›Sei um acht hier. Erledige das‹. Ich bin verantwortlich für das, was geschieht. Das andere ist: Selbstvertrauen. Vor allem das. Ich weiß mittlerweile, ich schaffe es, 1550 Kilometer allein zu Fuß zu gehen. Und wenn ich es will, schaffe ich es wieder.«

Seine Antwort verblüfft mich. Schließlich könnte das genau meine sein, würde mich jemand fragen, was mir sechs Monate Segeln um die Westküste Europas bringt. Aber warum unternimmt er diese Reise allein?

»Oh. Das fragen mich viele. Aber wirklich allein bin ich auf dem Weg ja nie, dafür sind hier zu viele unterwegs. Das Entscheidende ist doch: Kann ich mit mir allein sein? Kann ich nicht nur mit anderen, sondern auch mit mir gut auskommen? Finde ich einen humorvollen und liebevollen Umgang mit mir selber? Klingt komisch, ich weiß. Aber nur wenn ich mit mir selber gut auskomme, komme ich auch mit den Menschen um mich herum gut aus.«

Eine junge Frau und ihr Mann, Deutsche, bitten uns, sie zusammen mit ihrer sechsjährigen Tochter Frieda vor der Kathedrale zu fotografieren. Auch sie sind den Weg nicht zum ersten Mal gegangen. Wieder ist Jean-François blitzschnell auf den Beinen, als wäre er heute keine 38 Kilometer gelaufen. Er fotografiert die drei, die kleine Frieda überragt die beiden schweren Rucksäcke, an denen an einem roten Band die Muschel baumelt, das Erkennungszeichen der Jakobsweg-Pilger.

Danach setzt er sich wieder zu mir. »Ich mag auch die Reduzierung«, fährt er fort. »Wenn ich hier wandere, brauche ich nicht viel zum Leben. Na klar: Hin und wieder brauche ich als Kanadier ein Flugzeug. Nach Irland. Oder Kroatien. Weil ich mich als Kanadier nicht unbegrenzt im Schengen-Raum aufhalten darf und ihn nach einer bestimmten Zeit immer wieder verlassen muss. Aber sonst: Ich brauche nicht viel.«

Wem er denn so auf seiner Reise begegnet wäre, will ich nun von ihm wissen.

»Manchmal gehe ich eine halbe Stunde mit jemandem, der mir auf dem Weg begegnet, unterhalte mich, wenn mir danach ist. Du bist ja nie allein, und einsam bin ich erst recht nicht. Um diese Reise auf dem Jakobsweg zu machen, gibt es vier verschiedene Motivationen. Da sind zum einen die christlichen Pilger. Die gibt es nach wie vor, und meist sind sie in kleinen Gruppen unterwegs. Und dann gibt es da Leute, die den Weg aus spirituellen Gründen gehen. Sie gehen vorwiegend allein, egal ob sie eine Auszeit suchen oder einfach die Selbsterfahrung. Die dritte Gruppe sind Leute, die die Strecke aus rein sportlichen Gründen zurücklegen, für sie steht die Leistung, die Kilometerzahl im Mittelpunkt. Man erkennt sie daran, dass sie sich von den christlichen und spirituellen Pilgern strikt fernhalten. Mit denen wollen sie nichts zu tun haben. Und dann trifft man da noch Leute, die den Jakobsweg rein aus touristischen Gründen gehen. Eine Wallfahrt ist letztlich die günstigste Reise, die man unternehmen kann. Übernachten für sechs Euro, Mittag- und Abendessen für drei Euro. Man trifft gerade diese letzte Gruppe immer häufiger an.«

Jean-François nimmt einen Schluck aus seiner Feldflasche.

Und er, der den Weg nun schon zum vierten Mal gelaufen ist? Was führt ihn immer wieder hierher? »Die Landschaft, die ist sehr besonders. Ich mag die Stimmung, die Stimmung, die über der Landschaft liegt und auf dieser Wanderung. Und das hier?« – er deutet mit der Hand zur Kathedrale, die unter der Last ihres überreichen Zierrats zu ächzen scheint – »Santiago als Ort hat für mich mittlerweile keine Bedeutung mehr. Der Jakobsweg kennt eben nur diesen einen Ort als Ziel – und das ist nun mal Santiago de Compostela. Das ist gut so.

Vor Jahren bin ich den Shikoku-Pilgerweg auf der gleichnamigen Insel vor der Südküste Japans gewandert, mit seinen achtundachtzig heiligen Orten und Schreinen. Da ist das anders. Jeder einzelne Schrein entlang der Wanderung ist das Ziel. Es gibt auf diesem japanischen Weg kein übergeordnetes Ziel, keinen Endpunkt. Dort ist tatsächlich der Weg das Ziel.«

Ob er religiös sei, frage ich. Ja, er sei Katholik. Er schätzt die Traditionen, schätzt den Wert der Riten. Sie sind ihm wichtig. Doch er denkt kritisch. »Der Katholizismus ist nicht nur in Spanien streng. Ich habe erlebt, dass Leute auf dem Jakobsweg ausgeschlossen wurden: ›Du bist nicht katholisch. Du darfst am Abendmahl nicht teilnehmen.‹ Der Buddhismus, wie ich ihn auf dem japanischen Pilgerweg erlebte, ist da offener. Auf dem Shikoku-Weg lassen Japaner auch einen Nichtbuddhisten an den Zeremonien teilnehmen. Und leiten ihn während der Zeremonie an.«

Wir plaudern noch eine Weile, während wir auf den warmen Steinen sitzen. Jean-François hat noch keine Bleibe für die Nacht und muss sich eine Herberge suchen. Mein Weg führt zurück zum Zug. Morgen will der Kanadier vielleicht ausruhen, doch dann will er weiter, der Jakobsweg ist in Santiago de Compostela noch nicht zu Ende. Er will weiter bis Muxia, bis zur Kirche auf den Klippen, vor denen ich im Nebel ankerte.

Nicht vergessen werde ich, wie Jean-François sich verabschiedet. »Bis bald«, sagt er mit heiterer Gewissheit. »Wir sehen uns wieder.« Er sagt das nicht als Floskel. Sondern so, als blieben wir durch unser Gespräch, unsere Begegnung für immer verbunden.

Sonntag, 29. Juli

Nordspaniens wogenreiche Küsten.
Unter Segeln von A Coruña ostwärts.

Aufwachen in der Bucht von Cedeira, vier Stunden östlich von A Coruña. Zum x-ten Mal spannt sich knarrend die Ankerkette und bringt *Levje* mit einem harten Ruck zum Stehen. Es hat Wind. Ich stecke den Kopf aus dem Niedergang. Ein grauer Himmel über dem Leuchtturm, der mir gestern um Mitternacht die Passage an den Untiefen vorbei in die Bucht wies und jetzt wie eine Kapelle friedlich auf dem Felsen vor dem Kiefernwäldchen steht. Zu ihren Füßen brechen die langen Wellen aus dem Norden, ich höre ihr Donnern bis hierher. Sonst ist alles still an diesem Morgen in der Bucht von Cedeira.

Mein Segeltag beginnt nach dem Blick aus dem Fenster mit dem Aufsetzen des Teewassers. Ich klemme mich hinter den Kartentisch und öffne das Logbuch, die große Kladde mit dem glänzend-schwarzen Umschlag. Ich beginne ein neues Blatt und teile die noch unbeschriebene Seite mit Bleistift in fünf Spalten ein. »Aktuelles Wetter«, »Wetterbericht«, »Kurs/Segel/Motor« und »Allgemein«. In die Spalte ganz links trage ich die Uhrzeit ein. Es ist acht. Der Himmel ist leicht bewölkt.

Ich sehe mir kurz den Wetterbericht an. Die Internetseiten sagen Südwest mit Windstärke sechs voraus, in Böen mehr. Wind von achtern, von hinten, ist ideal, um heute ein großes

Stück nach Osten zu segeln. Ich schaue kurz aus dem schmalen Fenster zu den anderen Yachten, die hier vor Anker Schutz suchten. Nichts rührt sich. Sie wollen vermutlich alle nach Westen, gegen den Wind also. Für sie bedeutet der Westwind: Heute geht's nicht weiter. Ein Tag Pause. Ich will nach Osten, für mich heißt das: raus. Und segeln.

Sechs Windstärken. Bei dem Wind bereite ich mein Schiff gründlich vor. Es wird Seegang geben und hohe Wellen, nichts soll herumfliegen. Ich beginne unter Deck, alles gründlich zu verstauen. Danach gehe ich hinauf ins Cockpit, räume an Deck auf, was letzte Nacht vor Müdigkeit liegen geblieben war. Mache konzentriert einen Rundgang. Kontrolliere den Anker, sehe zum Mast hinauf und prüfe die Terminals, ob sich da irgendetwas Verdächtiges zeigt. Ein abgebrochener Sicherungsstift, eine aufgebogene Halterung könnten verheerende Folgen haben. Aber alles sieht in Ordnung aus, *shipshape*: *Levje* ist seeklar.

Ich mag die Momente, in denen ich mein Schiff kontrolliere. Es ist keine Arbeit, auch wenn ich etwas angespannt bin, weil ich nicht weiß, was dieser Tag bringen wird. Mein Schiff zu kontrollieren, ist: den Dingen Aufmerksamkeit schenken. Das klingt banal, doch auch das ist etwas, was ich in meinem Leben nie mehr missen möchte. Vielleicht ist es sogar die größte Errungenschaft, die mein Leben hier draußen mit sich bringt. Dass ich Zeit habe, den Dingen Aufmerksamkeit zu schenken.

Danach gieße ich mir eine Tasse Tee ein, esse eine Schale mit warmen Haferflocken. Es war irgendwo auf einer Segelreise in Westgriechenland, wo ich vor vielen Jahren beschloss, niemals rauszugehen ohne Frühstück. »Kein Manöver auf nüchternen Magen.« Daran halte ich mich noch heute.

Los jetzt. Noch am Anker ziehe ich das Großsegel am Mast hoch und verkleinere das Tuch bis zum zweiten Reff – wer klein anfängt, muss nicht groß nachgeben. Wer kann schon sagen, was wirklich vor den Klippen los ist. Tatsächlich schlägt in der folgenden Böe das Segel wild um sich, *Levje* zerrt und reißt an der langen Ankerkette. Ich habe etwas mehr Ankerkette ausgegeben als nötig, schließlich bewegt sich mein Schiff hier an der galicischen Küste mit den Gezeiten täglich zweimal auf und ab: drei Meter vom Grund weg nach oben und dann wieder herunter. Bei über drei Meter Tidenhub gebe ich lieber etwas mehr Kette aus als zu wenig, auch wenn die Ankerwinsch jetzt alle Mühe hat, sie vom Grund heraufzuholen. Kaum kommt der Anker rasselnd aus dem Wasser, steuere ich *Levje* aus dem Schutz der Hafenmole hinaus in die Bucht. Tatsächlich. Hier rollen die Wellen aus Nordwest an, die ich heute Morgen am Fuß des Leuchtturms brechen sah. Da ist die Untiefe, bei Ebbe gut sichtbar. Für einen kurzen Augenblick nehme ich zwischen zwei Wellenkämmen einen Fischer auf seinem Boot wahr, der im Schutz der Bucht seine Fischkörbe hinunterlässt. Ich kann ihn nur sehen, sobald er oder ich auf dem Wellenkamm ist. Im nächsten Moment ist er samt seinem Boot wieder in den Wellen verschwunden, obwohl er keine 50 Meter von mir entfernt ist.

Kaum bin ich aus der Bucht, kommen zur Dünung aus Nordwest auch noch Wellenberge aus Südwest. Kreuzsee. Nicht die kleine, hackige Kreuzsee, die ich aus dem Mittelmeer kenne. Sondern alles ist hier drei- bis fünfmal höher. Doch so hoch die Wellen auch daherkommen, der Wind lässt sich in der Bucht bislang nicht blicken, zu windgeschützt liegt sie zwischen den Felsen. Was ich spüre, ist nur ein kläglicher Rest dessen, was draußen ist. Ohne Wind schleudert *Levje* in diesem Wirrwarr hin und her. Im Nu geht's drunter und drüber. Was ich sicher verstaut wähnte, macht sich polternd auf die Reise. Vor allem die Dinge in den obersten Regalen nutzen die Gelegenheit für einen Ausflug: schwere Bücher, das Schneidbrett, das Oberteil meiner Espressokanne, die Schreibblöcke. Im Cockpit sieht's nicht besser aus. Das gereffte Großsegel ist wirkungslos wie ein

Taschentuch. Ich muss irgendwie raus aus dem Gekabbel, weiter hinaus aufs offene Meer, jetzt gleich. Als ich wieder oben auf einem Wellenkamm bin, erkenne ich Schaumkronen. Wo Schaumkronen sind, muss Wind sein. Ich gebe Gas, um *Levje* zu den Schaumkronen zu bringen.

Keine Meile vor der Küste finden wir ihn. Erst 14, dann 18, dann stetig über 20 Knoten aus Südwest. Die Genua im ersten Reff, das Großsegel im zweiten, bringe ich mein Schiff vor den Wind. Endlich Kraft im Segel. Das furchtbare Hin und Her legt sich, als der Wind mein Schiff von halb rechts mit Kraft durch die Wellen drückt. Wir liegen nun leicht auf der Seite.

Atlantiksegeln. Es ist so anders als alles, was ich aus Mittelmeer und Ostsee kenne. Erst recht hier draußen sind die Wellen hoch. Mal bin ich oben auf einem Wellenkamm, dann wieder tief im Wellental, in dem ich nichts anderes sehe als nur die nächste Woge. Nicht mal den Horizont kann ich da drin ausmachen. Als ich etwas zittrig den Motor abstelle, frage ich mich, ob in so einem weiten Wellental überhaupt Wind hinkommt, ob ich da überhaupt segeln kann oder ob wir nicht wie eine Suppenschüssel in so einem Wellental windlos liegen bleiben. Doch meine Sorge ist unbegründet. Selbst mit der verkleinerten Segelfläche verliert *Levje* kaum Fahrt, wenn sie aus einem Wellental wie ein Lkw auf den nächsten anrollenden Wellenkamm hinaufklettert. Oben kurz verharrt, als wolle sie die Aussicht genießen, um im nächsten Augenblick mit Karacho den langen Hang wieder hinunterzusegeln.

Noch immer überlagern sich seitlicher Nordwest- und achterlicher Südwest-Schwell. Das macht das Segeln ungemütlich, mein Schiff eiert noch immer hin und her. Mal bin ich im Wellental. Mal oben. Mal rauscht eine achterliche Welle unter uns seitlich durch und beschleunigt uns. Mal rollt von Nordwest eine Wasserwand an – so wie die, zu der ich gerade beklommen hinaufschaue. Als die Wasserwand *Levje* erreicht und neben uns steht, sinkt mir das Herz in die Hose. Gleich wird sie über uns brechen, unweigerlich. Ich hab nicht mal das Steckschott eingesteckt, das Schiff wird volllaufen, wenn sie über mir bricht. Doch mein Schiff klettert, als wäre es federleicht und bloß ein Korken auf dem Wasser, auf den eben noch drohenden Hügelkamm. Kaum oben auf dem Gipfel, verharrt es. Schaut sich um. Und surft wieder runter.

Herzklopfen und unbändige Freude wechseln sich ab. Jubel und Bangen. 25 Knoten Wind. Doch alles passt. Wir schwanken zwar weiterhin stark in den Wellen, wenn sich die Kreuzseen unter uns abwechseln, doch wir rauschen mit fast sieben Knoten dahin. Und den langen Hang vom Wellenkamm hinunter in der Spitze bis neuneinhalb Knoten. Ich gewöhne mich langsam an die Situation, lerne, dass die Wasserwände, so nah sie mir auch kommen mögen, für mein Schiff nichts Außergewöhnliches sind, sondern Bestandteil seines Elements. Eigentlich müsste ich all dies bedrohlich finden. Eigentlich müssten jetzt Fluchtreflexe einsetzen, ich vielleicht erstarren. Menschen reagieren auf Überforderung entweder mit kopfloser Flucht oder lähmender Starre, nichts anderes hat sich in den Jahrhunderttausenden unserer Menschwerdung in uns eingebrannt. Doch irgendwann wirkt Erfahrung, auch wenn ich die Wasserwände und Wellentäler so zum ersten Mal erlebe, sagt mir etwas, dass ich nicht in unmittelbarer Gefahr bin, dass mein Schiff mich hier sicher durchtragen wird.

Cabo Ortegal und Cabo de Bares mit seinen drei vorgelagerten Felsnadeln kommen in Sicht. Dies ist Spaniens nördlichster Punkt im Atlantik. Ab hier kann ich meinen Kurs besser an den Wind anpassen, jetzt geht es nicht mehr auf nördlichen, sondern südöstlicheren Kursen weiter. Hinter dem Kap sollte es ruhiger werden. Doch jetzt, direkt davor, legt der Wind noch einmal zu. Er ändert vor dem Hindernis sogar seine Richtung. Zum Nachteil für mich, die Genua, das Vorsegel, fällt ein.

Wir steuern auf die drei Felsnadeln zu, vor denen die Brandung weiß schäumt. Unheimliche Geräusche gibt das Vorsegel von sich, wenn es in dem einen Moment entlastet zusammenfällt und sich im nächsten wieder mit einem Knall füllt, und jedes Mal mit einem Ruck am Vorstag reißt, dem daumendicken Stahldraht, an dem es befestigt ist. Bei dem achterlichen Wind eine umständliche Wende vor den Felsnadeln zu fahren, ist nicht drin. Ich beschließe zu halsen, vor dem Wind den Kurs zu ändern. Es ist das schwierigere Manöver. Aber seit meinem Erlebnis in Südspanien vor Carboneras habe ich bei diesen Windstärken Vertrauen in mein Schiff und mich. Ich spiele das Manöver im Kopf durch. Die Reihenfolge meiner Handgriffe muss sitzen, ein Fehler darf jetzt nicht passieren, und auf den Rest habe ich keinen Einfluss. Ich warte noch aufs nächste Wellental. Tief Luft holen. Dann los. Großschot dichtholen, so dicht wie nur möglich. Mein Schiff sachte mit dem Heck durch den Starkwind bringen. Nur nicht zu schnell. Dann die Großschot auf, das Großsegel holt sich rauschend Leine. Wie stark der Wind weht, merke ich an der Genua. Ich brauche viel Kraft, bis ich sie so weit gebändigt habe, dass sie wieder ordentlich steht.

Ich steuere nun einen anderen Kurs, weg von der Küste hinaus auf die Biskaya. Und auf diesem Kurs sieht die Wellenlandschaft ganz anders aus. Ich fahre nun entlang der anrollenden Wasserwände aus Nordwest, sie sind von hier aus noch beeindruckender. Da. Hinter den Wellenkämmen. Ein Fahrtenkatamaran taucht aus dem Wellental weiter nördlich auf, ich hab ihn überhaupt nicht gesehen. Er läuft unter Maschine gegen den Wind an, es ist bestimmt kein Zuckerschlecken, gegen diese Wellen aus Nordwest und Südwest gleichzeitig anzugehen. Ich beobachte ihn, wie er alle Roller gegen sich hat und sich langsam nach Westen vorwärtskämpft, während *Levje*, vom Wind getrieben, im Vergleich dazu stabile Fahrt macht.

Auch der Skipper scheint uns wahrgenommen zu haben, denn er wendet nach einer Weile und steuert nun ebenfalls auf unserem Kurs dem Kap entgegen, wo er vor den Brechern zu Füßen des Leuchtturms in die Bucht eindreht, um sich vor dem geschützten Sandstrand südlich des Leuchtturms einen Ankerplatz zu suchen.

Einen Moment lang bin ich versucht, es ihm gleichzutun. Nach fünf Stunden Segeln spüre ich die Anstrengung. Ich hätte große Lust, *Levje* vor einen der geschützten Strände zu steuern. Den Anker fallen zu lassen und einfach nach den langen Nebeltagen auf dem Meer heute das simple »Sonne, Sand und Meer« zu genießen. Doch der Wind steht gut. Zu selten hatte ich den Wind aus der richtigen Richtung, als dass ich ihn jetzt einfach ungenutzt verstreichen lassen kann. Ich bin zwar auch zum Spaß hier – doch es ist Anfang August. In vier Wochen ist Anfang September, da kann es die ersten herbstlichen Stürme geben, die mich tagelang in den Hafen zwingen könnten. Wenn ich in drei Wochen in der Bretagne sein will, sollte ich segeln, wenn der Wind weht.

Und so bleibe ich draußen. Tatsächlich beruhigt sich hinter dem Cabo Ortegal kurz der Wind. Vor allem bin ich froh, dass der Südwest-Schwell weg ist, er bleibt am Kap wie an einer schützenden Mole hängen. Selbst als der Wind gelegentlich dort, wo Flusstäler an der gebirgigen Küste enge Düsen bilden, bis in die 30 Knoten hinein auffrischt, ist es angenehmes Segeln.

Hinter dem Kap fallen die Klippen 600 Meter steil ins Meer ab. Danach ändert die Landschaft ihr Gesicht, sie wird flacher. Nach mehr als neun Stunden und über 60 Seemeilen habe ich die Mündung des Grenzflusses zwischen Galicien und Asturien erreicht. Eo heißt er, aber auf den Seekarten ist er nur als Ría de Ribadeo verzeichnet. Vor der Mündung bringe ich mein Schiff in der Abenddämmerung kurz in den Wind, lasse die

Segel fallen und steuere es hinein in die Flussmündung, unter der Autobahnbrücke hindurch ein Stück landeinwärts, wo ich vor dem Hafen von Ribadeo zwischen zwei Untiefen mitten im Gezeitenfluss *Levjes* Anker fallen lasse. Damit war der Tag zu Ende.

Mittwoch, 1. August

Altamira. Was braucht man,
um ein Maler zu sein?

Der Tag ist regnerisch, das Wetter instabil über dem Hafen. Ich nehme mir einen Leihwagen und fahre nach Osten, zur Höhle von Altamira, in der Menschen der Steinzeit frühe Zeichnungen an den Höhlenwänden hinterließen.

Als ich vor der verschlossenen Stahltür zum Höhleneingang stehe, zieht leichter Nebel vom Meer herauf und legt sich über die wellige Hügellandschaft Kantabriens. Alles ist grün, die Laubbäume, die Inseln von Gesträuch und Hecken. Schwarz gefleckte Kühe, die friedlich grasen, wo Wiesen und Weiden enden. Nur eine Handvoll weißer Gehöfte durchbricht das Grün, so weit das Auge reicht. Keine Spur von Siedlungen.

Die unauffällige Stahltür, der eigentliche Eingang in die Höhle, liegt im Hang dort, wo die kurze Schlucht endet, abgelegen und fast versteckt in der Weitläufigkeit einer Parkanlage irgendwo hinter den Museumsgebäuden mit den Wandmalereien. Ein Paar mittleren Alters in bunten Regenjacken und mit pinkfarbenen Regenschirmen betrachtet interessiert die Schautafeln vor der verschlossenen Stahltür. Sie sind aus der Gegend, haben sich vielleicht den heutigen Tag freigenommen.

Altamira, derselbe Ort vor der Höhle in einem August vor

16 000 Jahren. Eiszeit. Der erste Schneeregen nach dem kurzen sechswöchigen Sommer zieht von den Bergen heran. Schauer wässrig dicker Flocken verbergen die Aussicht auf Tundra und Birkenwälder, bevor nach wenigen Minuten wieder die Sonne durchbricht. Ein Hase verlässt witternd seinen Bau, um zwischen Rinnsalen und Moosen nach frischem Grün zu suchen. Es bleibt wenig Zeit, sich Speck für den langen Winter anzufressen. Der Eingang in die Höhle ist eine 25 Meter breite Öffnung im Hang, von einer darüberliegenden Felsplatte wie eine Theaterloge überdacht; sie gibt der Höhle etwas Erhabenes. Eine Gruppe Menschen sitzt um ein Feuer im östlichen Bereich des Eingangs. Drei Frauen. Vier Kinder. Ein alter Mann, der sich am Feuer wärmt. Von ihrem Platz aus können sie den Hang gut überblicken. Drei Männer in braunen Fellkleidern kommen den Weg herauf, sie haben zwei Kaninchen an Bastschnüren über die Schulter geworfen. Das Ergebnis ihres heutigen Arbeitstags.

Die Farben der Eiszeit, sie sind so ganz andere als die leuchtend bunten Farben, die uns heute umgeben. Bunt war die Welt nur einen kurzen Sommer lang, wenn für kurze Zeit die Birken ausschlugen, die Gräser der Tundra sprossen und Moose sich mit tiefem Grün vollsogen. Es war eine Welt der Naturtöne. Braun und grün war die Welt. Das rötliche Braun der streng riechenden frischen Felle, die zum Trocknen in Holzrahmen im Höhleneingang gespannt waren. Das dunkle Braun der Lederriemen, die unter den Fellen hervorlugten. Das graue Braun der geflochtenen Bastkörbe. Das Graugrün des getrockneten Mooszunders, wenn sie die glimmenden Funken des Feuersteins darauf regnen ließen, um ihn in Brand zu setzen. Das fahle Weiß der Birkenrinden. Blau waren nur der Fluss und das Meer, wenn sich der Himmel darin spiegelte. Gelb nur wenige Pflanzen, wenn der Sommer kam. Rot war der Fels, wenn er in der Abendsonne leuchtete. Rot war auch das Blut des gehörnten Ochsen, wenn sie ihn erlegt hatten und das Fleisch mit schartigen Steinklingen aus dem Fell schabten, bis auf die weißen Knochen. Was sie sehen konnten, waren nichts als die Farben dessen, was die Natur ihnen lieferte.

Als ich in der Höhle von Altamira stehe, erkenne ich die Bilder an der Decke. Ich sehe, dass die Maler dafür nicht mehr als zwei Farben verwendeten. Nur zwei Farben, um die schreckgeweiteten Augen des Auerochsen so lebendig an die Decke zu malen, wie er reglos vor mir verharrt, als wäre ich der Jäger, der dabei ist, mit aller Kraft meinen Speer in den massigen Fleischberg zu schleudern. Sie brauchten nur zwei Farben, um die Angst im Auge des gesenkten Stierschädels festzuhalten, die Angst des Stieres und sein Begreifen, dass es nicht gut um ihn stand.

Zwei Farben reichten ihnen: das Schwarz der Holzkohle aus der Feuerstelle. Roter Ocker aus fein gemahlenem Stein. Mehr Farben hatten sie nicht. Oder wollten sie nicht. Ob dies die heiligen Farbtöne waren? Die Steinzeitmenschen Siziliens bemalten ihre Toten mit Ocker. Oder brauchten die Bewohner Altamiras nicht mehr, um darzustellen, was sie aussagen wollten? In der Höhle von Altamira sind das – von einigen wenigen schwarzen Zeichen abgesehen – nur Tiere. Ein röhrender Bison mit struppigem Bauchfell und weit aufgerissenem Maul. Ein Reh, das rotbraun witternd den Kopf hebt und die Ohren aufstellt. Ein Auerochsen-Bulle, der sich stöhnend in der Tundra rollt und den Rücken reibt, die Hörner hoch in der Luft.

Die Höhle ist nicht groß, keine 25 mal 75 Meter misst das Rechteck im Hang. Als ich weiter in den Berg hineingehe, erkenne ich den Schädel des Auerochsen, der auf einem Felsbuckel gemalt aus der Decke ragt. Die Bilder zeigen, was ihnen wichtig war, wovon sie träumten. Natürlich die Tiere, die nicht nur schnöde Jagdbeute waren, sondern ihre Ressource, die ein Leben möglich machte und ein Überleben in einer Umgebung, in der es weder Weizenfelder noch Mehl gab. Getreide kann in der Tundra nicht wachsen. Es gab einzig das, was die Tundra hergab. Beeren. Samen. Und sonst nur Fleisch als Nahrung. Fell war Kleidung, Schutz gegen die Kälte. Tiersehnen waren Nähgarn, um Kleidung zu fertigen. Tierknochen Rohmaterial für Werkzeug, um Stechahlen, Nähnadeln, Meißel, Schaber und Hämmer daraus herzustellen.

Als ich die Zeichnungen betrachte, begreife ich, dass das Dasein der Höhlenbewohner alles andere als einfach war. Dass sie über Fähigkeiten und Fertigkeiten verfügten, die in mir verkümmert sind. Dass sie überleben und Künstler sein konnten, wo ich es nie könnte. Einen Hasen erlegen mit nichts als dem, was ich in der Natur finde – vermutlich würde ich das in einem Monat ebenso wenig zustande bringen, wie aus dem feinen Flügelknochen eines Schwans eine Flöte zu fertigen. Es müssen Künstler unter ihnen gewesen sein, die Linien von ergreifender Schönheit zeichnen konnten und in der Lage waren, den einen magischen Moment einzufangen mit nichts als Holzkohle und Rötel, in dem ein vor Kraft strotzendes Lebewesen seinen Zusammenbruch kommen sieht und erstarrt.

Die Welt der Menschen von Altamira scheint mir erst unendlich weit entfernt von unserer Welt und doch so nah. Weit weg von der Farbigkeit unserer Welt. Und weit weg in ihrer Reduzierung, ihrer Primitivität. Doch die Menschen, ihre Instinkte, ihre Wahrnehmung, ihr Verhalten: Sie sind immer noch in mir vorhanden. Ihr bohrendes Hungergefühl ist das gleiche wie meines. Ihr Angstgefühl vor dem, was größer ist als sie, ist identisch mit dem, das mich draußen auf dem Meer beschleicht. Ihr Leben, am Tag 20, 25 Kilometer auf der Jagd oder sammelnd unterwegs sein zu müssen, erklärt meine Unfähigkeit, auch nur vier Stunden still sitzend vor einem Schreibtisch zu verbringen. Wie viele Punkte würde eine Liste umfassen, die sich von ihnen bis zu mir unverändert erhalten haben? Die ich in meinem Wesen mit ihnen gemeinsam habe?

Vielleicht ist es das, was mir diese Reise immer wieder vermittelt: um wie vieles größer und ungeahnter diese Welt ist. Und wie ich gerade in der unübersehbaren Weite meinen Ort darin und mich selbst begreife.

Freitag, 3. August

San Vicente de la Barquera.
Ein Morgen in Frieden. Eine Nacht in den Rías.

Es ist grau um mich, als ich die Augen aufschlage. Grau draußen vor dem Fenster. Dämmerung. Das erste Licht des Tages. Zaghaftes frühes Gezwitscher eines Schilfrohrsängers vom Ufer. Das träge Gurgeln und Strömen des Gezeitenstroms unter dem Boot. Ein Hund bellt in der Ferne. Der Ruf eines Mannes auf der Flusspier.

Während ich die Augen öffne, versuche ich, Einzelheiten durch *Levjes* Heckfenster zu erkennen. Reihen gelber Lichter vom Kai spiegeln sich auf der leicht kräuselnden Oberfläche des Flusses. Noch im Halbschlaf arbeitet mein Gehirn daran, aus diesen Wahrnehmungen Rückschlüsse zu ziehen, ob mein Boot sicher liegt, ob unmittelbar Gefahr droht. Ich bin wachsamer geworden, seit ich den Alltag an Land gegen einen Alltag auf *Levje* eingetauscht habe. Oder ist es das Schlafen auf einem Boot? Selbst im Hafen liegt es niemals still, es wiegt sich, es bewegt sich in einem fort, hin und her – und ich mich mit ihm. Niemals könnte ich mit Sicherheit sagen, dass ich, wie in meinem Zimmer daheim, genau über jenem geografischen Punkt aufwache, über dem ich gestern auch eingeschlafen bin. Immer sind es ein paar Meter daneben.

Ich schaue mit halb offenen Lidern erneut durchs Heckfenster. Wo der Fluss endet, sind Lichter zu erkennen. Mein Kopf kombiniert im Halbschlaf, dass *Levje* also mit dem Bug zum Meer liegt. Es ist die Flut, sie drückt das Heck in Richtung San Vicente de la Barquera, wo ich gestern auf dem Hügelrücken die Kirche mit dem eigenartigen Glockenturm sah, der wie ein kriegerischer Bergfried ausschaute. Ich überlege einen kurzen Moment, ob es nicht besser wäre, in meinem Bett zu bleiben, mich noch einmal umzudrehen. Aber dann siegt meine Neugier auf die Welt.

Draußen: der Geruch der Ría de San Vicente, nach dem Leben des trägen Flusses, nach all den Lebewesen und den winzigen schlagenden Herzen der Fische und ihrem Erlöschen. Über dem Sandstrand, den der Fluss am anderen Ufer schuf, sehe ich die verträumte Hügellandschaft Asturiens. Flussaufwärts hinter der Brücke mit ihren unzählbaren Bogen grüne Matten im Grau. Vereinzelt weiße Gehöfte, hingeworfen zwischen Hecken und Weiden. Gleich neben *Levje* liegt eine alte Fabrikhalle im Fluss, sein Steigen und Fallen nagt tanggrün am Mauerwerk. Aus der Halle hörte ich gestern in der Abenddämmerung, wie krächzende Popmusik aus einem Transistorradio klang. Ich konnte nicht ausmachen, wer und wo der einsame Radiohörer im Mauerwerk war, doch seine Musik schenkte mir einen netten Abend. Vergessen sieht das Gebäude aus, wie die zwei Werkshallen dahinter, in deren beiden Giebel ein Maler in kunstvoll an- und abschwellenden Buchstaben die Worte »Conservas Ortiz« gemalt hat. Eine Fischkonservenfabrik und ihre verfallende Pier am Ufer der Ría.

Ría: das galicische Wort für eine Flussmündung, die die Gezeiten in stetem Steigen und Fallen zu einer breiten Meeresbucht aus dem Festland ausschwemmten. Rías sind ähnlich wie Fjorde. Oder wie die Calas Mallorcas und Menorcas. Und doch etwas ganz anderes: Fjorde und Calas nagte das Meer von außen in die Felsen, eine Ría erschuf der Fluss, den das Meer überschwemmt. Die meisten Rías gibt es in Nordspanien und Portugal, die Ría de Aveiro war so eine. Rías werde ich auch im Norden treffen, in der Bretagne, wo sie Aber genannt werden, und wenn ich es mit *Levje* bis dorthin schaffe, ebenso in England, in Cornwall, Wales und Irland. Die Ría. Ich ankere in einem Gezeitenfluss.

Die Ría kann auch so ganz anders, sie ist nicht immer so friedlich wie an diesem Morgen in San Vicente. Vor ein paar Tagen hielt mich eine Ría, die Ría de Ribadeo, eine ganze Nacht lang auf Trab. Als ich nach der wilden Fahrt von A Coruña mit dem letzten Licht in die Mündung eingefahren war, ankerte ich zwischen einer Sandbank und dem Hafen von Ribadeo. Der Wind flaute bei Sonnenuntergang ab, der Gezeitenstrom des schnell fließenden und fallenden Wassers hielt *Levje* in der Flussmitte. Doch kaum war der Mond über dem Hügelkamm des kleinen Dorfes am anderen Ufer aufgegangen, setzte er so kraftvoll ein, als hätte er nur kurz verschnauft. Er wehte aus den Bergen, von wo auch die Gezeitenströmung kam. *Levje* lag stabil im Fluss. Alles gut. Ich ging zufrieden in meine Koje.

Es waren Wellen, die mich in der Nacht weckten. *Levjes* heftiges Auf und Ab. Ein Donnern an den Schiffsrumpf, als eine Welle gegen das Heck prallte, dort brach und das Boot erzittern ließ. Ich spähte nach draußen, in die Dunkelheit. Sah nichts. Sah nur, wie die Heckfenster, die sich einen halben Meter über der Wasseroberfläche befinden, von der nächsten Welle überspült wurden und nun im Wasser lagen.

Im nächsten Moment war ich hellwach: Woher kamen die Wellen? Wir ankerten in einem Fluss, fast eine Seemeile von der Mündung entfernt. Hatte sich *Levje* losgerissen? War sie dabei, mit der Strömung führerlos aufs Meer hinauszutreiben?

Mit einem Satz war ich aus dem Bett. Mit dem zweiten im Cockpit. Mein Schiff lag brav an seinem Platz, wie der Anker gefallen war, mitten im Strom. Aber nun um 180 Grad gedreht, ihr Heck zeigte flussaufwärts. Wieso knallten dann die Wellen ans Heck?

Hinter dem Rätsel steckte nichts weiter als das Spiel der Kräfte. Die einsetzende Flut hatte das Schiff landeinwärts gedrückt. Doch der Wind aus den Bergen wirkte in der Gegenrichtung, meerwärts, genau dagegen. Wind gegen Strom schuf die steilen Wellen, die an *Levjes* Heck donnerten und dort brachen.

Doch das war nicht alles. Als ich durch die Dunkelheit am Bug die Ankerkette kontrollierte, verlief sie straff gespannt unter dem Boot nach hinten, als hätte sie sich um den Propeller gewickelt. Sie zwang das Schiff in seine merkwürdige Position, als würde ein Catcher seinen Gegner von hinten würgen.

Das Spiel währte, bis der Morgen graute und die Flut ihren Höhepunkt erreichte. Das Strömen kam zum Stillstand und gab *Levje* wieder frei, sodass sie sich in den Wind drehen konnte.

Die Rías. Sie machen das Segeln an der Küste Nordspaniens aus. Und mir machen sie es manchmal nicht leicht. Sie werden weiter mein Ankerplatz bleiben, hier in Nordspanien, bis zur Ría de Santoña, die vor Bilbao liegt. Und vermutlich auch bis in die Bretagne, wo der Gezeitenhub nicht nur drei Meter wie hier betragen wird, sondern das Doppelte, das Dreifache.

Was ich dort wohl erleben werde?

Donnerstag, 2. August

Las Médulas, Nordspanien. Für alles Gold der Welt.

Es gibt einfach zu vieles auf dieser Reise, was mich sprachlos macht. Zu vieles, bei dessen Anblick ich mich ärmer fühlen würde, wenn ich es nicht gesehen und erlebt hätte. Und das nicht nur draußen auf dem Meer.

Im Hafen von Gijón leihe ich mir einen Wagen und fahre hinauf in die Berge. Ich will nach León, in die Stadt der Könige, die nach dem sagenhaften Pelayo kamen. Und allein die Fahrt durch die Berge an diesem Morgen, an Oviedo vorbei, könnte begeisternder nicht sein. Die Sonne, die hinter den schneebedeckten Gipfeln aufgeht, die Einsamkeit der Berglandschaft. Den Tag über treibe ich mich in León herum, suche in der Basilika San Isidoro nach Spuren von Königin Urraca, der ersten Frau des europäischen Mittelalters allein auf einem Thron, die von León aus ihr Land regierte – und finde etwas anderes. León, der alte Name, bringt mich auf die Spur, er ist die Verballhornung eines lateinischen Wortes, des Wortes für »Legion«. León war einst Militärlager einer römischen Legion gewesen, aber grundlos hatte man hier nicht eine halbe Armee angesiedelt. Die Truppen hatten die Aufgabe, Goldtransporte zu bewachen. Gold, das in den Bergen westlich von León geschürft wurde. In Las Médulas. Ich setze mich in den Wagen und brause los.

Ich bin neugierig und skeptisch zugleich. Eine alte Goldmine – was soll da schon zu entdecken sein? Das letzte Stück geht es eine kurvige Berglandschaft hinauf auf über 900 Meter. Ein Parkplatz vor einem Wegweiser, auf dem »Mirador de Orellán« steht.

»Nimm einen Helm«, verblüfft mich die Führerin und drückt mir einen weißen Bauhelm nebst Haarnetz in die Hand. »Ich heiße Amalia und bin hier aufgewachsen. Ich lebe mit meinem Mann im Dorf. Du brauchst den Helm. Du musst erst 200 Meter durch den Stollen hindurch, um zum Mirador, dem Aussichtspunkt, zu kommen. Da drin ist es dunkel. Du wirst dich bücken müssen. Der Tunnel ist nicht überall beleuchtet. Hast du eine Taschenlampe?« Ich deute auf mein Smartphone und mache mich auf den Weg in den Stollen. Erst umfängt mich Dunkelheit. Dann stehe ich in einem Stollen aus rötlichem Lehm. Eigentlich sieht er aus wie ein Wasserkanal, der schnurstracks mit leichtem Gefälle geradeaus nach unten führt. Lichter im Boden erleuchten die Wände, ich kann Einzelheiten erkennen. Kopfgroße Felsbrocken ragen aus den glatt gewaschenen Lehmwänden. Feuchte Kühle umfängt mich im Tunnel, leichter Zug streift über meine Wangen. Ich ertaste einen nassen Stein. Die warme Luft, die über ihn streicht, lässt hier die Feuchtigkeit als Tropfen zurück, als gäbe es nichts auf der Welt, das keine Folgen hätte, selbst ein unsichtbarer Lufthauch hinterlässt seine Spuren.

Ganz am Anfang muss ich mich bücken, muss mit meinen 1,85 Meter fast kriechen. Links und rechts zweigen weitere Gänge ab und enden wenige Meter später in gähnender Schwärze. Der Tunnel ist 200 Meter lang. Eine Biegung, noch eine Engstelle, durch die ich mich erst bücken, schließlich kriechen muss. Dann weitet sich der Gang zu einer großen Halle, in der das Licht der Spätnachmittagssonne fällt. Ich bin allein in der Halle, gehe geblendet von der Helligkeit nach vorn zum Licht.

Ich stehe in einem Loch in der Felswand. Nur ein Geländer trennt mich vom Abgrund, vor mir bricht die Lehmwand jäh ab. Fast bin ich am höchsten Punkt der Landschaft und stehe auf der Plattform, von der aus ich die unbegreifliche Landschaft betrachten kann. Scharfkantige rote Felszacken ragen in Reihen aus dem buschigen Grün der Kastanienwälder wie die Zähne aus dem Kiefer eines Hais hervor. Nichts wächst darauf. Sie sehen aus, als hätte sie jemand mit einer Riesenfräse freigelegt. Eine reglose Landschaft im Abendlicht.

Plötzlich beginne ich zu verstehen. Die grandiose Landschaft ist nichts anderes als das Ergebnis einer ungeheuren Zerstörung, von Menschen vor 2000 Jahren mutwillig verursacht. Eine gewaltige Umweltzerstörung, als Folge reiner Profitgier. Der Gier nach Gold. Der Tunnel, durch den ich eben kam, ist eine alte Leitung, durch die sie das Wasser hierherführten. Gigantische Mengen Wasser, um Gold aus den Bergen herauszuwaschen. Gold, das im Berg eingeschlossen war. Das der Berg nicht freiwillig herausgab. Was ich vor mir sehe, ist das, was die Wassermassen stehen gelassen hatten. Zacken des harten roten Felses, manche mochten an die hundert Meter hoch sein, die den künstlich erzeugten Schlammfluten widerstanden hatten.

Später, als ich wieder draußen bin, wird Amalia mir erzählen, was genau hier geschah. Sie wird mir sagen, dass bis zu 60 000 Arbeiter hier schufteten, oft wochenlang vom Tageslicht entfernt, sich durch die Berge der Umgebung hackten und wühlten. Dass sie – der Himmel weiß, wie – hundert Kilometer lange Schächte durch die umliegenden Berge in Dunkelheit und Schwärze trieben mit einem exakten Gefälle von 0,4 Prozent, weil es nur hundert Kilometer entfernt das Wasser gab, das sie so dringend brauchten. Dass sie Stollen und Tunnel durch die Berge gruben, sie aushöhlten durch regelmäßige Quergänge wie einen Termitenhügel. So lange, bis die Schächte weit genug waren, dass das schlagartig eingeleitete Wasser die Berge sprengte, auseinanderjagte, einen nach dem anderen. Und das Gestein in kleine und kleinste Trümmer spaltete, bis nichts weiter übrig blieb als: »Das da.« Amalia greift während ihrer Erzählung nach unten in eine Schublade und holt einen kleinen Glasflakon hervor, nicht größer als ihr kleiner Finger. Er ist mit Wasser gefüllt, und als sie ihn schüttelt, glitzern winzige Teile darin. »Goldplättchen«, sagt Amalia und schüttelt den Flakon weiter. »Goldteilchen so wie diese hier, die haben sie aus dem Fluss gewaschen. Eingeschlossen im Gestein.«

Aber noch stehe ich auf der Plattform, denke an die Tausenden von Menschen, die hier gleichzeitig schufteten. Sie brauchten 200 Jahre, um aus einem Bergmassiv von 500 Meter Kantenlänge Gold zu gewinnen. Alles, was von den Bergen blieb, war ein Würfel pures Gold von 4,40 Meter Kantenlänge. Nicht mehr als knapp ein Prozent dessen, was man bis heute an Gold aus der Erde holte.

Diese grandiose, weite Landschaft ist nichts anderes als eine gigantische Abraumhalde, die die Natur sich in den letzten 2000 Jahren wieder zurückerobert. Es ist eine ungeheure Wunde, leuchtend rot wäre sie bis in den Weltraum sichtbar, würden nicht die dichten, tiefgrünen Kastanienwälder gnädig das Wundmal bedecken.

Es ist merkwürdig. Tiefer Frieden ist in mir beim Betrachten dieser Landschaft. Dabei sollte ich wütend sein. Wütend darüber, was Menschen bereits vor 2000 Jahren vernichteten aus blanker Gier, in stumpfer Ahnungslosigkeit. Was wir Tag für Tag weiter vernichten, wir alle. Zornig auch auf mich, was ich jeden Tag an Ressourcen verschwende, weil ich nicht anders bin als sie, die diesen Raubbau befahlen und durchführten, weil ich nicht ohne Geld existieren kann. Zorn sollte in mir sein, wie wir diese Welt unseren Kindern hinterlassen, mit all ihren Krisen, ihren Problemen, ihrer Zerbrechlichkeit.

Doch nichts davon ist in mir. Nur Frieden. Weite, als stünde ich auf einem Gipfel und hätte alles vor mir. Als müsste ich nichts mehr sagen. So viele Menschen hatten 200 Jahre lang einen derart großen Raubbau begangen, und an diesem Abend liegt nur eines über der Landschaft: tiefer Frieden, als würde sich in Las Médulas mit der Abendsonne auch alle Vergebung der Welt herabsenken. Über den Raubbau, den Frevel, den die Menschheit begangen hat und weiter begeht. Und an dem sich jeder Einzelne von uns jeden Tag beteiligt. Und über das Dasein, das uns zu Mitschuldigen macht, auch wenn wir noch so achtsam leben.

Ich weiß nicht, wie lange ich auf der Plattform stehe und hinüberschaue in die Weite, die mich sprachlos macht. Zweimal reiße ich mich los von dem Anblick, der mich festhält an meinem Aussichtspunkt in der roten Wand. Dass ich mich umdrehe, den Bauhelm aufsetze und durch die Engstelle zurück in den Tunnel krieche. Dass ich doch wieder umkehre, kaum dass ich wenige Meter in den Tunnel gekrochen bin. Als hätte ich noch nicht genug gesehen.

Inzwischen ist früher Abend geworden. Auf einmal dringen fröhliche Stimmen aus dem Tunnel, französische Laute. Ein Paar, das auf die Plattform tritt. Vor dem Abgrund stehen bleibt. Plötzlich verstummt, einfach nur verharrt und in die Landschaft schaut. Der Mann und die Frau stehen noch immer schweigend da, als ich mich ein drittes Mal umdrehe und zum Tunnel zurückkehre. Sie stehen, als wäre dies der Kreidefelsen von Rügen und ein Caspar David Friedrich würde staunende Wanderer porträtieren.

Alles Gold der Welt? Was man bis heute fand und aus der Erde wühlte, ist nicht mehr als ein 21,58 Meter großer Würfel.

Dienstag, 7. August, Mittwoch, 8. August

Über die Biskaya. Von Santoña nach Bordeaux.

Wer segelt, braucht Wind. Doch abgesehen von zwei, drei Tagen ließ er sich den Juli und den August über weder in Portugal noch in Nordspanien blicken. Bis auf wenige Ausnahmen muss ich die meiste Zeit im schwachen Wind motoren, dies wird mir im Gedächtnis bleiben, weil statt des erhofften Windes nur eine nervige Dünung aus Nordwest mich begleitet, die *Levje* stundenlang von einer Seite zur anderen durch die Wellen geigen lässt. Wäre die Dünung nicht da, würde ich das große gelbe Segel setzen, doch es wäre sinnlos: Die Dünung ist stärker als jeder Windhauch, das Schwanken im Schiff prügelt jedes eingefangene Lüftchen auch gleich wieder aus dem Segel.

Ich fahre die Küste entlang weiter nach Osten. Ich warte. Auf eine Vorhersage über 15 Knoten Wind aus der richtigen Richtung, die mich über die Biskaya nach Norden tragen wird. Ich umschleiche die Wetterseiten wie ein Wolf seine Beute. Ich liege auf der Lauer, während ich langsam ostwärts ziehe. Dann ist sie auf einmal da, die Vorhersage: kommenden Dienstag zwanzig Stunden Wind aus West. Mit 20 bis 25 Knoten, in Böen über 30. Danach zehn Tage wieder schwachwindig. Ich laufe in die Ría de Treto vor dem Städtchen Santoña ein, ein breites Flussdelta kurz vor Bilbao. Lasse den Anker fallen. Und warte.

Tagsüber lese ich oder schreibe. Oder springe ins Wasser, um kraftraubend unter *Levjes* Unterwasserschiff zu tauchen und ihren Rumpf vom Bewuchs abzukratzen. Von Algen, deren lange Fäden mein Schiff nach vier Monaten im Wasser langsam machen. Abends rudere ich hinüber nach Santoña, in die Stadt. Kaufe ein. Esse gegrillte Sardinen. Aber neugierig auf den Ort bin ich nicht mehr. Ich warte.

Zwei Tage später verdüstert sich am Nachmittag der Himmel, als wäre der Herbst hereingebrochen. Die Luft ist voll Schwere und Schwüle. Die Gipfel der Berge ringsum verschwinden unter Schwaden dunkler Wolken. Es braut sich was zusammen.

Wer segelt, braucht Wind. Aber nicht zu viel. Der Anblick des Himmels ist am Abend dramatisch. Zudem korrigieren die Wetterberichte ihre Windprognose nach oben. Von vier Uhr morgens an zwölf Stunden Wind in den oberen 20ern, Böen in den 30ern. Das kenne ich, das kann *Levje* ab. Aber dies ist die Biskaya. Die kenne ich nicht wirklich. Wie würden sich die Wellen anfühlen, die 500 oder 1000 Kilometer ungehindert aus Westen anrollen? Ich habe Respekt vor dem, was ich kenne. Und noch mehr vor dem, was ich nicht kenne.

Es sind auch jetzt Regeln, die mir in solchen unsicheren Momenten helfen. Zum Beispiel jene: »Entscheide nicht. Aber geh nachsehen. Streck die Nase raus. Und sieh nach, wie es draußen aussieht.«

Die Nacht auf Dienstag ist unruhig. Als gegen zweiundzwanzig Uhr der Wind einsetzt, schalte ich auf dem Tablet die elektronische Ankerwache ein. Sie soll aufpassen, dass sich mein Schiff nicht zu sehr bewegt und der Anker in den Böen hält. Doch erneut narrt mich das Zusammenspiel von Wind und Gezeiten, sie lassen *Levje* so wirr um den Anker drehen und kreisen, dass mein Schlaf viermal vom Alarm unterbrochen wird und ich aus dem Bett springe, um zu überprüfen, ob der Anker in den Böen noch hält. Doch sobald ich in dieser Nacht an Deck komme und meine Peilmarke hinüber nach Santoña kontrolliere, stelle ich fest: Das kleine Stadion ist noch da, wo es gestern Abend war. Seitlich unter der dritten Straßenlaterne. Wir sind noch am selben Platz, der Anker hält.

Um vier Uhr morgens, als ich eigentlich los will, weht es heftig. Das Fauchen im Mast, die harten Bewegungen des Schiffs, wenn Böen es packen, sind gar zu wild. Ich verschiebe meinen Aufbruch in der Dunkelheit und bleibe im Bett. Gegen sieben wird es ruhiger. Im ersten Dämmer starte ich den Motor, hole den Anker, fahre hinaus und setze das Großsegel neben dem roten Trawler, der wie ich im Schutz der Felsen ankernd auf den rechten Zeitpunkt wartet.

Zuerst ist alles ruhig. Der hohe Berg über Santoña schirmt den Westwind ab. Fast spiegelglatte See. Kaum Wind. Das war doch eben noch anders? Habe ich mir zu viele Sorgen gemacht? Nein. Eine halbe Stunde später sind wir mittendrin. *Levje* legt sich auf die Seite, am Himmel jagen Wolken aus Westen, leichter Regen.

Anfangs bin ich nervös. Wird der Wind 30 Knoten überschreiten? Werden die Wellen höher sein als gedacht? Doch mein Schiff hält seinen Kurs. Läuft zwar schwankend, aber zielstrebig. Ich entspanne mich, beginne, Augen für meine Umgebung zu haben. Und beobachte das Meer. Erst aus dem Cockpit von der Steuerbordbank aus. Eine Dreiviertelstunde später von der gegenüberliegenden Bank. Dann vom Sitz im Heckkorb, zu dem ich mich langsam hinaushangle, weil *Levje* so durch die Wellen geigt. Schließlich im Stehen aus dem Cockpit heraus, wo ich über die Sprayhood hinweg einen weiten Blick nach vorn habe in die Wellen, in die wir hineinlaufen. Gut eine Stunde stehe ich da, vergesse die Zeit über dem Betrachten der Welt.

Das Meer. Erstmals voll in mein Bewusstsein trat es, als ich als Siebzehnjähriger von England zurückreiste. Ein Septembernachmittag, ich hatte gerade noch die Fähre von Dover nach Ostende erwischt, es zog mich nach oben, aufs oberste Deck des Schiffs. Da stand ich und ließ mich von Wind und Herbstkühle durchblasen, zum ersten Mal versunken in den Anblick der Wellen. Der Formen und Strukturen, die Wind und Sonne auf die Oberfläche des Meeres malten. Das immer gleiche und doch sich jeden Sekundenbruchteil ändernde Bild fesselte mich für Stunden, wenn nicht für die ganze Überfahrt. Ich war unempfindlich gegen die Kühle des englischen Frühherbsts, ich ignorierte die Rußplacken aus dem Schornstein des Schiffs, die aufs Deck wehten. Ich stand einfach nur ruhig da. Und schaute hinaus aufs Meer. So wie jetzt, irgendwo zwischen Bilbao und Bordeaux.

Ein Wellenkamm bricht in diesem Moment neben *Levje*. Es sieht aus, als wäre das Meer nicht ein einziger großer Organismus, sondern als würde es aus lauter kleinen Geschöpfen bestehen. Ich bekomme eine Ahnung von ihnen, wenn, wie jetzt, der Wind ihre Spitzen von den Wellenkämmen weht und sie als tausend kleine Individuen davontanzen.

Ich beobachte die Wassertropfen, die wie plötzlich zum Leben erwachte Elementarwesen nach allen Seiten davonhüpfen, sobald eine Böe sie erfasst. Ich schaue ihnen zu, wie der nach unten abgelenkte Windstrom von *Levjes* Vorsegel auf die Bugwelle das Muster eines Fächers zaubert, aus dem die Elementarteilchen fortspringen. Ich beobachte die Wellen, wie sie unter *Levje* hindurchrauschen: wie sie mein Schiff erst packen und fast flach auf die Seite legen. Dann unter ihm hindurchgehen, es mit sich fortreißen und auf neun, zehn Knoten beschleunigen. Es dann, als läge es auf einem Drehteller, einen Viertelkreis nach links in den Wind drehen, um zuletzt gischtend auf der anderen Seite aufzutauchen, wo sie mein Schiff für einen Augenblick fast reglos in den Wellen liegen lassen wie etwas, das auf einmal nicht mehr interessiert. Um dann den Tanz von Neuem zu beginnen.

Eine Böe reißt mich aus meinen Gedanken. Der Wind beschleunigt auf 26, 28 Knoten – das ist so viel, als würde ich bei Ortsgeschwindigkeit den Arm aus dem fahrenden Wagen strecken. Das mag nicht viel sein. Im Auto kann ich den Arm ja jederzeit wieder in den Wagen holen und das Fenster schließen. Hier auf dem Meer gibt es keine Scheibe, die ich schließen kann. Ich bin mittendrin. Ich bleibe mittendrin. Es ist, wie es ist. Ein Brausen umgibt mich, würde ich mich mit jemandem unterhalten wollen, müsste ich sehr laut sprechen, damit er mich verstünde. *Levje* legt sich in der Böe über, dreht mit dem Bug in den Wind, bis der Autopilot das Schiff wieder unter Kontrolle hat. Ich sehe dem wie von Geisterhand wirbelnden Ruderrad zu, das mich selbst bei diesem Wind sicher durch die Wogen bringt.

Eine Viertelstunde später bewegt sich *Levje* mit merkwürdigen Bocksprüngen über die Wellen. Was ist los? Eine der Böen hat sie anluven lassen, die Wellen kommen nun nicht mehr von der Seite, sondern von vorne; wir hoppeln darüber wie ein wild gewordener Presslufthammer. Zeit, mich um mein Ruder zu kümmern. Ich stelle mich kurz hinters Rad, schalte den Autopiloten aus und steuere *Levje* von Hand, um ein Gefühl zu bekommen. Ich bringe sie wieder zurück auf unseren alten Kurs, Richtung Bordeaux, vor den Wind. Kein Zweifel: Gegen den Wind wäre möglich, aber Quälerei.

Seit fünf Stunden bin ich jetzt unterwegs. Drehe ich meinen Kopf im brausenden Wind von links nach rechts, sehe ich nichts als rollende und brechende Wellenkämme. Um mich ist im Umkreis von 50 Kilometern nur Wasser, nichts als Wasser. Mir wird bewusst, wie lebensfeindlich meine Umgebung eigentlich ist. Mir sollte angst und bange sein im Wasser: Ich kann darin nicht atmen. Ich kann darauf nicht laufen. Ich kann es nicht trinken, denn das Salz würde meinen Körperzellen

Wasser entziehen. Mein Gehirn würde dafür sorgen, dass ich noch mehr Durst empfinde. Mein Durst würde ins Unermessliche steigen, meine Gliedmaßen würden anschwellen. Je mehr Salzwasser ich zu mir nähme, desto mehr Durst bekäme ich, desto schneller würde ich innerlich vertrocknen.

Doch so lebensfeindlich das Meer in diesem Augenblick auch scheinen mag, ich empfinde etwas ganz anderes. Ich empfinde keine Furcht, nur tiefe Geborgenheit. Ich fühle mich nicht als Eindringling, sondern am einzig richtigen Ort auf dieser Welt, an dem ich in diesem Moment sein möchte. Vielleicht enthält das Meer, die Seeluft einen Botenstoff, der mir dieses Gefühl gibt? Irgendein bislang unentdecktes Glückshormon, das aktiviert wird in einer Windung meines Gleichgewichtsorgans im Ohr durch das Schwanken? Irgendwelche Sterne, die mir in die Wiege legten, dass ich auf dem Wasser Entspannung fände, ruhig werden und alles Müssen und Sollen vergessen würde wie nirgendwo sonst?

Wieder eine harte Böe. Sie kommt nicht allein. *Levje* wird zur Seite gedrückt, ihr Mast neigt sich dem Wasser zu. Ich sehe die Seereling, wie sie unter einer Woge begraben ist und gischtend durchs Wasser schneidet. Ich beobachte, wie der Festmacher, den ich oben am Seezaun verknotet hatte, schräg unter mir durchs Wasser gezogen wird. Ich befinde mich dreieinhalb Meter über dem Wasser. Ich schaue hinunter in die Woge unter mir, wo all das geschieht. Würde ich stürzen, würde ich im besten Fall auf die Sitzbank unter mir rutschen, im schlimmsten ins Wasser. Ich stemme mich ins Cockpit. Doch ich, der ich immer ein ängstliches Kind war, mich sorgte vor allem und jedem, ich spüre keine Angst. Ich sitze auf meiner Cockpitbank und blicke fasziniert hinunter, bis sich *Levje* langsam wieder aufrichtet und noch eine halbe Minute später so langsam durch die Wogen kriecht, als hätte mein Schiff sich fürchterlich erschrocken. Und nicht ich.

Achtzehn Uhr. Zehn Stunden draußen. Anders als angekündigt, hat der Wind nachmittags nicht nachgelassen. Auf dem Bild auf der elektronischen Seekarte ist mein Schiff als roter Pfeil eingezeichnet. Er definiert meinen Standort in der Welt. Längst ist der gelbe Fleck am unteren Rand der Karte, der Nordspanien kennzeichnete, aus dem Bild verschwunden. Doch der neue gelbe Fleck rechts oben – Frankreich – ist noch nicht zu sehen. Zwischen den dahinjagenden Wolken kommt kurz die Sonne zum Vorschein und bringt das Meer zum Glitzern und Leuchten. Der Wind hat aufgefrischt. *Levje* rennt, was das Zeug hält. Schaue ich auf die Anzeige, lese ich sieben, acht oder neun Knoten.

Dort, wo das Meer in der Abendsonne blinkt und glitzert, steigt eine Gischtfahne in den Himmel, als entstünde auf dem Wasser eine Windhose. Jetzt? Bei diesem Wetter? Am Himmel ist keine Spur davon, anders als vor genau einem Jahr, als ich an einem Nachmittag über der kroatischen Insel Mljet acht Windhosen um mich zählte. Da. Wieder die Gischtfahne, die drei, vier Meter in den Himmel steigt und dann abbricht. Nein, das kann keine Windhose sein. Ich sehe konzentriert hin, sehe die Fahne noch sechs-, acht-, zehnmal in den Himmel steigen – und begreife plötzlich: Es ist ein Wal, der da hinter uns durchzieht und aus seinem massigen Körper seinen Blast nach oben schickt.

Als die Sonne untergeht, ahne ich noch nicht, dass ich insgesamt vierunddreißig Stunden auf See sein werde. Am nächsten Morgen um vier stehe ich zwar wie geplant vor der großen Bucht von Arcachon westlich von Bordeaux. Aber als ich dem Land nahe bin, wieder Netz habe und die Satellitenbilder der Bucht auf dem Tablet studiere, erkenne ich, dass die große Bucht von Bojen übersät ist. Es ist Feriensaison, sie dürfte jetzt, Anfang August, überfüllt mit Booten sein. Nein, das ist nichts für mich. Nicht nach dem, was ich erlebt habe. Jetzt bloß keinen Rummel, selbst wenn ich wer weiß was für eine Mütze voll Schlaf gäbe. Hundemüde wie ich bin, beschließe ich, die Bucht nicht anzulaufen und nach Norden weiterzufahren. In zehn, zwölf Stunden kann ich an der Mündung der Gironde sein.

Nach insgesamt 380 Kilometern stehe ich kurz vor dem Fluss, an dessen Ufer Bordeaux liegt. Ich bin zu müde, um einschlafen zu können. Ich bin froh, diese Passage geschafft zu haben, nicht ohne leise Wehmut, dass mein langer Schlag übers offene Meer zu Ende ist.

Was ist das nur?

Kapitel 5

Entlang an Frankreichs Küsten.

Von der Gironde in die Bretagne.

Mittwoch, 8. August

Royan, Frankreich. Gewitter über der Gironde.

Was für ein herrlicher Fluss die Gironde im Licht des frühen Herbstes doch ist. Als ich mich nach meiner Fahrt über die Biskaya von Süden her nähere, erscheint mir die Mündung breit wie ein See. Doch so grenzenlos sich die Wasserfläche bis zum Horizont zu erstrecken scheint – wer meint, er könne hier segeln, wie er will, der irrt. Der Fluss ist gespickt mit Seezeichen, die vor Sandbänken, Untiefen, unter der Wasseroberfläche liegenden Felsen warnen.

Die See ist glatt, ein tiefes Blau unter mir, das fast nahtlos am Horizont ins Blau des Himmels übergeht. In diese grenzenlose Welt aus Blau schiebt sich nur der Leuchtturm von Cordouan, der einsam inmitten der Mündung auf einer versunkenen Insel steht. Ich nähere mich langsam meinem Hafen, den ich mir nach meiner Überfahrt von Santoña in Spanien ausgesucht habe. Port de Royan liegt am Nordufer der Gironde. Die Seekarte sagt, die Einfahrt wäre bei ablaufendem Wasser nur einenhalb Meter tief. Ob ich da mit *Levjes* zwei Metern Tiefgang jetzt noch hineinkann? Sicherheitshalber rufe ich im Hafenbüro an. Ja, antwortet mir eine Frauenstimme am Telefon, wenn ich in der nächsten halben Stunde ankäme, könne ich unbesorgt einlaufen, dann hätte ich noch dreieinhalb Meter Wassertiefe im Kanal.

Wie immer, wenn ich zum ersten Mal einen fremden Hafen anlaufe, bin ich angespannt. Das hat nicht nur mit dem Unbekannten zu tun. Es ist auch das Wissen um konkrete Gefahren. Wirklich gefährlich werden kann einem Schiff, egal ob *Levje* oder *Costa Concordia*, wenn es dem Land zu nahe kommt. Sieht man sich die Statistiken der Versicherer an, sind Stürme, Monsterwellen, Gewitter und Blitze eher unbedeutend, wenn man sie mit der Zahl der Schiffsverluste durch Grundberührungen vergleicht. Das alte »Beschütz du mich vor der See, beschütz ich dich vor dem Land«, das ein Skipper vor einer Fahrt beschwörend seinem Boot zuflüstert, bringt diese Wahrheit auf den Punkt. Auf See ist ein Boot ein überraschend sicherer Ort, mag es noch so hart und ungemütlich hergehen. Ein Schiff ist gebaut für hohe Wellen und starke Windkräfte, selbst ein Blitzeinschlag lässt ein Boot nur unter besonderen Umständen sinken. Bedrohlich kann einem Boot neben Feuer vor allem eines werden: das Land. Also bin ich jetzt gefragt. Ich kann mich nicht mehr wie auf See stundenlang meinem Boot überlassen, das die Arbeit macht. Jetzt bin ich dran. Das sorgt für Anspannung.

Sie wird nicht kleiner durch die Tatsache des Zurückkehrens. Zurückzukehren aus der Welt ungeheurer Weite in die Enge eines Hafens, erscheint erst mal riskant, da mag ein Hafen noch so viel Schutz versprechen. Ist er überhaupt groß genug? Ist er tief genug? Habe ich genügend Platz, damit ich mit *Levje*, die mir draußen winzig und im Hafen monströs und verletzlich erscheint, nicht zwischen anderen Booten stecken bleibe, mich buchstäblich verfange? Der Landfall, wie Segler ursprünglich das erste Sichten der Küste und später die Annäherung an einen Hafen nennen, lässt keinen kalt.

Als ich die Seezeichen der Gironde hinter mir habe, tauchen hinter einer Steinschüttung die Masten der im Hafen von Royan vertäuten Segelboote auf. Der Wasserpegel ist am Fallen. Als ich die steinerne Mole erreiche, zeigt sie mir ihre Muschel- und Tangbänke, die bei Flut verborgen sind. Die Schnellfähre vom anderen Flussufer prescht vorbei und weist mir den Weg. Als sie sich mit laufenden Propellern an den Kai presst, wirbelt sie graubraunen Flussschlamm auf. Während ihre Passagiere ahnungslos aussteigen, sagt mir das graubraune Gewirbel, dass dort vorne, unter der flach gehenden Fähre, nicht mehr viel Wasser sein kann. Ich taste mich im Schneckentempo an der Fähre vorbei, *Levjes* Tiefenmesser zeigt exakt dreieinhalb Meter. Dann habe ich den Kanal hinter mir und bin im Hafenbecken, der Tiefenmesser springt auf fünfeinhalb Meter um. Port de Royans Hafen ist durch eine Barre geschützt – das Wasser bleibt wie in einer Badewanne stehen, während in der Einfahrt nur noch schlammiger Grund sichtbar ist. Zwei Stunden später wäre ich hier nicht mehr reingekommen.

Doch jetzt bin ich drin, vertäue mein Boot nach dem Tanken an der Pier. Der Moment, in dem mein Boot fest vertäut ist, ist der, in dem die Anspannung von mir abfällt wie die harte Schale von einer Walnuss. Das Gefühl, mein Boot sicher in den Hafen gebracht zu haben, ist selbst nach Jahren auf dem Meer noch purer Jubel. Hinzu kommt bei jedem Hafen das unbeschreibliche Gefühl, dass dies unweigerlich der schönste Hafen sein müsse, zu dem ich jemals segelte. Eine Euphorie, die vermutlich Seeleuten aller Zeiten eigen war und die nur allzu oft erklärte, warum mancher in nur einer Nacht an Land die sauer verdiente Heuer eines ganzen Jahres durchbrachte.

Ich sehe hinüber zur Stadt: Royan ist ein Sommerort, sein Hafen ist von einer Flaniermeile eingefasst. Restaurants, Crêperien, Läden mit touristischem Krimskrams ziehen sich am Ufer entlang. Für einen, der eben dem Meer entstieg, ist das, als käme er von einem anderen Stern ins Wunderland. Nur meine Müdigkeit und die Welle spüre ich von meiner Überfahrt, während ich mich in das Gewusel unter die Flaneure stürze. Landkrank nennt man es, wenn noch Tage nach der Überfahrt die Welle als leichtes Schieben und Drehen im Körper spürbar ist.

Doch meine Welt dreht sich in der richtigen Richtung. Spätestens als ich Terrinen und Pâté entdecke und Camembert. Royan hat mich eingenommen, auch wenn ich bei meinem Gang durch die Innenstadt kein Gebäude aus dem Mittelalter entdecke, kein älteres. Die modernen weißen Fassaden, der graue Turm der Kathedrale Notre-Dame de Royan, der wie ein abgebrochener Zahn die Fassaden überragt – alles sieht aus, als wäre Royan ein stadtplanerisches Experiment, als hätte der geniale Le Corbusier die Stadt in den Sechzigern und Siebzigern ersonnen und eigenhändig am Zeichenbrett entworfen. Nur die alten Villen am Ufer westlich des Hafens erzählen von der Tradition Royans als mondänem Badeort der Jahrhundertwende.

Wie ungewohnt ist das »*Oui monsieur*«, »*Non monsieur*«, die französischen Formen der Höflichkeit, als ich Fremder mit meinem Berg schmutziger Wäsche unter dem Arm in der Wäscherei stehe oder im Bistro einen Monaco, ein kaltes Bier mit einem Schuss Grenadine, bestelle. Ich erlebe die Höflichkeit der Menschen in Royan als etwas, das nicht nur Dienstleistung ist, sondern ihr alltägliches Miteinander prägt. Was wohl eine Gesellschaft dazu bringt, nicht nur murrig einander anzublaffen, sondern höflich zu sein? Erziehung? Höhere Einsicht?

Ich bin zufrieden mit meiner Entscheidung, Royan angelaufen zu haben, und schlafe ein wie ein Kind.

Irgendetwas weckt mich früh am Morgen. Zu früh, die Welt ist grau und noch nicht da. Alles ist still. Dann platzen erste Regentropfen über mir an Deck, erst zaghaft, schließlich schneller. Unüberhörbar mahnen die Regentropfen, sie zerren die alte Seglerweisheit in meine schläfrige Wahrnehmung. »Kommt der Regen vor dem Wind, Skipper, birg die Segel geschwind.« Der Satz hallt unüberhörbar in meinem schlaftrunkenen Kopf, während der Regen in ein Geprassel übergeht. Setzt der Regen vor dem Wind ein, folgen heftige Böen. Das sagt sie, die Weisheit. Im Halbschlaf frage ich mich: Hab ich den Wind vielleicht nur nicht gehört? Noch während ich das überlege, höre ich sein Säuseln. Die Leine, die im Wind an einen Mast schlägt. Es ist ein Vibrieren wie von einer gespannten Gitarrensaite. Dann macht das Säuseln einem tiefen Brausen Platz, das *Levje* erfasst. Als eine erste Böe über den Hafen pfeift, steigert sich das Brausen zu einem tiefen Orgeln, begleitet von der Kakofonie der tausend Dinge im Hafen, die im Wind plötzlich ihr Eigenleben entdecken, aus ihrer Reglosigkeit erwachen und an allem rütteln und zerren, was sie bis jetzt festhielt an ihrem Platz.

Mit einem Schlag bin ich hellwach. Habe ich mein Schiff gestern Abend gründlich festgemacht? Oder war ich nachlässig? Hab ich gestern das Deck aufgeräumt? Oder fliegt mir gerade alles weg?

Ich höre den Festmacher ächzen, der das Schiff am Ufer hält, ich höre, wie er sich dehnt. Spüre in meinem Bett, wie der Wind mein Schiff zur Seite drückt, wie es im nächsten Augenblick an den Steg gepresst wird und siebeneinhalb Tonnen, das Gewicht von fünf Kleinwagen, zum Spielball der Böe werden. Gläser klirren im Schapp. Das Stoffdach über dem Steuerstand knattert, rüttelt unwillig an seinem Gestänge. Ich höre 220 Liter Diesel zur Seite schwappen, wie sie den Stahltank zum Grollen und Donnern bringen, als käme das Unwetter nicht von draußen, sondern tief aus dem Inneren *Levjes*. Nirgendwo bin ich den Elementen so nah wie auf einem Schiff.

Ich schnelle aus dem Bett, um nachzusehen. Tatsächlich. Durch Niedergang, Treppe und Salonfenster prasselt Regen ins Schiff. Der Boden steht unter Wasser. Küche und Herd schwimmen. Das Bimini rasselt schwer in seinen Gurten, ich muss sie sofort straff ziehen. Das Gewitter hat's in sich, denke ich. Dabei hat die Stadt in ihrer Geschichte noch ganz andere Stürme überlebt.

Royan, die Stadt am Fluss, hat viele Gewitter erlebt. Und nicht nur solche am Himmel. Royans Bevölkerung erlitt Verheerungen durch die Truppen des Königs. Als sie sich zu ihrer protestantischen Religion bekannte, ging sie unter. Royan erlebte in einem Sommer wie diesem den Einmarsch deutscher Truppen, abgekämpfter, doch fröhlicher junger Männer in Uniform, die in der Stadt flanierten und sich am Markt höflich wie Touristen nach dem Preis für dies und das erkundigten und anstandslos zahlten. Plakate hingen in den Straßen, die dazu aufriefen, dem deutschen Soldaten zu vertrauen. Sie zeigten einen lachenden Wehrmachtssoldaten, der, umringt von Kindern, Brot verteilt.

Es blieb nicht, wie es war. Das Klima wurde rauer. Erste Deportationen aus Royan. Kollaboration einerseits und Widerstand anderseits. Die einen, die sich mit den Besatzern arrangierten, die anderen, die Widerstand leisteten, die Besatzer bekämpften. Der Mord an einem deutschen Soldaten. Vergeltungsaktionen.

Im Frühjahr 1945 wurde Royan durch britische Bomber bombardiert. Die meisten Einwohner verließen die Stadt. Nur 2000 blieben. Die einen wussten nicht, wohin sie gehen sollten, die anderen wollten ihr Hab und Gut schützen. Sie hausten in den Trümmern der zerstörten Straßen, zwischen denen sich auch eingeschlossene Truppen der Wehrmacht in Bunkern verschanzten. Für alle ging es nur noch darum, Tage, bis zum absehbaren Ende des Krieges durchzustehen. Dann warfen drei Wochen vor Kriegsende US-amerikanische Verbände 2000 Tonnen Bomben und Napalm in die Trümmer. 500 Einwohner starben in den Flammen und dreiundvierzig Soldaten. Royan wurde ausgelöscht, wieder einmal.

Als der Krieg vorbei war, dauerte es, bis die Menschen aus

den Trümmern krochen und sich an den Neuaufbau ihrer Stadt machten. Royans Bürgermeister ließ verlauten: »Ich will keine Stadt, in der sich die Menschen verkriechen. Sondern eine, in der der Turm der neuen Kathedrale stolz in die Höhe ragt.« Zaghaft besann sich die Stadt auf das, was sie einst war. Ein mondäner Badeort. Erste Holzbaracken wurden am Meer errichtet als Urlaubsunterkünfte.

Royan in der Gegenwart. Als das Gewitter vorbei ist und der prasselnde Regen schwächer wird, habe ich auch mein Schiff wieder trocken. Ich tappe zurück in meine Koje und schlafe, bis mich das grelle Sonnenlicht weckt. Und Trompetentöne. Ich schaue hinüber zur Hafenpier, Frühaufsteher flanieren am Hafen entlang. Ich überlege, ob ich nicht schnell hinübergehen soll, auf einen *café* und ein Croissant, da entdecke ich den Trompeter. Es ist mein Bootsnachbar. Er sitzt auf der Treppe im Niedergang seines Boots, das *Ysatis* heißt, und spielt Trompete. *Ysatis* ist ein eigenwilliges Segelboot, man sieht ihr all die Liebe und all die Gedanken ihres Eigners an. Jean-Marc ist Ende dreißig, er berichtet stolz von der kleinen Kabine, die er über den Niedergang des winzigen Segelboots gebaut hat, und von der beweglichen Badeplattform am Heck. Mit der *Ysatis* sei er von Bordeaux allein die Gironde hinaufgesegelt, wie jeden Sommer. Nur aufpassen müsse man, der Fluss sei wegen der Untiefen tückisch und schwierig zu befahren. Doch ein kleines Boot wie seines sei das richtige Gefährt. Er erzählt mir auch, er lerne Trompete, weil ihm nach fast zwanzig Jahren sein Akkordeon zu langweilig geworden sei.

Ich stehe mit ihm auf der Pier, wir betrachten und reden über unsere Boote, die friedlich nebeneinanderliegen an diesem Ort, in dem vor knapp siebzig Jahren die Bomben hagelten. Ich kann in diesem Moment nicht anders als stolz sein, wie weit es dieses Europa gebracht hat, geboren aus unseligen Konflikten. Spätestens hier, an Europas Grenzen, kann ich nicht anders, als all die Privilegien zu schätzen, die ich durch diesen Kontinent habe. Europa ist mehr als Brüssel, mehr als das kleinliche Hickhack. Und weit mehr als das, was man in Umrissen auf irgendeiner Landkarte zeigen kann.

Sonntag, 12. August

La Rochelle. Mal wieder im Schlamassel.

Als ich den Hafen von Royan an diesem Morgen verlasse, ist alles windstill. Wieder begleiten mich die ungeheure Weite, das unermessliche Blau. Ich folge dem trägen Fluss an seinem Nordufer, den baumbestandenen Vororten Royans, bis die alten Villen am Ufer verschwunden sind und die Küste dort, wo der Atlantik beginnt, nur noch als dünner Strich bewachsenen Sandstrands sichtbar ist. Mein Sonntagmorgen ist ein langsamer Spaziergang.

Sie kann auch anders, die Gironde. Sie ist nicht tief, wo ich gerade entlangsegle, das stelle ich schnell fest, wenn ich das markierte Fahrwasser nur kurz verlasse und plötzlich keine sechs Meter mehr unter dem Kiel habe. Ich kehre sofort wieder ins Fahrwasser zurück. Als die Küste nach Norden springt, habe ich scheinbar freies Wasser vor mir. Aber dem ist nicht so. Über fünf Kilometer ziehen sich die Sandbänke des Flusses wie eine unterseeische Mauer in den Atlantik. »Banc de la Mauvaise«, die »Sandbank der Schlechtigkeiten« lese ich auf der Seekarte. Sie lässt gar nicht erst Zweifel aufkommen, warum die Sandbank den Namen trägt: »Es wird dringendst geraten, sie weiträumig zu umfahren und den durch Tonnen markierten Einfahrtskanal in die Gironde zu nutzen, weil sich über den Bänken brechende Wellen bilden. Schlagen Sie bitte im Seehandbuch nach.«

Der Text ist in höflichem Französisch formuliert, an Nachdrücklichkeit lässt er nichts zu wünschen übrig. Ich folge der betonten Wasserstraße weiter nach draußen, obwohl das Meer scheinbar offen vor mir liegt. Ist das jetzt wirklich nötig, dem ganzen Einfahrtskanal nach Südwesten zu folgen? Er zieht sich 20 Kilometer in den Atlantik hinaus, ein Umweg wäre das von vier Stunden. Nein, ich glaube, das ist nicht nötig. Ich folge der Markierung, bis ich die Sandbänke hinter mir habe, zur Sicherheit noch ein Stück weiter, bis die Wassertiefe zehn Meter beträgt. Weil das Meer spiegelglatt ist, beschließe ich, ab hier mithilfe meines Tiefenmessers der unsichtbaren Zehn-Meter-Linie nach Norden zu folgen.

Doch plötzlich kräuselt sich vor mir das Wasser. Aus heiterem Himmel tauchen an diesem schwachwindigen Tag Wellen auf. Was hat das zu bedeuten? Sind wir über einer Untiefe? Der Tiefenmesser zeigt seine zehn Meter, doch das Gekabbel nimmt zu. Die Wellen kommen von See her und brechen unnatürlich steil. *Levje* schlingert unangenehm. Ich lege Ruder hinaus auf den Atlantik, um schnell in tieferes Wasser zu gelangen. Nach endlosen zehn Minuten in den misslichen Wellen ist der Spuk auf einmal vorbei. Das Meer ist wieder friedlich. Doch ich weiß nun: Die Gironde, sie kann auch anders. Ein schwacher Westwind schiebt *Levje* in fünf Stunden an der Insel Oléron entlang nach Norden, bis die Île de Ré wie eine lange Mauer vor La Rochelle liegt. Mit den beiden Inseln beginnt die Kette der französischen Atlantikinseln, denen ich von jetzt an folgen werde.

Ich umrunde die Île de Ré im Norden und stehe dann vor der Einfahrt nach La Rochelle. Auf dem Wasser ist jede Menge los, kleine Motorboote zischen vorbei, gemächlich treiben Segelboote auf der Reede vor La Rochelle, das Treiben gleicht einem trägen Augustsonntag auf den Seen daheim vor den Bergen. Wie sehr sich doch das Freizeitverhalten in Frankreich und

Deutschland einander ähnelt! Ein Sonntag lockt die Menschen in Scharen aufs Wasser. Doch ich rätsle, warum die Skipper *Levje* im Vorüberfahren anstarren. Habe ich die falsche Gastlandflagge? Ziehe ich unabsichtlich fünf Leinen im Wasser hinterher? Oder ist es bloße Neugier? Ich komme nicht hinter des Rätsels Lösung.

Weil ich es mir vorgenommen habe, fahre ich erst mal an meinem eigentlichen Ziel, dem Yachthafen von La Rochelle, vorbei und den langen Kanal hinunter bis zu den beiden mittelalterlichen Türmen, die die Einfahrt in den alten Hafen bewachen. Zwei Türme. Ein dünner hoher rechts, Tour Saint-Nicolas, und ein kurzer dicker, Tour de la Chaîne, links. Sie zieren jeden Prospekt von La Rochelle, sie sind das Bild, das La Rochelle von sich in die Welt sendet. Es sind die Bilder, die etwas in uns auslösen, die uns unbemerkt dazu bringen, dies zu tun und das zu wünschen. Ich jedenfalls hatte die Türme schon im Kopf, als ich mich im Mai von Sizilien aus auf die Reise machte.

Nun bin ich dort. Es ist ein guter Moment. Zufrieden drehe ich meine Runde vor den zwei Türmen und kehre dann eine Seemeile zurück in den Port de Plaisance des Minimes, die eigentliche Marina von La Rochelle, die schon von Weitem an dem beeindruckenden Mastenwald erkennbar ist. Tatsächlich ist die Marina kein Hafen, der sich mit Minimalismen zufriedengibt. Hier liegen bis zehnmal so viele Schiffe wie in einem Sportboothafen üblicher Größe. Und auch nach dem Anlegen und Vertäuen *Levjes* am Steg habe ich meine Schwierigkeiten mit seiner Größe. Als ich wie üblich aufs Geratewohl loswandere, um die Stadt zu erkunden, bin ich erst mal zwanzig Minuten unterwegs, um das Hafengelände zu verlassen, nur um mich danach auf der Suche nach einem Lebensmittelladen im gottverlassenen Büro- und Universitätsviertel La Rochelles wiederzufinden. Ein Sonntagnachmittag in La Rochelle. Aber nicht nur dort. Frankreich gleicht uns eben doch in vielem.

Als ich am nächsten Morgen ein zweites Mal versuche, in die Stadt zu gelangen, bin ich gewitzter und nehme den langen Weg um den Hafen herum. Das dauert. Doch als ich den Kanal erreiche, auf dem ich gestern mit Hunderten anderer Boote unterwegs war, ist in ihm – nichts mehr. Das Wasser ist weg. Von der breiten Fläche ist nichts anderes übrig als ein schmales Flüsschen, auf dem nur noch ein Schlauchboot dümpelt. Auch die zwei Türme in der Ferne ragen nun viel höher. Waren die beiden gestern auch schon so hoch?

Fünf Meter Tidenhub machen sich auch auf meinem Steg bemerkbar. Gelange ich bei Flut zu Fuß fast eben über die Brücke auf die Pier, an der *Levje* vertäut liegt, so sieht dieselbe Landschaft sechs Stunden später ganz anders aus.

Gegen Mittag streife ich um die alte Markthalle und gerate ins La Gerbe de Blé, ein typisches Bistro am Markt. Es ist nicht größer als eine Kegelbahn – eine Nische der Markthalle mit einer Handvoll Tische vor der langen Fensterfront. Ich bleibe hängen, weil ein hünenhafter Mann aus der winzigen Küche ein Tablett nach dem anderen schleppt. Grobe Scheiben ebenso grober Paté aus der Gascogne. Platten von Omeletts an Salat. Schiffchen mit groben Käsestücken.

Zwischen all dem wuselt der Chef, den alle »Geff« nennen, herum. Geff ist überall und omnipräsent in seinem Restaurant. Ein Ruf zur Theke mit einer Getränkebestellung, ein Küsschen auf die Wangen eines eintretenden Paares. Ein Tablett über Köpfe hieven mit sich stapelnden Tellern grober Paté: Bei Geff passiert alles in ein und demselben Augenblick.

»Nimm dir ein Tablett«, ruft er mir im Vorbeigehen zu. »Geh rüber in die Markthalle und lass dir ein paar Austern öffnen. Du kannst sie hier essen. Ich bring dir inzwischen Wein und Brot mit Butter.« Geff kann anscheinend auch Gedanken lesen. Ich schnappe mir ein Tablett und sause hinüber in die Halle. Dort drinnen ist tatsächlich ein Austernstand neben dem anderen – schließlich befinde ich mich im Zentrum der Austernproduktion. Allein südlich von La Rochelle werden zehnmal so viele Austern produziert wie in Spanien. Ich stehe vor Ständen voller Austern in allen Größen. Davor Tische, an denen Menschen die Muscheln zu einem Glas Weißwein schlürfen. Weiterhin sehe ich Marktstände mit unzähligen Käsesorten, von Ziege, Kuh und Schaf.

Am Stand von Sandrine bleibe ich kleben. Sie ist Anfang vierzig, hat die blonden Haare hochgesteckt und öffnet Austern mit dem Messer. Sandrine ist Austernzüchterin in einem kleinen Betrieb mit zehn Mitarbeitern auf der Île de Ré. »Austern«, erklärt sie, »das ist hier was für zwischendurch.« An ihrem Stand bietet sie sieben verschiedene Sorten Austern an, aber auch Hummer. Ich wähle fünf von den größten und fünf von den kleinsten Austern. Nur aus Neugier, um den Unterschied herauszufinden. Und dann nehme ich noch fünf Bulots, Meeresschnecken in einem pfeffrigen Sud gekocht.

Sandrine belegt mein Tablett erst dick mit Blättern feuchten Blasentangs aus einem Korb und Eiswürfeln. Dann setzt sie an eine Auster das kurze Messer an und öffnet die Schale mit einer kraftvollen Bewegung ihrer behandschuhten Hände. »Das ist nicht so leicht, wie es aussieht«, sagt sie. »Jedes Jahr verletzen sich Tausende Franzosen bei dem Versuch, eine Auster zu öffnen. Man muss die richtige Stelle kennen.« Sie legt die Auster zu den anderen auf die Eiswürfel und den Seetang. »So gern wir Austern hier an der Küste essen: Fast die Hälfte dessen, was wir in Frankreich produzieren, wird zu Weihnachten verzehrt.« Ich zahle sieben Euro, kaufe noch zum Abschied ein Austernmesser bei Sandrine und balanciere stolz das muschelbeladene Tablett hinüber ins Gerbe de Blé, als trüge ich die Goldene Rose von Montreux vor mir her.

Geff hat nicht nur wieselflinke Augen, er wirbelt auch wie ein Wiesel durchs voll besetzte Lokal. Während er »Ein Viertel

Weißwein für Tisch vier« zur Theke ruft, stellt er Baguette, Brot und Butter vor mich hin und führt im Vorbeigehen eine herumirrende einsame Schönheit zum Tisch gegenüber. Ich widme mich meinem Tablett, sehe weitere Gäste mit Tabletts aus der Markthalle kommen, auf denen sich die hartschaligen Austern ebenso drängeln wie die Gäste im Gerbe de Blé.

Während Antoine, der Kellner, sich mit dem Weißwein und zwei Gläsern ratlos durch den Raum zwängt und eine russische Familie – Vater, Mutter und zwei Töchter – gelangweilt über ihren Handys die daumendicken Steaks vergisst, denke ich an den alten Arzt und die Austern. Menschen leben weiter, in unserer Erinnerung, in Begegnungen, und mögen sie nur Sekunden gedauert haben. Vielleicht ist es das Einzige, was wir in unserem Leben hinterlassen können. Die Erinnerung an gute Beziehungen.

Ein kahler Charakterkopf in dunkelbrauner Lederjacke, Freund des Hauses offensichtlich, begibt sich nach seinem »Plat du jour«, seinem Tagesgericht, mit einem Glas Wasser zur Theke und plaudert mit Geff. Das schafft der auch noch mit links während seiner Arbeit. Ein Wirt muss nicht nur Essen anbieten, damit sein Laden läuft, sondern vor allem gute Beziehungen; Geff scheint mir ein Meister in dieser Kunst.

Ich bin mit meinen Austern und den Bulots zu schnell fertig. Als ich meinen Tisch verlasse, um zu bezahlen, blickt mich die Schöne kurz an, während ich an ihr vorbeigehe. Ihr Gesicht erzählt von Verletzlichkeit, von glücklicher Erinnerung und Enttäuschung. Wir sehen uns an, als wüssten wir beide in diesem Augenblick, dass das Leben nicht nur aus Niederlagen besteht, sondern dass es voller Reichtum ist. Dass wahrer Reichtum nicht in dem besteht, was wir besitzen, sondern in dem, was an ungeheuren Möglichkeiten steckt in jedem einzelnen Moment, wenn wir es nur wollen. Das Wissen um diesen Reichtum, das man sich auf langen Reisen erwirbt, hat mein Leben in den letzten Jahren verändert.

Wir nicken uns kurz zu. Dann bezahle ich bei Geff und verlasse das Gerbe de Blé.

Es ist lange nach Mitternacht, als mich ein lautes Knacken aus dem Schlaf reißt. Es scheint aus dem Salon zu kommen. Ist da jemand? Ich sehe den Mond über meinem Kabinenfenster, er ist zu einem winzigen Rand geschrumpft. Neumond. Ich höre jetzt nur Stille. Vielleicht habe ich mich getäuscht? Dann ist das Knacken nochmals zu hören. Ich stehe schlaftrunken auf, um nachzusehen. Da ist nichts. Niemand an Bord. Alles ist okay. Ich hebe die Bodenbretter an. Alles trocken. Ich kehre zurück in meine Koje, als sich das Knacken ein drittes Mal meldet. Was ist das bloß?

Ich sehe auf die Uhr. Halb zwei. Ob das Geräusch die Tide verursacht? *Levje* liegt sicher am Steg des Hafens – sie hat zwei Meter Tiefgang. Ich gehe hinauf an Deck und schalte den Tiefenmesser an, sicherheitshalber. Er braucht einige Sekunden, bis er wach ist. Dann zeigt das Display drei Ziffern: Die Eins. Die Drei. Die Null. 1,30 Meter? Da fehlen ja 70 Zentimeter! Voller Grausen beuge ich mich über die Bordwand. Tatsächlich. Der Grund unter uns ist zum Greifen nah. Und *Levjes* Festmacher, die dicken Leinen, die sie am Steg halten, sind zum Zerreißen gespannt und führen steil nach unten. Nicht mein Schiff ist am Steg befestigt, der schwere Schwimmsteg hängt an meinem Schiff. Das ist doch nicht möglich!

Ich spurte nach draußen, nackt, wie ich bin. *Levjes* Bug ragt über 30 Zentimeter aus dem Wasser. Mein Schiff schwimmt nicht mehr, es steht am Grund. Sein Kiel hat sich in den Schlick des Hafengrunds gebohrt. Ich renne durch die Dunkelheit zu den Nachbarbooten, alles Segelyachten in *Levjes* Größenordnung. Mindestens zwei von ihnen ragen ebenfalls mit straff gespannten Festmachern steil aus dem Wasser. Haben die Marineros mir den falschen Liegeplatz zugeteilt?

Für den Bruchteil einer Sekunde setzt der Fluchtreflex ein. »Starte den Motor«, flüstert die Panik. »Fahr raus aus dem Schlamassel.« – »Unsinn«, sagt im selben Moment mein Verstand. »Dein Kiel steckt fest im Schlamm, du kommst keinen Zentimeter weit.« »Kompletter Blödsinn«, denke ich schließlich und werde ruhiger. Ich überprüfe nochmals den Tidenkalender im Internet. Er weist anstelle des üblichen Pegels 1,20 Meter weniger aus.

Plötzlich dämmert mir: Der Mond ist schuld. Genauer gesagt: der Neumond, der winzige Fleck am Himmel, unter dem ich nackt herumrenne. Neumond bedeutet, dass der Mond zwischen Sonne und Erde steht. Und diese Konstellation verstärkt seine Anziehungskraft genauso wie bei Vollmond, wo die Erde zwischen Sonne und Mond steht. Bei Vollmond und bei Neumond wirken die Kräfte des Mondes stärker, es entsteht die Springtide – eine vom normalen Tidenhub stark abweichende Tide.

Da bleibt nur eins. Die Tugend des Seemanns: Warte ab, was du nicht ändern kannst. Ich hoffe inbrünstig, dass sich der Kiel nicht im Schlamm festsaugt und die Erde *Levje* festhält.

Als das Wasser wieder steigt, ist das Knacken nicht mehr zu hören. Eine Stunde später ist *Levjes* Bauch fast wieder im Wasser. Ich werfe mir vor, dass ich auf den Mondkalender nicht geachtet habe. Stattdessen hatte ich mich blind auf den Liegeplatz verlassen, den die Marineros von La Rochelle mir zugewiesen hatten. Ich habe nicht gut genug auf mein Schiff aufgepasst, bin zu sorglos gewesen.

Das Meer macht keine Fehler. Ich allein bin es, dessen Unzulänglichkeit uns immer wieder in Schwierigkeiten bringt.

Dienstag, 14. August

Französische Atlantikinseln. Entlang der Île de Ré.

Am Mittag liegen La Rochelle und das Festland weit hinter mir. Blicke ich nach hinten, sind sie fast hinter dem Horizont verschwunden. Nur eine zarte Linie federweißer Wolken, die zwei Finger über dem Horizont steht, erinnert daran, wo die große Stadt und das Land liegen.

Wir segeln nach Westen. *Segeln* ist zu viel gesagt, *Levje* schnürt mit langsamer Fahrt unter Segeln nach Westen. Eine schwache Schönwetterbrise streicht aus Nordwest übers Meer, zu wenig, um lustvoll dahinzurauschen, zu viel, um sie ungenutzt verstreichen zu lassen. Ich überlege, den Motor zu starten. Nein, dafür ist der Tag zu schön.

Die Île de Ré ist eine der französischen Atlantikinseln, die sich wie eine lose Kette im Nordwesten vor der Küste Frankreichs reihen. Obwohl Inseln, machen sie es gerade dem Reisenden auf einem Boot nicht leicht, sie zu besuchen. Viele von ihnen besitzen keinen festen Hafen, den ich ansteuern könnte, weil sie Gezeiteninseln sind. Was in dem einen Moment noch eine geschützte Bucht oder ein Hafen ist, ist innerhalb von Stunden eine trocken gefallene Sandbank. Vielleicht ist das der Grund, warum man das Inseldasein der Île de Ré oder der Île de Noirmoutier beendet hat und sie durch Brücken mit dem Festland verband, sie damit aber auch einer gewissen Unberührtheit beraubte.

Wie eine Insel sieht die Île de Ré vom Meer her jedoch immer noch aus. Eben habe ich den Leuchtturm von Chanchardon passiert. Er ist nicht mehr als ein bulliger weiß-schwarzer Betonstumpf, der im Süden aus dem Meer ragt, wo weit vor dem feinen Sandstrand die Untiefen beginnen. Ich sehe einen spitzzipfeligen Kirchturm am Horizont, der wie ein Minarett hinter dem Betonstumpf nach rechts wandert. Er schaut aus, als stünde er einsam am Ufer, von dem Ort, der dazugehört, erkenne ich von meinem Sitzplatz hinter *Levjes* Steuerrad ebenso wenig wie vom Treiben auf der Insel, auf dem Campingplatz nahe am Sandstrand. Und auch nicht von den fast 20 000 Menschen, die auf der Île de Ré leben. Das ist eine der verführerischen Seiten, auf einem Boot unterwegs zu sein: Meist nähre ich beim Anblick der europäischen Küsten die Illusion, allein an einer unbesiedelten Küste unterwegs zu sein, wenn nicht gerade Hochhäuser wie die von Benidorm oder A Coruña sie mir stehlen.

Es ist Mitte August. Ich denke an Italien, an die Nächte der »fallenden Sterne« in diesem Monat, in denen die Menschen die Sternschnuppen beobachten und sich etwas wünschen. Dort herrscht jetzt die Augusthitze, selbst über dem Meer brütet sie feuchtwarm, während es hier an der Atlantikküste schon kühl ist. Der schwache Nordwest kommt heute von weit aus dem Norden. Ich bin seinem Verlauf auf einer Wetterkarte im Internet gefolgt. Der Nordwest, den ich in meinem Gesicht spüre, entsteht irgendwo nördlich von Hammerfest im Polarmeer, dreht von dort in weitem Bogen westlich an Island vorbei, beschleunigt östlich der Südspitze Grönlands und dreht im Gegenuhrzeigersinn um den Kern eines Tiefs, das ihn nach Südosten auf die Reise Richtung Südengland und Nordwestfrankreich schickt. Kein Wunder also, dass ich jetzt um 13:15 Uhr unter Deck gehe und mir meinen dicken Pullover hole.

Das Wetter hat uns Menschen eines gewaltig voraus: Es ist

stets größer, als wir es nur ahnen können. Es kennt keine Nationen, keine Grenzen, seine Faszination besteht darin, dass es kaum vorstellbare große Räume umfasst. Wetter nahm ich zu Hause als winzigen Ausschnitt wahr: als Windstoß in den Bäumen, als aufs Dach rauschenden Regen. Wenn ich segle, ist mir in Momenten wie diesem die Grenzenlosigkeit all dessen bewusst, was mich umgibt, worin ich mich bewege. Sie nordet und ordnet mich jeden Tag aufs Neue ein. Das Meer definiert mich ebenso sehr und doch so ganz anders als jene Visitenkarte mit meinem Namen, die ich vor drei Jahrzehnten zum ersten Mal stolz in meiner Hand hielt. Irgendwann werde ich wieder auf dem Festland sein. Wieder in einem Raum leben und arbeiten. Wenn ich diese grenzenlose Weite doch nur in mir speichern könnte, dieses Gefühl, nicht nur das blanke Wissen, von wie weit her der Wind wirklich weht, welchen Geruch er aus dem Polarmeer zu mir trägt. Wenn ich dieses Gefühl der Weite stets in mir tragen könnte, hell wie ein Licht; wenn ich dort am Schreibtisch den Geruch nach Seetang und Salz, den Geruch der Weite für immer in mir konservieren könnte, ich wüsste, ich wäre ein anderer.

Der Tiefenmesser, der unermüdlich unter mir den Grund absucht, holt mich in die Gegenwart. Eben zeigte er noch 14 Meter an, jetzt ist die Anzeige auf acht gefallen. Ich bin den Untiefen vor der Île de Ré nahe gekommen. Es ist Zeit, den Kurs zu ändern und *Levje* weg vom Land wieder hinaus auf See zu steuern. Nachdem ich das Ruder nur ein kleines Stück gedreht habe, gelangen wir wieder in tieferes Wasser. Vor mir liegen nicht mehr die Sandstrände der Insel, sondern nur noch Wasser und der Horizont. Unter mir das Blaugrüngrau des Meeres. Über dem Horizont, in einem schmalen Streifen über der Kimm, eine Herde winziger Wolken, deren Ränder eine komplizierte Formel aus dem Reich von Optik und Lichtbrechung wunderlicherweise violett färbt. Wieder einmal vergesse ich über dem, was ich auf dem Meer sehe, was ich eigentlich heute während der Fahrt hatte erledigen wollen. Ich sehe die kleinen Wolken mit dem Violett, ich muss nichts mehr tun.

Nur das Meer erfordert meine Aufmerksamkeit. Und mein Schiff. Zeit für eine Wende, den Bug durch den Wind zu bringen. Kaum bin ich durch, läuft *Levje* ruhiger. Und schneller, was nicht zuletzt an der Strömung liegen mag. Mein Boot legt richtig los, ohne dass sich der Wind merklich geändert hätte. Mehr als zwei Knoten Strom tragen uns unsichtbar im Uhrzeigersinn mit sich um die Westspitze der Île de Ré. Ich denke an meinen alten Segellehrer, im Kurs hatte ihn ein Segel-Eleve gefragt, woran man denn merken würde, wann eine Segelyacht beschleunigt. »Mit dem Hintern«, hatte der Alte geknurrt. Nichts ist so wahr wie diese simple Wahrheit. Es braucht kein komplexes Sinnesorgan, um jenes bockige Ruckeln des massigen Bootskörpers unter mir zu spüren, mit dem *Levje* das Spiel der Beschleunigung in den Wellen spielt. Wie sie ungestüm nach vorn zuckt, während eine Welle sie bremst, und sie gleich darauf wieder nach vorn zuckt. Der Leuchtturm von Les Baleineaux. Er steht scheinbar weit vor der Île de Ré im Meer, doch die Insel setzt sich als versunkenes Eiland in Hunderten kleiner Buckel nach Norden fort, als wolle sie sich nicht damit abfinden, ihr Inseldasein an dieser Stelle zu beenden. Ob die Untiefen von Baleines ihren Namen tragen, weil sie bei Ebbe wie buckelnde Wale aus dem Wasser auftauchen? Während *Levje* schnell dahinläuft und ich die Île de Ré hinter mir lasse, kann ich nicht anders: Vor lauter Schönheit entfährt mir ein »Danke, lieber Gott, für diesen Tag«.

Aber Gott ist der Meinung, dass der Tag für mich und mein Schiff noch längst nicht gelaufen ist. Eine Viertelstunde später frischt die Nachmittagsbrise merklich auf. 20 Knoten ist ein bisschen Wind. Doch in Verbindung mit dem flachen Seegebiet nördlich der Insel und der Strömung, die gedreht hat und mit dem Wind gegen uns setzt und hässliche Wellen erzeugt, wird Vorwärtskommen zur Mühsal. Eineinhalb Seemeilen Strecke statt geplanter fünf kommen wir in der Stunde unserem Ziel näher. Eigentlich ist der Hafen von Les Sables-d'Olonne schon zum Greifen nah, keine zwei Stunden bräuchte ich bei normalen Verhältnissen. Aber das Meer bringt mir bei, dass das, was ich als »unnormal« empfinde, gerade das Normale ist.

Nach zwei Stunden, in denen der Wind weiter zunimmt, gebe ich das Spiel auf und rufe im Hafen von Bourgenay an, der nur zwei Seemeilen querab liegt. Eine Frauenstimme meldet sich, ich frage gewohnheitsmäßig, wie die Stimme heißt. »Florence«, sagt die Stimme. Und Florence erzählt, dass ich bei Ebbe nicht in den Hafen käme, aber wenn ich es die nächste Dreiviertelstunde bis vor die Einfahrt schaffen würde, hätte ich noch Glück. Ich solle anrufen, wenn ich vor dem Hafen stünde. Ein Schlauchboot würde mich dort erwarten und mich in den Hafen dirigieren. Ich solle es nicht allein versuchen, die Einfahrt wäre versandet.

Na, dann los. Es werden zwei lange Seemeilen, ich schaffe sie in knapp einer Stunde. Wie Florence versprach, wartet ein Schlauchboot mit zwei Männern in der Hafeneinfahrt, eng neben mir dirigieren sie *Levje* in den Hafen an einen der äußeren Stege.

Ich hoffe, dass Florence aus Bourgenay etwas von meiner Dankbarkeit spürt, als ich auf schwammigen Seebeinen den Weg hinauf ins Hafenbüro stapfe und vor ihr stehe. Mag sein, dass ich auf dem Meer allein zurechtkommen muss. Und doch bin ich nichts ohne die Hilfe anderer.

Mittwoch, 15. August

Französische Atlantikinseln. Auf der Dolmen-Insel.

In Bourgenay wache ich in dichtem Nebel auf. Wo gestern der Nordwest den Himmel blank geputzt hatte, liegt bleiern Nebel über dem Hafen. Die Steinmole, die ich am Tag zuvor am Spätnachmittag passierte, ist jetzt ein Schemen in Grau. Das Boot ist tropfnass. Als ein vorbeifahrender Fischer *Levje* in sanftes Wiegen versetzt, höre ich den Wasserschwall, der sich aus dem Bimini aufs Deck ergießt.

Die Flut ist da. Ich verwerfe den Gedanken, gemütlich den Vormittag in einem Hafencafé zu verbringen oder den Männern aus dem Dorf zuzusehen, die auf der nebligen Pier emsig Bühne und Buden für ihr Dorffest aufstellen. Eine Männergesellschaft, sie gehen konzentriert ans Werk, sie haben nur Augen für ihren Aufbau. Unter Italienern oder Spaniern würde so ein Aufbau anders ablaufen, nichts ginge dort ohne Reden, Gestikulieren, nichts ohne Handy-Anrufe, ohne das »Ich lärme, also bin ich«. Die Männer hier sind nur in den Aufbau ihrer Buden vertieft.

Langsam lichtet sich der Nebel, die Sonne blinzelt durchs Grau. Noch ist Watte über mir, während ich *Levje* weg vom Festland hinaus Richtung Île d'Yeu steuere. Zaghaftes Herbstlicht liegt über dem Meer, oben Grau, während die See und alles, was sich auf ihr bewegt, in ein eigentümliches Leuchten getaucht ist. Das hellgrün phosphoreszierende Meer wechselt mit Nebelbänken ab. Als ich am Nachmittag die Insel vor mir habe, sehe ich sie nur kurz, bevor erneut Schwaden dichten Nebels von der Insel aufs Meer ziehen. Gerade noch erkenne ich den schneeweißen Kutter, dessen überlanger Bugspriet lautlos aus dem Weiß auf mich zugleitet wie der eines Geisterschiffs.

Vor dem Hafen der Insel Yeu, vor Port-Joinville, siegt die Sonne über den Nebel: Hier sind die Sommerferien voll im Gang. Kleine Motorboote flitzen in elegantem Bogen aus dem Hafen, die Männer steuern sie im Muscle-Shirt und starren mich in meiner hochgeschlossenen Segeljacke verständnislos an, als wäre ich eine Erscheinung aus der Arktis. *Overdressed* kann auch auf See ein Thema sein. In der Hafeneinfahrt kommt mir ein kleines Fährschiff entgegen. »Compagnie Yeu-Continent« steht in großen Lettern auf ihm, als wäre Europa an dieser Stelle ein entlegener Kontinent und die Insel Yeu der Mittelpunkt der Welt. Der enormen Aufgabe, den Kontinent mit dem Mittelpunkt der Welt zu verbinden, hat sich die »Compagnie Yeu-Continent« verschrieben. Inseln können eine besondere Art von Selbstbewusstsein hervorbringen.

Im Hafen geht es hoch her. Es ist Feiertag, Mariä Himmelfahrt ist heute auch in Frankreich, mit allen Begleiterscheinungen einer modernen Freizeitgesellschaft. Was Beine hat, ist auf dem Boot, es herrscht ein unguter Mix aus anpreschenden Schnellfähren, unter Segeln gemächlich einlaufenden Traditionsschiffen, kreuz- und quer schießenden Schlauchbooten und wirre Kreise drehenden Anglern. In der Enge der Einfahrt erzeugt das Hektik, bei der man die Augen nicht eine Sekunde vom Wasser lassen kann.

Ein Marinero wartet im Boot zwischen den mannshohen Steinmolen vor der schmalen Einfahrt, die zwei Schlauchbootskipper mit der lebhaften Diskussion erfüllen, wer denn nun als Erster von ihnen an die Tankpier darf. Ein Angler bleibt bei dem Versuch, sich durch den Wortwechsel hindurchzuschieben, stecken, während drei andere vorbeiwollen. Ich folge dem Marinero, der mich in die Gasse winkt – verflixt, ist das eng hier. Zwischen den Nussschalen steigt das Gefühl hoch, auf einem Sattelzug unterwegs zu sein, so winzig erscheinen mir die anderen auf dem Wasser. Zweimal rechts, dann liege ich längsseits neben einer Yacht. Geschafft.

Aber da irre ich mich. Im engen Inselhafen von Port-Joinville erlebe ich zum ersten Mal die Kunstfertigkeit französischer Marineros, an einem kurzen Steg zwanzig ankommende Yachten unterschiedlicher Längen so in ein Knäuel zu vertäuen, dass kein Blatt Papier mehr zwischen die Boote passt. Ob das morgen früh beim Aufbruch genauso geregelt vonstattengeht wie jetzt? Yacht auf Yacht kommt in den Hafen, und die Marineros schlichten eine nach der anderen hinein ins Päckchen – schließlich liegen vor *Levje* sieben Yachten. Und dahinter nochmals sieben. Und rechts drei. Und links drei. Eine respektable Leistung. Mir wird mulmig zumute: Ich kann nicht mehr, wie ich will. Kann nur noch das Beste hoffen, während das Wasser in der Marina fällt.

Ich lasse *Levje* im Pulk der Schiffe zurück und mache mich auf den Weg in die Stadt. Die Île d'Yeu ist nach der Île d'Oléron und der Île de Ré die dritte der Atlantikinseln. Sie ist nicht groß – mit einem Leihfahrrad brauche ich von der geschäftigen Hauptstadt Port-Joinville zwanzig Minuten, um jedes Ende der Insel erkundet zu haben. Doch es ist nicht nur die überschaubare Größe dieses Eilands, die mich entzückt. Der Anblick der Fahrzeuge, die sich gemächlich vor der Hafenpromenade drängen, beamt mich in die Siebzigerjahre zurück. Hier ist der Ort, an dem die letzten Citroën 2CV, die »Dyane« etwa, und der R4 in freier Wildbahn leben, als hätten sie alle sich auf dieser Insel in geheimnisvoller Weise verabredet, hier zu überdauern und auf heutige Karossen in französischer Manier würdevoll herabzuschauen.

Doch so klein die Île d'Yeu auch sein mag: Kaum bin ich eine Viertelstunde über Sandpisten durch die duftende Macchie der Insel gestrampelt, betrete ich eine andere Welt. Plötzlich stehe ich auf den Klippen der Westseite, ich lerne zum ersten Mal kennen, was Côte Sauvage, die »wilde Küste«, einer Insel bedeutet. Ich lasse mein Fahrrad Fahrrad sein und wandere die Klippen entlang, wo nichts und niemand ist, nur junge Möwen, deren Flaum die Wiese wie verblühter Löwenzahn überzieht. Die Westküste ist ein Ort der Winde. Kein Baum, kein Strauch kann sich hier festklammern, nur braune Flechten und bärtige Moose überziehen die verstreut liegenden Felsbuckel. Wo Schatten ist, wuchern Farne.

Und während ich auf dem Meer einen Segler beobachte, der auf die Küste zuhält, stehe ich vor einem geheimnisvollen Bauwerk aus Felsen. Zwei senkrechte Felsplatten, auf denen eine dritte waagerecht liegt. Ein Dolmen. Ein von Menschen geschaffenes steinernes Haus aus seitlich aufgerichteten Tragsteinen und einem Deckstein obendrauf.

Der Dolmen ist zwar klein, doch trotzdem zu groß, um die drei Steine mal eben an einem lauschigen Nachmittag wie einen Ikea-Stuhl zusammenzubauen. Wie schafft man es ohne Kran und nur mit Menschenkraft, den schweren Deckstein oben auf die Felsen zu legen? Selbst zwei durchtrainierte Fußballmannschaften würden an der Aufgabe scheitern, der glatte Stein würde sich einfach ihrem Griff entwinden. Ihre Kraft wäre nichts ohne eine Idee, ohne Werkzeug, wie man ihn bewegen könnte.

Ich stehe vor einem Rätsel. Die Dolmen der Insel Yeu wurden mitten in der Steinzeit errichtet, lese ich auf einem Schild, als am Nil und am Euphrat Menschen erste Städte gründeten und zu lernen begannen, wie man es in größeren Gemeinschaften miteinander aushält. Es gab noch keine Schrift. Das Rad war nicht erfunden, Kupfer, Bronze, Eisen waren unbekannt.

Ich radle weiter in den Norden der Insel, vorbei am verlassenen Flugplatz zum Sandstrand. Wieder die Steine, diesmal sind es mehrere senkrechte, auf denen zwei große Felsplatten liegen. Die waagerechten Steine scheinen zu schweben, sie sind ihres Gewichts beraubt. Was ist das: ein Kunstwerk? Ein Kultplatz?

Groß mussten die Schwierigkeiten gewesen sein, die mit der Errichtung eines Dolmens verbunden waren. In der Umgebung dieses Strandes mussten geeignete Felsen gefunden werden. Mit einfachem Werkzeug hatte man diese dann aus ihrer Umgebung herausgebrochen. Sie vermutlich auf Baumstämmen teilweise über Kilometer herangewälzt. Dann ging es ans Aufrichten der Steine. Man konnte sie nicht einfach planlos auf dem Sandboden aufstellen, sondern man musste sie so im Boden verkeilen, damit sie nicht in sich zusammenfielen wie ein Kartenhaus. Und dann das größte Rätsel: Die seitlichen Steine waren nicht irgendwie verbuddelt, sondern sie sind exakt so vermessen worden, dass die unebene Unterseite des schweren Decksteins nicht nur wackelnd auf zweien zu liegen kam, sondern auf allen Seitensteinen wie auf Hauswänden stabil ruhte. Wie viel Kunstfertigkeit gehört dazu, den schweren Deckstein über eine eigens dafür aus Erde errichtete Rampe nach oben zu wälzen? Und genau in die errechnete Position zu bringen? Zuletzt kleidete man den Dolmen mit kleineren Findlingen ein und bedeckte ihn so mit Erdreich, dass nur ein Hügel am Meer sichtbar war, der das Geheimnis in seinem Inneren behütete, das Grablegen waren.

In ihnen gab man einem Verstorbenen das Beste mit auf den Weg, was die Gemeinschaft besaß: Schaber aus Feuerstein. Klingen. Stechahlen. Gewichte, um ein Fischernetz waagerecht in der Strömung einer Bucht treiben zu lassen, um Fische hineinzuscheuchen. Die kostbaren Zähne eines Pottwals, des größten Wals, der Zähne besitzt. War man damals überhaupt in der Lage, Wale zu jagen? Hier hatte eine Gemeinschaft an

Ausrüstung hinterlassen, was einer für die lange Reise in die Anderwelt und das Leben dort benötigte.

Dolmen: Sie überziehen Europas Meeresküsten und reichen von Schweden und Dänemark nach Deutschland und weiter über Irland nach England, um Frankreich, Spanien und Portugal herum. War hier eine erste europäische Zivilisation am Werk? Gab es lange vor uns schon etwas – Wissen, Können oder Glauben –, das die Menschen über weite Strecken Europas miteinander verband? Etwas, das sie alle teilten?

Von den Kulturen, die entlang der Küsten Steine aufrichteten, ist wenig geblieben. Nur die Dolmen überdauerten, weil nachfolgende Generationen verlernt hatten, die Steine nur mit Muskelkraft zu bewegen. Sie waren ihnen zu schwer. Das Know-how, vor 6000 Jahren mühsam erlernt, verschwand mit der Zivilisation. Um Häuser zu bauen, begnügten sich nachfolgende Kulturen damit, die kleineren Findlinge aufzuklauben, mit denen die Dolmen einst verkleidet waren. Übrig blieb, was Menschen und Atlantikstürme in Jahrtausenden nicht klein bekamen: die schwebenden Steine. Und die Sagen, dass die, die sie errichtet hatten, Riesen gewesen sein mussten.

Auch das ist es, was mir die toten Steine erzählen: was wir einst lernten. Was wir einst konnten. Wozu wir in der Lage waren. Und was wir auch wieder verlernen, weil zu Zivilisation auch das Verlernen und Vergessen gehört, wenn Neues das Alte ablöst. Der Mensch ist ein ungeheuer neugieriges Wesen. So viel eine Gemeinschaft an Fähigkeiten neu erworben hat, so viel scheint sie im selben Moment auch wieder zu verlernen. Das war vor 6000 Jahren so wie auch heute.

Als in der Dämmerung der Wind auffrischt und der Himmel sich wie ein herbstlicher Sturmhimmel färbt, kehre ich zurück in den Hafen. Ich wüsste zu gerne mehr über das Volk, das die Dolmen schuf.

Freitag, 17. August

Port-Joinville, Île d'Yeu. Der Gott des Chaos.

Am Morgen weht es unverändert mit 20 Knoten über die Insel und über das Päckchen dicht gedrängter Segelboote, das die Marineros von Port-Joinville gestern so perfekt geschnürt hatten. Doch gestern war gestern, und heute ist heute.

Der Gott, der zuständig ist für Chaos, hat heute Morgen beschlossen, kurz in Port-Joinville vorbeizuschauen. Am frühen Morgen äußern ausgerechnet die beiden innen am Steg liegenden Skipper den Wunsch, ablegen zu wollen, und das sogleich. Doch zunächst schenkt den wackeren Seeleuten niemand Gehör – es ist ja erst kurz nach sieben. Dann gibt es nach und nach erst schlaftrunkene, dann ratlose Blicke von den anderen neunzehn Booten. Doch nur für einen kurzen Moment, denn dann bläst der Gott des Chaos ins Horn und in die Köpfe aller Beteiligten Fragen unterschiedlichster Couleur: »Wie ablegen?« – »Wohin ablegen?« – »Was ist denn dann mein neuer Liegeplatz?« Zehn Handfunkgeräte preien gleichzeitig das Marinabüro auf Kanal 9 an, um nach einem neuen Liegeplatz zu fragen, während sieben andere Skipper hierfür ihr Handy zücken, um die einzige Marina-Angestellte an diesem Morgen nicht mit einem sinnlosen Funkspruch, sondern mit ihrem Anruf zu beglücken.

Ganz außen werfen die Ersten schon mal die Leinen los,

erinnern sich aber dann doch an Landstromkabel und Leinenverbindungen, während die ganz innen schon mal nachdrücklich ihre Motoren aufheulen lassen, obwohl in der nächsten halben Stunde an ihr Ablegen überhaupt nicht zu denken ist.

Der Gott des Chaos klatscht begeistert in die Hände und lässt die Windmesser auf über 20 Knoten schnellen. Drei Yachten driften hilflos in der engen Gasse auf andere Hafenlieger zu und wissen nicht recht, wohin mit sich und dem schönen Tag. Wieder andere werfen die Leinen los und geben erst mal Gas, frei nach dem Motto »Meine Droge heißt Speed«, dann donnern sie hinein in die enge Gasse zu den hilflosen drei Yachten. Die Gattin meines Nachbarn zur Rechten verweigert sich laut und deutlich der Bitte ihres lieben Mannes und Skippers, sofort abzulegen, obwohl er erst meinen Ableger abwarten müsste.

Doch von derlei störenden Details lässt sich Madame nicht beeindrucken, sie sorgt sich um die Sicherheit ihrer Brut und widersetzt sich bockig. Solange er kein neues Nest in Form eines neuen Liegeplatzes für sie und das grazile Töchterlein vorweisen könne, habe er zu bleiben. Monsieur rollt nur mit den Augen.

Ich bitte ihn, mir beim geordneten Ablegen zu helfen, worauf der seine versierteste Kraft an Deck auswählt und ebendiese grazile zehnjährige Tochter an meinen Festmacher stellt. Monsieur ist ein erfahrener Mann, er kennt alle Wetter und weiß, dass er Kopf und Hände nun frei haben muss für die verbalen Manöver von Madame. Das Töchterlein bleibt sich selbst überlassen, wenigstens ist sie folgsam und macht, was Papa sagt. Augenblicklich wirft sie meinen Festmacher los, während *Levje* mit Quer- und Heckleinen noch festhängt. Als sie ihr Missgeschick bemerkt, schlingt sie den groben Festmacher dreimal um ihr zartes Handgelenk und hält so *Levjes* siebeneinhalb Tonnen bei 15 Knoten Seitenwind in der Hand. Ich brülle »Loswerfen«, bevor sie sich verletzt. Wieder ist sie folgsam und lässt sogleich meine acht Meter Festmacher aus ihrer zarten Hand willig ins Wasser rauschen. Mein Heck hängt weiterhin fest, mein Boot vertreibt im Wind.

Der Gott des Chaos ist jetzt voll im Saft, ich spüre seine Blicke auf mir ruhen, wie er mir grimmig flüstert: »Nun zeig mal, Bürschlein, was du wirklich draufhast. Du wolltest doch einhand über die Meere ziehen.« Ich habe keine Zeit zum Nachdenken. Ich muss erst mein Heck frei bekommen und dort loswerfen, rückwärts entschieden Gas geben, gleichzeitig nach vorne rennen und den Festmacher reinholen. Wenn der jetzt wie vor Ibiza in meinen Propeller kommt … Doch alles klappt, ohne in der Enge ein Boot zu rammen. Ein Wunder. Ich kann *Levje* in der Gasse abfangen, hart Ruder legen, meinen Bug in den Wind drehen. Und wohin jetzt?

Ich steuere mein Schiff langsam die Gasse entlang, während links und rechts Yachten an mir vorbeischießen und nur eines wollen: raus. Raus aus diesem Durcheinander, koste es, was es wolle. Der Gott des Chaos reibt sich feist die Hände, nicht nur Madame und Monsieur bereiten ihm Minuten unvergesslicher Heiterkeit. Monsieur steuert sein Boot mit hoher Geschwindigkeit von hinten fast auf *Levje* drauf, was Madame einen Schrei entlockt, der meinen Nachbarn in Aktion versetzt und den Gashebel nach hinten auf den Tisch legen lässt. Egal, ich nehme eine der freien Boxen links, während wieder ein anderer knapp vorbei Richtung Ausgang prescht. Der Gott des Chaos bringt Panik und Fluchtreflexe in Skipper-Hirnen zum Schwellen. Die Marineros scheinen den Gott des Chaos jedoch zu kennen. Sie, die gestern noch wie Magier diesen gordischen Knoten im Hafen geflochten haben, beobachten von ihren Booten aus sicherer Distanz das muntere Treiben. Sie sind machtlos, dennoch bereit, um einzugreifen, wenn aus dem großen Spaß Ernst werden sollte.

Endlich bin ich in einer Box. Während der Wind mich und

das Schiff Richtung Steg drückt, mühen sich zwei andere Nachbarn, genau dort meine Bugleinen zu belegen, wo der Wind uns hinschiebt, als wäre dies das Mittel der Wahl, *Levje* vom scharfkantigen Steg abzuhalten. Ich brülle abermals: »Loslassen«, doch die Männer verstehen mich nicht. Dann muss es anders gehen. Ich lasse den Motor rückwärtslaufen, während die Männer vorne alles geben und *Levje* auf die Stahlkante des Steges ziehen. Ich springe von Deck, fixiere in Windeseile die Heckleine, springe wieder an Deck und nehme das Gas raus. Das reicht, um das Schiff davor zu bewahren, auf den Steg zu knallen; die Spring muss warten. Als auch sie fest ist, mache ich eine Bestandsaufnahme, während es hinter mir in der Gasse immer noch kocht und brodelt: Boot fest. Bruch vermieden. Alles gut.

Ach was. Ich fahre heute nicht los. Ich bleibe noch auf der Îsle d'Yeu, wo es gerade so schön ist. Vielleicht besuche ich die Bäckerin mit ihrem knallorangen Wellblech-Oldtimer und hol mir ein Baguette und ein Pain au Chocolat, um dem Gott des Chaos den Finger zu zeigen. Und ihn aus dem Hafen von Port-Joinville zu scheuchen. Wenigstens für heute.

Samstag, 18. August

An den Ufern der Loire. Atlantiksegeln.

Die Sonne geht auf. Ein rot leuchtender Punkt, der hinter dem Horizont erscheint und meine Koje in tiefes Orange taucht. Ein leises Geplätscher vorbeifließender Wellen wie von einem Bachlauf. Ein gemächliches Klappern vom Mast her. Ein Schweben, ein Eintauchen. Ein Neigen. Der Flossenschlag eines Fisches und das leise Murmeln in Orange unter *Levjes* Bauch.

Als ich den Kopf aus dem Niedergang stecke, sind das Land und die Mündung der Loire nur ein zarter Strich in der Weite eines leeren Blatt Papiers. Das Land wirkt verloren zwischen Wasser und Himmel. *Levje* wiegt sich sacht auf der spiegelnden Fläche der Bucht, in die gestern Abend der Anker fiel. Die aufgehende Sonne sieht von hier so ganz anders aus als in meinem kleinen Dorf vor den Bergen. Dort leuchtet sie mächtig hinter den Bäumen. Hier draußen scheint mir alles so zerbrechlich, obwohl es eigentlich ich sein müsste, der sich zerbrechlich fühlt in der Weite des Meeres. Zerbrechlich scheint mir der zarte Strich am Ufer, der Europa ist. Zerbrechlich erscheint mir aber auch das Meer, trotz seiner Wildheit, seiner Größe, seiner Unberechenbarkeit, auf dem ich seit Monaten segle. Es sollte mir alles andere als das erscheinen, doch das tut es nicht.

Gestern bin ich von der Île d'Yeu zur Loire-Mündung heraufgesegelt. Der Wetterbericht verhieß nicht unbedingt einen idealen Segeltag. Wind aus Nord, genau von dort, wo ich hinwollte. Mit 15 bis 20 Knoten, am Spätnachmittag darüber. Bis Mittag leichter Strom, ebenfalls aus Nord. Beides würde meine Reise verlangsamen, ich würde fünfzehn Stunden brauchen bis zur Loire-Mündung. Sollte ich nicht lieber noch einen Tag in einer der felsigen Buchten auf der Île d'Yeu ankern und dort faulenzen? Es war meine bretonische Bootsnachbarin mit dem unvergleichlichen Vornamen Siseguine, die am Morgen sagte: »Weißt du, hier bei uns weht es immer von Norden. Davon darfst du dich nicht abhalten lassen.« Siseguine. Sie brachte mich auf den Weg wie die weise Sigune den Parzival. Ich beschloss, die Nase aus dem Hafen zu stecken und mal zu versuchen, wie es sich anfühlte, gegen Wind und Strom nach Norden zu segeln.

Nach all den Jahren fühle ich mich immer noch wie ein Anfänger. Ich wollte immer perfekt sein in dem, wie ich mein Schiff handhabe, und fühle mich, je länger ich segle, jeden Tag weiter davon entfernt. Das Gefühl, nie ausgelernt zu haben hier draußen, ist gut, aus vielerlei Gründen, aber als Lebensgefühl nicht eben angenehm. Wir alle wären gern souverän. Die richtige Balance zwischen beidem zu finden, die richtige Haltung, das kann eine lebenslange Aufgabe sein. Und es wäre kein umsonst gelebtes Leben, nur dies zu üben.

Ich mache jeden Tag Fehler. Vor dem Hafenbecken der Île d'Yeu kreisend, hatte ich voller Erwartung *Levjes* Großsegel gesetzt. Doch kaum unterwegs, finde ich nichts als wirres Wellendurcheinander und ein bisschen Wind, mal von hier, mal von da. Die Segel ziehen nicht. Mein Schiff eiert wild hin und her, ich taumele im schwankenden Cockpit. Einen kurzen Moment denke ich daran, ob ich jetzt nicht doch lieber zwischen grauen Anzügen in die eisigen Ledersitze des Businessfliegers München–Hamburg geklemmt säße. Nein, keine zehn Pferde brächten mich jemals wieder dorthin zurück. Lieber hier draußen.

»Jammer nicht rum. Tu was. Du siehst doch, dass Segeln hier nicht geht, weil der Grund vor der Insel ansteigt und alle möglichen Wellen erzeugt.« Also erst mal raus aus dem Gewirr, dahin, wo der Wind stärker ist als die wirren Wellen. Zweieinhalb Meilen weiter nördlich ist er da, der Wind. Aus Nord. Die Wellen nehmen ein gleichmäßiges Muster an. *Levjes* Segel beginnen zu ziehen. Ich kann immerhin nun nach Westen segeln. Das ist doch schon was. Ich muss jetzt nur noch irgendwie den richtigen Dreh nach Norden finden. Gegen den Wind.

Ich versuche mein Glück mit einer Wende. Wir sind noch nicht ganz in Form, mein Schiff und ich, halten aber immerhin Kurs nach Nordost. Aber wenn ich die Segel richtig einstelle, kann es klappen. Perfekt, wir machen nun rasche Fahrt, laufen auf die Île de Noirmoutier in der Loire-Mündung zu. Wie dankbar war ich in diesem Augenblick, hier draußen zu sein, den Hafen verlassen zu haben.

Immer mehr kann ich an diesem Morgen erkennen, die Sonne konturiert die Welt. Ich verlasse meinen Platz im Cockpit. Hangle mich nach vorne bis zu den Wanten, halte mich dort fest, wo ich jetzt, da *Levje* stark auf der Seite liegt, den besten Überblick habe. Da liegt die große Brücke, die die flache Île de Noirmoutier mit dem Festland verbindet. Ich sehe die Wassertürme in der Ferne. Sonst ist die Insel nur Sand unter dürrem Gesträuch. Noirmoutier, der Name bedeutet »schwarzes Kloster«. Vielleicht heißt die Insel so, weil der heilige Philibert in der auseinanderbrechenden westlichen Welt des 6. Jahrhunderts auf dieser abgelegenen Insel ein Kloster gründete und Benediktiner in ihren schwarzen Kutten hier ansiedelte, als wollte er in der schützenden Abgeschiedenheit vor der Küste eine Insel mit einem Rest von Zivilisation erhalten.

Einen Augenblick hänge ich meinen Gedanken nach und überlege, ob ich nicht im Schutz der Insel im Osten ankern und mich auf die Spurensuche machen soll. Vielleicht finde ich ja noch etwas von Philiberts winzigem Bollwerk gegen den Irrsinn der Welt. Doch dann nehmen die Untiefen vor der Nordwestküste der Insel meine Aufmerksamkeit gefangen. Wie so oft ziehen sich Flachstellen und Untiefen bis weit hinaus vor die Küste. Mit bloßem Auge bei Tageslicht betrachtet, sieht alles wie eine einfach zu befahrende Wasseroberfläche aus, doch Dutzende auf der Seekarte vermerkte Wracks erzählen eine andere Geschichte. Kaum habe ich eine Sandbank passiert, erreiche ich die nächste Untiefe. *Les bœufs*, »die Rinder«, heißen sie. Vielleicht, weil ihre unter Wasser für mich unsichtbaren Erhebungen spitz wie Hörner aufragen? Um sie zu umfahren, folge ich ein Stück einem Kurs, der in meiner Seekarte als *Chemin des bœufs* beschrieben ist, als »Weg der Rinder«. Kein Zweifel: In Namen wie diesen haben mir Seeleute, die sich schon immer entlang der Insel Noirmoutier mit der Mühsal des Nordwinds plagten, ihre Message getwittert, wo es hier langgeht.

Kaum sind wir zwischen den *bœufs* durch, dreht der Wind auf West und frischt auf. *Levje* fliegt nun mit sieben Knoten hoch am Wind dahin, es geht nicht mit rechten Dingen zu. Es ist wohl auch der Strom, der uns in rascher Fahrt zur Mündung der Loire trägt. Inzwischen ist es siebzehn Uhr. Eigentlich könnte ich jetzt in den Hafen an der Nordspitze der Insel einlaufen, doch die freundliche Dame sagt mir, dass der Hafen wegen des langen Wochenendes schon recht voll sei. Es gäbe nur noch einen Platz im Päckchen für mich. Nein, das hatte ich gerade gehabt. Ich segle weiter nach Norden. Schon weit vor der eigentlichen Mündung erkenne ich den Fluss an der Färbung des Wassers, das jetzt tiefgrün ist. Ein eigenartig leuchtendes Grün, ich muss unweigerlich an die irisierende Augenfarbe einer Buchhändlerin denken, deren Grün nicht nur die

Kollegen ins Grübeln brachte, ob bei dieser Augenfarbe nicht Kunst der Natur nachgeholfen hätte.

Die Mündung der Loire: Sie ist auch Verkehrsweg und Liegeplatz für die Großschifffahrt. Weit draußen sehe ich Frachter liegen, während von rechts ein Tanker auf uns zukommt. Der Wind ist gut, fast zu viel, ich sollte längst die Segelfläche verkleinern. Doch ich will jetzt nicht das schnelle Dahinrauschen nach Norden unterbrechen, die Sonne steht schon tief, gleich haben wir die rote Tonne erreicht, die das nördliche Ende des Schifffahrtswegs markiert. Da liegt die Bucht, in der ich ankern will.

Aber auch das ist eine Lektion, die das Meer mir, der sich nicht erziehen ließ, jeden Tag verpasst: Das Leben ist kein Ponyhof, nach Wunsch geht hier gar nichts. Der Wind frischt, wie vorhergesagt, am Abend auf und dreht zurück auf Nord. Ich kann meinen Kurs nicht mehr halten, muss aufkreuzen, mich in einem mühevollen Zickzackkurs gegen den Wind annähern. Mein Ziel, die Bucht von Pornichet am Nordufer der Loire-Mündung, ist zwar zum Greifen nah, doch ein Kranz von Inselchen, Riffen und Untiefen schirmt sie wie eine Bojenkette nach Süden ab. Es gibt nur zwei passable Einfahrten hindurch. Die Ebbe ist längst vorbei, vielleicht könnte ich ja durch eine der Engen schlüpfen?

Aber eine Seekarte ist in Flussmündungen nie verlässlich, ich möchte in dem mir unbekannten Gewässer nichts riskieren. Also noch eine Stunde mühsames Aufkreuzen vor den Untiefen, dann habe ich die mit zwei dürren Bojen markierte Einfahrt vor mir. Ich suche mir, während die Sonne untergeht, meinen Ankerplatz in der weiten Bucht. Noch wirft der Wind Wellen in der Bucht auf, aber das macht nichts. Mag *Levje* noch wild am Anker schaukeln, in zwei Stunden soll der Wind vorbei sein – aber da schlafe ich sicher tief und fest.

Und Siseguine: Die hat recht gehabt. Ein bisschen Gegenwind darf mich nicht abhalten rauszugehen.

Sonntag, 19. August

Saint-Nazaire. Im Bunker.

Ganz unverkennbar: Es ist Sonntag. Stille an Land. Doch am Himmel über der Loire-Mündung zischen Jagdflugzeuge der französischen Luftwaffe im Tiefflug, steigen in betörender Langsamkeit in die Senkrechte und malen die Farben »Bleu-Blanc-Rouge« der Trikolore in Rauchfahnen in den Himmel, bis sie weit über mir irgendwo verschwunden sind im unermesslichen Blau. 50 000 Zuschauer säumen die Strände in der Bucht von Pornichet, wo ich mit *Levje* ankere. Das Spektakel über dem Grande Plage, das die Flugschau der französischen Luftwaffe bietet, ist Amüsement für die ganze Familie; es geht den ganzen Tag über.

Schon am frühen Morgen sind die Straßen gesperrt. Männer in schwarzen Uniformen mit Maschinenpistolen bewachen jede Kreuzung. In den Hafen kommt keiner mehr rein und auch nicht raus. Die Anschläge von Paris und Nizza haben in Frankreich tiefe Spuren hinterlassen.

Ich gehe schnellen Schrittes Richtung Bahnhof. Ich möchte nach Saint-Nazaire, zum U-Boot-Bunker des Zweiten Weltkriegs. Zum ersten Mal auf dieser Reise treibt mich die Neugier, Spuren meines Großvaters zu finden. Vielleicht war er hier im Krieg gewesen, hatte als einfacher Maurer an dem Bauwerk am Hafen von Saint-Nazaire mitgearbeitet. Ich möchte mit meinen Augen sehen, was seine Augen einst sahen.

Aber erst mal fährt der Bus wegen der Flugschau nicht. Ich haste im Laufschritt direkt zum Bahnhof von Pornichet, nur um festzustellen, dass ich für den TGV, den Hochgeschwindigkeitszug, am Schalter kein Ticket lösen kann, weil sämtliche Plätze ausgebucht sind. Ich steige dann doch ein, als ein freundlicher Kontrolleur mich reinwinkt für die zehnminütige Bahnfahrt nach Saint-Nazaire.

Als ich dort ankomme, wirkt die Stadt wie ausgestorben. Ob französische Städte an einem Sonntagvormittag immer so leer sind? Oder sind die Einwohner von Saint-Nazaire nach Pornichet gefahren, um sich die Flugschau anzugucken? Ich irre durch die Stadt, kein Mensch weit und breit. Vor dem Hafen steht ein Dolmen, mit Graffiti beschmiert, ein Dobermann hebt sein Bein und pinkelt.

Am Ende der Rue du Dolmen liegt der U-Boot-Bunker vor mir am Meer. Alt und grau und böse, wie ein an diesem Ort verendetes Reptil, das es nicht mehr geschafft hat, zurück ins Meer zu kriechen, und wenige Meter davor einfach liegen blieb. Monströs. Er ist beeindruckend, wie das Böse beeindruckend ist, wenn es nur groß genug ist auf einer Leinwand und uns Schauder über den Rücken jagt.

Im Bunker schließe ich mich einer Führung durch das Gebäude an, als einziger Deutsche in einer Gruppe französischer Familien und nicht mehr ganz junger Paare. Unser Guide heißt Sébastien, er ist Ende zwanzig, hat ein offenes Gesicht, ein leises Lächeln. Er könnte Norweger sein mit dem blonden Haar, dem blonden Bart – nie ist ganz klar, was wir alles von unseren Ahnen in uns tragen. Doch Sébastien spricht jenes bildreiche Französisch, das keinen Zweifel aufkommen lässt, wo er aufgewachsen ist.

Über drei Fußballfelder lang sei der Bunker, erzählt Sébastien, als wir den hallenden Bau betreten, und eines breit. Kirchturmhoch. Um ihn zu bauen, hätte man knapp 500 000 Kubikmeter Beton an Ort und Stelle gerührt und vergossen. Das wären fast sechsundzwanzig Millionen prall gefüllte Eimer, die man in die gigantischen Holzschalungen kippte. Zeitweise arbeiteten auf der Baustelle bis zu 4000 Arbeiter, fährt Sébastien fort, nicht ohne eine Spur von Faszination für »sein« Bauwerk, während er vorausgeht. Angehörige der paramilitärischen Organisation Todt, die im Frieden erst Autobahnen und später im Krieg Bunker baute, hätten es errichtet. Maurer, wie mein Großvater einer war, später Zwangsarbeiter aus Spanien und Frankreich, inhaftierte spanische Republikaner nach dem Bürgerkrieg, vor Hitler nach Frankreich geflohene Juden und Oppositionelle, Häftlinge aus Internierungslagern. Aber auch Franzosen, Einheimische, die als Freiwillige auf der Baustelle mitarbeiteten. Sie schufteten rund um die Uhr in Zwölf-Stunden-Schichten, von jeweils sieben bis sieben. Der Bunker, sagt Sébastien, wurde fertiggestellt in nicht einmal achtzehn Monaten. Er wurde gebaut, um den Tod aufs Meer zu bringen. Um U-Boote zu warten, zu reparieren. Um sie auszurüsten, damit sie das Meer zum Schlachtfeld machen konnten.

Sébastien erzählt weiter. Von der riesigen Baustelle, die gleich nach der Besetzung Frankreichs durch *les Allemands* in der damaligen Stadtmitte errichtet wurde. Von den Stadtvierteln, die weichen mussten. Wo denn die Arbeiter alle geschlafen hätten, fragt ein Mann. Wo konnte man in so kurzer Zeit so viele Menschen unterbringen? Sébastien ist sich da nicht so sicher. Auf der Baustelle. Und sicher auch in Privatquartieren. Ich stelle mir meinen Großvater vor. Ein einfacher Mann aus dem Schwäbischen, den sie im Dorf den Urle nannten, weil er Ulrich hieß. Ich weiß nicht, wie er in die Organisation Todt geraten war. Ich nehme an, als Maurer war er anstelle des Wehrdiensts dienstverpflichtet worden. Plötzlich steht mein Großvater vor mir, sein Bild wird lebendig, ein kleiner geduldiger Mann. Es passte zu ihm, eher in etwas hineinzugeraten, er war im Leben kein Aktivist.

Sébastien gibt nun weiteres Wissen preis, er berichtet von den U-Booten, den Torpedos, wie die gesamte Ausrüstung in Güterzügen direkt in die Halle und an die Piers mit den Unterseebooten herangekarrt wurde. Von der perfekten Maschinerie. Von der Brotbäckerei für die U-Boot-Besatzungen über die Krankenabteilung zur Erstversorgung Verwundeter bis hin zum Lager mit allem, was man zur Wartung eines Unterseeboots brauchte.

Wenn er vom Bunker und seiner Technik erzählt, wird spürbar, dass auch ihn das Monströse nicht kaltlässt, er, ein Franzose, kommt wie seine Zuhörer nicht umhin, von all dem Gigantismus fasziniert zu sein. Die dreieinhalb Meter dicken Stahlbetondecken seien so stark gewesen, dass alliierte Bombardements wirkungslos blieben. Selbst als mit Kriegseintritt der USA Material in ungeahnten Mengen zur Verfügung stand und Bomben vom Gewicht eines Sattelzugs auf das Dach geworfen wurden, konnten die dem Gebäude nichts anhaben. Auch Dauerbombardements machten ihm nichts aus. Doch Saint-Nazaires Zivilbevölkerung zahlte den Preis für den alliierten Bombenhagel. Nicht anders war es in Brest, in La Rochelle, in Lorient, in Royan.

Ich sehe an der Wand die alten Poller, an denen die U-Boote vertäut waren, sie rosten im Beton vor sich hin. Als die Boote, die rausfuhren, im Atlantik versenkt wurden und nicht mehr zurückkehrten, als sich das Blatt wendete mit der Landung der Alliierten, wurden die Besatzer zu Belagerten – und der Bunker zur Festung. Er war nun eine Kleinstadt, in der die Deutschen geschützt waren bis zur Kapitulation, während die Zivilbevölkerung weiter unter den Angriffen litt, wenn sie es nicht rechtzeitig aus der belagerten Stadt herausgeschafft hatte.

Ob denn wahr wäre, dass die Résistance dafür gesorgt hätte, das Bauwerk zu schwächen, indem man bei seiner Errichtung ungeeignetes Material dem Zement hinzugefügt hätte, möchte ein älterer Herr wissen. Davon sei ihm nichts bekannt, antwortet Sébastien höflich. Ich komme angesichts der schieren Menge an Material ins Grübeln. Hatten die Deutschen das alles allein geschafft, hatten sie alles aus Deutschland herangekarrt, um es hier zu verbauen? In Royan hatte ich gelesen, dass an den 8119 Bunkern des Atlantikwalls über 3000 französische Firmen mitgearbeitet hätten. Ob das stimmte? Nach 1945 sprach man in Frankreich ebenso wenig über die eigene Beteiligung am Zweiten Weltkrieg wie in Deutschland. In Frankreich bestimmte das Bild von »La Libération« die öffentliche Meinung, nach der ein von Besatzern unterdrücktes Gemeinwesen »befreit« wurde. Kollaborateure gab es, doch die erschoss man unmittelbar nach der Libération standrechtlich, demütigte sie öffentlich oder stellte sie vor Gericht. Erledigt also. Doch wie tief die Gesellschaft gespalten war zwischen denen, die ablehnten, was geschah, und denen, die Partei ergriffen oder gar das Feuer geschürt hatten, ist wenig beleuchtet. Dabei ist es genau dieser Riss, der jetzt wieder dafür sorgt, Gesellschaften in Europa zu spalten.

An den Betonwänden lese ich alte Inschriften der Besatzer. Hier und dort ein Kürzel. »3. U-Fl.« für die 3. U-Boot-Flottilie, für die das Gebäude errichtet worden und die keine drei Jahre hier beheimatet war. Verblassende Verbote, die Zeichen des Unheils an der Wand, die eine Hand dort hinterlassen hatte.

Sébastien erklärt nun, wie das mit dem Bunker weiterging. Dass man nach dem Krieg versuchte, das Gebäude zu sprengen. Doch wie die Bomben versagte nun der Sprengstoff. Oder er hätte die Stadt im Wiederaufbau in Mitleidenschaft gezogen. Man wusste nicht, was man mit den Monstern, die in Brest, in La Rochelle, in Lorient und Saint-Nazaire herumstanden, anfangen sollte. Es für die eigenen U-Boote nutzen? Es als Werft, als Lager, als Fabrik einsetzen? Von allem etwas. Doch die Hauptfrage war: Welche Rolle sollte nach dem Wiederaufbau der Stadt das Trumm mitten im Stadtzentrum spielen?

Für Saint-Nazaire war der Bunker Bestandteil der Stadt und ihrer Geschichte. Er sollte sichtbar ins neue städtebauliche Konzept integriert werden. Als Ort von gleich drei Museen. Als Ausstellungsfläche. Als Kunstobjekt und Heimat für Cafés und Bistros und Events. Ein guter Ansatz. Die Museen sind entstanden, sie zeigen Saint-Nazaire in bestem Licht. Der Flughafen Berlin-Tempelhof hat symbolisch einen ausgedienten Radar-Dom beigesteuert. Er steht heute auf dem Dach des Bunkers, ein Tempel für moderne Kunst.

Doch der Versuch der Integration ins Stadtbild ist schwierig. Saint-Nazaire wirkt an diesem Sonntag im August wie ausgestorben. Auch der Bunker liegt verlassen, bis auf die Spaziergänger, die die herrliche Aussicht übers Meer vom Dach genießen – und das kleine Häuflein, das sich um den blonden jungen Mann mit Namen Sébastien schart. Es ist nun mal nicht so einfach, »alt und grau und böse« ins Bild einer Stadt zu integrieren. Noch schwerer ist es, die Dinge, wie sie waren, ins Gedächtnis zu integrieren. Als Franzose. Aber vor allem als Deutscher. Ich denke an meinen Großvater. Er hatte nur einmal konkret vom Krieg gesprochen, ein einziges Mal, über eine Insel im Kanal, über Guernsey. Ich sehe später auf der Seekarte nach. Guernsey liegt auf meinem Weg. Ich bin sicher, dort weitere Spuren zu finden, was er im Krieg gemacht hatte.

Dienstag, 21. August

Quiberon. Wann ist ein Leben gescheitert?

Wenn er irgendwo zu Hause ist, der bretonische Bilderbuchsommer, dann ist er es hier an der Südküste, vor der Halbinsel Quiberon, die wie ein sandiger Sporn ins Meer ragt. Der Tag ist warm, von der Loire-Mündung, hinter der die Bretagne beginnt, segle ich langsam herauf. Fast ist es ein vertrautes Revier, wie die Seen Oberbayerns. Ein träges, spätsommerliches Binnen-Segeln in einer leichten Brise schiebt die unzähligen Nachmittagssegler sacht durchs Wasser, kaum dass sie krängen. Tatsächlich gleicht der Abschnitt zwischen dem Golf von Morbihan im Norden, Quiberon im Westen und den Inseln östlich der Belle-Île fast einem Binnengewässer. An diesem Sommertag scheint alle bretonische Wildheit verflogen, *Levje* gleitet gemächlich auf dem Wasser dahin, alles Müssen und Wollen ist vergessen, als hätten die anderen Sonntagssegler mein Schiff und mich angesteckt.

Am frühen Nachmittag habe ich mein Ziel, den Hafen von Port-Haliguen vor der Südspitze der Halbinsel Quiberon, vor mir. Zwei, drei Yachten ankern südlich vor dem Sandstrand, es ist noch früh am Tag, was soll ich schon drin im Hafen, lieber schaue ich vom Wasser aus dem Treiben am Sandstrand zu. Hinter einer der Yachten, die neben einer Untiefentonne liegt, berge ich die Segel und bleibe liegen. Zwei Männer und eine

Frau sitzen entspannt im Cockpit und plaudern. Verstreut über den langen Sandstrand sonnen sich Urlauber, doch ins Wasser wagt sich keiner. Nur ein Stand-up-Paddler bewegt sein Board erhaben wie ein Pharao über die gleißende und glitzernde Wasserfläche. Ob es die Temperatur ist? Oder die Strömung? Warum wohl kaum einer im Wasser ist?

Die Versuchung ist groß, hier draußen vor dem Hafen die Nacht zu verbringen. Doch ich bin wegen des Hotels hier, das an der Südspitze Quiberons vor dem gleichnamigen Städtchen liegt. Nein, heute nicht. Ich steuere *Levje* in den weitläufigen Hafen von Port-Haliguen.

Kaum festgemacht, wandere ich den Pfad am langen Strand entlang südwärts. Die Yacht ankert noch immer neben der Untiefentonne, ich beobachte sie, wie sie in der Strömung liegt. Nach einigen Monaten auf See kann ich nicht anders, als mir alle Details einzuprägen. Wie ein Schiff auf dem Wasser liegt. Wie es sich in Wind und Strömung verhält. Wie der Skipper die Leinen aufgeschossen und seine Segel aufgetucht hat. Ein Boot kann wie ein Buch sein, das Rückschlüsse auf Charakter und Eigenarten eines Skippers zulässt. Ein wenig werde ich wie die Helden meiner Segelbücher, wie Captain Jack Aubrey starre ich sehnsuchtsvoll aufs Wasser, bloß sein Messingfernrohr fehlt mir noch.

Ich folge weiter dem Weg. Eine kleine Pyramide, die daran erinnert, dass sich an diesem Strand die letzten Reste Aufständischer gegen die Französische Revolution einem jungen General mit wehender Mähne ergeben hatten. Sie hatten die Zusicherung erhalten, frei abziehen zu dürfen. Dass die Männer und Frauen danach noch am Strand erschossen wurden, erzählt die Tafel nicht. Ein Stück weit hinter dem Kap, wo der Pfad scharf nach Westen abbiegt, habe ich die Landzunge mit den kleinen bretonischen Katen der Fischer vor mir. Und das Hotel, dessentwegen ich hier bin, ein dreigeschossiger weißer

Flachbau aus Glas und weißem Beton. Elegante Linien und Fassadengevierte entlang der Felsküste.

Eigentlich bin ich kein Freund von Hotels, mein Beruf brachte es mit sich, dass ich zu viele Nächte in ihnen zubrachte. Sie sind mir zu eng, und damit meine ich nicht nur das Hotelzimmer. Das fängt schon bei der herzlichen Begrüßung an, als hätte man wochenlang nur auf mich gewartet. Wahrscheinlich bin ich das, was man einen schwierigen Gast nennt. Dennoch habe ich eine ausgeprägte Schwäche für gute Hotels. Solche, in denen der Espresso einen Tick besser ist als erwartet und der Service mich nicht zu einem Mitspieler in einer schlechten Inszenierung degradiert. Hotels, die meine Erwartung in den unscheinbaren Dingen übertreffen, so viel habe ich vom Leben begriffen, sind teuer. Doch einem Sundowner an der Bar eines teuren Hotels kann ich schlecht widerstehen. Ich kenne Hotelbars, in deren Fauteuils man gelassen den Untergang der Welt erwarten könnte, wenn es so weit wäre.

Das Hotel vor mir sieht aus, als wäre es so eines. Ein Ort, an dem sie die Regeln der unscheinbaren Dinge beherrschen. Ich betrete das Hotel durch die Lobby. Meine verblichene Hose, mein weißer Bart im sonnenverbrannten Gesicht unter den strubbeligen Haaren mit dem verbeulten Schlapphut – all das will nicht so recht zu rosafarbenen Polohemden und den teuren Automobilen passen, die vor dem Hotel parken. Als Alibi hänge ich mir sichtbar meine schwere Kamera um, während ich zielstrebig die Terrasse hinter der Blue Bar ansteure. Ich werde gemustert. »Wie kommt der denn hierher?« Teils ist es mir unangenehm, teils fühle ich mich wie Robert Redford in Kenia: wie einer, der wirklich draußen ist. Nicht zugehörig zu den hier Versammelten. Draußen aus dem Business. Draußen in der Natur. Einer, der offensichtlich nicht Geld macht, fragen die Blicke, aber dafür vielleicht in Kunst? »Muss man den kennen?« Doch kaum habe ich Platz genommen in einem der

Korbstühle auf der Terrasse, mit einem unglaublichen Blick auf die Felsen und den Strand und die untergehende Sonne, bin ich einer von ihnen, nicht mehr als ein Gast in einem Hotel.

Die Dinge sind dezent, auch dafür schätze ich diese Orte. Selbst der angedeutete weiße Holzzaun, nicht höher als eine Hand, der den Hotelrasen vom Strandweg trennt, ist nichts als eine weiße Markierung, die dennoch unübersehbar jedem Nicht-Berufenen »Halt« signalisiert.

Eine Sängerin im roten Abendkleid, nur begleitet von einer E-Gitarre. Ein typischer Bar-Song, doch die Sängerin trägt ihn so zeitlos vor, so schwebend, so unverwechselbar, dass ich lächeln muss. Lächeln, weil meine Erwartung an die unscheinbaren Dinge an diesem Ort übertroffen wird. Ein wenig hat die Sängerin etwas von ihr, von der Schauspielerin, von der Frau, die sich vor fast vierzig Jahren in diesem Hotel einquartierte. Es sollte ein Urlaub werden, vielmehr eine Art Entziehungskur. Doch es wurden nur drei Tage. Drei Tage in Quiberon. Und es war kein Urlaub. Die Zeit war eine andere. Und die Romy Schneider, die sich im März 1981 in diesem Gebäude einquartierte, war mit ihrem Leben an einen Endpunkt gelangt. Geboren in Wien, aufgewachsen in Österreich, ein Kinderstar des Nachkriegsfilms. Mehr konnten die Deutschen ihr nicht abgewinnen. Muttersprache und Vaterland konnten nichts mit ihr anfangen, selbst die jungen Wilden des neuen deutschen Films nicht. Deshalb war sie nach Frankreich geflohen, ausgerechnet hier war sie ein Star.

Es heißt, mit Mitte vierzig stürbe jeder zum ersten Mal. Einen kleinen Tod, eine Krise erleben, beruflich, gesundheitlich, das Ende einer Beziehung. Als Romy Schneider im März 1981 in Quiberon ankam, hatte sie von allem etwas im Gepäck. Sie trank und rauchte zu viel. Ihre Ehe war am Zerbrechen. Ein Sohn, ihr Halt, zu dem ihr die Beziehung zwischen den Fingern zerrann, den sie an ihren Mann zu verlieren drohte. Finanziell hintergangen, verfolgten Mahnschreiben der Steuerbehörden sie bis in dieses Hotel, unerfüllbare Forderungen.

Sie konnte nicht mehr. Sie hätte weiter Filme machen müssen, um Geld zu verdienen, wo sie doch nur eines war: am Ende. »*Rien ne va plus*« in einem Hotelzimmer in Quiberon.

Sie brauchte die Menschen wie eine Kerze, die sich selbst verzehrt, den Docht und das Wachs verbraucht, um zu strahlen. Auch jetzt, in der Krise dieses an Krisen nicht armen Lebens. Gibt es das Licht, wenn niemand es sieht? Um nicht allein zu sein, lud sie ihre Jugendfreundin ein, sie ins Hotel zu begleiten. Und zwei Journalisten, um ein Interview zu geben.

Und dann? In Quiberon spielte sich all das im Kleinen ab, was ihr Leben war. Sie konnte nicht mehr erkennen, was gut für sie war, wollte doch nur verzaubern und den Augenblick, den einen, auskosten bis zur Neige. Sie lebte nur im Augenblick – und der war so absolut, wie ihr Wesen es war. Augenblicke des Zusammenbruchs. Momente, über denen das sich selbst vergeudende Strahlen und Leuchten lag.

Manche Gesichter können nicht anders, als unverstellt zu spiegeln, was sich im Inneren abspielt. Andere wiederum hat ein hartes Schicksal dazu verdammt, ein Leuchten und Strahlen auf dem Gesicht zu tragen, sogar dann, wenn ihre Einsamkeit am größten ist und ihnen der Sinn nach nichts weniger steht, als genau dieses Strahlen über allem auszugießen und die Welt durch ihr bloßes Lächeln zu einem besseren Ort zu machen.

Ich schaue hinaus aufs Meer, hinüber zur Belle-Île, vor der ein Segler im Abendrot langsam nach Norden zieht, zum Leuchtturm von La Teignouse vor dem Kap, an dem ich entlangwanderte. Die Sängerin im roten Abendkleid hat ihren Song beendet. Doch niemand applaudiert unter den Gästen, keiner durchbricht die peinliche Stille, nachdem der Zauber verklungen und dem Stimmengewirr gewichen ist. Bis eine junge Frau am Nebentisch zu applaudieren beginnt. Ich falle ein, als hätten wir uns verabredet. Die junge Frau, eine Asiatin offensichtlich, applaudiert sanft, um den schlafenden Säugling vor ihrer Brust nicht zu wecken.

Ich denke an die Schauspielerin, die an diesem Ort war, lange vor mir. Es gibt ein Scheitern im Leben. Auch ein Scheitern an anderen. Doch zuallererst scheitern wir an uns selbst. Was würde die Schauspielerin heute sagen, wenn man sie fragen könnte, über ihre Krise in Quiberon? Was wäre ihre Antwort auf die Frage nach einem Neustart, wenn sie antworten könnte? Wenn sie nicht ein Jahr nach Quiberon tot an ihrem Schreibtisch gefunden worden wäre?

»Ich werde weiterleben – und richtig gut!« Selbst ihre Handschrift, mit der sie diese Worte in diesem Hotel hastig auf ein Blatt geworfen hatte, konnte nicht anders, als jene Leichtigkeit und Fröhlichkeit abzubilden, selbst dann, als ihr Lachen nur noch der Verzweiflung zu trotzen suchte.

Ich schaue hinaus aufs Meer. Plötzlich versinkt der Sandstrand im Nebel, der vom Nordwesten, von der Côte Sauvage herüberjagt. Eben war die Sonne noch da, doch jetzt fegen Nebelfetzen über die weißen Ferienhäuser. Die Sonne verschwimmt im Grau, das Licht wird fahl über dem Ort.

Zwei Songs weiter. Immer noch sind es nur wir zwei, die der Sängerin im roten Kleid applaudieren. Dann steht die junge Frau mit dem Säugling plötzlich hinter mir. Sie wolle sich bedanken, sagt sie. Sie würde Harfe und Querflöte spielen, sie wisse nur zu gut, dass ein Künstler darauf angewiesen sei, dass er gesehen, gehört wird. Was sei ein Musiker, dessen Lied nicht gehört werde? Sie wolle sich bei mir bedanken, dass ich sie unterstützt hätte. Dann verschwindet sie im Hotel.

Auch ich mache mich auf, verlasse die Hotelbar und gehe hinunter zum Strand, wo der Pfad zurück zum Hafen verläuft. Der Nebel hat sich verzogen, der Himmel ist wieder tiefblau. Die Nacht ist warm, während ich durch die Dämmerung unter den duftenden Nadelbäumen von Quiberon zurück zum Hafen von Port-Haliguen wandere. Wo die Yacht neben der Untiefentonne immer noch daliegt und in der Dünung ungeduldig schaukelt.

Nach dem Hotel könnte nur eines diesen Tag noch steigern: Ich hätte doch draußen schlafen sollen. Und nicht im Hafen.

Mittwoch, 22. August

Île de Groix. Ein Fahrradverleiher.
Und das Grab des Wikingers.

Immer wieder bleibe ich auf dieser Reise um Westeuropa an Inseln hängen. An Inseln wie Yeu oder Noirmoutier oder Groix, das vier Stunden nordwestlich von Quiberon liegt. Dahinter steckt nicht nur die Faszination, wenn Inseln sich spröde zeigen, abgelegen und einsam. Auf ihnen scheint die Zeit langsamer zu vergehen, anders als eine hippe Großstadt hinken sie der Moderne hinterher. Geschichte und Geschichten entdecke ich auf ihnen oft ursprünglicher als auf dem Festland, sie liegen an der Oberfläche und hauen mich manchmal um – als wären Inseln Orte, an denen sich all dies intensiver bewahrt. Wie das Schiff des Wikingers, dessen Reste ich auf der Île de Groix finde.

Ich komme am frühen Nachmittag im Hafen von Groix an. Pascal, der aussieht wie ein Student und hier der einzige Marinero ist, schießt in seinem Dinghi hin und her und hat alle Hände voll zu tun, die einlaufenden Boote wie ein Fluglotse in die drei Bereiche des engen Stadthafens zu dirigieren. Mit welcher Meisterschaft er dabei vorgeht, das soll ich erst am nächsten Abend vom Kai aus feststellen. Vorerst begnüge ich mich damit, dem Wasser beim Fallen zuzusehen, um irgendwann verwundert auf die beiden Ebenen des Stadthafens zu blicken, die bei meiner Ankunft noch eine Wasserfläche gewesen waren. Nun liegt der landwärtige Hafenteil mit all seinen Schiffen, die vor Stunden noch hineingefahren waren, zwei Meter höher als der untere Bereich. Wer oben rauswill, muss warten, bis die Flut ihm wieder den Weg aus dem Hafen ebnet.

Wenig später bummle ich zur Pier und leihe mir in einer kleinen Holzbude bei dem bärtigen Verleiher das letzte Fahrrad, das ich auf der Insel noch ergattern kann. Jean-Luc ist Mitte fünfzig und ein Mann wie ein Bär. Er sieht nicht nur aus wie ein bretonischer Fischer, er ist auch einer, und auf der Insel geboren ist er noch dazu. Das Leben hat ihn samt seinem breiten Lachen auf seiner Insel in eine Bretterbude gestellt, vor der er nun Fahrräder vermietet und Eis verkauft. Im Herzen ist Jean-Luc Seemann geblieben, von der Kunst der Navigation hat er selbst in seiner Bretterbude nichts verlernt, in der er breitbeinig steht wie im engen Steuerhaus seines Fischerboots. Auf Anhieb kann er mir ein Kreuz in die kleine Postkarte von Groix malen, wo sich das Grab des Wikingers befindet, nach dem ich suche.

Ich strample los zur Côte Sauvage. Obwohl Groix kleiner ist als die Île d'Yeu, entpuppt sich Radfahren als anstrengend. Vom Hafen geht es die Gassen steil bergauf, zwischen alten Mauern und Stadthäusern hindurch, die erzählen, wie die Fischerei die Insel einst wohlhabend gemacht hatte. Wie an vielen Orten der bretonischen Südküste hatten sich auch die Fischer auf der Île de Groix auf den Fang von Thunfischen spezialisiert, noch 1990, als ich zum ersten Mal die Bretagne besuchte, hatte ich am Festland gegenüber, in Lorient und Concarneau, jungen Fischern zugesehen, wie sie mit stolzem Lachen und breiter Brust die zwei, drei Meter langen Thunfische an Kränen aus den Bäuchen ihrer Trawler hievten. Vielleicht war auch Jean-Luc einer von ihnen gewesen, ich hätte ihn fragen sollen. Vom einstigen Reichtum durch diesen Fisch ist heute nichts mehr zu spüren. Es gibt keinen Thunfischfang mehr. Einzig in dem kleinen Heimatmuseum hinter dem Hafen erzählen Fischer in kehligem Bretonisch auf Video von alten Zeiten. Und dort, in dem kleinen Museum, zwischen Relikten des Thunfischfangs und bretonischem Leben, entdecke ich in einer Vitrine das Modell eines Grabhügels. Und auf einem Zettel die Geschichte eines Wikingers, den man neben einem zierlichen Skelett und einem Schiff in einem Hügel gefunden hatte. Ich will zu der Stelle, wo sich der Grabhügel befindet.

Meist verlasse ich mich bei meinen Landausflügen auf die elektronischen Karten in meinem Smartphone. Sie sind zuverlässig in der Großstadt, doch trügerisch im Gelände, nicht nur auf Groix. Als ich nach zwanzig Minuten hügelauf, hügelab auf der Westseite der Insel ankomme, entpuppt sich das, was in der Karte als »Viking Ship Grave« verzeichnet ist, als eingestürzter Dolmen. Doch ich habe ja die Postkarte, in die mir Jean-Luc ein Kreuz gemalt hat. Ich hätte es mir denken können: Als Seemann hatte er noch gelernt, anders als wir Smartphone-Benutzer, dass ein Ort nicht nur ein haltlos im Raum herumschwirrender Punkt ist, sondern einer, der durch einen anderen definiert ist: »Wo der lange Sandstrand im Osten an der Kaimauer endet« – sein schlichter Satz demonstrierte die Fähigkeit einer genauen Beschreibung.

Es ist die Stelle in der Bucht von Locmaria. Farne und Dornenhecken bedecken den Boden, wilde Himbeeren wuchern. Ich folge dem schmalen Pfad bis zu den Klippen, und unter den Dornenhecken ist eine schmale Erhebung erkennbar. Damals hatte das Meer den Grabhügel auf der Klippe bereits angenagt, nur darum hatte man die angekohlten Trümmer eines Wikingerschiffs und die zwei Skelette entdeckt. Das große Skelett rechts. Das zierliche links.

Der Ort war kein Zufall. Die Bucht ist voller Untiefen, ich sehe die Seezeichen, die ankernden Boote und beobachte eine Yacht bei dem Versuch, zwischen den Untiefen einen Weg bis vor den Strand zu finden. Ich sehe, wie sie abrupt stoppt und sich vorsichtig wieder rückwärts auf die freie See tastet – trotz Tiefenmessers. Wikinger beherrschen das ohne technische Hilfsmittel auf ihren Schiffen an einem Tag wie heute besser: Ein Mann mit scharfen Augen stand oben im Masttopp, er sah nicht nur den Grund unter sich, sondern auch den weiteren Umkreis. Er konnte den Ruderern einen Weg durch die Riffe weisen, um den geschützten Ankerplatz unmittelbar vor dem Sandstrand zu erreichen. Ich ahne, wie es vor tausend Jahren hier gewesen sein könnte. Die Bucht vor dem Sandstrand war der Ort, den die Wikinger auf ihrer Reise aufgesucht hatten. Dort war ihr Hafen gewesen, dort hatten sie gelagert, hatten sich der Plackerei unterzogen, das hölzerne Schiff mit dem Drachenkopf auf die Landzunge zu zerren, es mitsamt den Toten zu verbrennen und einen Hügel über der Asche erst aus Steinen, dann aus Erdreich zu errichten, wie man sie nur aus Skandinavien kennt. Doch was hatte sich unten in der Bucht von Groix abgespielt? Woher waren die Wikinger gekommen?

Das hölzerne Langschiff, in dem man die beiden Skelette gefunden hatte, war so groß wie *Levje*, so viel konnte man aus den gefundenen 800 Nieten, Bolzen und Nägeln, die das Schiff zusammengehalten hatten, errechnen. Seine Eichenplanken stammten von den Ufern der Loire. Der Mann im Boot war ein Anführer gewesen, einer, der Gold besessen und Gold gegeben hatte. Einer, der Dinge sein Eigentum nannte aus den unterschiedlichsten Regionen Europas. Den kleinen Ring aus Gold, der aus dem Osten Norwegens stammte, etwa 2000 Kilometer von Groix entfernt. Die kunstvoll verzierte Spitze einer Schwertscheide aus Bronze, die ein Handwerker 4000 Kilometer entfernt nahe der Insel Gotland gegossen hatte. Eine Gürtelschnalle, die Schmiede vermutlich in Haithabu, in der Nähe von Schleswig, hergestellt hatten. Eine Lanzenspitze mit Widerhaken, gehämmert auf einem Amboss irgendwo zwischen

Rhein und Weser, genauso wie die beiden Axtblätter. Die silberne Spitze eines ledernen Gürtels, fein mit nordischen Ornamenten ziseliert, hatte ein angelsächsischer Silberschmied irgendwo im südenglischen Königreich Wessex geschaffen. Ein weiterer Goldring war in der Hitze des Leichenbrands geschmolzen, doch ein feiner Rest verwies darauf, dass er irgendwo von der Gironde stammte. Ein gedrechselter Spielwürfel aus Elfenbein, das es so nur in Afrika oder Indien gab.

War der Mann an all diesen Orten gewesen? Hatte er auf seinen Reisen auch die Insel Groix besucht, hatte er hier kurz gelebt? Mit großer Sicherheit war er hier gestorben. Eine Wunde? Krankheit? Er war nicht sehr alt gewesen, ein Reisender unterwegs. Und ein Mann seiner Zeit, der sich zwischen den europäischen Nationen seiner Zeit bewegt hatte – den Franken im Osten, den Wikingern im Norden, dem Königreich Wessex, den Wikingern an der Loire-Mündung. Und selbst wenn er nicht an diesen Orten gewesen war, hatte er es verstanden, nicht nur die Strömungen des Meeres zu nutzen, sondern auch die des Handels, als es dieses Europa nach verbreiteter Vorstellung noch nicht gab. Wie so oft bin ich verblüfft, wie weit die Verbindungen reichten in einer Zeit, die uns heute oft als dunkel erscheint.

Was immer er im Leben gewesen war, ein Barbar aus einem namenlosen Kaff an der Küste Jütlands, ein gebildeter Händler aus Haithabu oder ein Krieger von den Ufern der Loire: Er war einer, der im 10. Jahrhundert die europäischen Küsten bereist und sich mit dem, was dieses damalige Europa zu bieten hatte, umgeben hatte – im Leben wie im Tod. Sein Pferd hatte man getötet und seinen Hund. Vielleicht hatte man ihm auch seine Lieblingssklavin mit auf die Reise in die Anderwelt geschickt – das zierliche Skelett an seiner Seite. Wohin er auch immer in klaren Momenten kurz vor seinem Tod geglaubt hatte zu gehen: nach Wallhall, wo die Krieger tafelten, oder in die Hölle des eisigen Niflheims – Europa und seine Reise hatten in seinem Leben ihre Spuren hinterlassen.

Als ich Jean-Luc am Abend das Fahrrad zurückgebe, schließt der bereits die Läden seiner Bretterbude. Ich hätte mit ihm gern noch länger geredet und ihn nach dem Grab befragt, doch er weiß nicht viel. Ich schlendere in der anbrechenden Dunkelheit entlang der alten Pier und bewundere die Kunstfertigkeit, mit der Pascal, der unscheinbare Marinero, die ankommenden Schiffe auf engstem Raum ins nördliche Becken des Hafens von Groix schichtet. Erst am nächsten Vormittag würde sich alles wieder entwirren, sobald auch nur der Erste sagt: »Ich möchte jetzt los.« Aber da wäre ich schon weiter. Ich will um sieben aufbrechen. Will unterwegs sein, dort, wo der nordwestliche Zipfel des Kontinents wie ein Pfannenstiel in den Atlantik ragt – nach Brest.

Freitag, 24. August, vormittags

Durch die Meerenge zwischen Pointe du Raz
und Île de Sein. Der Hexentanz.

Auf meine Reisen gehe ich eher unvorbereitet. Ich studiere den Winter über keine Seekarten, ich brüte nicht über Reiseberichten, ich male mir auch nicht die günstigste Route, die besten Häfen in Rot in die Karten. Und genauso wenig die gefährlichen Stellen. Im Grunde genommen brach ich in Sizilien auf mit nichts als dem groben Plan, für 2000 Seemeilen, knapp 4000 Kilometer, vier Monate Zeit zu haben. Ich würde pro Monat also 500 Seemeilen, fast 1000 Kilometer, entlang der Küste zurücklegen müssen, wollte ich die englische Südküste vor den ersten Herbststürmen erreichen. Mehr Planung hatte ich nicht. Selbst das Internet, das ich gelegentlich morgens über die vor mir liegende Wegstrecke befrage, liefert oft weniger Informationen als die Unterhaltung mit einem Skipper, der mir im Hafen erzählt, wie es ihm unterwegs ergangen war.

Diese Art des Reisens mag leichtsinnig sein. Zum Teil entspringt sie meinem Bedürfnis, mich überraschen zu lassen und nicht am Morgen schon zu wissen, wo ich am Abend mein Haupt betten werde. Zum anderen ist meine scheinbare Planlosigkeit jedoch Absicht: Mein Schiff mag modern sein und meine Wettervorhersagen überaus präziser als alles, was phönizische Steuerleute, nordische Schiffsführer oder Nelsons

Kapitäne gekannt hatten. Doch abgesehen davon, will ich diese Küsten buchstäblich er-fahren, wie sie diese Küsten erfuhren: wie einer, der zum ersten Mal hier unterwegs ist und sie zum ersten Mal bereist. Ich war aufgebrochen mit der Absicht, jeden Tag rauszufahren. Und zu segeln. Für Menschen mit größerem Sicherheitsbedürfnis mag das ein Albtraum sein. Auch ich komme gelegentlich mit meiner Art des Reisens nicht umhin zu sagen: »Heute hast du Schwein gehabt.« So wie heute.

Die Nacht habe ich vor dem langen Sandstrand von Audierne geankert, der schützend wie ein Arm um die weite Bucht liegt. Audierne erscheint mir an diesem Morgen wie der letzte Ort der Südbretagne, wo die milden Tage Quiberons endgültig in die Rauheit der wilden Nordwestküste übergehen. Doch der Strand von Audierne verzaubert, noch am Morgen überlege ich, zu bleiben und *Levje* dabei zuzusehen, wie Ebbe und Flut uns auf und ab tragen und den Anblick des Strandes verändern. Doch der Wetterbericht bläst solche Flausen aus meinem Kopf. Ein Tief wird die nächsten Tage starken Südwest bringen, und der würde mich gleich ein paar Tage hier festhalten. Sinnvoller erscheint es, heute weiterzureisen. Und am besten sofort, denn für den Nachmittag ist ein frischer Nordwest mit 20 bis 25 Knoten angekündigt. Will ich Pointe du Raz, das Kap voraus, bei akzeptablen Bedingungen und nicht bei Gegenwind umrunden, sollte ich los und machen, dass ich weiterkomme, so verlockend auch alles hier sein mag. Ab jetzt würde die Küste felsig werden, die nicht nur die Wetterseite einer vorgelagerten Insel bedeckt, sondern sich Hunderte Kilometer nach Norden und Osten erstreckt. Brest, der nächstgelegene Hafen, ist gut hundert Kilometer entfernt, und wenn Strömung und

Gezeiten mitspielen, sind das mindestens zehn Segelstunden, wenn nicht einige mehr.

Also stehe ich um acht Uhr morgens an Deck, hieve den schweren Anker aus dem sandigen Grund, setze das Großsegel und steuere *Levje* Richtung Westen. Es ist ein tiefgrauer Morgen, kabbelige See wirft mein Schiff hin und her. Zu hackig sind die Wellen, zu launenhaft bläst der Wind von der abweisenden Steilküste herunter, als dass ich gegen die Wellen ansegeln könnte. Als ich Pointe du Raz erreiche, sehe ich links die Île de Sein, die so verlockend im Morgenlicht leuchtet und mich an Merlin und die Hexen denken lässt, dass ich die Gegend nach einem Ankerplatz absuche. Ich hänge noch über der Seekarte, als sich mit einem Schlag die Bedingungen ändern. Die Instrumente scheinen plötzlich zu spinnen. Der Geschwindigkeitsmesser zeigt satte neun Knoten an – und das bei 15 Knoten Gegenwind. Ich verstehe die Welt nicht mehr. Was ist los? Doch was ich weiter vor mir erblicke, lässt meinen Puls in die Höhe schnellen. Brechende Wellen voraus! Auf meinem Kurs nach Norden, vor dem Leuchtturm von Tévennec, sehe ich schäumende Grundseen und Gischt, als würde ich auf Riffe und gefährliche Sandbänke zusteuern.

Eben noch von Merlin träumend, schrillt im Kopf die große rote Alarmglocke. Ich starre auf die Seekarte, während *Levje* weiter auf die brechenden Seen zuläuft. Sosehr ich auch die Karte absuche: Hier sind keine Untiefen verzeichnet. Und auch kein Riff. Ungläubig schaue ich erneut nach vorn. Kein Zweifel. Dort brechen große Wellen. Ist meine Position falsch? Hat die Elektronik einen Fehler? Mindestens zehnmal starre ich nach vorn und mindestens zwölfmal auf die Seekarte. Nein, alles ist richtig. Wir stehen südöstlich des Leuchtturms von Tévennec. Ich bin richtig.

Doch das Meer kocht, die Strömung treibt uns genau auf die brechenden Seen zu. Abermals ein Blick auf die elektronische

Seekarte. Sie gibt kund, dass uns in diesem Augenblick viereinhalb Knoten Strom durch die Meerenge zwischen der Felsküste und der Île de Sein schieben. Der Strom macht, dass wir mit achteinhalb, neun Knoten Geschwindigkeit trotz starken Gegenwinds dorthin schießen, wo sich die Wellen brechen. Selbst wenn ich es wollte und augenblicklich Ruder legen würde: Ich käme nur noch schwer hier raus. Gegen die starke Strömung würde ich mich nur Zentimeter für Zentimeter von den brechenden Seen wegbewegen.

Die Wellen kommen steiler von vorne an. Ich renne nach unten, um mein Steckschott zu holen. Sollten wir in den brechenden Wellen querschlagen oder eine der steilen Wellen das Cockpit wie eine Badewanne fluten, dann muss das Schiff verschlossen sein. Unter keinen Umständen darf Wasser von oben eindringen. Zur Sicherheit ziehe ich auch das Schiebeluk zu und springe sofort zurück hinters Steuer. In die Seen darf ich nicht unter Autopilot hinein. Ich muss selbst steuern, wenn ich mein Schiff heil durchbringen will. Ich muss ein Gefühl für mein Schiff haben, muss spüren, was es will.

Wieder rollt eine dieser ungewöhnlich hohen und steilen Wellen auf uns zu, überschlägt sich vor uns und hinterlässt einen Gischtteppich auf dem Wasser. *Levje* klettert aber einfach die Welle hinauf, um Bug voraus mit einem Krachen im Abhang der Welle aufzuschlagen und dann die Rückseite hinunterzusurfen. Da, die nächste Woge, abermals so ein steiles Ding, das frontal auf uns zukommt. Aus dem Augenwinkel sehe ich, wie sich das Schiebeluk wie von Geisterhand öffnet, als hätten die Hexen der Insel Sein die Hand im Spiel oder Merlin, der Zauberer, als *Levje* den Wellenkamm hinunterfährt. Kurz danach schließt es sich, von unsichtbarer Hand bewegt, als wir den nächsten Wogenkamm erklimmen. Ich hatte vor der Abfahrt in Sizilien die Gleitschienen mit Teflon geschmiert – jetzt zeigt mir das Schiebeluk an, welche Steigungen Levje unter Motor und Großsegel hinauf- und hinunterklettert.

Ich starre auf den Tiefenmesser. Gute 32 Meter liegt der Meeresgrund unter mir, Tiefe sogar zunehmend. Erstaunlich, wie klar mein Verstand in dieser Situation arbeitet. Ich muss hier raus, sagt er ganz kühl. Raus aus den Wellen. Aber auch, dass die brechenden Seen nichts mit der Wassertiefe zu tun haben. Hier herrschen fünf Knoten Strom gegen 15 Knoten Wind in einer engen, wie einer Düse geformten Durchfahrt vor dem Kap. Ich mag mir nicht ausmalen, was für eine wilde und unpassierbare See hier wogt, wenn 25 Knoten gegen die Strömung stehen. Fort mit dem Gedanken – ich muss aus diesen brechenden Seen raus, und zwar schnell.

Ich denke nach, denke an meine Erfahrungen bei 25 Knoten vor der galicischen Küste. Von der Seite hatten die Wellen dort ebenfalls bedrohlich ausgesehen – wie Wände aus Wasser, die sich auf uns zubewegten. Aber dann hat mein Schiff, unterstützt vom Großsegel, scheinbar leichtfüßig die Wände erklommen. Vorsichtig lege ich also Ruder, drehe etwas *Levjes* Nase und nehme die nächste Woge seitlicher. Nur nicht zu viel – nicht dass uns eines dieser brechenden Dinger einfach zur Seite wäscht und die darauf folgende uns überspült. Doch es klappt. Mein Schiff beschleunigt. Wenn jetzt nur keine der Wellen seitlich über uns bricht. Doch das geschieht nicht.

Meine Kursänderung führt jetzt nordwestlicher, auf den Leuchtturm von Tévennec zu, der wie das Zwiebeltürmchen eines russisch-orthodoxen Kirchleins auf dem zerklüfteten Felsen hockt und zwischen den ihn umgebenden Riffen zu uns herübersieht. Hatten auf diesem nackten Felsen im Leuchtturm nicht Monat um Monat die Leuchtturmwärter ausgeharrt, unter miserablen hygienischen Umständen ihren Dienst verrichtet, dem Wahnsinn nah, nur um jeden Abend das Leuchtfeuer zu entzünden? Auch Frauen hatten hier als Leuchtturmwärterinnen ausgeharrt, bis man sich all dieser Menschen erbarmt und das Feuer automatisiert hatte.

Noch eine steile Welle. Doch ich habe mich jetzt an die Situation gewöhnt. Knappe zehn Minuten später, ich habe Tévennec schon hinter mir, beruhigen sich mit einem Mal die Wellen, als hätte ich deren Spielplatz verlassen und die Seelen der Leuchtturmwärter mich erhört. Wir sind aus der engen Durchfahrt zwischen Pointe du Raz und der Île de Sein raus. Ich kann die Genua, mein Vorsegel, ausrollen und den Motor abstellen. Wir segeln nun mit sieben Knoten, der Strom schiebt uns kräftig nach Norden.

Keine halbe Stunde später legt sich der Wind und wird zum sanften Lüftchen. Querab erkenne ich ein Segelboot, sein Mast scheint nur noch ein abgebrochener Stumpf zu sein, so sehe ich es jedenfalls durchs Fernglas. Wie üblich läuft das Funkgerät mit, doch kein Funkspruch kommt durch. Ob der Skipper Hilfe braucht? Ich lege Ruder zu dem Schiff und beobachte es weiter durchs Fernglas. Niemand ist an Deck zu sehen. Aus der Ferne hält ein weiteres Schiff darauf zu, es ist schneller dort als ich, stoppt kurz nahe beim Boot auf. Und läuft dann weiter, als hätte es sich davon überzeugt, dass an Bord alles in Ordnung ist.

Das Boot mit dem Maststumpf, es verweist darauf, was hätte passieren können. Kein Zweifel, ich habe großes Glück gehabt. Glück, dass ich ahnungslos mit der richtigen »Besegelung«, nämlich unter Großsegel und Motor, in die Grundseen gelaufen bin. Der Motor gab dem Schiff Kursstabilität, die ich unter Segeln in den schwachen 15 Knoten nicht gehabt hätte. Das Großsegel gab ihm Seitenstabilität. Ich hatte ohne Verstand, doch mit Glück die richtige Entscheidung getroffen. Ich erinnere mich daran, wie ich am Anfang meiner Berufsjahre ältere Verleger oft gefragt hatte, worauf es wirklich ankäme in diesem Beruf. Die Alten hatten häufig nur die eine banale, unbefriedigende Antwort für mich: »Am Ende ist alles Glück.« Vielleicht hatten sie doch recht, nicht nur, was den Beruf, sondern das Leben angeht.

Ich blicke zurück zum Leuchtturm von Tévennec. Dann hole ich *Levjes* großes gelbes Vorsegel aus der Segellast. Der schwache Wind, er ruft danach, sonst komme ich hier nicht vorwärts. Ich lege es an Deck aus und ziehe es am Mast hoch. Langsam geht es Richtung Brest, das irgendwo zwischen den hohen Klippen liegt.

Freitag, 24. August, später Nachmittag

Ankommen in Brest.
Eine ungewöhnliche Marina.

Meine Ankunft in Brest ist rau. Während ich hinter den Klippen in die weite Bucht einlaufe, an deren Nordufer die Stadt liegt, verschwindet die Sonne. Vom Nordwesten her überzieht sich der Himmel mit grauen Wolken. Die Sonne verschwindet. Als ich die Kaimauern des äußeren Hafens passiere und kurz vor der Einfahrt in den Port du Château unterhalb des Schlosses stehe, jagt der Himmel erste Regenböen über den Hafen. *Levje* legt sich auf die Seite. Ein grauer Marineschlepper rauscht wenige Meter an uns vorbei, eilig hat er es, als wolle er noch vor dem großen Regen das schützende Dach erreichen, doch er hält nur auf den Militärhafen zu, der weiter nördlich an der Penfeld liegt, dem Fluss, der sich tief in die Felsen eingeschnitten hat.

Böen in der engen Durchfahrt. Regenfetzen, die heranjagen. Ich hatte mir die Ankunft in Brest anders vorgestellt. Über Funk rufe ich den Hafen an, um mich nach einem Liegeplatz zu erkundigen. Ein zartes Stimmchen antwortet. Ich möge nur kommen, sie würde mich in der Einfahrt erwarten. Keine zwanzig Sekunden später braust ein Dinghi aus der Marina heran, stoppt kunstvoll im Regenschauer neben mir auf. Ein Mädchen sitzt im Regen, sie könnte meine Tochter sein. Sie gibt mir ein

Zeichen, ihr zu folgen. Ihre Haare hängen in nassen Strähnen, doch sie lacht entschuldigend. Unter der Schwimmweste trägt sie keine wasserdichte Jacke, nur einen dünnen Pullover. Wieder einmal fühle ich mich, der ich noch die Wärme des Mittelmeers auf meiner Haut spüre, wie ein Weichei. Jüngere und Bretonen im Besonderen scheinen ein anderes Verhältnis zur Temperatur zu haben: Wenn ich seit einer Viertelstunde darüber nachdenke, mir Wollmütze und Seestiefel überzuziehen, sausen sie in T-Shirt und barfuß in Bootsschuhen herum. Aber Europäer sind verschieden, was ihre Temperaturempfindung angeht. Sizilianer kuscheln sich im Dezember bei 19 Grad tief in ihre Daunenanoraks – schließlich ist ja Dezember, da ist es kalt, auch wenn es 19 Grad warm ist. Bretonen brausen auf ihren Motorbooten bei 13 Grad und Regenschauer im T-Shirt rum, schließlich ist ja August, da ist es warm. Ich schaue ihnen oft verblüfft nach, wenn mir die Finger klamm sind vor Nebelkälte. Wenn ich friere, friere ich, Selbsthypnose hilft nur bedingt weiter.

Als ich *Levje* rückwärts in die Box steuere, nimmt das Mädchen im dünnen Pullover meine Leinen an. Marina, ausgerechnet so heißt die Studentin im Dinghi, hat heute ihren letzten Arbeitstag im Port du Château. Ob ich gleich einchecken wolle? Sie hätte alles dabei. Ich bin skeptisch. Einchecken sofort auf dem Boot? Das hatte ich noch nie erlebt, auch in keinem der dreißig Häfen seit Sizilien. Außer ihrem winzigen beigefarbenen Rucksack hat Marina nichts bei sich. Ist ihr Büro in der grauen Schwimmweste versteckt? Tatsächlich hat sie alles in ihrem Rucksack. Anmeldeformular und Quittungsblock, selbst ein Abbuchungsgerät für meine Kreditkarte holt sie aus den Tiefen ihres Rucksacks, während sich hinter uns auf der Mole von Brest Spaziergänger im Regen in ihre Jacken kauern.

Auf meine Frage, wieso sie die raue Arbeit eines Marineros

machen würde, es sei kein Wetter, um heute draußen zu sein, lacht sie nur. Schließlich sagt sie, sie studiere Meeresökologie. Und das Bootfahren hätte sie auf dem Katamaran ihrer Eltern gelernt. Die Saison sei fast vorbei, sie wolle jetzt wieder ihr Studium fortsetzen. Am meisten würden sie ja *les phoques* interessieren. Da muss ich erst mal online nachschlagen. Ah, die Seerobben. Ja, erzählt sie, es gäbe eine Seerobbe hier im Port du Château, ein Männchen, das gelegentlich im Hafenbecken auftauchen würde und fotogen vor den Bootsleuten im Wasser planschen würde. Und dann fände sie noch die Kormorane spannend, die für den Winter langsam in die Bucht von Brest zurückkehrten. Ob die gefräßigen Kormorane denn gut für die Ökologie des Meeres wären, will ich wissen. Schließlich verdrückt jeder der entengroßen Vögel eineinhalb bis zwei Kilo Fisch am Tag, und die Fischer, sosehr sie auch untereinander streiten, seien sich einig im Zorn auf die Konkurrenz der Kormorane. Doch was die Fischer denken, lässt Marina kalt. Sie mag die witzigen Vögel, wenn sie sich auf einem überspülten Felsen der Sonne entgegenrekeln, um ihr Gefieder mit ausgestreckten Flügeln wie ein Miniatur-Bundesadler zu trocknen. Ja, und überhaupt, die Meeräschen im Hafen …

Mein Funkgerät unterbricht, es quäkt ihren Namen: »*Marina, Marina, s'il vous plaît.*« Sie nimmt mein Funkgerät in ihre nasse Hand und bespricht mit dem Hafenkapitän, wo noch Platz für die 20-Meter-Yacht wäre, die gleich in den Hafen käme. Danach gibt sie mir mein Funkgerät zurück, verabschiedet sich und steigt in ihr Dinghi. Startet den Motor. Und braust dem Hafeneingang entgegen, über dem aus dem nächsten grauen Wolkengebirge weitere Regenfahnen wehen. Ich schaue ihr nach.

Nein, um dieses zarte Gebilde Europa ist mir mit Menschen wie Marina nicht bange. Nur tut es mir nach Gesprächen wie diesem leid, in welch schlechtem Zustand wir der nächsten

Generation unsere ungelösten Probleme weiterreichen. Es kommt mir vor wie ein ganzer Sack: ungebremste Umwelt- und Klimaschädigung. Artensterben. Ein Europa, das wackelt. Entfesseltes Bevölkerungswachstum. Vor sich hin schwärende Finanzkrisen. Ob wir die Welt zu einem besseren Ort gemacht haben, meine Generation und ich? Da werden wir weiter mit argen Zweifeln leben müssen. Am Abend sorgt die Ebbe dafür, dass *Levje* tief unter der Mole von Brest liegt. Vor wenigen Stunden hatte ich die Spaziergänger auf der Mole noch auf Augenhöhe. Jetzt können sie auf uns herunterschauen, wenn sie es wollten. Doch sie gehen ihrer Wege, wie die Welt auch.

Es ist Mitte August. Der Herbst naht. Die Regenböen sind die Vorboten eines Tiefdruckgebiets, das die nächsten Tage durchgehen wird. Ich bleibe, wo ich bin, im Hafen von Brest und auf meinem Boot. Ich werde es mir hier gemütlich machen. Schreiben und lesen und kochen. Und nur hin und wieder das Schiebeluk aufziehen, um hinauszuschauen in den prasselnden Regen.

Samstag, 25. August

Brest. La Pérouses Reise bis ans bittere Ende.

Es ist tiefschwarze Nacht draußen im Port du Château, dem Stadthafen von Brest. Im Halbschlaf versuche ich zu ergründen, was draußen anders ist als gestern. *Levje* schwankt leicht. Aus der Dunkelheit dringen Geräusche, ein Fauchen, ein beginnendes Orgeln. Ein hohes Sirren in den Wanten. Ein hohles Pfeifen. Ein tiefes Brummen um die Masten. Das muss der seit Tagen angekündigte Südwest sein. Es ist kurz vor vier Uhr am Morgen. Ich stehe schlaftrunken auf, stecke den Kopf aus dem Niedergang. Über 20 Knoten zeigt der Windmesser an, im Hafen ist das viel. In solchen Momenten bin ich froh, im Hafen zu sein. Wer weiß, wie es jetzt aussieht vor Pointe du Raz, wenn der Wind mit 40 Knoten die Wellen gegen die Île de Sein jagt und gegen den Strom weht, wo der Südwest ungebremst aus den Weiten nördlich von Island heranschießt.

Ich überlege kurz auszulaufen. Ob der Südwest mich nicht schnell nach Norden wehen würde? Nein. Dies ist kein Wetter, um rauszugehen. Ich bleibe, wo ich bin. Jetzt im Bett. Und heute im Hafen von Brest. Und gehe wieder unter Deck zurück, krieche in die Wärme meiner Koje, während das Orgeln um *Levje* weitergeht.

Als es acht ist, stehe ich auf. Der Wind drückt mein Schiff in die Taue, die es fest an der Pier halten. Ich spüre *Levjes* ungestümes Rucken, als wäre sie ein wildes Pferd und kurz davor durchzugehen. Ich setze Teewasser auf. Ziehe das Schiebeluk zurück und klettere hinaus, um im Regen die Leinen zu kontrollieren, ob wir noch ordentlich vertäut sind.

Am späten Vormittag, als der Regen nachlässt, mache ich mich auf den Weg ins Château, dem die Marina ihren Namen verdankt. Es liegt oben auf dem Plateau, zwischen dem Meer und dem Fluss, der Penfeld, dem Brest alles zu verdanken hat, schließlich wurde in den Werkstätten an seinen Steilufern Frankreichs Marine im 17. Jahrhundert geboren. Auf der Pier, wenige Schritt von *Levjes* Liegeplatz entfernt, ist in die Kaimauer ein Stein eingelassen. Ich kann an Geschriebenem niemals vorbeigehen, selbst an einem Fetzen Zeitung nicht, ich bleibe also stehen und lese: Ein gewisser Kapitän La Pérouse brach im August vor mehr als 200 Jahren aus diesem Hafen auf, um wie James Cook neue Länder zu entdecken. Er und seine zwei Schiffe, die *Bussole* und die *Astrolabe*, waren nie zurückgekehrt.

In einem August wie diesem. Ich gehe weiter auf der Pier. An den Wänden sehe ich große Plakate, nicht für Waschmittel oder Politiker, sondern für Segler. »Brest, Hafen der Rekorde« steht über den Namen und Köpfen großer französischer Segler. Pascal Bidégorry, der den Atlantik in dreieinhalb Tagen überquerte. Philippe Monnet, der die Welt ohne anzulegen in 151 Tagen umsegelte, ein Drittel mehr, als ich für die Strecke von Sizilien nach England brauchte. Und Bruno Peyron, der fünf Jahre später auf seinem Katamaran nur noch etwas mehr als fünfzig Tage benötigte.

Das nächste Plakat zeigt ein Gemälde, es könnte ein Raum in Versailles sein. Ein Mann im dunkelblauen Marinerock deutet ergeben vor dem sitzenden König auf eine tischtuchgroße Seekarte, in die Weite des Indischen Ozeans. Er erklärt dem vor ihm am Tisch sitzenden König etwas, der zukunftsfroh und voller Wohlwollen den Mann im blauen Marinerock ansieht. Ich lese den Text des Plakats. »Brest. Hafen der großartigen Abenteuer. La Pérouse.« Zum zweiten Mal lese ich den Namen. La Pérouse. Wer war der Mann? Und was verband den Mann und den König?

Oben im Château, im Marinemuseum, finde ich seine Geschichte. Jean-François de Galaup de La Pérouse war nicht unbedingt ein Mann des Meeres. Seine Wiege stand weit entfernt vom Meer, im Languedoc bei Albi. Aber da hielt es ihn nicht. Unrast trieb ihn nach Brest, als er fünfzehn war, trat er in die Marine ein. Er, der kein Adliger von Stand war und deshalb in der Marine nur den blauen und nicht den roten Rock tragen durfte, fügte seinem Namen ein Adelsprädikat hinzu. La Pérouse, nach dem kleinen Gehöft, das seine Eltern bei Albi besaßen.

Der junge La Pérouse war jedenfalls tüchtig. Die französische Marine brauchte tüchtige Männer, sie saugte sie auf. Spanier und Portugiesen hatten vor Jahrhunderten die halbe Welt unter sich aufgeteilt. Jetzt bissen Briten und Niederländer Stück um Stück aus dem riesigen Kuchen jenseits der Meere, den bislang die Iberer unter sich aufgeteilt hatten. Nur Frankreich hinkte heillos hinterher. Die Marine war schwach, weil der König schwach war, es fehlte an allem, vor allem an Geld. Erst Richelieu hatte Brest von einem Fischernest am Ende der Welt zu einem Hafenarsenal ausgebaut. 30000 Menschen arbeiteten jetzt in den Gassen unterhalb des Châteaus entlang der Penfeld. Sie verdingten sich in Seilereien und Leinwandwebereien. In Geschützgießereien. An turmhoch aufragenden Mast-Stellmaschinen. In den Werften. In Kupferschmieden und Pulvermühlen. Brest war unter dem Herzogsturm zu einer quirligen Werftstadt geworden, die wie ein Magnet aus nahem und weitem Umkreis anzog, was man zum Bau von Schiffen brauchte. La Pérouse muss als junger Mann all dies gesehen, gerochen haben. Die 2900 Eichenstämme aus Frankreich, die man für den Rumpf eines einzigen Schiffes brauchte. 250 Nadelbäume für dessen Masten aus der Ukraine und den Pyrenäen. Guajakholz aus Übersee, um langlebige Blöcke und Umlenkrollen für die Seile herzustellen. 60 Tonnen Ulmen aus der Bretagne für die Geschützlafetten. Er muss den Hanf gerochen haben, die man für die 40 Kilometer Tauwerk eines einzigen Rahseglers benötigte, der aus der Ukraine und Zentralfrankreich herangeschafft wurde. Das Leinen aus der Ukraine und Nordspanien für die 2600 Quadratmeter Segel. Das Eisen aus Spaniens Minen für Nägel, Beschläge – und Kanonen. Pulver, Mehl und Pökelspeck, wo immer man sie herkriegen konnte. Und wieder Eichen für Fässer, Eichen für Eimer und Bottiche, Eichen für Beiboote. Das siedende Pech, den Qualm der Schmiedefeuer und Garküchen: Dies waren die Dinge, die der fünfzehnjährige La Pérouse in Brest sah und roch.

Er diente sich hoch in der noch jungen Marine Frankreichs, als Kadett im Indischen Ozean, als Kommandeur im Krieg gegen England aufseiten der Amerikaner. Seine Tüchtigkeit machte wett, was ihm an Adel fehlte. Man empfahl ihn dem König.

Nach James Cooks Entdeckungen sollte nun auch ein Franzose in die Weite des Pazifiks vorstoßen, und La Pérouse war der Mann, ein Team aus Wissenschaftlern aus den Fachgebieten der Astronomie, Mathematik, Geologie, Mineralogie und Botanik dorthin zu führen. Der König selbst ließ sich von ihm in Versailles erklären, wie er den größten Ozean der Welt erforschen wolle.

Bussole und *Astrolabe* hießen seine beiden Schiffe, »Kompass« und »Astrolabium«. Ihre Reise ließ sich gut an. Die beiden schwer beladenen Schiffe verließen die Rade de Brest im August und erreichten im November Brasilien, segelten im Februar, dem antarktischen Sommer, um Kap Hoorn, vermaßen, erforschten, zeichneten Seekarten. Sie folgten den Küsten beider Amerikas von Kap Hoorn bis hinauf nach Alaska. La Pérouses enorme Strecken von einem Pol zum anderen berichten von der fieberhaften Aktivität, zu der er die Männer auf den beiden Schiffen antrieb. Aus den eisigen Häfen Alaskas segelten sie westwärts an die gegenüberliegende Küste, in die schwülwarme Luft Macaus im südchinesischen Meer. Dort folgten sie der Küste Ostasiens zurück bis zur Halbinsel Kamtschatka. Von Sibirien auf direktem Weg nach Australien. Das scheinbar wirre Muster seiner Reise zeugt vom Auftrag, den La Pérouse hatte: die Küsten der Kontinente zu vermessen und zu zeichnen. Erst die Ostküste des Pazifiks, dann die Nordwestküste. Jetzt die Südsee. Mit seiner Reise schrieb der Kapitän Rekorde der eigenen Art.

Die Nachrichten, die er aus den Häfen an den König sandte, kündeten zunächst vom Erfolg der Unternehmung. Dann kam eine aus der Botany Bay, sie traf ein, da herrschte in Paris nicht mehr der König, sondern die Französische Revolution. Aber davon konnte La Pérouse nichts wissen.

Ab der Botany Bay gab es keine Meldungen mehr. Nicht von La Pérouse, nicht von seinen zwei Schiffen. Weitere Schiffe wurden ausgesandt, um sie zu suchen. »Keine Nachricht von La Pérouse?«, fragte der König wieder und wieder. Und ein letztes Mal, bevor er seinen Kopf unter das fallende Beil der Guillotine legte. »Keine Nachricht von La Pérouse?«

Drei Jahrzehnte später fand ein irischer Seemann eine erste Spur, der fingergroße Metallrest eines Offiziersdegens wies auf eine abgelegene Südseeinsel, Vanikoro. Es folgten weitere Expeditionen, die Metallteile, Wracktrümmer entdeckten. 1998, 2003, 2008 enthüllten aufwendige Expeditionen von Archäologenteams auf Vanikoro, was dort geschehen war.

Als sie erkannten, dass der Sturm die beiden Schiffe auf eine Insel zutrieb, hatten die Männer versucht, im Toben der

Elemente die Anker fallen zu lassen. Sie ahnten nicht, dass das Eiland voraus eine Vulkaninsel war, deren Ufer steil ins Meer abfielen, die schweren Anker trieben, ohne Halt zu finden, in der Tiefe. Die *Bussole* schlug mit dem empfindlichsten Teil, dem Ruder, zuerst aufs Riff. Dann warf der Sturm das Schiff ein zweites Mal seitlich auf die Felsen. Es kippte. Lief voll Wasser. Und versank. Die *Astrolabe* hatte Glück und lief in einer Passage auf eine Sandbank. Ihr letzter Überlebender hatte drei Jahrzehnte ausgeharrt und die Insel verlassen, kurz bevor der irische Seemann mit dem Rest des Degenknaufs in der Hand seinen Fuß auf Vanikoro setzte. Von La Pérouse keine Spur.

Als ich am Nachmittag aus dem Museum in den Garten des Châteaus trete, scheint die Sonne. Der Wind hat etwas nachgelassen, vom Schlossgarten aus beobachte ich die *Recouvrance* draußen auf der Rade de Brest, den schwarz-weißen Rahsegler, der unter gerefften Segeln über die Bucht kreuzt. Übermorgen, wenn das Wetter sich bessert, werde ich aufbrechen und weitersegeln nach Norden, um die Westspitze der Bretagne. Dahin, wo sie wild ist und schön.

Montag, 27. August

Von Brest nach L'Aber Wrac'h. Hohe Wellen.

Das Meer von der Küste aus zu sehen, ist eines. Mittendrin zu sein, etwas anderes.

Am Morgen habe ich den Hafen von Brest verlassen. Kurz bevor ich ablege, geht ein anderes Schiff hinaus, ein kleines Schiff wie meines, um die zehn Meter misst es. Der Rumpf des Bootes und seine Stoffüberzüge sind gelb, stolz prangt die französische Trikolore nicht nur am Heck, liebevoll hat sie ihr Besitzer auch auf die Windfahne der Steueranlage gemalt. Doch am auffälligsten ist, was sich der französische Segler in großen Lettern zu beiden Seiten auf den Rumpf gemalt hat: »*Homme libre, toujours tu chériras la mer!* – Auf immer, freier Mensch, wirst lieben du das Meer!«

Ich schaue ihm nach, als er aus dem Hafen segelt. Er ist einhand unterwegs, wie ich. Und eh ich meine Leinen losgeworfen und draußen vor der langen Mole des Marinearsenals im leichten Westwind mein Großsegel gesetzt habe, ist er schon verschwunden. Ich habe den Kopf voll mit anderem. Die Strömung will meine ganze Aufmerksamkeit. Hinter dem Marinearsenal, wo sich der Kanal zum Goulet de Brest verengt, einer Durchfahrt zwischen den Felsen, wird sie stärker. Obwohl ich mich nur mit viereinhalb Knoten durchs Wasser bewege, fliegen wir mit über neun Knoten über Grund; das ablaufende

Wasser zieht uns schnell in den Atlantik hinaus. Doch in der Engstelle des Goulet nimmt auch der Westwind zu, kaum dass er gegen die Strömung über die Wasseroberfläche streicht, sind die Wellen da. *Levje* knallt ein ums andere Mal in die Wellentäler und wird dann jäh aufgestoppt. Ich höre, wie ihr Propeller unter mir kraftvoll, doch wirkungslos das Wasser quirlt. Die Kraft der Wellen ist größer. Ein paar verwegene Angler haben sich abseits der Wellen in ihren kleinen weißen Booten in der Strömung verankert; die Fische scheinen den Wellenwirrwarr zu mögen. Nur schnell weiter, dort vorn, wo sich der weiß-rote Leuchtturm von Saint-Mathieu vor der Klosterruine erhebt, sehe ich, dass sich das Meer beruhigt.

Da ist die Insel Ouessant, englische Seeleute haben den französischen Namen abgeschliffen zu Ushant. Lang und flach liegt die Insel da. Doch wie ein Feuerschiff trägt sie auf den umgebenden Kaps und Riffen die Leuchttürme, die den Schiffen von Amerika oder Irland den Weg in den langen Trichter des Ärmelkanals weisen. Leuchttürme, die allesamt veritable Berühmtheiten sind. Den Leuchtturm von Créac'h an der gleichnamigen Pointe de Créac'h in der nordwestlichsten Ecke Ouessants – er ist das Erste, was ein aus Amerika kommendes Schiff nachts von Europa ausmachen kann, lange bevor es die Küste erreicht.

Und dann ist da ganz im Süden von Ouessant der Phare de la Jument, er steht trutzig wie ein achteckiger Burgturm auf einer zerfurchten Klippe, bekrönt von seinem leuchtend roten Laternenhaus. Es brauchte nur ein einziges Foto, um ihn und seinen Fotografen weltberühmt zu machen. Während eines Südweststurms mit Böen über zehn Beaufort schoss der französische Fotograf Jean Guichard aus einem Hubschrauber das Foto seines Lebens. Von dessen Lärm neugierig gemacht, öffnete der Leuchtturmwärter Théodore Malgorn die Stahltür des Turms und trat hinaus – nicht ahnend, dass in diesem Augenblick ein Brecher im Rücken des Leuchtturms die Gischt turmhoch aufwerfen würde. Guichard drückte auf den Auslöser, und Malgorn, alarmiert durch das Vibrieren des Turms und das Donnern hinter ihm, zog sich blitzschnell ins Innere des Turms zurück und schloss die Tür, bevor die Welle über sein Fundament hinwegspülte. Das Foto des Leuchtturms ging um die Welt.

Zum wiederholten Mal habe ich Respekt vor den Männern und Frauen, die allein auf einer Klippe wie La Jument ausharrten. Als ich kurz unter Deck gehe und mir aus meiner Kammer im Achterschiff Jean Guichards Buch über Leuchttürme ins Cockpit hole, um darin zu blättern, erzählt er darin von La Jument, wie der Turm im Sturm so vibrierte, dass das Quecksilber auslief, in das man die sich drehende Optik gebettet hatte, und beim Leuchtturmwärter für Verätzungen sorgte. Hatten die Männer und Frauen Angst, so hautnah an den Elementen zu sein, die Wellen nicht nur von der Klippe zu sehen, sondern ihre Gewalt bis in die Mauern des unbeheizten Burgturms zu spüren? Man machte sich Sorgen um La Jument. Um das Gebäude, in das man später Stahltrossen einzog. Aber auch um die Wärter, ob das Menschen überhaupt zuträglich sei. Wenige Jahre nach dem legendären Foto Jean Guichards von Théodore Malgorn zog man den letzten Leuchtturmwärter von La Jument ab und automatisierte das Licht.

Während ich mit dem Buch im Cockpit lümmle, holt mich die Gegenwart wieder ein. *Levjes* Fahrt wird unruhig, ich sehe den Leuchtturm La Four voraus. Nördlich davon sind die Klippen und Untiefen von Pen Ar Ven d'Amont. Der Name klingt mindestens so schön wie der für die umliegenden Felsen, »Grand Château« lese ich in der Seekarte. Ich bin zwar ein gutes Stück westlich von den Felsen, aber auf einmal wird das Meer unruhig. Eben noch glatt, ist die See jetzt um mein Schiff in Bewegung. Es brodelt, vor den Untiefen steigt die Geschwindigkeit auf über acht Knoten, ein Sog zieht uns an den Untiefen entlang nach Norden, *Levje* torkelt und wankt durch die Wellen, als wäre sie betrunken, dreht wirre Viertelkreise, wo Tiefenwasser quirlend zur Oberfläche steigt und Strudel erzeugt. Stolpert über Wellenkämme, als wären sie Bordsteine, um gleich dahinter mit lautem Krachen wie ein Sattelschlepper im nächsten Wellental aufzuschlagen.

An meinem Schiff liegt das nicht. Das Meer ist es, es umspült gerade als kräftiger Gezeitenstrom die Untiefen. Strom und Untiefen machen seine Oberfläche an diesem fast windstillen Tag zu einem brodelnden Etwas, das keine zehn Meter weiter in eine unbewegte Wasseroberfläche groß wie ein Fußballfeld mündet, während von Westen gemächlich wie eine Dampfwalze der nächste Wellenkamm anrollt, zu dessen Gipfel ich hinaufsehe. Ich bin nun aus dem Schutz von Ouessant heraus, die Wellen treffen ungebremst auf die Klippe des Leuchtturms, an dem die Gischt meterhoch aufsteigt.

»*Homme libre, toujours tu chériras la mer!*« Da ist sie wieder, die Yacht mit dem Schriftzug. Ich erkenne ihr gelbes Segel hinter einem der anrollenden Wellenberge, nur die obere Hälfte des Mastes lugt hinter der anrollenden Welle hervor. Einen Augenblick später sehe ich das Schiff und seinen Skipper, der wie ich andächtig über sein Bimini die anrollenden Wellenberge betrachtet und nach Westen hinübersieht. Er weiß, dass wir etwas Grandioses erleben, der Eindruck der großen Wellen mischt sich mit dem Gefühl der Geborgenheit in dieser ungebändigten Unwirtlichkeit, sie nicht beherrschen zu können und doch in dieser Wildheit für einen Augenblick ein willkommener Gast zu sein, geduldet als Zuschauer, aber niemals mit der Einbildung, Herr zu sein über das Geschehen.

Vielleicht hat der französische Skipper recht, den Satz aus Charles Baudelaires Gedicht »Der Mensch und das Meer« an seine Bordwand zu schreiben. »Auf immer, freier Mensch, wirst lieben du das Meer! Das Meer ist dein Spiegel, du schaust deine Seele darin.« Vielleicht ist das, was um mich herum gerade vor sich geht, tatsächlich das Abbild unseres Inneren. Wir meinen, wir sind immer ich. Und werden doch allzu oft von dem überrascht, wohin unser Leben uns treibt. Wenn wir es nur zulassen.

Ich winke hinüber zu ihm, er grüßt zurück, vielleicht treffe ich ihn heute Abend in einem Hafen? Dann sind wir wieder allein mit uns und dem Moment. Und doch eins mit allem.

Stunden später. Da ist der Leuchtturm auf der Île Vierge. Auch er wurde in jenen Jahren gebaut, in denen La Jument errichtet wurde. Und wie er ist auch der Leuchtturm der Île Vierge eine Berühmtheit. Er ist der höchste Leuchtturm Europas, 360 Stufen muss man erklimmen bis zu seinem Licht, noch eins, das den Weg in den Ärmelkanal weist.

Vor ihm muss irgendwo die Einfahrt in den Aber Wrac'h sein, einen Gezeitenfluss, der mit Ebbe und Flut steigt und fällt. Ich kann die Einfahrt nicht erkennen, nur die gezackten Klippen, die sich wie eine Wand zu Füßen des Leuchtturms reihen. Die Einfahrt voraus muss irgendwo zwischen diesen Klippen hindurchführen, ich sehe zwar eine Wegmarkierung, die erste rote Tonne, aber danach keine mehr. Weit und breit ist kein Schiff, dem ich folgen könnte. Ich habe nur die Seekarte, die mir eine Linie zwischen den Klippen vorgibt. Mir ist mulmig. »Reiß dich zusammen. Hier ist die rote Tonne – die lässt du links liegen. Dort vorne muss irgendwo die grüne Tonne sein. Du siehst sie nur noch nicht.«

L'Aber Wrac'h. Die Seekarte sagt, hier ist alles flach, nur ein paar unsichtbare Kanäle führen zwischen den Riffen hindurch. Hoffentlich hat der Sturm die Tonnen nicht vertrieben.

Ich folge jetzt einfach dem Weg, den mir die elektronische Seekarte entlang der Tonnen von Riff zu Riff vorgibt. Ich taste mich heran, so langsam das geht in den Wellen, die mich achtern hineinschieben. Tatsächlich. Neben einem der Felsen, an dem die Wellen brechen, taucht versteckt die grüne Tonne auf. Ich lasse sie rechts liegen und sehe die nächste Tonne rot vor mir.

Und dann bin ich drin. Die Klippen liegen hinter mir. Das Flussdelta nimmt mich auf. Meine Welt wird plötzlich still und meine Fahrt ein beschauliches Schweben auf dem trägen Aber Wrac'h zwischen seinen Sandbänken. Ein langsames Gleiten den Fluss hinauf, das ich in vollen Zügen genieße.

Doch der Fluss hat noch etwas in petto für mich. Der Fluss, mein Bootshaken und ein Kormoran. Der Kormoran sitzt plattfüßig auf der Boje, die ich ansteuere, träge beobachtet er mein Manöver. Selbst als *Levjes* Bordwand 30 Zentimeter neben ihm zu stehen kommt und er zu mir hinaufsehen muss, scheint er nur ein beleidigtes »Meine Boje!« übrigzuhaben für mich und das treibende dunkelblaue Ding neben ihm. Er bleibt stur und mit verschränkten Flügeln auf seiner Boje stehen, ein lebender tierischer Protest.

Erst als ich mich neben ihm auf Deck aufbaue, mich blitzschnell auf *Levjes* Deck werfe, um bäuchlings die Boje zu fassen, bevor sie mir entwischt, fliegt er träge auf die nächste, die im Strom schwingt. Von dort beobachtet er plattfüßig weiter, wie ich mich mit dem Festmacher mühe. Der will nicht recht, wie er soll, ein Arm hält die Boje, der andere mein Schiff, und an ihm zerrt die Strömung. Mein Arm, der mein Schiff hält, wird lang und länger. Und während ich mich nach Hilfe umsehe, verpasse ich in all der Anstrengung dem an Deck liegenden Bootshaken einen kleinen Stups. Er lässt sich das nicht zweimal sagen und klatscht trocken in den Fluss, genießt sichtlich seine neue Freiheit und zieht mit der Strömung rasch fort, vom Landesinneren magisch angezogen.

Ich sehe ihm nach, meinem Bootshaken, wie er sich entfernt, dämlich auf dem Bauch liegend. Mein Gehirn berechnet meine Möglichkeiten. Den Bootshaken aufgeben? Ich mochte ihn, den die Italiener *mezzo marinaio* nennen, »halber Seemann«. Ich kann nichts wegwerfen, gar nichts, kein Essen, keine abgelegten Klamotten und am allerwenigsten meinen schönen hölzernen Bootshaken. Er stammt noch von meiner ersten *Levje*, er hat mich bis Antalya begleitet und zurück. Nein, das geht ja gar nicht. Loswerfen, hinterherfahren und einsammeln? Das ist einhand kein leichtes Manöver, schon bei ruhiger See nicht. Ich hatte das mal vor einem griechischen Hafen versucht, an meinen im Wasser liegenden Bootshaken so ranzukommen, wohlgemerkt: ohne Bootshaken. Das war zwanzig Minuten großes Hafenkino für die Zuschauer auf der Pier. Nicht für mich. Und ein Lehrstück, wie schwierig die Bergung von etwas leblos im Wasser Treibendem vom Boot aus ist. Nein, das ist auch keine Alternative.

Es bleibt nur Möglichkeit drei: Ich nehme all meine Kraft zusammen und vertäue *Levje* endlich an der Boje. Danach reiße ich mir die Kleider vom Leib und hechte nackt ins Wasser des Aber Wrac'h. Das Wasser ist kalt, nicht mehr als 16, 17 Grad. Beim Tauchen schmecke ich die Mischung von Süß- und Salzwasser, von Fluss und Laich und salzigem Meer, alles zusammen, spüre prickelnd die Kälte auf meiner Haut, tauche unter Placken von treibendem Seegras hindurch und jage mit schnellen Zügen hinter dem abtrünnigen Bootshaken her. Die Strömung macht es mir leicht, ich habe ihn bald erreicht.

Doch wie häufig im Outdoor beginnt der wirklich kräftezehrende Teil des Tages, wenn wir denken, wir hätten ihn hinter uns. Die Strömung im Fluss beträgt kaum mehr als einen halben Knoten, dessen hatte ich mich vor meinem Sprung ins Wasser aus dem Augenwinkel noch vergewissert. Doch das reicht. Gegen die Strömung zu schwimmen, ist nämlich fies, gemächliches Schwimmen duldet die Gegenströmung nicht. Verschnaufpausen auch nicht, denn sofort ist die mühsam gewonnene Wegstrecke verloren. Auch der Bootshaken denkt nicht daran, seine errungene Freiheit aufzugeben; er treibt in der Strömung vor mir allerhand Unfug. Ich brauche eine halbe Stunde, um ihn Meter um Meter vor mir zur nächsten freien Boje zu schubsen. Aus der Ferne sehe ich Audrey, die Marinera von Aber Wrac'h, die ihr Schlauchboot an *Levje* kurz vertäut und sich fragt, warum das Dinghi da und der Skipper weg ist. Sie sieht mich nicht, und ich hoffe, dass das so bleibt, dass sie nicht entdeckt, wie ich mich nackt flussaufwärts quäle. Dann fährt sie wieder weiter.

Unterwegs schelte ich mich einen Idioten. Weil ich auf den Bootshaken nicht aufgepasst hatte. Weil ich die Strömung unterschätzt hatte. Weil das Stillwasser erst in zwei Stunden kommt. Bis dahin hätte mich, wenn meine Kräfte nachließen, der Fluss längst ins Landesinnere gespült. Ich stelle mir vor, wie es wäre, in einer bretonischen Kleinstadt ans schlammige Ufer zu waten. Barfuß und nackt, mit nichts zu meiner Rechtfertigung in der Hand als einen läppischen Bootshaken. Ich denke an das Experiment, von dem ich einmal gelesen hatte. Es geht so: Man gibt in einer x-beliebigen Großstadt Geld, Scheckkarte und Wohnungsschlüssel ab. Am besten in einer Winternacht. Und muss zusehen, wie man es schafft, eine Nacht als Fremder in dieser fremden Stadt irgendwie zu überstehen. Ich hatte es nie versucht. Vielleicht ist heute der Tag für dieses Abenteuer?

Ich male mir aus, wie ich splitternackt in der Schlange einer Boulangerie stehe und die Bäckersfrau um ein altes Hemd, eine Hose, ein Busticket bitte. Würde ich das schaffen? Würde ich das hinkriegen, ohne zu erröten? Vielleicht würde man, wenn man den Mut dazu hätte, Freunde fürs Leben gewinnen. Nicht jeden Tag steht ein bärtiger Mann splitterfasernackt mit Bootshaken in einer Bäckerei. Man würde die Menschen von ihrer guten Seite kennenlernen, das vermute ich jedenfalls. Denn das ist es, was ich auf dieser Reise oft erfahre: dass die Dinge nicht annähernd so schlimm sind, wie man es sich immer vorgestellt hat. Häufig sind es gerade wildfremde Menschen, die bereitwillig und uneigennützig ihre Hilfe anbieten.

Doch so weit kommt es nicht. Mit Armen, die sich wie Gummi anfühlen, erreiche ich schnaufend mein Boot. An diesem Abend noch hinüber, also an Land, zu rudern, lasse ich lieber bleiben – kein Sport mehr heute. L'Aber Wrac'h muss warten. Doch das macht nichts. Zu schön war der Tag draußen in den Wellen, zu schön ist der laue Abend auf dem Fluss. Und zu schön war eigentlich auch das Schwimmen im Fluss.

Na ja. »Auf immer, freier Mensch, wirst lieben du das Meer!« Der französische Skipper hat schon recht. Und ich bin wieder einmal tief dankbar für all das, was ich hier erlebe, während ich hinüber in die Sonne schaue, die im Westen über der Sandbank untergeht.

Dienstag, 28. August

Durch die Enge des L'Aber Wrac'h.
Die Einsamkeit des Skippers.

Das Meer sieht heute aus, wie ich es als Kind zum ersten Mal sah: wie im Marionettentheater der Augsburger Puppenkiste rund um die Insel Lummerland. Eine glatte, spiegelnde Oberfläche, gefurcht von hohen Wogen, auf denen mir ein Segler entgegenkommt. Mal ist er sichtbar oben auf dem Kamm einer Woge. Mal ist er in einem Wellental hinter einem der anrollenden Wasserberge verschwunden, sodass von ihm nur noch die Mastspitze hinter der Wasserwand zu erkennen ist.

Das Marionettentheater stellte das bewegte Meer mit einem simplen Trick dar. Von einem Ventilator sich blähende und wehende Plastikfolie erzeugte den Eindruck der Wogen, auf denen Lukas, der Lokomotivführer, und Jim Knopf in ihrer Lokomotive Emma reisten. Von den technischen Tricks wusste ich damals nichts, ich sah nur staunend auf die Wellen und wusste irgendwie doch instinktiv, dass Wellen ja eigentlich ganz anders aussehen als wehende Planen. Doch Lukas' und Jims Reise auf der Lokomotive beschäftigte mich so, dass ich mein Fahrrad »Emma« taufte. Sie war meine Lokomotive, auf der ich jeden Nachmittag auf Abenteuer unterwegs war und Streifzüge durchs Dorf und die umliegenden Wälder machte. Dass es Hausaufgaben gab, verdrängte ich im großen Komposthaufen meines schlechten Gewissens, und meine miserablen Schulnoten steckte ich gleich mit dazu. Das Leben, so flüsterte es in mir, hätte Aufregenderes als langweilige Deutschstunden für mich parat.

Das war kein leeres Versprechen: Jeden Nachmittag zog es mich hinaus, nur um Spaziergänger auf einer Bank zu fragen, was sie über Gott dächten. Was früher einmal wichtig gewesen war, ganz am Anfang, es taucht auf einer Reise wie dieser auf. Wie Schuppen fällt es mir von den Augen, was ich Jahrzehnte vernachlässigte, was Jahrzehnte verschwunden war.

Genau genommen hat sich also seit Lummerland nicht viel geändert. Das Meer sieht heute tatsächlich aus wie jene wogende Plastikfolie, die waagerecht ausweht. Nur dass es nicht mehr in einem Fernsehgerät herumschwappt, sondern dass ich es jetzt im Original, in all seiner Schönheit und Größe, jeden Tag vor mir habe. Heute zeigt das Meer meine Lieblingsfarbe, es leuchtet intensiv in jenem unverkennbaren Graugrünblau, das nur dort entsteht, wo sich Meer und sedimentreiche Flüsse begegnen. Meiner Sammlung von Orten, wo das Meer genau diese Farbe besitzt, kann ich also einen weiteren Ort hinzufügen. Nach der Nordadria, den Lagunen Venedigs, den Küsten des Gargano, der Südküste Siziliens nun also auch die nordwestliche Ecke der Bretagne.

Selbst meine Lokomotive schwimmt inmitten der graugrünblau auswehenden Plastikplane. Nur dass sie nicht Emma heißt, sondern *Levje*. Und ein Segelboot ist, auf dem ich in diesem Sommer über den Atlantik ziehe. Sogar die schlechten Noten sind noch da. Nur bin ich es, der sie mir ausstellt, und niemand anderer. Für das gestrige Abenteuer mit dem Bootshaken. Für das, was ich mir heute geleistet habe.

L'Aber Wrac'h. Es gibt nur wenige Orte, deren Klang allein einen Seemann aufhorchen lassen. Vielleicht hat es ja mit dem »Wrac'h« zu tun, es ist so nah an unserem »Wrack«, dass wir nur an wenig anderes denken können. Dabei hat der Gezeitenfluss seinen Namen von dem gleichnamigen Weiler landeinwärts, einem friedlichen bretonischen Bilderbuch-Dörfchen. Auch der Fluss, der mit den Gezeiten hin und her schwingt, ist eigentlich ein beschaulicher Ort. Nur die Mündung flößt dem Respekt ein, der sie befährt. Wie sich das für die Nordbretagne gehört, stemmen sich vor der Mündung des Flusses Klippen, Felsbrocken, Untiefen und Sandbänke gegen die aus Nordwesten anrollenden Wellen. Zwischen ihnen hindurch führt ein Hauptfahrweg in den Gezeitenfluss, den ich gestern genommen hatte: Wenige Tonnen weisen einseitig den Weg zwischen unsichtbaren Sandbänken, überspülten Riffen, Felsblöcken.

Genau nach Norden zweigt vom Hauptkanal ein weiterer enger Ausfahrtskanal zwischen den Klippen ab. Er führt eng an einer gischtenden Riffkante und den danebenliegenden Klippen entlang. Gruselig – doch nehme ich diesen schmalen Kanal, erspare ich mir den einstündigen Umweg durch die lange Westeinfahrt, durch die ich gestern hereinkam.

Ich weiß nicht, welches Teufelchen mich reitet, meinen Weg an diesem Morgen durch die enge Gasse zu suchen. Schlichtes Kalkül, wertvolle Zeit zu sparen? Das übliche Quäntchen Selbstüberschätzung? Unzeitiger Eifer, was Abenteuer angeht? Ich weiß es nicht. Der Tag ist grau. Die Wolken hängen tief. Und dann bin ich plötzlich nördlich der Untiefe mit dem schönen Namen Petit pot de beurre, »Kleiner Buttertopf«, hinter den drei roten Tonnen allein. Rechts vor der Küste der einsame Felsen, vor dem die Gischt bricht. Zur Linken das lang gezogene Riff, das ich nur ahnen kann, weil es knapp unter der Oberfläche die anrollenden Brecher in schaumige Gischt verwandelt. Die Gischt zeigt mir wie eine Leitplanke den Weg in den engen Kanal, der eine halbe Seemeile weiter in die offene See führt.

Ob ich manchmal zu mutig bin? Ich weiß es nicht. Verrücktheit gehört zum Leben wie Selbstüberschätzung, und drohende Gefahren erscheinen im Kopf erst mal größer, als sie beim Blick auf die Seekarte sind. Der Kanal war an der engsten Stelle 70 Meter breit und selbst bei Ebbe 4,40 Meter tief. Das soll reichen, sagt jedenfalls die Seekarte.

Doch kaum steuere ich mein Schiff zwischen die links und rechts brechenden Wogen dort hindurch, wo keine Tonne mehr ist und mir nur die dünne gestrichelte Linie in der Seekarte die mögliche Passage vorgibt, fühlen sich *Levjes* 3,85 Meter Breite an wie 38 Meter. Und der Felsen, an dem wir im auflandigen Wind entlang müssen, jagt mir aus enger Brust ein stilles Stoßgebet über die Lippen: dass doch bitte, bitte jetzt an dieser kritischen Stelle im auflandigen Wind bloß nicht der Motor aussetzen möge. Oder die auf der Seekarte verzeichnete Passage nicht wie ein schlechter Scherz vor einer Untiefe enden möge. Oder einer jener wirbelnden Strudel, die es in einem Gezeitenstrom so reichlich gibt, uns plötzlich 15 Meter nach links Richtung der brechenden Grundseen versetzt. Kormorane beobachten die Show, auf ihrem Brutfelsen befinden sie sich in sicherer Entfernung. Wahrscheinlich sind sie neugierig, schießt es mir durch den Kopf, weil ich der allererste Idiot überhaupt bin, der an dieser Stelle durch die Felsen will.

Wer allein segelt, ist eigentlich niemals allein. Das schrieb ich oft auf diesen Seiten. Ich bin es dann, wenn niemand da ist, mit dem ich all meine Zweifel teilen kann, die in solchen Momenten so zahllos um mich sind wie die Felsbänke, die Untiefen, die brechenden Wellen, zwischen denen wir gerade hindurchfahren. Steuere ich auch richtig? Gibt es die Passage wirklich? Bin ich auf dem richtigen Kurs? Eine kurze Frage an einen Anwesenden brächte Gewissheit. Die Zweifel mit einem Menschen teilen zu können, ist Luxus. In Augenblicken wie diesen bin ich ganz auf mich gestellt. In ihnen spüre ich unmittelbar die Folgen meiner Entscheidungen und meines Tuns in der Wucht der mich umgebenden Gewalten: Ja, da fühle ich mich allein. Und bete zu denen, die mich in diese Welt gebracht haben und längst nicht mehr da sind, von denen ich aber fühle, dass sie immer noch irgendwie um mich sind und auf mich achtgeben. Und sei es nur, dass sie mir durch warnende Stimmen Einhalt gebieten, wenn ich es gelegentlich zu bunt treibe.

Irgendwann bleiben die Brecher, an denen ich eben noch eng entlanggefahren war, hinter *Levje* zurück, ihre Schaumfetzen trägt der Wind mit sich fort. Die Felsen rücken in die Ferne, wo sich der Leuchtturm der Île Vierge zeigte. Mein Schiff hat mich sicher durch die Felsen und durch die Untiefen getragen. Wir sind im freien Fahrwasser.

Vielleicht finde ich hier draußen, wo sich der Gleichmut von Meer und Natur in Bedrohung verwandelt und beides plötzlich in seiner wütenden Gleichgültigkeit so viel größer ist als ich, eine Antwort. Antwort auf die Fragen, wie ich mich verhalten soll in einer Welt, die bedroht ist. Nicht vom Meer. Nicht von der Natur. Sondern von uns Menschen.

Das eine ist: mein Bestes zu geben. In jedem Moment.

Das andere ist: niemals den Respekt zu verlieren vor dem Draußen, das so viel größer ist als ich. Vor den Kräften der Natur. Und niemals zu vergessen, dass sie ständig da sind, nicht nur auf dem Meer, sondern auch zu Hause, wo wir uns in scheinbar größter Sicherheit wähnen. Niemals sollten wir den Respekt verlieren vor dem, was anders ist als ich. Und vor denen, die anders denken als ich.

Der L'Aber Wrac'h ist nur ein Fluss, der nicht mal 33 Kilometer lang ist. Und doch ist es ein Ort, den ich nie mehr vergessen werde, so tief haben sich die brechenden Wogen in der Einfahrt eingeprägt.

Kapitel 6
Und noch einmal Inseln.

Guernsey.
Alderney.
England.

Mittwoch, 29. August

Von der Bretagne nach Guernsey.
Dinge, die nicht funktionieren.

Es ist Nachmittag. Am Himmel ein Schweben wattiger Wolken, die wie eine Herde gemächlich gen Osten streben. Vor sechs Stunden habe ich die Bretagne verlassen, um die 60 Seemeilen, 110 Kilometer, hinüber zur Insel Guernsey zu segeln. Eigentlich keine große Distanz.

In Trébeurden war ich früh wach geworden, das Klagen und Weinen eines Kindes drang vom Nachbarboot herüber. Der Wetterbericht war gut, er verhieß Wind aus der richtigen Richtung. Die Ampel in der engen Hafendurchfahrt zeigte drei grüne Lichter, das Zeichen, dass die Ebbe vorüber war und genug Wasser in der Einfahrt stehen würde, damit mein Schiff nicht gleich dort auf Grund lief. Ich startete den Motor, warf die Leinen los und hörte nun trotziges Mädchengeschrei vom Nachbarboot und die beruhigende Stimme des Vaters.

Kaum aus dem Hafen, war auch das GPS wach und kündigte als voraussichtliche Ankunftszeit 18:30 Uhr an. Doch meine Überfahrt entwickelte sich anders als gedacht. Der Wind war schwächer als erwartet. Und er kam seitlicher, ich konnte den geplanten Kurs Richtung Guernsey nicht halten. Zudem lief seit dem Vormittag die Strömung aus dem Ärmelkanal und versetzte das Schiff weit nach Westen. Blieb ich auf diesem Kurs, würde ich weit westlich an der Insel Guernsey vorbeischießen und mich Tage später irgendwo in der Irischen See wiederfinden. Selbst wenn es mir gelänge, meinen Kurs nach Guernsey zu korrigieren, würde die Strömung mich so bremsen, dass ich erst am Morgen gegen 6:30 Uhr die Insel erreichen würde. Zwölf Stunden später als gedacht. Ich stellte mich schon mal darauf ein, die Nacht am Steuer zu stehen.

Am Vormittag war eine Regenwand aufgezogen. Scharf konturierte bleigraue Wolken verdunkelten den Horizont voraus. Alles nicht erfreulich. Ich war zu langsam. Ich kam zu weit querab. Ich würde mir die Nacht um die Ohren schlagen müssen. Es würde Regen geben. *Bad news.*

Hier draußen sind die Dinge so, wie sie sind. In meinem früheren Leben waren die Dinge entweder mit mir oder sie waren es nicht. Oder anders gesagt: Es flutschte oder es flutschte nicht. Flutschte es nicht, ärgerte ich mich. Über nicht erreichbare Geschäftspartner. Über mutlose Einkäufer. Über lustlose Kollegen. Über Computer, die nicht funktionierten. Über Umsätze, die nicht kamen, über verhagelte Betriebsergebnisse. Manchmal war auch ich es, der gelähmt war.

Hier draußen habe ich zumindest das Mich-Ärgern etwas verlernt. Das Meer meint es nicht böse. Es ist, wie es ist. Es lohnt nicht, dagegen anzukämpfen. Ich muss die Dinge nehmen, wie sie in diesem Augenblick sind. Ich lerne, der Sperrigkeit der Welt nicht zu viel Aufmerksamkeit zu schenken. Dem Strom, der mich vertreibt. Dem Wetter. Dem Mechaniker, der nicht zur vereinbarten Zeit da ist. Einem Hafen, in dem niemand meinen Funkspruch hört oder ans Telefon geht. Hier draußen kann ich die Dinge oft akzeptieren, weil ich so viel geschenkt bekomme – allein beim Anblick des Meeres. Manchmal gelingt mir auch Selbstüberlistung. Statt mich über eine rote Ampel oder über verlorene Zeit wegen Schlechtwetters im Hafen zu ärgern, sehe ich das als unverhofftes Zeitgeschenk. Statt mich über den unpünktlichen Mechaniker zu erregen, beginne ich einfach irgendeine andere Arbeit. Kaum angefangen, kreuzt meist der überfällige Mechaniker auf. Oder mein Handy klingelt, und das unerreichbare Hafenbüro ist dran. Irgendein missgünstiger Gott sieht unserem Leben von oben dabei zu, wie wir der falschen Sache unsere volle Aufmerksamkeit schenken, um dann »Ätsch« zu sagen.

Ich schaue nach vorn. Die Regenwand ist noch schwärzer geworden, der Wind fast eingeschlafen. Ich suche die Umgebung nach Anzeichen von Böen ab. Doch um uns ist alles ruhig. Ich gebe jetzt meiner Müdigkeit nach und schalte das Radar ein, das mich warnt, kommt uns etwas in die Quere. Dann lege ich mich ins Cockpit schlafen, während mein Schiff allein seinen Weg nach Norden sucht, gegen den Strom, auf die Regenwand zu.

Eine Stunde später. Ich schlage die Augen auf. Die Regenfront ist weg. Die Gegenströmung hat nachgelassen. Der Himmel ist immer noch mit den scharf konturierten Wolken überzogen, doch sie leuchten jetzt watteweiß und schweben über mir. Wir driften nicht mehr weiter querab, sondern laufen etwa eineinhalb Stunden parallel zu unserem geplanten Kurs. Das ist gut.

Stundenlang kann ich dem Wasser zusehen, wie es an der Bordwand entlangströmt – als wäre es nicht mein Schiff, das durchs Wasser gleitet, sondern andersherum: Mein Schiff ist Festland. Das Wasser strömt um uns herum. Dieses Spiel habe ich schon als Kind gespielt, auf einer einsamen Brücke über die Würm, den schnell fließenden Fluss, um von dort aus dem davoneilenden Wasser nachzusehen. Ewigkeiten konnte ich reglos die Bewegung des Wassers beobachten, auf meiner Brücke hatte ich nach einer Weile das Gefühl, sie sei die Brücke eines Schiffs, an dem in schneller Fahrt das Wasser vorbeiströmte.

Das Meer ist manchmal wie ein großes Gedächtnis. Es holt Dinge aus mir hervor, die ich längst vergessen glaubte. Ich sehe plötzlich die Linie in meinem Leben, die mich von einem x-beliebigen Punkt meiner Kindheit genau hierherführte: zu diesem nicht näher definierbaren Punkt auf dem Meer zwischen der bretonischen Küste und der Insel Guernsey.

Eine halbe Stunde später hat der Wind weiter gedreht. *Levje* hält fast auf das Ziel zu, auf St. Peter Port, den Hafen auf Guernsey mit seinen Marinas. Mein Hunger meldet sich. Am Vormittag unter Segeln war ich unter Deck gegangen und hatte mir Zucchini und Parmesan für ein Rührei in der Pfanne geschmort, als die bretonische Küste 20 Meilen hinter uns lag. Doch schon während dieses zweiten Frühstücks nörgelte mein Geschmackssinn herum, dem Rührei heute Morgen hätte entschieden die Sardine gefehlt. Nach meinem Nachmittagsschlaf spukt sie immer noch in meinem Kopf, die Sardine. Zusammen mit einem ganzen Sack voller Fragen: Sollte ich schnell nach unten gehen, um mir Sardinen mit Rosinen und Pasta zuzubereiten, als sizilianische Pasta con le sarde? Oder eine improvisierte spanische Paella in der gusseisernen Pfanne? Mit Schinkenstückchen, Knoblauch, Tomaten und einem Schuss Weißwein?

Eine halbe Stunde wälze ich im Kopf, ob Sizilien oder Spanien, während ich auf die See und den immer klarer werdenden Himmel schaue. Um uns nur Meer. Kein Land. Kein Schiff. Einzig die Weite des Wassers und des Himmels. Ich gehe unter Deck, lasse mein Schiff seine Arbeit machen und mache mich an die meine. Suche Rosinen. Schnipple Zwiebeln. Hacke Knoblauch. Zerkleinere Tomaten. Setze den Spaghettitopf auf. Was Essen angeht, hat sich seit meinen Tagen im Büro nichts geändert. Was auf den Teller kommt, der Geschmack des Abends, er reimt sich im Kopf über den Tag zusammen.

Als ich mit meinem Teller Pasta wieder im Cockpit bin, taucht vor mir die Insel Guernsey auf. 25 Seemeilen, fast 50 Kilometer entfernt, zeigt sich der zarte Schemen einer flachen, langen Insel am Horizont. Es ist früher Abend. Die Sonne steht tiefer, sie verleiht den Wolken eine andere Färbung. Nicht nur der Schemen von Guernsey ist zart, auch die Wolken sind es. Jetzt beginnen die Stunden, die mir neben dem Morgen die liebsten auf dem Meer sind. Die Stunden, in denen das Meer dunkler wird und der Himmel darüber zu leuchten beginnt.

Etwas später hat der Strom erneut gedreht. Die Strömung kommt jetzt nicht mehr schräg von vorn und bremst uns aus, sondern wird uns sanft um die Südspitze Guernseys tragen und dann mit drei Knoten entlang der Ostküste nach Norden bis vor den Hafen von St. Peter Port. Bis Mitternacht habe ich Zeit, es in den Hafen zu schaffen. Dann wird die Gegenströmung einsetzen. Aber so lange werde ich nicht brauchen. Laut GPS werde ich nun gegen 22 Uhr in St. Peter Port eintreffen. Mit dem letzten Licht. Denn hier in der Bretagne, so weit im Westen, geht die Sonne Ende August morgens erst um halb acht auf. Und dafür erst um 21:20 Uhr unter.

Es ist gegen acht Uhr abends. *Levje* ist schnell unterwegs. Der Strom schiebt kraftvoller als gedacht nach Norden. Guernsey ist zum Greifen nah: rote Felsen. Obendrauf ein flaches Plateau, fast wie Menorca. Darüber Wald. Vereinzelt Landhäuser. Im Osten ein Leuchtturm. Wenig später ist der Strom vor der Insel noch stärker geworden, ich habe Mühe, mich vor den südlich liegenden Untiefen von Fourquie und Longue Pier freizuhalten. Auf der britischen Seekarte lese ich um die Insel herum mehr französische Namen als englische. Guernsey ist zwar direkt der britischen Krone unterstellt, aber geografisch liegt die Insel wie ihre Nachbarinnen Jersey, Herm, Sark und Alderney allemal näher an Frankreich als an England.

Die Namen verraten, wie sehr die bretonischen Jahrhunderte hier ihre Spuren hinterlassen haben.

Kurz vor zweiundzwanzig Uhr erreiche ich über Telefon den Hafen von Guernsey. Eine Männerstimme mit starkem südenglischem Akzent. Ja, sie hätten einen Liegeplatz. Aber nur in der Victoria Marina. Ich solle mich ganz links halten im Hafen. Aber als ich schließlich angekommen bin und mich in der Dunkelheit durch den fremden Hafen taste, führt mich dieser Hinweis in die Irre. St. Peter Port erscheint mir als ein einziges Gewirr aus Bojen, funkelnden Tonnen, Piers, in Haufen vertäuten Motor- und Segelbooten. Ganz links halten? Plötzlich finde ich mich in einem verlassenen Becken voller Trawler und Fischkutter wieder. Weit und breit sehe ich keinen Mast. Hier liegt keine Segelyacht, nein, dies ist ein Fischereihafen.

Ich steuere zurück und irre weiter durchs nächtliche St. Peter Port, weiß nicht mehr weiter. Als ich plötzlich in einer Sackgasse stehe und *Levje* in der Enge der Gasse drehen muss, sehe ich unvermutet hinter mir das unauffällige Schild: »Victoria Marina«. Und dahinter, oben auf der Mole, einen Mann im weißen Hemd, dem die Stimme gehört, mit der ich vorhin telefonierte. Er ruft mir von seiner Behausung meinen Liegeplatz zu. Schon besser, der leere Hafen vor den hellen Lichtern der Häuserzeile am Ufer. Diesmal guckt der Gott des Misslingens gnädigerweise woandershin, nicht auf mich und mein Schiff.

Nett. Nun bin ich auf Guernsey. Ich sitze im Cockpit, die Stille im Hafen wird nur unterbrochen von einem Motorrad auf der Pier. Ich sehe die Häuser St. Peter Ports leuchten, eine Lichterkette zieht sich um den Hafen. Und drüben, neben der Kirche, blinkt unverkennbar das Schild eines Pubs. Aber es ist zweiundzwanzig Uhr – wenn dies wirklich England ist, dann hat das Pub längst geschlossen. Und es wird nichts mit meinem ersten bitteren Ale.

Unten, in *Levjes* Schapps, sind irgendwo noch zwei Flaschen sizilianisches Bier. Ich habe sie aufgehoben für einen guten Moment, weil ich das Etikett mag. Ein alter Mann im grünen Anzug und grünen Hut ist darauf zu sehen, beides scheint mir nicht sehr typisch fürs heutige Italien. Doch in der Zeichnung ist etwas eingefangen, was ich vermisse. Über ihr finde ich die Worte »*Una storia italiana*«, »eine italienische Geschichte«. Ich weiß, dass beides eine Illusion ist, doch beides hat nun mal Bedeutung für mich.

Heute also italienisches Bier. Das dunkle Bier mit dem weichen gelben Schaum aus Dublin in einem britischen Pub zu trinken, das muss noch warten, so wie ich all die Jahre gewartet habe, wieder einmal nach England zurückzukehren. Es ist vier Jahrzehnte her, als ich den Sommer in Südengland bei Mrs Craig verbrachte. Es waren nur wenige Wochen gewesen, und doch hatten diese wenigen Wochen in einem anderen Land im Norden Europas und bei interessierten Menschen ausgereicht, um meine unglückliche Schulzeit abzustreifen wie ein Krebs seinen zu eng gewordenen Panzer. Als ich von Mrs Craig zurückkam, war ich ein anderer.

Und Guernsey? Ein Stück der Geschichte meiner Familie spielt hier, ausgerechnet auf dieser Kanalinsel. Dabei hat sie brav und bieder in einem kleinen Dorf im Schwäbischen begonnen. Was wäre ich ohne all diese Erfahrungen?

Aber das kommt morgen. Heute werde ich beim Einschlafen an etwas anderes denken. An das, was mich an diesem Tag am meisten fesselte. An die Herde von Watteschafen, die ich heute langsam über die ungeheure Weite des Atlantiks ziehen sah, während *Levje* gemächlich nach Norden schnürte.

Donnerstag, 30. August

Guernsey, britische Kanalinseln.
Meine deutsche Geschichte.

So nah sie auch vor der Küste des europäischen Kontinents liegen, so sehr haben die Kanalinseln ihre eigenen Gesetze. Ein junger Mann in Uniform der Zollbehörden Ihrer Majestät klopft am Morgen an *Levjes* Bordwand und bittet mich höflich, das Zoll- und Einreiseformular auszufüllen, bevor ich an Land gehe. Guernsey, so klärt David mich auf, sei wie die übrigen Kanalinseln oder die Isle of Man weder Teil des Vereinigten Königreichs und auch nicht Teil des Vereinten Europa, sondern als Krongut der britischen Monarchie unterstellt und von ihr verwaltet. The Bailiwick of Guernsey, die Vogtei Guernsey, rührt noch aus jenen Zeiten, in denen hier sesshaft gewordene Wikinger sich Normannen nannten und auf ihren Schiffen aufbrachen, um England zu erobern. Doch Traditionen sind nicht nur schön, sie haben auch Auswirkungen. Guernsey prägt sein eigenes Geld, ich muss Geld wechseln wie in Europas alten Tagen, selbst meine britischen Pfundnoten nimmt man nur ungern. Und Telefonieren ins Ausland ist plötzlich teuer. Weil Guernsey ja nicht zu Europa gehört, ist ein Gespräch nach Deutschland so teuer wie ein Telefonat nach Südafrika.

Am Morgen liegt emsige Geschäftigkeit über der Hafenmeile. Nicht die Ferienstimmung der französischen Atlantikinseln, eher Rushhour, mit Lieferwagen und Kolonnenverkehr. St. Peter Port scheint mir an diesem Morgen wie die Kopie eines Londoner Vororts, nur sind die Straßen winkliger, durch die ich den Hügel hinaufstapfe auf der Suche nach einem Motorradverleiher. Die Insel scheint mir zu verkehrsreich, um mit dem Fahrrad unterwegs zu sein, obwohl sie keine zehn mal zehn Kilometer misst. Dann entdecke ich den Laden des Motorradverleihers.

Tim ist Anfang fünfzig, ein ewiges Jungengesicht, gerahmt in einen Salz-und Pfeffer-Bart wie ein Spanier. Er ist Feuer und Flamme, als ich ihm erzähle, dass ich mir bei ihm ein Motorrad leihen will, um nach Spuren meines Großvaters zu suchen, der während des Zweiten Weltkriegs auf Guernsey war. Beim Stichwort »Ahnenforschung« verlieren Tim und ich uns im Gespräch, während hinten im Laden andere Kunden warten. Tim ist aufgewachsen auf der Nachbarinsel Jersey, wo sein Vater als anglikanischer Priester arbeitete. Weil die anglikanische Kirche ihren Seelsorgern nicht nur die Ehe gestattet, sondern ihnen praktische Arbeit verordnet, stand Tims Vater am Fließband bei Morris, dem britischen Autobauer, und montierte in den Sechzigern Kleinwagen mit aufgesetzten Holzrahmen zusammen oder polierte die vom Band rollenden Gefährte, bevor sie an die Kunden ausgeliefert wurden. »Aber das ist nur die halbe Wahrheit über meinen Vater«, erzählt Tim. »Davor hat er in den Fabriken gearbeitet, in denen während des Krieges die Spitfire, das Jagdflugzeug, gebaut wurde. Er hat als Student noch während seiner Priesterausbildung seine Faszination für Technik entdeckt, und die hat er mir vererbt. Ich bin nicht zufällig Motorradhändler geworden.« Stolz zeigt Tim mir seine Sammlung an Motorrädern. »Das hier ist eine Rarität: Ich hab sie 1973 gekauft, eine Suzuki-Zweizylinder, die erste auf den

Kanalinseln. Ein echt robustes Motorrad, meine Tochter Sarah fuhr Jahre damit auf der Insel rum.«

Tims Neugier nach seiner Vergangenheit scheint nie zu versiegen. Er erzählt von dem Gentest, an dem er teilnahm, um rauszufinden, woher er und seine Ahnen wirklich stammen. »Das Ergebnis war harmlos und doch überraschend. Zu 80 Prozent bin ich Brite. Zu je zehn Prozent komme ich aus Südwesteuropa sowie aus Finnland. Ich bin ein Vier-Fünftel-Brite und zu gleichen Teilen ein bisschen Spanier und ein bisschen Finne. Meine Wurzeln mögen britisch sein, aber ich habe auch etwas von den anderen Enden Europas in mir.«

Würden wir alle anders denken, wenn wir wüssten, dass wir nicht nur Briten, Deutsche, Finnen oder Polen sind? Ich frage das Tim. Würde unsere Welt weiter werden und ihre Enge verlieren, wenn wir dieses kleinliche »wir« und »die anderen« aus unseren Köpfen bekämen, das wir jeden Tag mit frischen Vorurteilen füttern? Tim ist sich sicher, dass wir dann anders denken würden, und er fügt hinzu: »Das Verblüffendste an dem Gentest war, dass ich einen Verwandten entdeckte. Ausgerechnet in Brasilien lebt jemand, mit dem ich eng verwandt bin und von dem ich bisher nicht die leiseste Ahnung hatte. Ich habe ihn vor zwei Wochen angeschrieben – mal sehen, was dabei herauskommt.«

Als ich auf das Motorrad steige, hat Tim noch einen Tipp: »Wenn du nach Spuren deines Großvaters suchen willst – fahr rüber in den Westen, fang bei den langen Stränden der Cobo Bay an. Dort wirst du die meisten alten Bunker finden.«

Ich verabschiede mich von Tim und brettere auf dem kleinen Motorrad hügelaufwärts Richtung Inselmitte. Mehr als jede andere Insel ist Guernsey heute ein gepflegter Vorgarten Großbritanniens, malerisch wie das große Vorbild zwischen Hecken und Hortensien gelegen. Tim liebt tatsächlich, was er tut, sein Motorrad entpuppt sich nicht als das von tausend Händen zerschundene Gefährt, sondern als liebevoll ausgewähltes Retro-Teil mit breitem Lenker und ohne Schnörkel. Im Aussehen klein, schwarz, böse. Im Fahren der richtige Untersatz, um die winkeligen Straßen zwischen Guernseys Hecken hügelaufwärts zu kurven oder entlang der Sandstrände zu gleiten.

Ganz im Westen finde ich die von Tim beschriebenen langen Strände der Cobo Bay. Wo das Meer in einem fast karibischen Türkis leuchtet und der feine Sand hellbeige endet, lugen Bunker und Geschützöffnungen aus den Böschungen, ragen graue Türme mit schmalen Schießscharten in den Himmel. Übrig gebliebene, verwitterte Gebilde aus härtestem Beton, manche von ihnen sind architektonische Kunstwerke. Doch nichts täuscht darüber hinweg, dass sie alle die Ausgeburt der Hölle und des Todes sind. Wo sie errichtet wurden, um die Strände Guernseys zur tödlichen Falle zu machen, picknicken Familien, packen Rentner ihre Liegestühle aus, toben Jugendliche, spielen Kinder im Sand.

Ich sehe die grauen Ungetüme und denke an das kleine Dorf im Schwäbischen, aus dem meine Familie kommt. Ich denke an meinen Großvater. Ich hatte ihn kaum gekannt. Ein gebeugter Mann, der sonntags in Anzug und Hut ins Wirtshaus zum Kartenspiel schlurfte und uns Kindern Pfannkuchen mit Erdbeermarmelade in den Holzofen in der Küche schob, wenn die Großmutter mittags den Ratsch in ihrem kleinen Milchladen nicht beenden mochte. Doch mich verbindet mit ihm mehr, als mir bewusst ist. Ich sehe den ruhigen Mann, der im Leben mit niemandem Händel vom Zaun gebrochen hatte, vor mir. Ich kenne auch seine bebende Ungeduld. Sein Zähneknirschen, wenn etwas nicht gleich lief, wie er sich das vorstellte. Den Zwang, wo immer man ihn hinstellte, ehrlich, brav und bieder sein Bestes zu geben. Sein Unvermögen zu Falschheit, weil Lügen ihm zu kompliziert waren. Über allem aber verbindet ihn mit mir seine Neigung zu Halsschmerzen. Er hatte sie ausgeprägt, kam häufig nach dem sonntäglichen Bier aus dem Wirtshaus mit Halsweh heim. Es war dieser eine Satz, den ich von dem einfachen Mann behalten hatte: »S'oinzige Mol im Läaba, wo i koi Halsweah k'hett han: Des war z' Guensay – Das einzige Mal im Leben ohne Halsweh: Das war, als ich auf Guernsey war.«

Guernsey. Wie war er da bloß hingekommen?

Er war ein kreuzbraver Mann gewesen, von schlichtem Gemüt. So schlicht wie das verschlafene Dorf an dem kleinen Fluss im Schwäbischen. Hier war er geboren, hier hatte sein Elternhaus gestanden, hier lebte die Familie mehrere Generationen, deren Namen ich trage. In dem Garten, wo wir unsere Ferien verbrachten, lag unter dem dürren Baum mit den immer harten grünen Äpfeln stets ein Holzbottich mit Kalk und Kelle bereit. Der Urle, der Maurer, war im Dorf aber auch dafür bekannt, sommers wie winters schon eine Viertelstunde vor Abfahrt des Zuges auf dem Bahnsteig zu stehen, aus Sorge, er könnte den Zug zur Arbeit versäumen – obwohl er bloß fünfzig Schritt vom Bahnhof hinter der Ligusterhecke lebte.

Ich weiß von ihm noch, dass er bei den Veteranen war, den alten Herren, die bei der Prozession in Hut und ausgebeultem Anzug, doch mit klimpernden Orden behängt, nach Feuerwehr, Turnern, Fußballern stets den Schluss des feierlichen Zuges durchs Dorf bildeten. Meine Großmutter freute sich jedes Mal diebisch, wenn er sich zu solchen Anlässen versehentlich ihr »Mutterkreuz in Bronze« ans Revers gesteckt hatte, das sie wie jede andere Mutter mit vier Kindern von der Partei bekommen hatte und das ihr nichts als wertloses Stanzblech war.

Guernsey. Wie war er da bloß hingeraten? Er, der so gut wie nie aus dem Dorf und seiner Umgebung herausgekommen war, außer als junger Turner in den Zwanzigern zu einem Wettkampf ins Österreichische. Er war Maurer geworden, weil man als Sohn eines Kleinbauern, eines Handwerkers oder Tagelöhners in einem Dorf um 1920 nur zwei Dinge werden konnte:

Knecht auf einem Hof. Oder Maurer. Zu mehr hatte es in der kinderreichen Familie für ihn nicht gereicht. Erst recht nicht für eine Arbeit bei den Juden des Dorfes, den Unternehmern, Rosshändlern und Kaufleuten. Irgendein Graf hatte sie vor Jahrhunderten in dem kleinen Marktflecken angesiedelt, sie sollten den Handel ankurbeln. Das hatten sie über Jahrhunderte getan. Sie waren es gewesen, die aus eigener Tasche die 15 Kilometer lange Bahnlinie entlang des Flusses bauen ließen, um das ganze Flusstal bis in die nahe Kreisstadt mit der Welt und dem Handel zu verbinden. Das war in dem Jahr, in dem mein Großvater in dem kleinen Dorf geboren wurde, und auch das Jahr, in dem in Deutschland die meisten Bahnkilometer gebaut wurden: 1902. Da hatte es, wie all die Jahrhunderte zuvor, in dem kleinen Dorf mehr Jüdische als Katholische gegeben.

Die Juden des Dorfes müssen gute Kaufleute gewesen sein, mit Sinn fürs Geschäft und ein Herrenleben. Meine Großmutter, die Hanne, war ins Dorf gekommen, weil sie eine Anstellung bei einer jüdischen Kaufmannsfamilie gefunden hatte. Erst beim alten Moritz Hummel, dem Privatier, als Magd. Dann als Hausmädchen und Wäscherin bei den Lammfromms, später beim Leo Reiter, dem reichsten Juden des Dorfes, der mit Grundstücken handelte.

Meine Großmutter stammte von einem einfachen Bauernhof und war nun plötzlich in vornehmen Haushalten. Es prägte sie fürs Leben. Am Schabbes, dem Samstag, buk sie, gläubige Katholikin durch und durch, uns Kindern den Berches, den Mohnzopf, das Schabbat-Brot, wie sie es bei den jüdischen Familien gelernt hatte. Im Dorf war sie dem Urle über den Weg gelaufen, vielleicht auf einem der Volksfeste, auf denen sie Maßkrüge austrug, um sich etwas dazuzuverdienen. Vielleicht war mein Großvater auch unter den Burschen, die nachts Leitern an die Fenster legten, um zu den Mägden zu steigen. Als Hanne schwanger war mit vierundzwanzig, heirateten sie heimlich:

Frühmorgens um sechs stand der Urle neben der Hanne vor dem Altar, ihr sich deutlich rundender Bauch erlaubte keine ausgelassene Öffentlichkeit. So standen sie vor dem Altar – genauso wie dreiunddreißig Jahre später vor demselben Altar um sechs Uhr morgens mein Vater neben einer grazilen rothaarigen Frau stand, meiner Mutter, in deren Bauch ich strampelte.

Vermutlich arbeitete mein Großvater als Maurer im Dorf, als die neue Zeit anbrach. Das Dorf hatte die wirtschaftlich schlimmen Jahre gut überstanden. Die Bauern hatten Eier, Fleisch und Getreide in Hülle und Fülle, die jüdischen Kaufherren im Ort hatten reichlich zum Handeln. Was Vieh und Felder an Überschuss lieferten, kam zum Bahnhof, wurde in die Viehwaggons verladen und gelangte von dort in die während der Krise hungernden Großstädte. Im Dorf zeigten sich die ersten Braunhemden im Wirtshaus, meine Großeltern gehörten nicht dazu – warum auch? Was Hanne bei Leo Reiter verdiente, konnte die Familie mit den zwei, bald drei kleinen Kindern gut gebrauchen. Zu Weihnachten bekam sie von ihrem Dienstherrn einen schwarzen Mantel mit großem Kragen, ein Geldschein war mit einer Stecknadel ans Revers gesteckt.

Irgendwann kam der Brief, der den Urle zur Musterung befahl. Es würde ein zweites Mal Krieg geben in seinem Leben. Für den Ersten Weltkrieg war er zu jung gewesen. Und für den Zweiten Weltkrieg nicht jung genug. Weil er Maurer war, steckte man ihn ja, ich erwähnte es schon, mit einigen anderen schief grinsenden Burschen des Dorfes in die Organisation Todt. So hieß die Truppe nach Fritz Todt, ihrem Anführer. Wo mein Großvater genau war, weiß ich nicht, doch die Hanne mit den drei Kleinen sah ihren Mann selten in den Jahren, grad alle halbe Jahr kam er mal heim. Meine Großmutter war auf sich gestellt, arbeitete bei den Bauern, schenkte Bier aus als Bedienung. Und schlich selbst dann noch nachts heimlich zu den Juden, um Wäsche zu waschen, als Braunhemden und Scharfmacher die Synagoge des kleinen Dorfes in Brand steckten und die Lammfromms, die alten Hummels und die Familie des Leo Reiter längst den gelben Stern tragen mussten, wenn sie vom Unterdorf zum Marktplatz gingen. Es waren überwiegend die Alten, die geblieben waren. Die Jungen wie der Hugl Lammfromm, der Max Reiter oder der Sohn des jüdischen Metzgers, mit dem mein Großvater als Turner das Preisgeld in Dornbirn gewonnen hatte, waren ausgewandert. Sie ahnten, was kommen würde.

Erst war mein Großvater – und meine Erinnerungen werden auf dieser Reise immer deutlicher – in Braunau am Inn gewesen. Doch dann war der Krieg da. Die Pläne für das, was am Atlantik errichtet werden sollte, waren längst ausgearbeitet. In Saint-Nazaire baute er Schalungen für die meterdicken Bunkerwände. Flocht Eisenarmierungen für bombendichte Decken. Rührte Mörtel. Er sah die Zwangsarbeiter, die auf den Baustellen eingesetzt wurden, Politische, Homosexuelle, vor den Nazis nach Frankreich Geflohene, Juden wie die, die er aus seinem Dorf kannte. Er sah sie während seiner Zwölf-Stunden-Schichten, er sah, wie sie schlecht behandelt, gequält wurden. Vielleicht verstand er die Welt nicht mehr, er war nun vierzig und immer noch Maurer, doch er hielt den Mund. Kaum waren die ersten Hallen des Bunkers von Saint-Nazaire fertig, wurde er mit weiteren Arbeitern, die wie er an der einfachen Uniform die gelbe Binde der Organisation Todt trugen, abkommandiert. Auf eine Kanalinsel sollte es gehen, Guernsey. Diesmal sollten nicht U-Boot-Bunker, sondern Gefechtsstände entlang der Küsten gebaut werden. Betonierte Maschinengewehr-Nester, die die deutsche Radarstation in der alten britischen Festung über dem Hafen von St. Peter Port schützen sollte. Und vor allem Bunker entlang der Strände und Geschützstellungen für die tschechischen Panzerabwehrkanonen von Škoda, die im Fall einer Landung in die anstürmenden Soldaten feuern sollten.

Der Urle, er rührte Mörtel, baute Schalungen, schleppte Mörteleimer und flocht Eisenarmierungen, nur diesmal auf Guernsey. Die Hanne, die ging jetzt nur noch heimlich und wenn es dunkel war zu den alten Hummels und zum Leo Reiter, um für sie zu arbeiten.

Hatte mein Großvater Augen für die Schönheit des langen Sandstrands der Cobo Bay auf Guernsey, der gespickt mit Minen, Sprengfallen und Stacheldrahtverhauen war? Hatte er Sinn für das Malerische der Insel? Er entdeckte jedenfalls, dass hier am Meer seine Halsschmerzen endlich ein Ende hatten. Ein Zwangsarbeiter, ein jüdischer Arzt, mit dem er darüber sprach, erklärte ihm, woher es kam. Dass das Seeklima eben gut sei für seine Bronchien, seine Atemwege. Sie würden ihm ein Leben lang zu schaffen machen. Und mein Großvater baute weiter am Bunker über dem Strand, in dessen einzige Öffnung millimetergenau die Schnellfeuerkanone eingepasst wurde, vor der heute Strandbesucher sitzen.

Es scheint, als hätte er auch auf Guernsey geschwiegen. Er wird sich seinen Teil gedacht haben. Nur einmal hat er den Mund nicht halten können. Es war auf einem der seltenen Heimaturlaube. Die Juden des Dorfes, die man zuerst in der Synagoge zusammengepfercht hatte wie in einem Getto, die hatte man längst an einem Junitag zum Bahnhof und in die Güterwaggons getrieben wie einst ihr Vieh. Die alte Frau Lammfromm war an diesem Tag vor dem Haus, in dem meine Großmutter mit den Kindern lebte, stehen geblieben. Hatte noch einmal Hannes Namen hinaufgerufen in den ersten Stock, doch Hanne, die im Leben nur Furcht vor dem Wetter und dem Teufel kannte, sie hatte in diesem Moment geschwiegen. Sie sollte Frau Lammfromm nicht wiedersehen. Als ihr Mann auf Heimaturlaub kam, war das alles Geschichte. Es war im Wirtshaus, wo er den Mund nicht halten konnte und draußen auf der Toilette beim Pinkeln über die »Scharfen« im Dorf knurrte: »Dia Bettsoicher, dia gottverreckte«, was man mit »Diese verfluchten Bettnässer« übersetzen kann. Mehr hatte er nicht gesagt.

Am nächsten Morgen kamen sie, ihn zu holen. Von Dachau war die Rede. Wie er denn das mit den »Bettsoichern« gemeint hätte. Als sie ihn mitgenommen hatten, ging meine Großmutter schnurstracks zum Ortsgruppenleiter. Vielleicht hatte sie eines der Kinder an die Hand genommen, vielleicht das Mutterkreuz angesteckt. Ich weiß nicht, wie sie es erreicht hatte, dass mein Großvater wieder freikam, sei es, dass die Besonneneren sagten: »Den Urle nicht. Den nicht nach Dachau bringen.« Sei es, dass den Klügeren schwante, dass man einen wie den Urle brauchen könnte, eines Tages, wenn all das Unrecht ans Licht käme. Am Abend des nächsten Tages war er wieder daheim. Und machte sich, weil sein Heimaturlaub zu Ende war, auf den Weg zurück nach Guernsey. Von Cherbourg aus wurden sie auf einem Schnellboot hinüber in den Hafen von St. Peter Port gebracht. Englische Schnellboote lauerten den Deutschen jetzt regelmäßig vor Guernsey auf und feuerten auf sie. Die Besatzer waren längst selbst zu Belagerten geworden. Sie warteten auf den großen Angriff, die Landung, von der sie wussten, dass sie unmittelbar bevorstand. Sie wussten nur nicht, wo.

Vielleicht hat mein Großvater in diesen Jahren Geschichten auf Guernsey gehört. Von der achtzehnjährigen Frau, die trotz des Verbots, an den Sandstränden der Insel im Meer schwimmen zu gehen, im Sommer es doch getan hatte. Sich durch die Minen hinausgewagt hatte. Natürlich hatte man sie erwischt. Man zog sie aus dem Wasser und stellte sie vor Gericht. Doch sie hatte Glück, behielt ihr Leben und kam mit einer saftigen Geldstrafe davon. Vielleicht hatte er von der Geschichte der Witwe mit dem kleinen Lebensmittelladen gehört. Mit ihrem Sohn hatte sie einen flüchtigen Zwangsarbeiter aufgenommen, heimlich, und versteckt. Das war verboten bei Todesstrafe, was sie aber nicht von ihrem Tun abgehalten hatte. Bis eine missgünstige Nachbarin sie an die Deutschen verriet. Die Witwe und ihr Sohn kamen zuerst nach St. Peter Port zur Vernehmung ins Gefängnis, dann wurden sie nach Deutschland verlegt. Da saßen sie im Gefängnis ein, und weil man nicht wusste, wohin mit ihnen, brachte man sie ins KZ. Dort wurde die Witwe kurz vor Kriegsende in die Gaskammer geschickt. Ihr Sohn überlebte, als Einziger unter den Briten, die dort einsaßen.

Ob mein Großvater auf Guernsey bei Privatleuten untergebracht war? Ob er dort, weil er wie andere deutsche Soldaten seine Kinder vermisste, die von Fremden auf dem Arm trug, denen der Vater ebenfalls fehlte?

Als die Alliierten unweit von Guernsey entfernt in der Normandie landeten, beschloss er, dass für ihn der Krieg vorüber sei. Er nahm sich – wie auch andere aus der Organisation Todt – ein Wehrmachtsfahrrad und radelte auf ihm von der Bretagne wochenlang bis in sein Dorf im Schwäbischen. Meist radelte er nachts, tagsüber schlief er im Straßengraben; Tiefflieger lauerten überall. Er erreichte sein Dorf wenige Stunden bevor die vorrückenden Amerikaner am kleinen Fluss auf den Volkssturm stießen. Und auf den deutschen Offizier, der im Dorf übernachtet hatte und den sie unter dem Fenster der Hanne auf der Straße erschossen.

Nach Guernsey ist mein Großvater nie wieder in seinem Leben zurückgekehrt. Er blieb, was er war: ein einfacher Maurer, vom Halsweh geplagt. Und ein kreuzbraver Mann, der sonntags ins Wirtshaus zum Kartenspielen ging.

Was er sich über seine Zeit auf der Insel dachte? Darüber sprach er nie. Nur wenn er Halsweh hatte, dachte er an sie. Den Rest, den er dort erlebt hatte, den nahm er mit ins Grab.

Ich schaue vom Strand aufs türkisfarbene Meer. Es hat sich weit vor die Bucht zurückgezogen, hat tangüberwucherte Felsen freigegeben. Ich wandere ein Stück den Strand entlang. Oder sollte ich besser sagen: die lange Betonmauer, die einst die landenden Panzer und mit ihr die Invasion aufhalten sollte. Alle hundert Meter finde ich auch einen der grauen Bunker. Doch die Bunker sind dabei zu verschwinden. Guernsey mauert sie ein, begräbt sie unter einem Hügel, verkleidet Geschützscharten mit rotbraunem Naturstein, verbirgt Gefechtsstände hinter Steinfassaden. Aber die Bunker sind nicht wirklich verschwunden. Sie sind noch da, verborgene Zeitkapseln, von denen Golfer heute ihren Abschlag trainieren, ohne zu ahnen, was unter ihnen schlummert.

Dies ist unsere Geschichte. Wir können uns nicht annähernd vorstellen, wie viel Vergangenheit wir haben. Wir ahnen nur, dass in jedem von uns vielleicht auch ein Spanier, ein Finne, ein Franzose oder ein Pole steckt. Was wir noch alles in uns tragen, warum wir sind, wie wir sind, schlummert in uns. Wie eine Kapsel unter einem Grashügel.

Samstag, 1. September

Alderney, britische Kanalinseln.
Die drei Festungen.

Es war Tim, mein munterer Motorradverleiher, der von Alderney erzählt und von der eigenartigen Stimmung dort berichtet hatte. In Jersey sei er geboren und aufgewachsen. Nach Guernsey sei er seiner Frau wegen gekommen. Hier lebe er mit ihr und seiner Familie seit zwei Jahrzehnten. Die Nachbarinseln Herm und Sark würde er gut kennen. Doch nach Alderney? »Da bin ich noch nie hingekommen. Das ist mir zu düster dort«, brummte Tim. »Dort zieht es keinen hin. Ich weiß eigentlich gar nicht, warum: Doch dort leben nur wenige Menschen.«

Alderney ist die nördlichste der britischen Inseln im Ärmelkanal, und schon der Weg dorthin auf einem Boot ist ein Abenteuer. Das Fahrwasser vor den Inseln ist mit Klippen und Sandbänken gespickt. Die Flut verbirgt sie, ich sehe nur die dünnen Stangen im Strom, die sie markieren und an denen ich ablesen kann, wie stark die Strömung nach Norden an diesem Tag wirklich ist: Es ist, als stünden die Stangen in einem schnell fließenden Fluss. Fast zehn Knoten beträgt meine Geschwindigkeit, mein Boot und ich fliegen an den Stangen vorbei. Ich habe alle Hände voll zu tun, um ihnen und den darunter verborgenen Untiefen nicht zu nahe zu kommen. Eine Stunde nördlich von St. Peter Port wird das Fahrwasser freier. Ich habe im

Hafen herumgetrödelt, an der in unruhigem Wasser liegenden Tankstelle *Levje* mit zollfreiem Diesel bis zum Rand betankt, mein Schiff fotografiert. Meine Trödelei rächt sich jetzt, das Zeitfenster, in dem der Strom mit uns war, schließt sich. Als er gegen uns dreht, ist es, als stünden wir auf der Stelle. Wir kriechen nur noch vorwärts, obwohl das Wasser an *Levje* entlangrauscht und der Motor mit voller Kraft schiebt.

Alderney liegt keine drei Stunden von Guernsey entfernt, aber von der Lieblichkeit Guernseys scheint die nördlichste Insel eine halbe Weltreise weit entfernt. Als ich näher komme, drohen schwarze Riffe und Felsen aus dem tiefblauen Wasser wie die gezackten Rücken von Echsen, bizarre scharfkantige Formationen und Kegel vor der Küste lassen mich an die Galapagosinseln denken. Ihre Namen stehen in krassem Gegensatz zu dem, was sie verheißen: »Joyeux Rocks«, »Ribbon Rocks«, »The Noires Putes«.

Blicke ich nach Westen, ragt dort ein Felsstock steil wie ein Baumstumpf aus dem Meer, der aus der Ferne einem mit Puderzucker bestäubten Schokomuffin gleicht. Vogelschwärme umkreisen ihn, und was nach Puderzucker aussieht, sind Massen brütender Seevögel, die sich auf dem Felsplateau tummeln, und die Exkremente, die sie dort hinterlassen. Doch was es mit Ortac, dem Vogelfelsen, auf sich hat, sollte ich erst in Alderney erfahren.

Es gibt Inseln, deren Abgeschiedenheit magische Anziehung auslöst, und andere, über deren zweifelloser Schönheit Trostlosigkeit liegt, die den Besucher auf die Probe stellt, ob er wirklich reif ist für diese Art von trauriger Einsamkeit. Braye Bay, Alderneys Hafen, ist so ein Ort, selbst wenn dort vierzig Yachten in der Hafenbucht hinter der Festungsmauer liegen. Verlassenheit liegt über allem. Tim, der nicht begründen konnte, warum er nie nach Alderney gekommen war, hatte die Insel treffend beschrieben.

Braye Bay ist von einer ungewöhnlich hohen und düsteren Mauer geschützt, sie zieht sich fast einen Kilometer nach Nordosten. Sie ist keine der modernen Molen aus hellen Betonpylonen, sondern eine alte Mauer aus dunklen Quadern, als wäre sie aus einer *Game-of-Thrones*-Episode übrig geblieben. Weil es Klippen und gefährliche Hindernisse rund um die Kanalinseln noch nicht genug gibt, zieht sich die Mauer unter der Wasseroberfläche als unsichtbarer Sockel noch einmal so weit nach Nordosten. Ich getraue mich selbst bei ruhiger See nicht, über den Sockel hinwegzufahren, sondern nehme vorsichtig die ausgewiesene Ansteuerung in den Hafen. Anlegen kann man in Bray Bay nicht. Stattdessen liegen entlang der Mauer Bojen für die Yachten aus, die hier Unterschlupf suchen. Um an Land zu rudern, will ich näher ans Ufer heran und lasse *Levjes* Anker vor einem langen Sandstrand fallen – keine leichte Übung: Wie viel Kette muss man in einem Revier mit 7,80 Metern Tidenhub stecken, um bei jedem Wind sicher zu liegen? Ich lasse ins Wasser rauschen, was ich habe.

Ich rudere in meinem Dinghi an Land, vorbei an im Wasser treibenden Holzkäfigen, während ein Fischer am Heck seines Boots seinen Fang in die Käfige wirft: Seespinnen und Seekrabben, die zu Hunderten in ihren schwimmenden Holzgefängnissen auf den Abtransport warten.

Anlanden am flachen Strand fällt mir trotz meines federleichten Dinghis nicht leicht: Weil Ebbe ist, muss ich durch Büschel von Seegras und schlingendem Blattwerk rudern, das nach meinem winzigen Gefährt greift und sich um die Riemen schlingt. Als ich es endlich bis ins Flachwasser geschafft habe, ziehe ich mein Dinghi den Strand weit hinauf. Ein Blick zurück zu *Levje*, die ihre Nase in den Wind gedreht hat, als rieche sie wie ich Seetang und rottendes Seegras, Salzwasser und Fäulnis und nassen Sand. Dann stapfe ich durchs hohe Gras hinter dem Sandstrand und mache mich unterhalb des verlassenen Forts auf meine Wanderung in den Norden der Insel.

Neben der Straße rosten die Gleise einer Schmalspurbahn, sie führt hinauf in die alten Steinbrüche auf der anderen Seite der Insel, wo man vor eineinhalb Jahrhunderten jene düsteren Quader zum Bau von Hafenmauer und Hügelfestung gewann. Heute rumpelt hier an seltenen Tagen eine kleine Diesellok mit zwei ausrangierten Waggons der Londoner U-Bahn mit Besuchern entlang, doch jetzt ist davon weit und breit nichts zu sehen. Die Insel, auf der etwas über 2000 Menschen leben, scheint an diesem Septembertag verlassen. Ich folge der schmalen Straße durch das Kiefernwäldchen auf die andere Seite von Alderney, sehe in der Ferne hinter den grünen Matten den Hochbunker hervorspitzen. Er ist nur einer von vielen, den deutsche Truppen im Zweiten Weltkrieg hier errichteten.

Dann erreiche ich mein Ziel, die Longis Bay. Lange Zeit war sie Alderneys Hafen auf der windabgewandten Seite, die zur Normandie weist: In einem weiten Bogen der Bucht dehnt sich der Sandstrand, in der Mitte liegt Fort Raz auf einer schmalen Insel, ich könnte jetzt bei Ebbe hinübergehen. Aber deswegen bin ich nicht hier. Die Küste der Normandie ist zum Greifen nah, nur getrennt durch den Kanal, die Straße von Alderney mit ihren tückischen Strömungen. Wollte ich in diesem Augenblick hinüberschwimmen, würde mich das Wasser mit seinen fünf Knoten Strom mit sich nach Süden reißen. Aber auch das ist nicht mein Plan. Nein, ich bin hier wegen des alten römischen Forts in der Longis Bay, »The Nunnery« genannt, als wäre es in seiner langen Geschichte auch einmal ein Frauenkloster gewesen. Ein eineinhalb Jahrtausende altes Überbleibsel und so gut erhalten, als wären die Römer gestern abgezogen.

Ich sehe es wenige Schritte zwischen dem Strand und einem deutschen Bunker. Ein einfaches Steingeviert, in seiner Bauweise sieht es spätrömisch aus mit der diagonal vermauerten

Steinreihe. Ich kenne derlei Schmuck aus einem ganz anderen Teil der Welt, aus dem westgriechischen Preveza und der byzantinischen Mauer von Nikopolis. Doch dieses Kastell ist klein, gerade 30 mal 30 Meter misst es, es muss in unsicheren Zeiten entstanden sein, nicht mehr errichtet aus den trutzigen Quadern der frühen Kaiserzeit, als Rom nur so strotzte vor Sklaven und Geld, sondern gemauert aus einfachen Feldsteinen. Eine Fluchtburg, in der Menschen Sicherheit suchten, nicht die mächtige Burg von Eroberern, um aller Welt ihre Macht zu demonstrieren.

Auch wenn die Zeiten unsicher waren, hatten ihre Erbauer sich die Zeit genommen, sie nach den Vorbildern am Hadrianswall in Nordengland zu errichten: streng rechteckig und nicht willkürlich, wie manche von Hunger und Mangel zeugenden mittelalterlichen Wehrmauern es häufig sind. Ein strenges Rechteck mit gerundeten Ecken. Ein einziges Tor nach Norden, mit einem weißen Holzgatter. Warum hat man es hier errichtet? Diente es den Römern vom Festland, als die vor der Völkerwanderung auf der Insel Schutz suchten? Oder den Römern aus Britannien, die vor den ersten Überfällen der Angeln und Sachsen hierher flüchteten? Wahrscheinlicher ist, dass man es mit Bedacht errichtete, um den römischen Hafen in Longis Bay zu sichern.

Die Rückwand des Kastells hat man als Außenmauer für ein viktorianisches Herrenhaus genutzt. Weil das Holzgatter am Eingang halb offen steht, betrete ich das Gebäude, nicht ohne vorher laut zu rufen. Doch niemand zeigt sich. Und so streife ich in der alten Festung herum. Im Inneren der Burg steht ein deutscher Bunker. Als ich mir dessen Eingang näher ansehe, bin ich elektrisiert: Darüber ist das Relief einer Pflanze in den Beton eingelassen. Ich erkenne die Pflanze sofort. Sie wächst in den Bergen, vor denen ich zu Hause bin. Selbst an diesem abgelegenen, einsamen Ort auf Alderney stolpere ich über meine eigene Geschichte, meine Vergangenheit.

Die Pflanze ist ein Edelweiß. Ein Abzeichen, das ich einst selbst an der Mütze getragen hatte, 1980, nach dem Abitur, als ich in einer Kaserne meinen Wehrdienst leistete. Das Abzeichen der Gebirgstruppe. Links oben mache ich eine Jahreszahl aus, deren erste drei Ziffern ich lesen kann. 1942.

Ich bin noch dabei, das Symbol zu fotografieren, als ein Mann plötzlich vor mir steht und mich streng ansieht. Er ist Anfang vierzig, drahtig, man sieht ihm an, dass er viel Zeit im Freien verbringt. Doch er ist kein Segler, kein Militär, als er mich anspricht. Dies sei alles nicht öffentlich, sagt er. Er wohne im Herrenhaus. Was ich hier täte? Ich gehe nicht weiter darauf ein, sondern frage ihn, ob er die Pflanze dort oben am Eingang kennen würde. »Edelweiß«, antwortet er verblüfft. Er spricht das Wort mit starkem Akzent aus. Dann stellt er sich mit Namen vor: Justin. Für was die Pflanze steht, weiß Justin nicht.

Ich erzähle ihm von den Gebirgstruppen. In meiner Heimat vor den Bergen wurde die Erinnerung an die Gebirgstruppe stets hochgehalten, damals jedenfalls. Doch wenige Jahre später waren die Traditionen bereits umstritten. Von Einheiten dieser Truppe waren Kriegsverbrechen ans Licht gekommen, sie hatten auf der westgriechischen Insel Kefalonia 4000 entwaffnete italienische Kriegsgefangene feige niedergemäht. Ein Verbrechen, ohne Not begangen, bei dem mir noch heute der Atem stockt.

Ich erzähle Justin, es gäbe einen Film darüber, *Corellis Mandoline*. Justin sieht mich erstaunt an: Er kenne den Film. Dann denkt er einen Augenblick nach. Und erzählt selbst. Ja. Die Deutschen. Den Bunker hier in der Nunnery, den hätten sie »Piratenschloss« genannt. Sie wären auf Alderney nach dem Krieg nicht beliebt gewesen. Als sie die Insel besetzten, wären die Bewohner kurz zuvor von den Briten zwangsweise nach England evakuiert worden, zu ihrer eigenen Sicherheit. Als die Besatzer kamen, fanden sie eine menschenleere Insel und verlassene Häuser vor. Doch die Bewohner, die nach Kriegsende im Dezember 1945 zum ersten Mal wieder die Dorfstraße der Hauptstadt Saint Anne hinauftrotteten, erkannten ihre Insel nicht wieder. Überall Bunker, Tunnel, Geschütze. Fenster, Türen, Möbel: Was brennbar war, war verschwunden und verheizt worden. Vier Lager hätten die Deutschen hier errichtet: zwei für Soldaten. Eins für die über 6000 polnischen und russischen Kriegsgefangenen sowie eins für die jüdischen Zwangsarbeiter, man hielt sie wie Sklaven. Sie bauten Bunker und betonierten Wehrmauern, legten Hindernisse und vergruben über 30000 Minen an den Stränden.

Alderney, die verwaist erscheinende Insel, ist also gleich dreifach eine Festungsinsel. Erst die Römer. Dann die Briten mit der langen Mauer. Zuletzt die Deutschen. Für die Römer war die Insel ein Ort der Zuflucht. Für die Deutschen der Ort, an dem sie belagert wurden. Die britische Flotte hatte die Insel eingeschlossen, kein Fisch schlüpfte mehr hindurch. Hunger herrschte. Die Winter waren bitterkalt. Die Zustände auf Alderney, vor allem in den Lagern, müssen unvorstellbar gewesen sein. Über 400 Gräber mit Zwangsarbeitern hatten die Einwohner entdeckt. Wie so oft bezahlten Unschuldige die Zeche.

Und die Vögel auf der Felseninsel Ortac draußen in der Bucht? Das will ich doch noch wissen. Justin erklärt, es wären Basstölpel. Er zeigt mir auf seinem Smartphone ein Foto. Ein hübscher weißer Gänsevogel mit schwarzen Flügelspitzen, stechend blauen Augen und dickem grauem Schnabel. Es sind Vögel, die sich aus der Luft ins Wasser stürzen und wie Kormorane unter Wasser nach Fischen jagen. Aber anders als diese, die die menschliche Zivilisation suchen, bleiben Basstölpel ihr fern. Diese leben an abgelegenen Orten. Ortac sei weltweit ihre größte Kolonie, er sei Naturschützer, ihretwegen sei er da. Justin schaut kurz hinauf zum Edelweiß und lacht.

Die Alten auf Alderney, fährt er fort, sie sagen, die Basstölpel wären in dem Jahr gekommen, in dem die Deutschen kamen, 1940. Vorher hätte es keine gegeben. Damals hätten sie auf den Felsen ihre Kolonie gegründet. Er selbst sei oft draußen, auf Ortac, um Vögel zu beringen. Der Felsen sei steil, das Anlegen schwierig und die Arbeit zwischen den schreienden Vögeln mit dem dicken Schnabel erst recht. Was mir aus der Ferne wie weißer Puderzucker erschienen war, seien Berge von Kot, der den Felsen bedecke, durch den man nur hinaufgelänge, wenn es zwei Tage nicht regnete, denn sonst seien die Felsen zu rutschig. Es herrsche dort ein furchtbarer Gestank. Doch Justin erzählt ebenso davon, wie der Vogelkot heilsam sei für alle Wunden, wie Verletzungen an seiner Hand schneller heilten, wenn sie mit dem Kot in Berührung kämen.

Justins Bericht stimmt mich nachdenklich. Er handelt von Grausamkeit, von Leiden, aber auch von Heilung. Als ich mich nach einer halben Stunde von ihm verabschiede und entlang der verlassenen Gleise hinüberwandere zur Bray Bay, bin ich noch immer in Gedanken versunken. Am höchsten Punkt, in einem Kiefernwäldchen, mache ich eine Pause, schaue hinüber zum verwaisten britischen Fort auf dem Hügel.

Alderney ist wahrhaft eine vergessene Insel. Vielleicht ist gerade deshalb die Vergangenheit auf ihr lebendiger als auf den vielen anderen Inseln, auf denen ich war.

Zurück im Hafen, liegt *Levje* friedlich im Wind. Neben mir ankert eine rote Segelyacht mit großem Deckshaus. Ein junges Paar segelt darauf, ich habe sie vor Guernsey schon gesehen, am Abend vor meiner Ankunft. Ob ich hinüberrudern sollte auf einen Schwatz? Auf dem Meer fällt es mir so viel leichter, andere Menschen anzusprechen, als zu Hause auf dem Land. Ich verliere alle Scheu und lasse meiner Neugier auf die Menschen freien Lauf. Vielleicht hat das auch damit zu tun, dass auf dem Meer selbstverständlicher ist, was auf dem Land als Belästigung verstanden werden könnte.

Als die beiden ihr Dinghi klarmachen und mit Angelruten und Keschern hineinsteigen, gebe ich mein Vorhaben auf. Und bereue, sie nicht früher angesprochen zu haben. Was sie wohl zu erzählen gehabt hätten?

Doch ich ahne noch nicht, dass ich die beiden auf ihrem roten Schiff ein Jahr später wiedertreffen werde – auf den Äußeren Hebriden westlich vor den schottischen Highlands, auf einer Insel so einsam wie Alderney.

Manche Menschen gehen aufs Meer, um nicht anders als Basstölpel die Abgeschiedenheit zu suchen.

Sonntag, 2. September

Von Alderney nach England. Über den Ärmelkanal

Geschichte hat mit uns zu tun. Sie ist nichts, was nur im Kino läuft. Sie mag so weit entfernt sein von uns wie ich in diesem Augenblick von meinem Zuhause, doch Geschichte ist immer unsere Geschichte. Etwas, das wir selten wahrnehmen und was doch immerzu da ist, auch wenn wir nicht hinsehen. Das nehme ich von den Kanalinseln mit.

Das letzte Stück meiner Reise liegt nun vor mir, der Ärmelkanal. Am Morgen hatte ich überlegt, dass es zur Halbinsel Cotentin nach Cherbourg nur viereinhalb Stunden wären, wenn Wind und Strom günstig stehen. Noch einmal Frankreich mit all seinen Annehmlichkeiten. Doch ich will nach England. Es gibt noch etwas, das ich tun will. Ob Mrs Craig noch lebt? Ob ich ihre Adresse herausfinde?

Also Kurs England. Zwischen Alderney, aus dem ich früh am Morgen aufbreche, und der Isle of Wight sind es vierzehn Stunden – wenn alles glattläuft. Der Wind steht günstig, am Vormittag erreiche ich das Verkehrstrennungsgebiet im Ärmelkanal: Ein nur auf den Seekarten erkennbares Einbahnstraßensystem reguliert hier an neuralgischen Punkten den Schiffsverkehr, bestimmt, wer wie fahren darf. Wer hinaus in den Atlantik will, muss die nördlich verzeichnete Fläche des Ärmelkanals benutzen. Wer in den Ärmelkanal will, die südliche.

Für mich, der die Fahrbahn von Süd nach Nord überqueren will, gelten besondere Regeln. So darf ich das Verkehrstrennungsgebiet nur im rechten Winkel queren, ich muss das auf dem kürzesten Weg tun, also ohne anzuhalten, um die Großschifffahrt nicht zu behindern. Vor allem aber muss ich für die nächsten drei Stunden – denn so breit ist die unsichtbare Einbahnstraße auf dem Meer – scharf Ausguck halten. Es ist fast wie im Straßenverkehr, will man so ein Verkehrstrennungsgebiet queren. Vor dem Betreten der Fahrbahn muss ich nach links schauen. Eineinhalb Stunden später, sobald ich die nördliche Hälfte erreiche, nur nach rechts.

Tatsächlich sind da drei Frachter. Sie laufen ungefähr im gleichen Tempo auf mich zu, auf einer Linie, die knapp nördlich an uns vorbeiführen wird – falls ich meinen Kurs nicht ändere. Etwas mehr werde ich vermutlich bei dem Frachter mit den gelben Kränen aufpassen müssen, der jetzt in der Kimm auftaucht. Ich ahne ihn mehr, als dass ich ihn sehe, ich beschließe, ihn erst mal näher herankommen zu lassen, um dann zu entscheiden. Zu frühes Ausweichen führt oft zum »Fußgänger-Effekt«: Zwei aufeinander zulaufende Fußgänger weichen unbeabsichtigt häufig zur selben Seite aus, dann kommt keiner mehr am anderen vorbei.

Minuten später sehe ich den Frachter deutlich. Seine rauschende Fahrt wirft eine hohe Bugwelle auf, sie schäumt fast die halbe Bordwand hinauf. Es sieht gefährlich aus, wie der schwarze Frachter auf mich zuschießt. In diesem Moment quäkt auch schon der Radar-Bildschirm los, das rote Warnzeichen »Gefährliche Annäherung« blinkt auf dem Display. Was du nicht sagst.

Weil ich faul bin, starte ich kurz den Motor. *Levje* beschleunigt unmerklich gerade so, dass wir ein paar Hundert Meter vor dem schäumenden Bug des Frachters durchhuschen. *Black Rhino* lese ich auf der Bordwand. Als der Frachter knapp hinter mir durchgeht, kann ich mir dessen Einzelheiten genauer ansehen. Ein Stückgutfrachter mit zwei gelben Kränen, gut hundert Meter lang, ein Feederschiff, das von den Übersee-Containerschiffen in den großen Umschlaghäfen Ladung übernimmt und sie in festgelegten Wochentouren auf die kleineren Häfen zwischen Antwerpen und Dublin oder Rotterdam und Bristol verteilt.

Ich habe diese Stelle schon einmal passiert, nur nicht auf einem Segelboot, sondern auf einem Feederschiff wie der *Black Rhino*, an genau so einem sonnigen Tag im September vor fast zwanzig Jahren. Das Ende einer fünfjährigen Beziehung hatte mich auf den Containerfrachter geführt, ich hatte die Trennung selbst herbeigeführt und litt doch wie ein Hund, wie es immer ist, wenn der Kopf eine Entscheidung trifft und das Herz etwas ganz anderes will. Schwermütig war ich in Antwerpen an Bord des Frachters gegangen, nach Dublin und zurück sollte es gehen. Wir waren durch den Ärmelkanal gerauscht wie die *Black Rhino*. Am nächsten Tag, irgendwo in der Irischen See westlich von Cornwall, war im Maschinenraum ein Schweröl-Erhitzer ausgefallen, der Frachter kroch nur noch mit halber Kraft durch das windstille Randmeer.

Kapitän Rackl stammte aus Bayern und entschied, das defekte Teil des rund hundert Meter langen Frachters auf hoher See reparieren zu lassen. Das Wetter und die Sicht waren gut, die See war weiterhin glatt, und weil ich unter den zwanzig Besatzungsmitgliedern der einzige Passagier auf dem Frachter war und noch dazu Segler, meinte der Kapitän es gut mit mir. »Gehen Sie doch nach unten, ans Heck. Ich werde einen engen Kreis steuern müssen, um das Schiff aufzustoppen. Die Heckwelle ist beeindruckend, das sollten Sie sich ansehen.« Tatsächlich stieg die Heckwelle in dem engen Wendekreis, den Kapitän Rackl acht Stockwerke über mir mit einer minimalen Handbewegung an dem winzigen Drehknopf vollführte, fast ins untere Deck ein. Als das Vibrieren des Schiffskörpers und das Wummern der Maschine plötzlich verstummt waren, lag der Frachter reglos und still in der Weite der Irischen See. Die Küste Cornwalls schimmerte in der Ferne, und die schnatternden philippinischen Seeleute saßen wachfrei im Mannschaftsraum und schauten sich Quentin-Tarantino-Filme an, für die sie ein unstillbares Faible an den Tag legten. Nichts regte sich in der Stille. Nur hin und wieder tönte ein Hammerschlag aus den Tiefen des zuunterst gelegenen Maschinenraums.

Ich hatte meinen Platz im Heck mit dem obersten Stockwerk des Schiffs über der Brücke vertauscht, der höchste Aussichtspunkt, der während der Fahrt nicht begehbar war, vor allem dann, wenn Kapitän Rackl Vollgas gab, um den Kamin seines Frachters auszuglühen. Jetzt, da das Schiff keine Fahrt aufnahm, tappte ich durch die den Boden bedeckenden Rußflocken wie durch ein Minenfeld und freute mich am Anblick der See und der am Horizont liegenden Küste Cornwalls.

Bis ohrenbetäubender Lärm die Stille zerriss. Zwei Düsenjäger stoben Flügel an Flügel im Tiefflug auf Höhe des Aussichtspunkts über das treibende Schiff. »Kommen Sie runter«, knurrte Kapitän Rackl. »Schnell. Es würde mich nicht wundern, wenn es Krieg gibt.« Ich wusste nicht, wovon er sprach, er deutete nur wortlos auf den kleinen Fernseher im Funkraum hinter der Brücke. »Das kam eben rein. Irgendwelche Terroristen haben Flugzeuge in die Türme des World Trade Center gejagt. Die Twin Towers gibt's nicht mehr«, sagte er tonlos, während wir auf dem Bildschirm zusahen, wie einer der Türme, auf dem ich oft gestanden war, rauchend in sich zusammensackte.

Wir standen wortlos im Funkraum. Bis Kapitän Rackl sich umdrehte, zum Hörer griff, um mit der Reederei zu telefonieren und zu fragen, ob er weiter Kurs Dublin halten solle, sobald der Erhitzer repariert sei. Dublin erreichten wir in gedrückter Stimmung.

Kapitän Rackl verdanke ich einiges an guten Gesprächen. Und noch mehr an seemännischen Erfahrungen. Wir kamen uns bei der Ausfahrt aus dem Hafen von Antwerpen näher, der erste Herbststurm des Jahres trieb hohe Wellen in die Schelde, die donnernd am Bug brachen und das große Schiff unter laufenden Maschinen aufstoppten. Kapitän Rackl war noch von der alten Schule, er trug in den kleinen Notizblock vor sich die Nummern der Tonnen ein, die er auf dem Weg nach draußen passierte, um im Notfall sofort seinen Standort parat zu haben. Er wusste ganz ohne GPS oder elektronische Seekarte, wo im Leben er gerade war.

Er hatte die alten Zeiten erlebt, als jeder Seemann noch die Ladung kannte, die er im Bauch seines Schiffs transportierte, bevor die Containerschifffahrt aufkam. Einen »Schachtelfahrer« nannte er sich mit unüberhörbarer Ironie, weil er nicht mehr sagen konnte, ob er in den turmhoch vor der Brücke gestapelten Stahlcontainern Haferflocken, Fernsehsessel, Maschinengewehre oder Paletten voller Falschgeld von A nach B chauffierte. Die Blechschachteln, zwischen denen ich entlang einer gelben Linie zum Bug des hundert Meter langen Schiffs im Kreis joggen konnte, schwiegen wie Gräber.

Bei den Nachtwachen wechselten sich die drei Offiziere des Frachters im Vier-Stunden-Rhythmus ab. Kapitän Rackl nutzte seine Zeit, um während seiner Wachen kleine Modellschiffe zu bauen. Nein, nicht die Heroen unter ihnen wie Nelsons *HMS Victory* oder die *Bismarck*. Es waren kleine Flussschiffe aus Holzbausätzen. Einen Mississippi-Raddampfer. Ein Amazonas-Boot. Damals hatte es ihm ein Orinoko-Flussschiff angetan. Während er hoch oben auf der Brücke Wache hatte und hin und wieder den Blick voraus in die Nacht schweifen ließ, fügte er in einsamen Stunden die Holzteile des Bausatzes zu einem Ganzen zusammen. Die Brücke eines Schiffs in den Stunden nach Mitternacht ist ein magischer Ort. Wenn ich nicht schlafen konnte, besuchte ich Kapitän Rackl, nicht um zu stören, sondern um den Anblick des nächtlichen Meeres wortlos mit ihm zu teilen.

Auf dem Rückweg steuerten wir von Dublin kommend in den Trichter des Ärmelkanals, der Kapitän unterbrach seine Arbeit über dem Flussschiff und sagte: »Ach, wie gut, dass Sie kommen. Ich habe noch etwas unten in meiner Kabine zu erledigen. Sie sind ja Segler und kennen sich mit dem Schiff und dem Radar mittlerweile gut aus. Ob Sie wohl einen Moment für mich aufpassen könnten? Rufen Sie einfach, wenn etwas ist.«

Schneller als ich denken konnte, war er in seiner geräumigen Kabine unter der Brücke verschwunden. Ich war allein am Steuer und vor dem Radar. Das große Schiff näherte sich dem Ärmelkanal, vom Autopiloten gesteuert, zu dessen Bedienung nichts weiter nötig war, als den kleinen Drehknopf auf dem Pult vor mir kurz anzutippen und leicht nach rechts zu drehen. Ich probierte ihn kurz aus. Und schon bewegte sich der Bug ungefähr hundert Meter voraus in der Dunkelheit zehn Grad nach rechts. Nach dieser erfolgreichen Probe meiner Fähigkeiten zur Schiffsführung ging ich wieder zurück auf den alten Kurs und beobachtete den weißen Finger des Radars, der von der Mitte langsam über den Bildschirm kreiste. Wir fuhren in einem Pulk von Schiffen, die alle auf parallelem Kurs majestätisch in den Trichter des Ärmelkanals steuerten.

Täuschte ich mich? Oder war uns das Schiff, das mit gleicher Geschwindigkeit backbord querab unterwegs war, näher gekommen? Und war da vorn nicht ein schwaches Licht in der Nacht? Ich nahm das Fernglas. Tatsächlich schien ein Segler das Fahrwasser vor uns queren zu wollen, man musste schon gute Augen haben, um das schwache Licht im Masttopp erkennen zu können.

Wo blieb eigentlich Kapitän Rackl?

Gleichzeitig tauchte ein Frachter rechts hinter uns auf, der uns langsam überholte. Plötzlich hatte ich das Gefühl, dass all die Schiffe ringsum unaufhaltsam heranrückten. Täuschte ich mich? Ich starrte auf den Radarschirm und den kreisenden Finger. Kamen die Schiffe links und rechts tatsächlich näher? Wo blieb bloß Kapitän Rackl?

Schweißperlen traten mir auf die Stirn. Sosehr ich mich konzentrierte und auf den Bildschirm starrte, ich war mir nicht sicher. Ich dachte an die zwanzig philippinischen Seeleute, die unter Deck schliefen, an die beiden Offiziere und den dicken deutschen Ingenieur, dessen penible Ordnung im Maschinenraum mich beeindruckte, sobald ich hinunterstieg. Für alle diese Menschen trug ich Verantwortung.

Mensch, Rackl, komm endlich.

Es schien, als wäre ich eine halbe Stunde allein, mit mir und dem kreisenden weißen Finger vor mir, der genauso wenig innehielt wie das Schiff, dessen Fahrt ich zu bewachen hatte. Ob ich nicht doch Kapitän Rackl rufen sollte? Aber da war dann auch schon die vertraute Stimme hinter mir. »Na? Alles okay? Sie kommen ja bestens klar.« Wenn er in jener Nacht gewusst hätte, wie es in mir drin wirklich ausgesehen hatte ...

Ich denke gerne an ihn, an die persönliche Postkarte aus Dublin, die er mir zur Erinnerung an unsere denkwürdige Fahrt beim Abschied in Antwerpen in die Hand drückte. Eine Kreuzfahrt hat mich nie gelockt, doch neben einem stillen Mann wie Kapitän Rackl würde ich zu gerne auf einem Containerschiff den Pazifik überqueren.

Während ich meinen Erinnerungen nachhänge, ist die *Black Rhino* im Westen fast schon hinter dem Horizont verschwunden. Ich sehe den Frachter von hinten, ein grauer Schemen im großen Glitzern nach Westen. Drei Seemeilen – viereinhalb Kilometer – ist der Horizont entfernt. So weit kann ich von meinem zwei Meter hohen Sitzplatz aus *Levjes* Cockpit bis zum

Horizont schauen und der sich der Erdkrümmung anschmiegenden Wasseroberfläche ein Schnippchen schlagen. Würde ich jetzt den Mast hinaufklettern, könnte ich die *Black Rhino* in ihrer vollen Größe sehen. Doch von meinem Sitzplatz aus verschwinden zuerst ihr Rumpf hinter der gekrümmten Wasserwand, danach ihre Aufbauten. Einzig auf dem Meer, nirgendwo sonst, erkennt man mit bloßem Auge, dass die Erde kein Teller, sondern nur eine Kugel sein kann. Seeleute des Mittelalters fürchteten sich vor allerhand. Vor Stürmen und Seeungeheuern, vor dem alles verschlingenden großen Feuer hinter dem Horizont. Doch wir allein denken, dass ebendiese Seeleute nichts von der Krümmung der Erde gewusst hätten, die sich doch jeden Tag vor ihren Augen abzeichnete.

Ich habe den richtigen Zeitpunkt zum Queren des Verkehrstrennungsgebiets erwischt. Hinter mir passieren jetzt zwei Tanker, Stahlungeheuer, deren schwarze Abgasfahne kilometerweit am sonst leeren Himmel steht. Danach ein Stückgutfrachter. Und noch ein Tanker. Und dann ein Kreuzfahrtschiff.

Eine halbe Stunde später bin ich wieder allein auf dem Meer. Im Umkreis von 30 Kilometern kann ich kein anderes Schiff sehen. Ein gutes Gefühl. Verkehrstrennungsgebiete konzentrieren den Verkehr, westlich vor Cherbourg wird alles geballt und geordnet, was von und nach Europa will. Ein solches zu queren, bedeutet oft stressige Minuten, doch kaum sind sie vorüber, herrscht auch wieder Ruh. Ich lümmle auf meinem Sitz hinter dem Ruderrad wie auf einer Ottomane, wärme mich wie der Kormoran in der Sonne, recke ihr mein inneres Gefieder entgegen. Es hat drei Windstärken, ein mildes Lüftchen, das eher für ein gemütliches Segeln auf einem Binnensee passt und nicht recht zur Vorstellung des rauen Ärmelkanals. Schon vor

Stunden habe ich das große gelbe Vorsegel gesetzt, es fängt jeden Lufthauch ein und übersetzt ihn in Vortrieb.

Eben habe ich meine beiden letzten Orangen aus Spanien ausgepresst. Sie schmeckten zuckersüß, wenn auch nicht ganz so köstlich wie noch in Spanien. Woher kommt es, dass Orangen auf Sizilien und in Spanien am intensivsten schmecken, dass ich die fabelhaftesten Weintrauben immer in Griechenland aß und den besten Stilton in England? Woher kommt es, dass diese Produkte offensichtlich nur in ihrer Heimat ihre Aromen optimal entfalten? Haben sie einmal eine Grenze überquert, schmecken die Trauben nicht mehr ganz so süß und die Orangen auch nicht. Und der Stilton, den ich mir zu Weihnachten in Deutschland gelegentlich leiste, wenn ich den Geschmack und die Gerüche meines südenglischen Sommers vor vierzig Jahren zurückholen will, der ist auch nicht so wie damals in den Sommerferien in der kargen Küche des kleinen Landguts südlich von Reading.

Levje unterbricht meine Gedanken. Der Wind hat nachgelassen, mein Schiff kommentiert das mit einem missmutigen Flappen und Schlagen seiner Segel. Sie verlieren ihre Spannung und damit ihren Halt. Sie geben ungemütliche Geräusche von sich, als wollten sie mich ermahnen: »Nun tu schon was!« Ich entscheide mich für die faule Lösung und bringe mein Schiff durch einen Knopfdruck auf den Autopiloten etwas höher an den Wind.

Das Brummen eines Flugzeugs über mir gibt mir zu verstehen, dass es Herbst wird. Das Brummen schließt die Erinnerung an unzählige September ein, an letzte Wärme und erste Kälte. Wieso gibt es dieses typische Geräusch nur im Herbst? Und hier auf dem Ärmelkanal genauso wie daheim vor den Bergen?

Zwei Stunden später. Die Farbe des Meeres ist jetzt eine andere, ein leichter Grauton hat sich ins Grün gemengt. Kein

Zweifel. Obwohl ich die Küste Südenglands noch nicht sehe, haben Flüsse hier ihr Sediment ins Wasser gespült, das Land muss nicht mehr weit weg sein. Der Farbe des Wassers nach zu urteilen, müsste die Küste näher als 20 Seemeilen sein. Das GPS bestätigt meine Schätzung, ich werde also noch vier Stunden auf See sein, wenn alles gut läuft. Ob ich das Land schon erkennen kann, wenn ich zum Bug gehe? Ich hangle mich zu *Levjes* Vorsegel, schaue angestrengt nach vorn. Da ist tatsächlich ein schmaler Streifen. Land. Die Küste Englands. Ich bin ganz aufgeregt, das Ziel meiner Reise vor mir zu haben, turne nach hinten, hole mein Fernglas. Braune Hügel. Hänge, die sich weit hinaufziehen. Nein, noch keine Kreidefelsen erkenne ich durchs Glas, sondern sanft ansteigende Hügel, braun von der Sonne, als wäre dies Sizilien, wo ich vor mehr als vier Monaten aufgebrochen bin. Ich schaue ein zweites Mal durchs Glas. Und fühle mich ein bisschen wie Kolumbus. »Entdecken« ist eine der wundervollsten Illusionen, weil sie Freude hervorruft bei denen, die entdecken. Und bei denen, die schon immer da waren – es sind immerhin 65,5 Millionen Menschen, die auf der Insel vor mir leben –, bestenfalls ein Gähnen über den Entdecker.

Trotzdem freue ich mich. Doch bevor mein Übermut ins Kraut schießen kann, hat das Meer auch gleich seine Lektion für mich parat. Die Gegenströmung hat am Nachmittag unsere sechs Knoten Fahrt auf drei geschrumpft, es wird weniger, je näher ich der Küste komme. Es ist Abend, als ich Netz habe und die Nummer der Marina in Poole ins Handy tippen kann, wo sich niemand mehr meldet. Es wird dunkel sein, bis ich in Poole den Gezeitenfluss hinauffahren kann, den ich auf der Seekarte sehe, und sicher gegen Mitternacht, bis ich die unbesetzte Marina erreiche. Längst habe ich den Motor gestartet, doch *Levje* quält sich mehr und mehr gegen den Strom.

Die letzten Meter zu meinem Ziel sind die schwersten, und

das nicht bloß, weil ich noch nicht weiß, wo ich die Nacht verbringen werde, sondern weil uns auch der Wind entgegensteht. In meinem Inneren hat sich der stolzgeschwellte Kolumbus längst verzogen und dem verzagten Odysseus Platz gemacht, der endlich heimkommen will.

Die Sonne geht unter, als ich die Kreidefelsen der Poole Bay erreiche. Ich sehe einzelne weiße Felsstöcke dünn wie Nadeln aus dem Meer ragen, sie sind oben seltsam begrünt. Sie stehen abseits des großen Ganzen im Meer, als zögen sie das Alleinsein dem Land vor. Dahinter habe ich auf der Seekarte ein Stück flachen Ankergrunds entdeckt. Es muss hinter der Huk mit dem Kreidefelsen liegen, vielleicht finde ich an diesem windigen Abend ja eine windstille Ecke. »The Yards«, die Gärten, heißt die Stelle vor den schneeweißen Felsen, eine Handvoll Segelboote hat sich an diesem Abend hier versammelt, um die Nacht unter dem Sternenhimmel zu verbringen. Ein gutes Zeichen, dass der Grund hier bestens hält und ich vom Wind für die Nacht nichts zu befürchten habe. Ich drehe meine Kreise, bis ich *Levjes* Anker fallen lasse, mein Deck aufräume. Und endlich Zeit habe, um mir die weißen Felsen und die Landschaft dahinter genauer zu betrachten.

Ja. Dies hier muss England sein.

Dienstag, 4. September

Von Poole zur Isle of Wight.
Und weiter nach Portsmouth.

Es ist ein stiller Morgen in der Poole Bay. Im Gegenlicht kann ich die Landschaft genauer betrachten. Was ich gestern als einzelne Kreidestöcke im Meer wahrnahm, zeigt sich heute von meinem Ankerplatz als verwegene Konstruktionen der Natur. Brückenbogen aus Kreide spannen sich übers Meer und schlanke Nadeln, daneben ein niederkniendes Dromedar aus Kreide mit flauschig-grünem Rasenpelz oben. In der Seekarte lese ich die Namen, die Scherzbolde den Kreidenadeln einst gaben. »Old Harry« und »Old Harry's Wife«. Am Ufer erkenne ich Einzelheiten. Gleich darüber schmiegen sich Felder in die wellige Hügellandschaft, am Strand mit den Bootshäusern mache ich hinter den einsamen Eichen drei Landhäuser im Tudorstil und eine Kirche mit gedrungenem normannischem Steinturm aus. Was ich sehe, könnte englischer nicht sein.

Gegen Mittag steht der Strom günstig, ich breche auf nach Osten, zur Isle of Wight. The Needles, die drei markanten Felsrücken in der westlichen Einfahrt zur Insel, ragen als scharfkantige Kreideplatten aus dem Meer. »Lots Frau« hatten vom Heimweh geplagte Seeleute die Felsen einst getauft, aber auch »Cleopatras Needle«, weil inmitten der drei scharfkantigen

Kreiderücken ein einzelner Finger in die Höhe ragte wie der, den ich am Morgen in der Poole Bay sah. Doch längst haben die Stürme die einsame Felsnadel gefällt, nichts als ihr Name blieb.

Der dahinterliegende Kreidefelsen der Isle of Wight sieht putzig aus. Erst beim Näherkommen entdecke ich die Sammlung winziger Häuser an der Kliffkante. Was ich für putzig hielt, ragt über hundert Meter steil in die Höhe. Auch die Einfahrt in den Solent, die Meerenge zwischen Insel und Festland, lässt sich nicht lumpen. Meine beschauliche Segelei über die harmlos dreinblickende Wasserfläche verleitet mich dazu, die Einfahrt in den breiten Arm des Solent an der falschen Stelle, nämlich nah am Festland, zu vermuten. Tatsächlich weist eine Tonne gleich vor den Needles darauf hin, dass es nur nahe der jäh abfallenden Kreidefelsen in den Solent geht. Ich muss mühsam nach Süden aufkreuzen, verliere kostbare Zeit, in der der Strom dreht. Letztlich bin ich dann doch dankbar, den Umweg genommen zu haben. Denn merkwürdige Wirbel und Strömungen bilden sich an Backbord, wo das Wasser aus dem Solent strömt, als wäre hier ein überspültes Flusswehr, über dessen Rand das Wasser in die Tiefe fällt. Tatsächlich verringerten sich die 20 Meter Wassertiefe an dieser Stelle auf drei Meter.

Bis zum Abend muss ich gegen den Strom ankämpfen, bis ich den Hafen von Yarmouth auf der Isle of Wight erreiche und ein Marinero mir in der Dämmerung einen Platz längsseits einer verlassenen Yacht zuweist. Ein bisschen tricky ist das Anlegen einhand im Strom. Der Hafen ist eigentlich die Mündung des Flusses Yar, und der strebt gerade lustvoll dem Meer entgegen. Ich muss vorher überlegen, wie ich meinen Einhand-Anleger fahre und gleichzeitig aufstoppe, mein Boot so schnell am anderen vertäue, ohne dass mich die Strömung führungslos ins Hafenbecken treibt und alles ein peinliches Schauspiel wird. Doch ich bin gut in Übung, mein Anleger klappt. Danach mache ich mich auf den Weg voller Hunger, weniger auf die englische Küche, sondern den kleinen Ort mit seinen Ziegelhäusern, der hinter dem Fähranleger liegt.

Yarmouth ist einer dieser südenglischen Bilderbuchorte. Die Inns im Tudorstil, die Mauern der Tavernen scheinen so alt wie ihre Namen. Und die erzählen, was sich in diesem Land einst zugetragen hat. Wieder einmal die Traditionen: The King's Head, auf dessen gemaltem Schild nichts anderes prangt als das Konterfei jenes Königs, dessen Kopf das Parlament zum Entsetzen Resteuropas kurzerhand abschlagen ließ. The Wheatsheaf, die Weizengarbe, erzählt vom bäuerlichen Leben auf der Insel. Und The Bugle Coaching Inn vom blechernen Tröten des Horns, mit dem die Postkutsche einst über diesen Marktplatz rollte.

Ich erliege dem alten Charme, trete ein und bestelle ein dunkles Bier von der Isle of Wight und Fish and Chips. Doch hinter den Traditionen verbirgt sich manchmal jener Teil der englischen Küche, den man schnell hinter sich lässt. Die als *Triple cooked chips* angekündigten Pommes wetteifern mit den als *garden peas* gepriesenen Erbsen und dem panierten Kabeljau um die Ehre, was auf meinem Teller am matschigsten daherkommt. Auf die englische Küche ist in gewisser Weise mindestens genauso Verlass wie auf die Siziliens, nur zwingt sie die Bewohner dieser Insel dazu, ihren sonnigen Humor nicht zu verlieren, auch an schlechten Tagen. Das alles macht mir aber nichts, dies ist England, und ich habe die Küche dieses Landes dank Mrs Craig von ihrer besten Seite kennengelernt. Was das Essen betrifft, scheint es zweierlei England zu geben. Man kann ein Land nicht verachten, in dem es Menschen gibt, die einem etwas mitgegeben haben in die Welt. Wieder einmal denke ich an Mrs Craig. Ob sie noch lebt? Ob ich sie anrufen soll? Mein Sommer in Südengland ist nun vier Jahrzehnte her, ob sie sich noch an mich erinnert? Vielleicht kriege ich ja morgen ihre Telefonnummer raus.

Ich verlasse The King's Head und wandere noch ein Stück am Meer entlang in der Abenddämmerung, mit Blick hinüber zum Festland, bevor ich zum Fluss und dem Hafen zurückkehre.

Samstag, 8. September

Portsmouth. Im Hornet Sailing Club.

Im Hornet Services Sailing Club erlebe ich die erste kalte Nacht des Jahres. Bettdecke und darüberliegende Wolldecke reichen nicht mehr, ich versuche, mich so klein wie möglich zu machen, um nur ja keine Wärme abzugeben. In welcher der heftigen Eiszeiten die Menschheit lernte, sich bei Kälte klein zu machen?

Als ich das Schott öffne, ist gerade die Sonne über dem U-Boot aufgegangen, das drüben im Hornet Sea, Air & Space Museum liegt. In irgendeiner Öffnung der stählernen Röhre scheint ein Falke zu nisten, ich höre sein Fri-Fri-Fri über dem Nebel. Auf der anderen Seite des Steges nestelt Charles auf seiner *Tilly* herum. Wie Charles' massiger Körper auf das winzige Boot passt, kann ich mir ebenso wenig erklären, wie ich seine Gründe kenne, seinem Boot diesen Namen zu geben. Eine Verbeugung vor seiner Frau? Eine Verehrung an eine unerreichbare Jugendliebe? Eine Liebeserklärung an eine Tochter? Was Boote angeht, werden selbst die größten Salzbuckel von Gefühlen übermannt. Ein Boot ist eine hoch emotionale Angelegenheit, und der meist weibliche Bootsname ist nur ein schwacher Abklatsch dieser Emotionalität. Zu den Groben gehört Charles sowieso nicht, er ist um die sechzig, sein rundes, weiches Gesicht ist umkränzt von einem Wasserfall dünner blonder Haare. Um mit seinem Boot im Hornet Services Sailing Club unterzukommen, muss man schon gedient haben, entweder in der Royal Air Force, der Royal Navy oder der British Army.

Charles passt da nicht so recht ins Bild, ebenso wenig wie ich. Er, ganz feinsinnig, könnte Kunsttherapeut gewesen sein. Er taut sichtlich auf, als ich ihm erzähle, noch nach London fahren zu wollen, um in die Modern Tate Gallery zu gehen. »*The wicked city*«, gibt mir Charles mit auf den Weg. »*They will take your money wherever they can.*« Er spricht aus, was ich von London weiß. Aber das mit dem Geld ist eben nur die eine Seite.

Erneut schreit der Falke vom U-Boot herüber, ein lang gezogener Schrei, als würde den Turmfalken in seiner pragmatisch gewählten Behausung etwas ärgern.

Nein. Charles entspricht so wenig dem Bild des Militärs wie ich. Mich brachte Arty hierher, der »Secretary« des Hornet Services Sailing Clubs. Vor wenigen Tagen schrieb ich an den Club, ob denn in Gosport, der anderen Seite Portsmouths, ein Liegeplatz für *Levje* frei wäre, für ein paar Tage. In sein Antwortschreiben hatte Arty prominent die überraschende Frage eingeflochten, ob ich denn meinen Militärdienst nachweisen könne. Der Club sei jetzigen und gewesenen Militärs vorbehalten. Spätestens mit dieser Frage hatte mich der Ehrgeiz gepackt, ob es mir gelänge, meinem vor vier Jahrzehnten abgeleisteten Grundwehrdienst noch etwas anderes Positives abzugewinnen als die intensive Erfahrung eines Lebens gefangen in einem totalitären System. Ich schrieb Arty über meine Zeit in der Kaserne vor den Bergen, über meine Einheit, ein Gebirgssanitätsbataillon. Arty ließ sich erweichen und bot mir einen Liegeplatz an im Hornet Services Sailing Club. Er muss militärisch viel für sein Land geleistet haben. Seinen Namen zierte in der E-Mail das Kürzel »MBE«, die drei Buchstaben stehen für »Member of the Most Excellent Order of the British Empire«. Ich tippe auf ein Heldenstück im Krieg gegen Argentinien um die Falklandinseln. Dafür sind Inseln und Buchten am anderen Ende der Welt, so unbedeutend sie auch sein mögen, allemal gut, internationale Konflikte zwischen ansonsten friedlichen Staaten zu schüren. So schwärt auch der letzte innereuropäische Grenzkonflikt im Herzen Europas unbemerkt seit Jahrzehnten zwischen Slowenien und Kroatien um den Grenzverlauf in und vor der Bucht von Piran.

Als Arty schließlich vor mir steht, ist er alles andere als der Held, der mit Gewehr in jedem Arm eine argentinische Stellung auf einem kahlen Felsen stürmt. Er ist ein angenehmer, kultivierter Gesprächspartner, der mich auf dem Gelände herumführt und mich den mürrisch dreinblickenden Leuten vom Sicherheitsdienst als »*our friend Thomas*« vorstellt. Ich weiß diese nette Geste zu schätzen, sie ist sinnvoll, denn die Leute des privaten Sicherheitsdiensts haben, allesamt Zivilisten, ihre militärischen Mienen aufgesetzt, als ginge es beim Hornet Services Sailing Club um ein streng geheimes militärisches Projekt und nicht um einen biederen Segelklub, den sie bewachen.

Für seine Gastfreundschaft bin ich Arty ausgesprochen dankbar, schließlich ist der Klub ein ganz eigenes Biotop. Die meisten Mitglieder sind im Ruhestand und haben ihren aktiven Dienst längst hinter sich. Doch ein wenig von den ruhmvollen Tagen im Service umweht den Klub immer noch, der Kalender der anstehenden Events bittet neben den üblichen Regatten auch zum »Battle of Waterloo Dinner« im Juni oder zur D-Day-Feier. Dafür wird der Klubraum in der Baracke in ein Meer britischer Fahnen verwandelt.

Irgendwie rührt mich wieder einmal der Anblick dieser scheinbar bescheidenen Leben, den Traditionen näher und dafür fern von Superlativen und Rekorden und Luxuskarossen und *big money*. So vieles erzählt hier noch vom kleinen, vom einfachen Leben, gebettet in Jahrestage und Dinner voller »Pomp and Circumstance«. Es gibt kein besseres Bild für diesen liebenswerten Teil Englands als den Hornet Sailing Club mit Arty, dem alternden Charles auf seiner *Tilly*.

Die Frage, ob Mrs Craig noch lebt, lässt mir keine Ruhe. Mit meinen ersten Versuchen, sie ausfindig zu machen, bin ich gescheitert. Das kleine Landgut, in dem die Familie damals nahe dem Schloss der Wellingtons wohnte, gibt es noch. Als ich die alte Telefonnummer wähle, versteht die Stimme am anderen Ende der Leitung jedoch nicht, was ich möchte. Weiter bringt mich die Idee, den Pfarrer des kleinen Ortes Stratfield Saye in der Nähe anzumailen, Robert Craig saß dort gelegentlich sonntags an der Orgel.

Ein paar Tage später antwortet mir der Pfarrer, die Craigs seien vor ein paar Jahren verzogen, er wisse nicht, wohin, irgendwo nach Devon. Doch eine E-Mail-Adresse hätte er noch von Julia, der Tochter, die würde er beifügen. Wiederum ein paar Tage später poppt ein Foto auf meinem Handy auf. Eine alte Dame ist darauf zu sehen, die mir zuwinkt. Sie sitzt unter einem Gemälde des kleinen Landguts, das ich so gut kenne. Aber noch besser erinnere ich mich an das Gesicht. Mrs Craig scheint sich nicht verändert zu haben, sie trägt immer noch die Bluse mit klein gemusterten Blüten und jenen dunkelblauen Pullover mit V-Ausschnitt. Wie damals, in jenem Sommer, steckt die Sonnenbrille in ihrer Frisur. »Mum schickt dir ein Winken«, schreibt Julia. »Hier ist ihre Telefonnummer. Sie freut sich, wenn du sie anrufst.«

Samstag, 8. September

Wiedersehen mit Mrs Craig.

Und dann steht sie vor mir am weißen Gartenzaun mit den Heckenrosen und den blassblauen Wicken. Sie lacht nur, sagt kein Wort, sie, die ich fast vierzig Jahre nicht gesehen habe. Dann breitet sie die Arme aus und sagt: »*Come and give me a hug!* – Komm her und umarme mich.«

Ich hatte genau gewusst, wie sie leben würde. Ich musste nur an den Sommer von damals und an das kleine Landgut denken, an Chequers, wo die Craigs mit ihren vier Kindern lebten. Ein viktorianischer Klinkerbau, die vier Giebel voll Efeu, der weitläufige Garten voller Malven, Wicken und Heckenrosen, den sich die Craigs mit einem gemächlichen Labrador namens Lisa und drei schwarzen Katzen teilten, die lautlos um Lisas Beine strichen.

»*Come on and give me a hug*«, sagt Mrs Craig nochmals, mit etwas brüchiger Stimme – sie ist das Einzige, was ich anders in Erinnerung habe. Im Pagenkopf steckt die unvermeidliche Sonnenbrille, ihre Augen sind wach und liegen tief, sofort ist mir wieder ihr präzises Englisch präsent, das hohe Singen mit den federleichten Worten, die eine Frage klingen lassen, als würde ein Reiher beim Fliegen die Oberfläche eines Teichs leicht berühren und kleine Kreise darauf hinterlassen.

Sie steht vor einer alten Dorfschmiede, die jetzt ihr Heim ist.

Sinn für ein schönes Zuhause hatte Mrs Craig schon immer. Und jetzt ist es ein Cottage aus dem 18. Jahrhundert, aus dem gemächlich ein Labrador auf mich zutrottet. »Das kann doch nicht Lisa sein?«, frage ich. Mrs Craig lächelt spitzbübisch: »Wir sind zwei Hunde weiter. Das hier ist Bramble. Bramble wie Brombeere. Frag mich nur nicht, warum. Im Übrigen: Sag nicht Mrs Craig zu mir. Sag Jean. Niemand nennt mich Mrs Craig, selbst Apple und Sky Television sprechen mich mit meinen dreiundachtzig Jahren mit Jean an. Tu du das also auch.«

Wir reden in der Küche, wie in Chequers ist sie winzig mit einem einfachen Holztisch und Holzbänken. Ich wundere mich, wie sie es geschafft hat, Chequers im Kleinen hier neu entstehen zu lassen.

»Weißt du, Chequers war so ein gutes Haus, wir hatten so glückliche Jahre dort. Als dann unsere vier Kinder aus dem Haus waren, habe ich zu meinem Mann gesagt: ›Robert, wir sollten darüber sprechen, Chequers aufzugeben und woanders hinzugehen.‹ Über Jahre hatten wir immer mal wieder diesen Gedanken geäußert. Normalerweise hätte sofort einer von uns beiden gesagt: ›Kommt nicht infrage.‹ Aber irgendwann waren wir so weit. Chequers war zu groß geworden, und eines Tages entdeckte ich die Müdigkeit in Roberts Augen. Ich wusste, es war an der Zeit, noch einmal neu anzufangen, im Kleinen. Wir dachten zuerst, wir ziehen in unser Cottage nach Devon. Aber dann entschieden wir, besser dort zu bleiben, wo unsere Kinder und Enkel sind. Und als wir zum ersten Mal hier vor der Tür von Junipers Common standen, sagte ich zu Robert: ›Ich glaube, ich könnte hier leben.‹ Und Robert antwortete: ›Ich auch.‹ Wir hatten noch keinen Fuß über die Schwelle gesetzt, da wusste ich: Das ist mein neues Zuhause. Robert hat dieses Haus nur sechs Monate erlebt, dann war er eines Morgens tot. Ein Aneurysma. Danach erschien es mir, als hätte er dies eine noch tun müssen: mir helfen, unser gemeinsames Chequers aufzulösen. Mir helfen, das Alte zu beenden.«

»Wem von euch ist es schwerer gefallen, Chequers aufzugeben?«, frage ich.

Jean denkt kurz nach. »Am schwersten fiel es erstaunlicherweise nicht Robert oder mir. Auch Julia und Joanna kamen gut damit zurecht. Den Jungs fiel es überraschenderweise am schwersten. Ihr Jungs seid immer so sentimental. Warum seid ihr so viel sentimentaler als Frauen, was Wegwerfen, was Auflösen angeht?«

Wir setzen uns in den kleinen Wintergarten, mit Blick auf eine alte Ziegelmauer, auf Bramble, der träge in der Sonne den Kopf hebt und nach einer Fliege schnappt.

»Ich habe so ein süßes Foto von dir, von damals. Du wirst dich wundern«, fährt Mrs Craig fort. »Kannst du dich noch erinnern, dass du unglücklich warst, als du damals bei uns ankamst? Ich spürte, dass du nicht glücklich warst. Warst du ein fröhliches Kind?«

»Ich glaube nicht, nein. Nur in den großen Ferien, auf dem Land«, antworte ich.

»Das dachte ich mir. Du sahst nicht fröhlich aus, als ich dich mit deinem kleinen Koffer vom Bahnhof in Mortimer abholte. Warum warst du unglücklich?«

»Wenn ich heute darüber nachdenke, war es die Enge. Ich war sechzehn und rothaarig wie meine Mutter, ich fühlte mich so eingesperrt. Ich zeichnete steinerne Mauern, die aufeinander zuliefen. Es schien nicht weiterzugehen. Ich litt unter der Enge und wusste nicht einmal, wie sehr ich Freiheit und Weite vermisste, dass ich längst in etwas Neues aufbrechen wollte. Vielleicht hätte mir ein Internat gutgetan. Und dann kam ich zu euch. Es waren ja nur wenige Wochen im Sommer. Doch ich habe so viel gelernt über mich auf dieser Reise und in diesen Wochen bei euch. Dass ich nicht seekrank werde. Wie gerne ich auf dem Meer bin. Chequers war wie ein Brutkasten. Die Begegnung mit dir und Robert hat mir gezeigt, wie ich leben will. Ich fühlte mich wie nach einem Reset. Es hat so viel geändert. Bis dahin war ich miserabel in der Schule. Danach war ich auf meiner Spur. Diese Reise war nur ein Funke, der zündete.«

Mrs Craig nimmt eine Packung Kaffee aus einem Regal. »Magst du lieber Tee? In diesem Haus trinkt leider niemand Tee, ich kann dir nur Kaffee anbieten.«

Nachdem sie Kaffee für uns beide zubereitet hat, erzählt sie weiter.

»Hab ich dich eigentlich damals geschimpft? Wir hatten in den Sommerferien viele Kinder bei uns, und manchmal musste ich streng sein. Aber ich erinnere mich nicht, dass ich jemals streng mit dir war. Nein, ich hab dich nicht geschimpft. Ich erinnere mich an so viele Dinge, die dich betreffen, das ahnst du gar nicht.«

»An was denn zum Beispiel?«, frage ich neugierig.

»Du warst gut auf dem Tennisplatz. Du spieltest mit Éric – du erinnerst dich an den Jungen aus Paris? Als er vor deiner Ankunft erfuhr, dass du Deutscher seist, war er bedrückt. Ich musste ihn fragen, erst dann rückte er raus: ›Das wird schwer werden, Mrs Craig. Mein Großvater ist von einem deutschen Soldaten erst niedergeschlagen und dann getötet worden. Es wird für mich nicht einfach werden mit einem Deutschen.‹ Éric war sehr sensibel. Aber es war dann ein schönes Erlebnis, euch beide zusammen auf dem Tennisplatz spielen zu sehen.«

»Und an was erinnerst du dich noch?«

»Du hast Bücher gekauft, in dem Antik-Shop nicht weit von hier. Bücher über englische Geschichte, und die hast du im Garten unter den Obstbäumen gelesen. Und ich erinnere mich an unseren Ausflug nach Blenheim Palace, dem Schloss, in dem Winston Churchill geboren wurde. Wir standen alle zusammen vor dem Wandteppich, ein älterer Guide deutete auf die

Darstellung kämpfender Soldaten. Der Mann musste in der Army gewesen sein, denn er erzählte mit erhobener Stimme, dass Winston Churchills Vorfahr, der Duke of Marlborough, die verbündeten Franzosen und Bayern an der Donau geschlagen hätte. Ich musste lachen, als ihr beide, Éric und du, den Mund verzogt. Ihr zwei wart euch in diesem Moment so einig in eurem verächtlichen ›Pah‹.«

Sie hält kurz inne. Ich betrachte das Gemälde von Chequers an der Wand. Die fröhlichen Farben.

»Weißt du, dass ich irgendwo daheim noch immer ein Buch liegen habe, mit einer unfertigen Tuschezeichnung von Chequers?«, sage ich. »Da wollte etwas raus.«

»Es ist schön, dass du das alles in so guter Erinnerung behalten hast. Doch in einem irrst du dich: Es war nicht Chequers, das dich veränderte. Du warst bereits vollkommen und fertig, als du in die Ferien nach Chequers kamst. Du warst unendlich traurig – aber alles, was du heute bist, war damals schon in dir. Chequers hat gar nichts gemacht. Du warst es. Alles war bereits angelegt in dir.«

»Aber die Begegnung mit dir und Robert, mit eurer Art zu leben, die hat vieles ausgelöst. Zum ersten Mal erfuhr ich, wie wichtig es für mich ist, mein Zuhause zu verlassen und aufzubrechen. Wie wichtig es ist, immer wieder alleine hinauszugehen, um weiterzukommen. Merkwürdigerweise habe ich genau das immer wieder vergessen. Es rutschte weg, weil der Job gerade so spannend war, ein Haus zu bauen war oder ich für eine Familie da sein wollte. Dann braucht es eine Reise – und das Kennenlernen von Menschen wie dir und Robert. Du warst nicht streng zu mir, du warst nur du selbst. Und doch hast du mich gerade dadurch unglaublich ermutigt. Und stark gemacht, meinen Weg zu gehen.«

Wir reden bis tief in die Nacht. Jean erzählt von ihren Kindern, vor allem von ihren Enkeln. Zwei Menschen von unterschiedlichen Enden Europas, die sich doch so nahe sind, obwohl sie sich nur einmal begegneten. Es ist merkwürdig. Natürlich hat mich das Land, aus dem ich komme, geprägt. Doch während Jean erzählt, begreife ich, wie sehr sich mein Leben gegen Ende meiner Schulzeit und dreieinhalb Jahrzehnte später vor meinem Rauswurf glichen. Beide Male war mir meine Welt zu eng geworden. Ich hatte die Zähne zusammengebissen, hatte durchgehalten, es war gut gewesen und notwendig. Aber ebenso notwendig war es gewesen, auf eine Reise zu gehen. Allein aufzubrechen, allein irgendwo hinzugehen, ein halbes Jahr zu verschwinden, um am Ende zurückzukehren und zu wissen, wie ich leben will.

Es ist spät, als wir uns Gute Nacht sagen. Einmal mehr bin ich Jean dankbar. Dankbar, dass ich meine erste Nacht an Land nach viereinhalb Monaten auf See nicht irgendwo verbringe, sondern unter ihrem Dach. Ich könnte mir keinen besseren Ort vorstellen, um wieder an Land anzukommen, als Jeans Haus mit dem leise schnarchenden Bramble.

Donnerstag, 13. September

Ankommen auf Hayling Island. Abschied von Levje.

Es ist eine Insel, auf der meine Reise mit *Levje* endet. Hayling Island entspricht nicht unbedingt dem, was man sich unter dem Begriff »Insel« gemeinhin vorstellt. Wer vom Land kommt und über die einzige Brücke über den Meeresarm zur Insel hinüberfährt, dem erscheint sie eher als ein von den Gezeiten umspültes Festland.

Doch Hayling Island ist, so wie das benachbarte Portsea Island, eine veritable Insel in den Marschen Hampshires und rundum von Meerwasser umgeben. Nur dass aus dem einstigen Portsea Island mittlerweile die Großstadt Portsmouth wurde und Hayling Island nichts weiter ist als ein Insel-Vorort Portsmouths. Noch vor einem halben Jahrhundert war Hayling ein geschätzter Ort, um hier die Sommerfrische zu genießen. Doch dann kamen Fernreisen in Mode, und Ferien im eigenen Land zu machen, erschien großväterlich. Aus der Urlaubsinsel wurde ein Naherholungsort – und ein Wohnort für jene Briten, die ihren Ruhestand »im Süden« verbringen wollen. Hayling Island gleicht heute einer dicht bebauten Kolonie in einer Parklandschaft unter Eichen, die nur noch in den Sommermonaten ein klein wenig vom früheren Glanz ausstrahlt.

Ein Inselkosmos ist Hayling trotzdem geblieben, so bebaut

es auch immer sein mag. Eine einzige Straße zieht sich von Norden bis zum Strand von Eastoke im Süden, er ist so ganz anders als das kleine Inselzentrum in der West-Town. Eastoke und sein Strand sind alles andere als schmuck, gleich hinter dem Bahnhof der Hayling Island Railway Station, einer Touristenattraktion, warten vier Fish-&-Chips-Läden, eine Gin-Bar, drei Take-away-Chinesen und ein Take-away-Inder auf hungrige Ausflügler.

Gut eineinhalb Kilometer nördlich davon entdecke ich bei einem Landausflug die kleine Bootswerft. Unter Eichen, von Hecken gesäumt, ein sauber aufgekiestes Areal am Ufer eines Gezeitenflusses, des Mengham Rithe, in dem die Vierteltonner wie Charles' *Tilly* bei Flut wie Perlen an einer Schnur im Wasser treiben. Sobald aber das Wasser gefallen ist und der mächtige Meeresarm nur noch als winziges Rinnsal dem Meer zustrebt, liegen sie verwaist im Schlick auf den sogenannten *mud berths*, den Schlamm-Liegeplätzen.

Sean, ein stiller Mittdreißiger mit konzentriertem Blick, führt mich auf der kleinen Bootswerft herum. Als er mir die vor dem Steg im Schlamm hockenden Boote zeigt, verwerfe ich den Gedanken, *Levje* für den Winter hierherzubringen. Wo jetzt nichts weiter ist als meilenweit der Schlick mit einem jämmerlichen Rinnsal, da soll ich mein Schiff hinsteuern? Wie soll das gehen? Unvorstellbar. Doch Sean sagt, das mit *Levjes* zwei Metern Tiefgang wäre kein Problem, sobald die Flut am höchsten wäre, bei Springtide, das wäre in zwei Tagen. Doch es müsse schnell gehen. Selbst dann bliebe ihm nur eine Stunde, um mein Schiff auf einem eigens unter Wasser aufgestellten Schlitten zu vertäuen und diesen an einem 50 Meter langen Stahlseil aus dem Wasser zu ziehen. Danach würde das Wasser gleich wieder fallen. Keine vier Stunden später wäre der Mengham Rithe nichts weiter als ein weites Feld von Schlick voller Wattvögel, die zwischen den Booten stolzieren.

Mir gefällt der Platz auf der Insel unter den Eichen, der Park mit der alten Villa am gegenüberliegenden Ufer, aus dessen Gehölz der Schrei des Fasans klingt, mir gefällt dies ebenso wie der konzentrierte Sean. Ich beschließe, *Levje* hierherzubringen.

Zwei Tage später steuere ich mein Schiff am Strand von Eastoke entlang in den Flussarm. Tatsächlich sind hier eher Kleinkreuzer zu Hause, Boote von *Levjes* Größe gibt es nicht. Segelkursteilnehmer in kleinen Nussschalen wuseln auf dem Meeresarm im Schwarm um uns herum und kommen auf Bootsbreite heran. Es ist Ferienende und der Tag der Abschlussregatta, die Nussschalen haben unter Segel natürlich Vorfahrt vor *Levje*. Auf dem schmalen Meeresarm steht ihnen mein Boot wie ein quer stehender Sattelzug in einer Unterführung im Weg. Wie britische Höflichkeit im täglichen Leben wirkt, zeigt sich auch hier, die Skipper entschuldigen sich bei mir, dessen Schiff ihnen die Vorfahrt nimmt, als wären sie es, die mich behinderten. Höflichkeit erlebe ich in England wie in Westfrankreich als Beitrag jedes Einzelnen zum Funktionieren des Gemeinwesens. Dafür habe ich dieses Land und seine Bewohner immer geschätzt, allen Hooligans, Brexit-Befürwortern und reißerischen Schlagzeilen der *Sun* zum Trotz.

Hinter der Biegung scheint das Wasser ein breiter See zu sein, nur ein schmaler, mit wenigen Stangen markierter Kanal führt zwischen den dicht an dicht gereihten Booten hindurch. Die Wassertiefe nimmt stetig ab, die Perlenschnur treibender Boote zeigt mir, wo der Gezeitenstrom sich seine Windungen gegraben hat, denen ich sicher folgen kann. Trotz aller Vorsicht finde ich mich plötzlich zwischen zwei Reihen vertäuter Boote gefangen. Ich bin in eine Sackgasse geraten, *Levjes* Tiefenmesser zeigt wenig mehr als eine Handbreit Wasser unter ihrem Kiel. Und was noch übler ist: Vor mir sehe ich nur kleine und kleinste Boote vertäut, ein untrüglicher Hinweis, dass dort nur flaches Wasser sein kann. Soll ich mich die letzten Meter einfach aufs Geratewohl vorantasten? Ich weiß einen Moment nicht weiter, hänge im Flach zwischen den Booten fest, viel Zeit, um nachzudenken, habe ich nicht, weil der Wind *Levje* ganz schnell vertreibt.

Dann sehe ich Sean, der keine hundert Meter voraus auf dem Steg ein Boot klarmacht. Ich nehme meinen Mut zusammen und gebe Gas, halte Kurs auf den Steg zu, während *Levjes* Propeller hinter mir auf dem Wasser Fahnen aufgewühlten Schlicks hinterlässt. Ich bin zwar nicht im Fahrwasser, ich spüre, wie der Bleikiel zwei Meter unter mir den Schlamm pflügt. Doch am Steg wartet Sean, der ernst und wortlos meine Leine entgegennimmt und mich mit einem kurzen Blick hinüber zu dem Schlitten in der Flussmitte weist, von dem nicht mehr als vier Stahlrohre aus dem Wasser ragen.

Ich steuere *Levje* hinüber zu den Stahlstangen, stoppe auf, während Sean sie an den Stangen vertäut. Dann ein Zeichen an den am Ufer wartenden Traktorfahrer. Mit einem Ruck setzt sich mein Schiff in Bewegung, wie auf einem Ochsenkarren rumpelt es die letzten Meter unserer Reise die Böschung hinauf. Viereinhalb Monate nach Sizilien hat uns das Festland wieder. *Levje* steht triefend wieder auf dem Trockenen. Ich schaue kurz hinter mich, zum Fluss, auf dem wir eben noch fuhren. Doch der hat bereits seine Richtung geändert und strömt schon wieder dem Meer entgegen.

Am nächsten Morgen gehen Dave, Barry und Sean hinüber zu dem verbeulten Kran, neben dem mein Schiff vor den Eichen die nächsten sechs Monate fest in einer Reihe zwischen anderen Booten an Land stehen wird. Dave und Barry gehört die kleine Werft auf der Insel. Während Dave kraftvoll den schweren Hammer schwingt, um Pallhölzer rings um *Levje* einzuschlagen und sie abzustützen, erzählt er beiläufig, dass er achtzig Jahre alt sei. Und Barry, sein Bruder im Führerhaus des Krans, neun Jahre jünger. Nur ein Weltkrieg läge zwischen ihnen und würde sie trennen, meint Dave grinsend, während Barry eben noch *Levje* hoch am Haken über die anderen Boote fliegen ließ, als wäre sie bloß ein Papierdrachen. Sean lotst ihn von unten mit Handzeichen. Ob er auch segeln würde, frage ich Dave, doch der erzählt, dass er sich vor wenigen Jahren im französischen Chamonix seinen Traum erfüllt hätte: Endlich hätte er in den französischen Alpen einen Skikurs besucht, um Schneehänge hinterzufahren. Seine Frau sei derlei Kummer gewohnt. Er sei nun mal ein Abenteurer.

Während ich Dave zuhöre, bin ich fasziniert davon, wie achtsam die drei ihre Arbeit verrichten. Wie freundlich sie miteinander umgehen. Vielleicht liegt es daran, dass sie sich lange kennen. Sean ist der Sohn eines Schiffszimmermanns, er kam mit neun Jahren an der Seite seines Vaters zum ersten Mal auf die Werft. Womöglich war es der frühe Tod von Seans Vater und die damit einhergehende Verantwortung für seine Mutter, die Sean zu dem ernsten Mann gemacht hat, der er heute ist. Jedenfalls entfährt keinem der drei ein scharfes Wort, kein strafender Blick trifft einen von ihnen.

Als Sean mit knapper Handbewegung Dave und Barry signalisiert, dass *Levje* nun sicher abgestützt sei und die Arbeit damit beendet, stellt Barry den knatternden Kran ab. Als er aus dem Führerhaus klettert, meint er, dass der Kran repariert werden müsse. Eigentlich könne er ja 50 Tonnen heben. Doch heute hätte er schon Mühe gehabt mit den siebeneinhalb Tonnen meines Schiffs. Er sei eben alt geworden, der Kran, meint Barry bedauernd, mit einem Blick auf das verbeulte Gefährt.

Langsam schlurfen die drei zurück ins Gebäude der Werft. Ich bleibe zurück auf *Levjes* Deck. Zwei Tage wird es dauern, um mein Schiff winterfest zu machen und alles zu verstauen, was ich den Sommer über brauchte. Noch habe ich keine Zeit, mir klarzumachen, dass meine Reise um Europa zu Ende ist. Für manche Menschen geht eine Reise und das Abenteuer des Lebens nie zu Ende, das hat mir Dave mitgegeben. Ich weiß ja: Ich muss nur zurückkommen nach Hayling Island. Da wartet *Levje*. Wartet auf mich, bis es wieder losgeht.

Epilog

Ich bin wieder zurück. Meine Reise liegt Monate hinter mir. Franco schickt mir alle paar Wochen ein Foto aus Sciacca, aus dem Circolo Nautico. Mal die Männer beim Abendessen. Mal Carlo, der Marinero und Fischer, der seinen Arm ins Maul des mannshohen Fisches schiebt, den er gefangen hat. Mal ein Video von Pietro Tulone, wie er in seinem Laden steht, mir winkt. Oder von Baldo. Gestern schrieb Franco, dass die Wellen um Sizilien in diesen Tagen acht Meter hoch seien. Vorige Woche mailte mir Gilles aus Peniche, dass er nun sein Buch herausgebracht habe. Aber sein Verleger sei ein Lumpenhund, der keinen Finger dafür krumm machen würde. Nicht mal eine Website gäbe es. »*C'est une catastrophe!*«, klagt er.

Als ich während eines Wintersturms über Hayling an die Bootswerft schreibe und um ein Foto von meinem Schiff bitte, antwortet Barry, *Levje* sei okay, nur Dave wäre unglücklich, weil seine schmerzende Schulter ihn davon abhielte, Ski zu laufen. Für Jean Craig habe ich meine alte Tuschzeichnung von Chequers hervorgekramt und ihr geschickt. Ihre Antwort beim Anblick meiner kleinen Zeichnung ist typisch für sie: »Sollte alles andere in deinem Leben schiefgehen, könntest du jederzeit ein berühmter Künstler werden!« Sie schreibt auch, sie mache sich Sorgen um ihren einen Enkel, Allergien und Unverträglichkeiten quälen ihn so, dass er auf Facebook eine Selbsthilfegruppe gegründet habe.

Ich hoffe insgeheim, dass auch Kapitän Rackl dieses Buch und meine Zeilen über sich entdeckt und liest. Es wäre mir eine Freude, wenn er, dessen Namen ich geändert habe, meine Wertschätzung nach Jahren erführe.

Mein Onkel überrascht mich. Er ist achtundachtzig, einer der beiden letzten noch Lebenden der vier Kinder von Urle und Hanne. Ich habe ihm meinen Text über seinen Vater vorgelesen. Fast alles sei richtig, meint er. Nur wäre seines Wissens mein Großvater nicht auf Guernsey gewesen, sondern auf Alderney. Ich bin betroffen. Ausgerechnet Alderney, wo die Schatten der Vergangenheit am längsten sind. Ob mein Großvater das Edelweiß gesehen hat? Vielleicht sogar die Form hergestellt hat, in die es gegossen wurde? Ich frage mich, ob ich nachforschen soll, was mein Großvater wirklich auf der Insel getan und erlebt hat. Ich werde das den Winter über tun, mal sehen, was ich herausfinde. Man kann sich Mühe geben mit der Geschichte, so viel man will, nie kommt man der Wahrheit wirklich nahe.

Ich freue mich, wieder bei meiner Frau zu sein und in dem Dorf vor den Bergen. Ich bin froh, in meinem Leben an Land – anders als auf See – kein Einhandsegler zu sein. Ich könnte es nicht ertragen, plötzlich irgendwo an Land gespült zu werden, an Land muss ich einen Ort kennen, der mein richtiges Zuhause ist und mit Leben erfüllt. Nur gelegentlich, wenn die Erinnerung an die schwarzen Berge Südspaniens, an die Strände Portugals oder an die Gefahren der Felsen des Aber Wrac'h wie verglimmende Sternschnuppen durch meine Gedanken zischen, frage ich mich: »Was tue ich eigentlich hier?«

In meinem Dorf hat sich wenig geändert. Marlene, die Verkäuferin im Lebensmittelladen, hält mir, kaum dass sie mich in der Schlange vor der Theke entdeckt, wortlos das lange Messer hin, mit dem Endstück von einem ofenfrischen Leberkäs. Wie immer fragt sie mich auf diese Weise wortlos, wie viel es denn an diesem Samstag sein dürfe. Auch hier: Es sind kleine Gesten, die wortlosen Zeugen positiver Beziehungen zu Menschen, die ein Dasein zu einem Leben machen.

Ein Journalist fragte mich, warum ich mein Schiff nicht *die Levje*, sondern einfach nur *Levje* nenne, als wäre sie ein lebendiges Wesen. Das hat viel mit Dankbarkeit zu tun. Auf meiner kleinen *Levje I* bin ich nach meinem Rauswurf allein aus einem slowenischen Hafen nach Antalya gesegelt. Und von dort über Kreta nach Sizilien. Ich habe gelernt, mich in der menschenleeren Mondlandschaft des südlichen Peloponnes herumzutreiben und die Gewalt des Meltemi zu respektieren. Ich hatte mir nach meiner Entlassung verordnet, auf meiner Reise nicht über meine Zukunft nachzudenken, keine Pläne zu schmieden, einfach nur auf dem Meer unterwegs zu sein. Doch leise und beiläufig und wie von selbst kehrte in mein Leben zurück, was wirklich wichtig war. Meine kleine *Levje* hatte mich mit ihrer eleganten Art in ein neues Leben getragen. Als ich zurückkehrte, wusste ich: Ich will segeln. Und ich will schreiben. Auch ein kleines Schiff kann ein Leben wieder in Gang setzen.

Auf meiner kleinen *Levje,* vielleicht noch mehr auf meiner jetzigen *Levje II,* lernte ich, was es heißt, von einem Schiff getragen zu werden. Was mein Leben angeht, habe ich lange gebraucht, Vertrauen zu gewinnen. Vielleicht habe ich es bis heute nicht, das Leben, mein Leben schien mir stets als etwas Zerbrechliches, Bedrohtes. Ich kenne nur zu gut die Angst. Ich habe erst auf meinen Schiffen erfahren, wenn sie mich durch die Unwirtlichkeit trugen, wie sehr mich das Leben trägt – fast so sehr wie ein Boot.

Ich habe viel auf meinen Schiffen gelernt. Dass ich, wenn gerade nichts anderes zur Hand ist, mit einem alten Blasebalg eine blockierte Kraftstoffleitung auf See frei pusten kann und mit einem Schiff mein Leben, wenn es an einen Endpunkt gelangt ist. Ich habe gelernt, so begrenzt meine Mittel auf *Levje* auch immer sein mögen, dass man auf einem Boot in jeder Situation etwas tun kann, selbst wenn man noch so sehr in der Patsche sitzt. Es ist die Tugend des Seemanns, an Land rufe ich sie mir in solchen Fällen in Erinnerung: »Denk nach. Du hast hier alles, was du brauchst. Du hast hier wie auf deinem Boot alles, was dir in diesem Moment weiterhilft.«

Was bleibt von einem Sommer auf dem Meer und einer Reise um Europa? Da sind zunächst einmal Bilder. Bilder von Orten, die ich besuchte, Gegenden, die ich zum ersten Mal sah. Was bleibt, sind Begegnungen mit anderen Menschen. Gesichter, die sich eingebrannt haben, und wie Filippo Bentivegna konnte ich nicht der Versuchung widerstehen, sie festzuhalten. Den kurzen Momenten im Hafen wollte ich ein Gesicht geben, den kleinen Gesprächen auf der Pier unter dem freien Abendhimmel in irgendeinem Hafen, wo es nach Seetang riecht und nach Leben im Meer.

Was bleibt, ist die Erinnerung an Spektakuläres, was ich in den fünf Monaten auf dem Meer erlebte. Wie es ist, draußen auf dem Meer zu sein. Was bleibt, ist die Erinnerung an das Einfache. Wie einfach das Leben dort draußen ist, wenn man es wagt hinauszugehen. Nicht nur aufs Meer. Aber vor allem raus. Raus aus einem Leben, das man kennt, um Neues zu entdecken.

Meine Reise liegt nun Monate zurück. Ich träume eigentlich nie. Mein Schlaf ist so anders als der von Katrin, meiner Frau, die in ihren Träumen fliegen kann, wenn sie es will, und endlose Räume durchmessen. Doch in dieser Nacht, Monate nach dem Ende meiner Reise, träume ich. Ich treibe in einem vollgepackten gelben Dinghi auf dem Meer. Die See ist spiegelglatt, der Himmel über mir klar und blau. Nur weit im Westen ist er von unguter Farbe, blaubleigrau hat sich der Horizont eingefärbt. Es sieht aus, als könnte es Regen geben. Ich erkenne die Bretagne, ihre wilde Küste, die Côte Sauvage.

Doch plötzlich rollt von dort, wo der Himmel jenes düstere Blaubleigrau zeigt, eine große Welle auf mich zu. Sie scheint zu leben, wie sie da auf dem unbewegten Meer wie eine Hügelkette auf mich zukommt. Wo sie läuft, ist das Meer aufgewühlt. Gischt weht ab vom Gipfel der Hügelkette, es sieht bedrohlich aus vor dem blaubleigrauen Himmel, wie die Welle auf mich zuwalzt. Sie kommt näher. Ich weiß, ich kann ihr nicht ausweichen. Doch ebenso sicher spüre ich in meinem Traum, als mich die Welle fast erreicht hat: Ich habe keine Angst mehr.

Ob Träume wahr werden können?

Anhang

Glossar nautischer Begriffe

Abfallen	So steuern, dass der Wind mehr von hinten kommt
Abflauen	Wind nimmt ab
Achtern	Zum hinteren Teil eines Schiffs
Anluven	So steuern, dass der Wind von vorn kommt
Anschlagen	Befestigen
Ausreffen	Auch: ein Reff ausbinden. Ein Segel aus dem gerefften, das heißt verkleinerten Zustand wieder auf normale Größe bringen
Autopilot	Steuergerät, das selbsttätig ein Schiff auf einem einmal eingegebenen Kurs hält
Backbord	Linke Seite eines Schiffs
Bändsel	Kurzes Tauwerksstück
Baum	Stange, an der der untere Teil des Großsegels fixiert und mit dem Mast verbunden ist
Beaufort	Einheit von 1–12 zum Messen der Windstärke
Bimini	Stoffdach über dem Steuerstand
Bug	Das vordere Ende eines Schiffs
Bugkoje	Schlafplatz im Bug eines Schiffs
Dinghi	Mit Ruder oder kleinem Motor ausgestattetes Beiboot
ETA	»Estimated Time of Arrival«; geschätzte Ankunftszeit

Fall	Leine, an der ein Segel nach oben gezogen, »gesetzt« oder »fallen gelassen« wird
Fender	Meist mit Luft gefüllte längliche Ballons zum seitlichen Schutz des Bootsrumpfs
Festmacher	Tau oder Leine zum Festmachen eines Schiffs an Land oder einem anderen Schiff
Fock	Das kleinere Vorsegel einer Yacht
Fuß	Internationales Maß zur Angabe der Länge einer Yacht. 1 Fuß = 30,48 cm
Gegenan	Gegen den Wind segeln
Genua	Das große Vorsegel einer Yacht
Großschot	Leine im Cockpit, mit der das Großsegel ausgerichtet wird
Großsegel	Das Hauptsegel einer Yacht
Halse	Kurswechsel bei Wind von hinten, bei dem das Heck durch den Wind und die Segel auf die andere Seite einer Segelyacht übergehen
Heck	Das hintere Ende eines Schiffs
Huk	Landvorsprung
Kapeffekt	An Kaps auftretende Zunahme der Windstärke
Kentern	Von »auf die Kante legen«: seitliches Umschlagen eines Schiffs, das meist zum Verlust oder Untergang führt
Kiel	Das unterste Bauteil eines Schiffs; bei Segelyachten als Ballastkiel gestaltet
Knoten	Geschwindigkeitsmaß für Schiffe und Flugzeuge: eine Seemeile oder 1,852 Kilometer in der Stunde
Koje	Schlafplatz auf einem Schiff
Kreuzen	Sich unter Segeln einem Ziel gegen den Wind im Zickzackkurs nähern

Kuchenbude	Zeltähnliche Abdeckung aus Persenning über dem Niedergang
Lee	Die Richtung, in die der Wind vom Boot fortweht
Lifebelts	Sicherheitsgurte, um sich bei Seegang an Bord eines Schiffs vor dem Überbordgehen zu sichern
Luv	Die Richtung, aus der der Wind aufs Boot zuweht
Marinero	Mitarbeiter eines Sportboothafens, der beim Anlegen und Ablegen behilflich ist
Masttopp	Spitze des Mastes
Meteotsunami	Durch Gewitter oder starke Luftdruckschwankungen ausgelöster plötzlicher Anstieg des Meeres in Küstennähe
Mole	Steinerne Trennmauer, die einen Hafen vom Meer trennt
Muring	»Grundleine«; am Hafengrund befestigtes Tau zum Fixieren eines Boots
Niedergang	Durchgang vom Cockpit hinunter ins Innere einer Segelyacht
Persenning	Abdeckplane aus festem Stoff
Pinne	Hebelarm zum Bewegen des Ruders
Propeller	Technisch für Schiffsschraube
Propellerwelle	Verbindungsachse vom Motor zum Propeller
Querschlagen	Ein Schiff gerät quer zu den Wellen und kommt in Gefahr, seitlich zu kippen. Siehe Kentern.
Raumer Wind	Wind von hinten

Rigg	Mast und Baum, Stagen und Wanten, Fallen – alles, was sich über einem Bootskörper erhebt und zum Mast gehört
Ruderlager	Lager, in denen sich das Steuerruder dreht
Ruderwelle	Metallrohr zwischen Pinne und Ruderblatt
Schot	Leine, mit der ein Segel in die richtige Stellung zum Wind gebracht wird
Schwell	Wellen ohne Wind in einer Bucht
Seemeile	Nautisches Längenmaß: 1,852 Kilometer
Seereling	Auch Reling oder Seezaun. Handlauf als äußere Begrenzung des Decks eines Schiffs
Seestiefel	Leichte, gefütterte, wasserdichte Stiefel; früher aus Leder, heute aus atmungsaktivem Material
Speed over Ground	Tatsächliche Geschwindigkeit eines Schiffs über Grund
Stagen	Drähte, die einen Mast von vorne nach hinten fixieren
Steuerbord	Rechte Seite eines Schiffs
Trosse	Schweres Tau für große Lasten
Vollzeug	Größtmögliche Standard-Segelfläche einer Yacht
Vorstag	Schwerer Draht vom Bug zur Mastspitze, der den Mast hält
Wanten	Drähte, die einen Mast nach rechts und links fixieren
Wende	Kurswechsel bei Wind von vorne, bei dem der Bug durch den Wind und die Segel auf die andere Seite einer Segelyacht übergehen

Meine Bücher auf Levje,
es sind stets zu viele

Abulafia, David: Das Mittelmeer. Eine Biografie. Frankfurt am Main 2014

Abulafia, David: The Boundless Sea: A Human History of the Oceans. Oxford 2019

Ashley, Clifford W.: Das Ashley-Buch der Knoten. Hamburg 1997

Braudel, Fernand, Duby, Georges, und Maurice Aymard: Die Welt des Mittelmeeres. Frankfurt am Main 2013

Calligaro, Gudrun: Ein Traum wird wahr. Bielefeld 1997

Christoph Kolumbus: Bordbuch. Frankfurt am Main 2005

Conard, Nicholas John, und Susanne Rau (Hrsg.): Eiszeit. Kunst und Kultur. Begleitband zur Großen Landesausstellung Eiszeit, 18. September 2009 bis 10. Januar 2010. Ostfildern 2009

Die Regel des heiligen Benedikt. Beuron 2008

Follath, Erich: Jenseits aller Grenzen. Auf den Spuren des großen Abenteurers Ibn Battuta durch die Welt des Islam. München 2017

Gebhard, Rollo: Seefieber. Allein mit der Jolle Richtung Indien und über den Atlantik. München 2016

Gordon, Stewart: A History of the World in Sixteen Shipwrecks. Lebanon/New England 2015

Grant, R. G.: Wächter der See. Die Geschichte der Leuchttürme. Köln 2018

Guichard, Jean: Leuchttürme. Bielefeld 2007
Herodot: Historien. Stuttgart 1971
Hird, Tom: Ozeanopädie. 291 unglaubliche Geschichten vom Meer. Elsbethen 2018
Ibn Battuta: Reisen ans Ende der Welt. Durch Afrika und Asien. Hrsg. von Hans Leicht. Wiesbaden 2016
Karsten, Arne: Kleine Geschichte Venedigs. München 2008
Käsbohrer, Thomas: Die vergessenen Inseln. München 2017
Käsbohrer, Thomas: Am Berg. München 2018
Käsbohrer, Thomas: In Seenot. München 2019
MacGregor, Neil: Eine Geschichte der Welt in 100 Objekten. München 2013
Mann, Charles C.: 1491: New Revelations of the Americas before Columbus. New York 2011
Mantel, Hilary: Falken. Köln 2013
Marco Polo: Die Wunder der Welt: Il Milione. Hrsg. von Else Guignard. Frankfurt am Main 2003
Nichols, Peter: Der Freisegler. Logbuch der Erinnerung. München 1997
Proulx, Annie: Schiffsmeldungen. Frankfurt am Main 1998
Sellner, Albert Christian: Immerwährender Heiligenkalender. Frankfurt am Main 1993
Sepasgosarian, Alexander: Mallorca unterm Hakenkreuz 1933–1945. Göttingen 2017
Torres Sevilla, Margarita, und José Miguel Ortega del Río: Kings of the Grail: Tracing the Historic Journey of the Holy Grail from Jerusalem to Spain. London 2015
Wamser, Ludwig: Die Römer zwischen Alpen und Nordmeer. Zivilisatorisches Erbe einer europäischen Militärmacht. Mainz 2000
Winchester, Simon: Der Atlantik. Biographie eines Ozeans. München 2014

Winkler, Dieter: Pola. K. u. k. Kriegshafen, Zivilstadt und Garnison in alten Ansichten. Wien 2001

Winkler, Dieter (Hg.): Marinebilder. Der Fotograf Alois Beer (1840–1916). Wien 2011

Segelnd durch die Weltgeschichte

Thomas Käsbohrer fühlt sich dort am wohlsten, wo nur noch Himmel, Wind und Wasser sind. Neun Monate im Jahr verbringt er auf dem Segelschiff und trotzt der Unwirtlichkeit des Meeres. Für »Die vergessenen Inseln« reist er durch das Mittelmeer, steuert große Eilande wie Sizilien an, aber auch fast vergessene wie Palagruza. Auf jeder Insel entdeckt er eine Geschichte, die über den Ort hinausweist und zeigt, warum unsere Welt so wurde, wie sie ist. Käsbohrer erzählt von dem Abenteuer, allein auf offener See zu sein, er bringt uns die Sehnsucht nach Weite nahe, die wir alle in uns tragen, und verdichtet seine Reise zu einer Geschichte der Welt, die so noch nicht erzählt wurde.

»Mehr Meerenthusiasmus ist kaum denkbar.«
Frankfurter Allgemeine Zeitung

Zwei Freunde erfüllen sich einen Traum: Aus den Tiefen des Nordatlantiks wollen sie einen Eishai ziehen, jenes sagenumwobene Ungeheuer, das sich nur selten an der Oberfläche zeigt.

Eine salzige Abenteuergeschichte über das Glück, den Naturgewalten zu trotzen – und ein atemberaubendes Buch, das uns staunen lässt über die unergründlichen Geheimnisse des Meeres.